V&R

„Es ist besser, mit einer Wirklichkeit zu leben,
die sich nicht definieren lässt,
als mit einer Definition, die mehr Substanz beansprucht,
als in Wirklichkeit vorhanden ist.“

Willem A. Visser't Hooft

„We may not pretend that the existing unity
among Christians is greater
than in fact it is; but we should act upon it
as far as it is already a reality.“

William Temple

Fernando Enns

Friedenskirche in der Ökumene

Mennonitische Wurzeln einer Ethik der Gewaltfreiheit

Vandenhoeck & Ruprecht

KIRCHE – KONFESSION – RELIGION
(vormals: Kirche und Konfession)

Veröffentlichungen des Konfessionskundlichen Instituts
des Evangelischen Bundes

Band 46

Herausgegeben von
Hans-Martin Barth, Jörg Haustein und Helmut Obst

Umschlagabbildung:
Arnulf Rainer, „Christkönig", 1980

Bibliografische Information der Deutschen Bibliothek

Die Deutsche Bibliothek verzeichnet diese Publikation in der
Deutschen Nationalbibliografie; detaillierte bibliografische Daten sind
im Internet über <http://dnb.ddb.de> abrufbar.

ISBN 3-525-56550-X

Vorwort

Heute vor einem Jahr wurde die Welt durch die Bilder der einstürzenden Türme des World Trade Center in New York erschüttert. Leben zerstörende Gewalt wird zwar in vielen Teilen der Welt in weitaus erschreckenderem Ausmaße erfahren, doch mit diesen dramatischen Terroranschlägen war plötzlich die Verwundbarkeit auch der ökonomisch wie militärisch stärksten Macht der Welt demonstriert. Und Religion wurde einmal mehr zur Legitimation von Gewaltakten missbraucht. Dass die christlich geprägte westliche Welt bisher kaum andere Reaktionen zeigte als ihrerseits auf Gewaltakte zurückzugreifen, ist zwar durch das natürliche Bedürfnis nach Sicherheit erklärbar, lässt aber weder erkennen, wie einer sich selbst dynamisierenden Kette von Gewalt und Gegengewalt entgangen werden könnte, noch inwiefern eine im christlichen Glauben wurzelnde Option für Gewaltfreiheit zu einer neuen Qualität der politischen, kulturellen und religiösen Auseinandersetzung beiträgt.

Mit der Entscheidung des Ökumenischen Rates der Kirchen, eine „Dekade zur Überwindung von Gewalt" auszurufen, wird dagegen zum einen dokumentiert, dass Kirchen in der ganzen Welt dies als eine ihrer genuinen Aufgaben erkennen. Zum anderen wird deutlich, wie notwendig es selbst innerhalb der christlichen Traditionen bleibt, theologische Begründungszusammenhänge zu reflektieren und zu entfalten, die Gewaltfreiheit als ein Axiom ihrer Theologie und Ethik hervortreten lassen. Damit sind zentrale Anfragen an das ekklesiologische Selbstverständnis der christlichen Kirchen wie der ökumenischen Bewegung gestellt. Die historischen Friedenskirchen haben stets das Bewusstsein wach gehalten, dass Kirche in der Nachfolge Jesu Christi den Weg des konsequenten Gewaltverzichts gehen müsse, um in Zeugnis und Lebensgestaltung glaubwürdig zu sein. So sind ekklesiologische und ethische Begründungszusammenhänge entstanden, die der ökumenischen Bewegung in ihrer ganzheitlichen Bemühung um Gewaltüberwindung zur Verfügung stehen. In der hier vorgelegten Darstellung ist daher nicht nur der Versuch unternommen, diesen Schatz „konfessionskundlich" zu heben, sondern gleichzeitig die Diskussion zum Verhältnis von Ekklesiologie und Ethik in der Ökumene zu befruchten. Dabei entsteht auch ein Modell der Beheimatung einer einzelnen Kirche – in diesem Fall meiner eigenen identitätsstiftenden Tradition der Mennoniten – in der weltweiten Ökumene. Der Ausblick am Ende will aufzeigen, wie Theologie im Horizont der Ökumene weiter gedacht werden kann, wenn die Option für Gewaltfreiheit Berücksichtigung findet.

Die vorliegende Arbeit wurde 2001 von der Theologischen Fakultät der Ruprecht-Karls-Universität in Heidelberg als Dissertation angenommen. Ihr Entstehen ist ohne die vielfältige Unterstützung durch andere nicht vorstellbar. Zu danken habe ich vor allem meinem Doktorvater Prof. Dietrich Ritschl für seine motivierende, kreative und anregend kritische Begleitung, sowie für die Ermöglichung einer stimulierenden Umgebung, wie sie das Ökumenische Institut der Heidelberger Universität in einzigartiger Weise bietet. Frühere Mitarbeiter waren mit ihren Ideen und Anregungen eine ebenso große Hilfe wie die derzeitigen. Prof. Christoph Schwöbel wurde vor allem in der Endphase des Projektes ein entscheidender Gesprächspartner. Ihm verdanke ich weit mehr als nur das Zweitgutachten. Hinzu kommen hier – neben den vielen konstruktiven Beratungen mit Vertretern der deutschen und der internationalen Ökumene, mit Kennern der Geschichte und Theologie der Mennoniten vor allem in Nordamerika – die Studierenden des Ökumenischen Wohnheims, mit denen ich in den vergangenen Jahren eine intensive ökumenische Gemeinschaft erlebte. Ohne sie wären viele Erfahrungen unreflektiert geblieben.

Ausdrücklich danken möchte ich meinem Schwiegervater Pfr. Paul Schneiss für Korrekturen und technische Hilfestellungen am PC. Und ein ganz besonderer Dank gilt meiner Frau Renate für ihre Ermutigung und unumstößliche Geduld.

Dank sei den Herausgebern der Reihe „Kirche-Konfession-Religion" für die Aufnahme dieses Beitrages. Die Realisierung hing auch von der finanziellen Unterstützung ab, für deren großzügige Bewilligung ich ausdrücklich danken will: der Arbeitsgemeinschaft Mennonitischer Gemeinden in Deutschland, dem Ökumenischen Forschungsfonds der Arbeitsgemeinschaft Christlicher Kirchen, sowie der Vereinigten Evangelisch-Lutherischen Kirche Deutschlands und den ev. Landeskirchen in Baden, Bayern und Hessen und Nassau.

Meine Hoffnung ist, dass dieses Buch als Anregung wahrgenommen wird, die theologische Reflexion über das Ethos der Gewaltfreiheit in der weltweiten Ökumene weiter zu führen. Letztlich wird die Erfüllung der Sehnsucht nach Sicherheit in lebensfördernden Gemeinschaften auch davon abhängen, wie ernsthaft sich Theologie in diesen Dienst nehmen lässt.

Heidelberg, am 11. September 2002   Fernando Enns

Inhalt

II. Annäherungen an die „Historische Friedenskirche" in konfessioneller Näherbestimmung

III. Die „messianische Gemeinschaft": Ekklesiologische Aspekte in den Beiträgen von John Howard Yoder

V. Die Historische Friedenskirche (Mennoniten) in bilateralen Dialogen

VI. Ausblick: Ekklesiogenese aus friedenskirchlicher Perspektive in trinitarischer Gründung

Einleitung

1. Die Aufgabe: Aspekte einer Ekklesiologie aus friedenskirchlicher Perspektive – und die Frage nach dem Beitrag zum ökumenischen Diskurs

Auf der achten Vollversammlung des Ökumenischen Rates der Kirchen in Harare/Zimbabwe (1998) beschlossen die Delegierten eine Dekade zur Überwindung von Gewalt (2001–2010).[1] Damit folgten sie dem Ruf einer Traditionslinie in der Geschichte der Kirchen und der ökumenischen Bewegung, die in der ethischen Verantwortung des Lebensvollzugs christlicher Gemeinschaft einen identitäts- und einheitsstiftenden Aspekt ihres eigenen Wesens erkennt. Zu dieser Traditionslinie, die in unterschiedlichsten Gestalten seit den frühen Anfängen der Kirche im Urchristentum durchgehend nachzuweisen ist[2], zählen heute als konfessionelle Größen vor allem die sog. „Historischen Friedenskirchen": Church of the Brethren, Mennoniten und Quäker. In der aus dem christlichen Glauben motivierten pazifistischen Grundhaltung dieser Konfessionen ist ein genuiner Aspekt christlicher Tradition bewahrt, auf den diese keinen Alleinvertretungsanspruch erheben können, sondern der der weltweiten Kirche zueignet.

Die ökumenische Bewegung hat die betreffenden Konfessionen immer wieder aufgefordert, dieses Zeugnis in die Gemeinschaft der Kirchen einzubringen. Das Interesse der anderen blieb allerdings weitestgehend auf die genuine sozialethische Position der Historischen Friedenskirchen beschränkt, so dass sich die Daseinsberechtigung dieser Denominationen zuweilen hierin zu erschöpfen schien.[3] So wurden die Historischen Friedenskirchen meist unter Sozialethik „verbucht", weitere Aspekte ihrer kirchlichen Tradition kamen in der Gemein-

---

1 *Gemeinsam auf dem Weg*. Offizieller Bericht der Achten Vollversammlung des ÖRK, Harare 1998, hg. von KLAUS WILKINS, Frankfurt/M: Lembeck 1999, 243 und 268.
2 Vgl. WOLFGANG HUBER u. HANS-RICHARD REUTER, *Friedensethik*. Stuttgart u. a.: Kohlhammer 1990.
3 The historic peace churches might be justified in continuing their separate existence „because they bring out an aspect of the Christian faith which no other denomination represents, the complete absence of which would result in a serious impoverishment of Protestantism." OTTO PIPER, *Protestantism in an Ecumenical Age*, Philadelphia: Fortress 1965, 170.

schaft der Kirchen kaum zur Sprache. Gleichzeitig reduzierten die Friedenskirchen ihrerseits die Auseinandersetzungen mit anderen fast ausschließlich auf diese singuläre Thematik: sei es unmittelbar nach der Erfahrung zweier Weltkriege in der ersten Hälfte des 20.Jhs., sei es in den Auseinandersetzungen zur sog. „Säkularökumene", in den Diskussionen um eine angemessene Haltung der Kirchen zur Situation der nuklearen Bedrohung, oder im Konziliaren Prozess für Gerechtigkeit, Frieden und Bewahrung der Schöpfung. Weitere Gründe für diese enggeführte (Selbst-) Wahrnehmung im ökumenischen Diskurs sind in der vorrangigen Ausrichtung einer kongregationalistischen Struktur auf lokale Kontexte zu suchen, sowie im Mangel an Gesamtdarstellungen „friedenskirchlicher Theologie" in Form theologischer Lehrsysteme.

Bei näherer Betrachtung zeigt sich allerdings die Interdependenz verschiedener theologischer Argumentationen, die die explizite Friedensethik als Teil eines kohärenten Gefüges christologischer, soteriologischer und vor allem ekklesiologischer Aussagen erscheinen lässt. Erst in einer kritischen Darstellung dieser begründenden Kohärenz kann sich die Leistungsfähigkeit einer ethischen Position aber erweisen. Verzichtet sie darauf, dann wird sie weder überzeugend noch dialogfähig sein. Darauf sind aber auch diese Traditionen angewiesen, wenn sie tradierte Überzeugungen nicht einfach konservieren wollen, deren Begründungen dann bald nicht mehr verstanden werden, weil sie dem konfessionsübergreifenden, ökumenischen Diskurs nicht ausgesetzt werden und auf Plausibilitätserweise verzichten. – Damit ist das Problem benannt und die erste Aufgabenstellung des vorliegenden Beitrages beschrieben: In welchem theologischen und insbesondere ekklesiologischen Argumentationsgefüge ist die sozialethische Position der Historischen Friedenskirchen zu verorten? Die leitende These ist, dass sich erst in einer differenzierten Darstellung der theologischen Begründungszusammenhänge das Potenzial zur ethisch fundierten Handlungsorientierung erweisen kann, das diese Kirchen im Laufe ihrer Traditionsbildung bewahrt haben; und gleichzeitig werden eigentliche Defizite erkennbar, die durch eine oberflächliche Rezeption lediglich der ethischen Spitzensätze bisher nicht wahrgenommen wurden. Zu fragen ist also nach erklärungskräftigen systematisch-theologischen und ekklesiologischen Zusammenhängen, die die Plausibilität dieser Position verständlich, tradierbar und dialogfähig halten. Davon wird dann auch die Beantwortung der zweiten Frage abhängen: Welchen potenziellen Beitrag halten die Historischen Friedenskirchen für den ekklesiologischen Diskurs in der Ökumene bereit? Damit ist nun auch der sinnvolle Kontext für die beschriebene, zweifache Aufgabenstellung angezeigt.

2. Der Kontext: Ekklesiologie als Bewährungsfeld der Ökumene

Die Darstellung und Diskussion dieser genuinen ethischen Position in ihrer theologischen Verortung soll im weiteren Kontext der Fragestellung nach dem potenziellen Beitrag zur ökumenischen Bewegung im Allgemeinen und zur Theologie im ökumenischen Horizont im Besonderen erfolgen. Dann aber ist es sinnvoll, diese Untersuchung auf Überlegungen zum Kirchenverständnis zu konzentrieren. Hier werden die Grundlagen erfasst für das Wesen und die Gestaltung des Lebens derer, die der christliche Glaube miteinander verbindet. Hier finden die Themen der Fundamentalartikel, wie Erwählungslehre, Christologie oder Soteriologie gleichsam ihre soziale Dimension. Somit müssen in einer, wie auch immer gearteten *Gemeinschaft* von Kirchen, Reflexionen zu Grund, Wesen und Auftrag der Kirche und der Gemeinschaft der Kirchen zwangsläufig eine herausragende Position einnehmen.

Das Bekenntnis zu dem einen Gott und dem „Herrn Jesus Christus gemäß der Heiligen Schrift als Gott und Heiland"[4] ist der gemeinsame Grund. Für die Gemeinschaft der Kirchen ergibt sich daraus notwendig die Frage, *wie* die Kirchen „gemeinsam zu erfüllen trachten, wozu sie berufen sind, zur Ehre Gottes, des Vaters, des Sohnes und des Heiligen Geistes".[5] Wenn hier der Wille nach gemeinsamer Erfüllung des Auftrages zum Kirchesein ausgedrückt ist und die gemeinsame Berufung letztlich in der trinitarisch ausgerichteten Doxologie erkannt ist, so bleiben doch die Aussagen über Wesen, Verheißung und Berufung der Gemeinschaft von Kirchen unterschiedlich. Offensichtlich lässt die gemeinsame Basis verschiedene Gestaltungsweisen kirchlicher Existenz zu. Somit kommt im ökumenischen Diskurs das genuine Moment der jeweiligen Konfessionen gerade in der Ekklesiologie umfassend in den Blick. Die Lehre von der Kirche ist sozusagen das „Brennglas", unter dem theologische Differenzen gebündelt sichtbar werden, denn in ihr wird „das Christentum in seinen verschiedenen historischen und konfessionellen Ausprägungen *sich selbst* thematisch".[6] Daher sollen Überlegungen zur *Ekklesiologie* der Historischen Friedenskirchen den Fokus der vorliegenden Untersuchung bilden.

Von dieser bleibenden Verschiedenheit muss aber auch kritisch zurückgefragt werden nach der tatsächlichen gemeinsamen Konstitution

---

4 *Verfassung und Satzung des Ökumenischen Rates der Kirchen* (ÖRK), I. Basis; in: *Gemeinsam auf dem Weg*, 515.

5 Ebd.

6 WILFRIED HÄRLE, Art. *Kirche, VII. Dogmatisch;* in: TRE Bd. 18, 277–317, 277. (Lit. 310–317).

von Kirche. Sind die unterschiedlichen Auffassungen von Wesen und
Auftrag der Kirche nur Erscheinungsformen, die jeweils durch den
gemeinsamen Grund legitimiert sind, oder verweisen sie auf Differenzen, die bereits im Verstehen des Grundes selbst liegen? Von der
Beantwortung dieser Frage hängt ab, ob die Differenzen als legitime
Pluralität innerhalb der Gemeinschaft festgestellt werden können. Die
Qualität der Gemeinschaft ist dann zum Einen dadurch determiniert,
wie die einzelnen Traditionen ihre Identität bestimmen, zum Anderen
wie sie sich in Beziehung setzen zu anderen Traditionen und schließlich zum Dritten, inwieweit dem eigenen Selbstverständnis entsprechend die Ekklesialität anderer Konfessionen anerkannt wird. Damit
sind die Voraussetzungen für gelingende Ökumene schlechthin genannt: Identität, Kommunikations- und Gemeinschaftsfähigkeit. Das
Gemeinsame wie das Trennende kommen nirgends so umfassend in
den Blick wie in der Ekklesiologie. Und insofern ist die Ekklesiologie
ein Bewährungsfeld der Ökumene, wie auch gleichzeitig umgekehrt
gilt: die Ökumene ist ein Bewährungsfeld der Ekklesiologie. In der
Auseinandersetzung mit den anderen Konfessionen wächst die einzigartige Möglichkeit nicht nur der Überprüfung und erneuten Aneignung
tradierter Glaubensinhalte in spezifisch konfessioneller Ausprägung,
sondern auch das Potenzial zur Korrektur und Optimierung der eigenen Lehre. Damit bietet sich die Ekklesiologie als der sinnvolle
Fokus und die Ökumene als der sinnvolle Kontext an, in denen nach
Aspekten und Defiziten einer Theologie aus friedenskirchlicher Perspektive gefragt wird.

3. Die Methode: friedenskirchliche Selbstexplikationen im Kontext der Ökumene

Die fortwährende Diskussion zur Ekklesiologie in der ökumenischen
Bewegung ist eine Illustration der beschriebenen Herausforderung. Typologien der verschiedenen Ekklesiologien sind bereits früher erstellt
worden, auf die zurückgegriffen werden kann.[7] Hier soll in einem ersten
Schritt dargestellt und diskutiert werden, wie die ekklesiologische Fra-

---

7 Vgl. z. B. REINHARD FRIELING, ERICH GELDBACH, REINHARD THÖLE, *Konfessions-
kunde. Orientierung im Zeichen der Ökumene.* Grundkurs Theologie Bd. 5,2. Stutt-
gart: Kohlhammer 1999. *Kleine Konfessionskunde*, hg. vom Johann-Adam-Möhler-
Institut für Ökumenik, 3. durchges. u. aktualisierte Aufl., Paderborn: Bonifatius
1999. DIETRICH RITSCHL und PETER NEUNER (Hgg.), *Kirchen in Gemeinschaft –
Gemeinschaft der Kirche*, Studie des Deutschen Ökumenischen Studienausschusses
(DÖSTA) zu Fragen der Ekklesiologie, Beiheft zur Ökumenischen Rundschau (zit.
ÖR) 66, Frankfurt/M: Lembeck 1993.

gestellung innerhalb der aktuellen ökumenischen Bewegung relevant wird. Dabei kristallisieren sich folgende Themenkomplexe heraus: Die Suche nach einem kohärenten und theologisch begründeten Modell der Einheit in Verschiedenheit, die Frage nach einer plausiblen Darstellung der Komplementarität zweier traditioneller Denkbewegungen von Ekklesiologie und Ethik innerhalb der ökumenischen Bewegung, sowie die Überprüfung der Leistungsfähigkeit eines trinitarisch begründeten Koinonia-Konzeptes. In dieser Weise sollen die spezifischen ekklesiologischen Fragestellungen aus ökumenischer Perspektive identifiziert werden. Unter ökumenischer Perspektive wird dabei diejenige verstanden, die eine verbindliche Gemeinschaft aus bleibend verschiedenen Positionen in einem Kommunikationsgeschehen einnimmt.

In diesem Vorgehen soll dann sinnvoll nach einer singulären Tradition gefragt werden, hier nach dem Spezifikum einer friedenskirchlich begründeten Ekklesiologie, um ihren umfassenden, potenziellen Beitrag zum ekklesiologischen Diskurs in der Ökumene zu ermitteln. Dazu ist es in einer ersten Annäherung angezeigt, diese Tradition(en) zunächst im Kontext ihrer Selbstwahrnehmung und -explikation als Freikirche und dann als Friedenskirche festzustellen. Aufgrund des Fehlens verbindlich verpflichtender Bekenntnisschriften und der Ermangelung halbwegs vollständiger systematisch-theologischer Entwürfe (John Howard Yoders Beiträge können hier als Ausnahme gelten[8]), werden die Selbstdarstellungen in bi- und multilateralen ökumenischen Dialogen als Quellen zu nutzen sein. Schließlich bietet sich in diesen durch ein klares Gegenüber die Möglichkeit, eine in sich plurale *non-credal-church* doch als eine und eigene Größe wahrzunehmen und die Argumentation distinkter Selbstexplikationen zu analysieren.

Solch ein Vorgehen bietet sich außerdem an, wenn das Interesse vordergründig zwar auf einer einzelnen Tradition und ihrem genuinen Beitrag zur ökumenischen Gemeinschaft liegt, diese aber gleichzeitig *als Teil* der Gemeinschaft der Kirchen gedacht wird. Zugrunde liegt dann die Überzeugung: „Kirche im vollen Sinne des Wortes ist die weltweite Christenheit in ihrem Verbundensein mit Christus!"[9]

Somit zeichnet sich der zweifache Versuch ab, zum Einen ekklesiologische Aspekte eines friedenskirchlich-theologischen Ansatzes sinnvoll in die Diskussionen der Ökumene einzubringen, um zu eruieren, inwiefern eine primär an der Ethik ausgerichtete Ekklesiologie den Diskussionen in der Gemeinschaft der Kirchen Impulse verleihen kann. Zum Zweiten sollen die durch die Diskussion erkennbar werdenden Defizite nicht nur identifiziert, sondern im Horizont der Öku-

8 S. u. III.
9 WOLFGANG HUBER, *Kirche.* München: Kaiser 1988, 8.

mene auch nach Möglichkeiten der Korrektur gefragt werden, die dazu dienen, die Identität der einzelnen Tradition zu wahren, die Kommunikation zu stärken und die Gemeinschaft sichtbar werden zu lassen.

4. Denkbare methodische Alternativen

Aufgrund der beschriebenen, zweifachen Aufgabenstellung wäre als Alternative zu dieser systematisch-problembezogenen Methode auch ein historisch oder soziologisch begründeter Ansatz denkbar. Zur geschichtlichen Entwicklung der beschriebenen Fragestellungen liegen einige Beiträge vor.[10] Soziologisch ist in jüngster Vergangenheit das Interesse an der Friedenskirche neu und aus ungewohnter Perspektive erwachsen: als *side-line*-Kirchen sind diese Traditionen heute innerhalb der Gesellschaft immer noch dort verortet, wo sie seit ihren Ursprüngen im „linken Flügel der Reformation" des 16.Jhs. zu stehen kamen, zunächst als verfolgte Kirche, später geduldet, dann als gesonderte Konfession akzeptiert. Im Verlauf dieser Geschichte haben die Historischen Friedenskirchen ein Bewusstsein als *Freikirchen* vor allem in Opposition zur Staatskirche ausgebildet und theologisch zu begründen gesucht. Als solche blieben sie immer Minderheitskirchen. Antihierarchische und antiklerikale Aspekte im polygenen Ursprung der Täuferbewegung brachten radikal kongregationalistisch strukturierte Gemeinden hervor, die eine exemplarische Lebensgestaltung im Kontrast zur herrschenden Gesellschaft suchen ließen. Heute aber leben Mitglieder dieser Kirchen wie alle anderen Konfessionen auch in pluralistischen Gesellschaftsformen, die von Traditionsabbrüchen gekennzeichnet sind. Auf dem Hintergrund dieses radikal veränderten gesellschaftlichen Kontextes sind aber alle kirchlichen Traditionen herausgefordert, ihre überkommenen Positionen zu überprüfen, auch und gerade jene, die offensichtlich aus der Opposition zur einheitlichen Gesellschaftsstruktur des *corpus christianum* erwuchsen. Denn diese Einheitlichkeit ist heute nicht mehr existent.

Hinzu kommen weitere Herausforderungen der (Post-)Moderne: „... die Modernität (hat) die Religion in eine spezifische Krise gestürzt, in eine Krise, die zwar ohne Frage durch Säkularität gekennzeichnet, die aber weit wichtiger durch Pluralismus charakterisiert ist" (Peter L. Berger).[11] Für die Situation des Religiösen folgt daraus, dass

---

10 Diese werden im vorliegenden Beitrag in den jeweiligen Kapiteln genannt und berücksichtigt werden (s. u.).
11 PETER L. BERGER, *Der Zwang zur Häresie*. Religion in der pluralistischen Gesellschaft, durchges. u. verb. Ausg. der 1980 bei S. Fischer erschienen dt. Ausgabe,

sie nun als „postsäkulare Religiosität" zu beschreiben ist, die den Traditionsabbruch der Säkularisierung bereits voraussetzt. Daraus ergibt sich aber die Notwendigkeit der *bewussten Hinwendung* zur Religion und der Wahl einer ganz bestimmten inhaltlichen und sozialen Ausformung, der „Zwang zur Häresie".[12] In der prämodernen Welt war die Häresie eine Möglichkeit, die für die Mehrheit kaum in Betracht kam, denn der glaubende Mensch bewegte sich aufgrund eines gesellschaftlichen consensus magnus in einer Situation relativer Sicherheit, die nur gelegentlich durch häretische Abweichler in Frage gestellt wurde, wie beispielsweise durch die Täufer des 16.Jhs. In der Moderne dagegen wird „Häresie" zur Notwendigkeit, denn Glaubende finden sich in einer ständigen Unsicherheit wieder, die gelegentlich durch mehr oder weniger brüchige Konstruktionen religiöser Affirmation abgewehrt wird. Frühere sozial wie institutionell gesicherte Konsense sind nicht mehr *eo ipso* gegeben, sondern müssen je und je neu aufgesucht, erstritten werden. Erst darauf aufbauend konstituiert sich eine „quasi-sektiererische" Gemeinschaft. – All dies scheint eben gerade dem überkommenen Modell der Frei(willigkeits-)kirche und insbesondere der Friedenskirche zu entsprechen. Gemeinschaftsbildung bleibt nötig, braucht doch der Einzelne die soziale Absicherung

---

Freiburg u. a.: Herder 1992, 9. Neben der industriellen Revolution seien es vor allem die spezifisch europäischen Phänomene, die dazu beigetragen hätten: die kapitalistische Marktwirtschaft, pluralistische Metropolen, sowie von Reformation und Renaissance hervorgebrachte komplexe ideologische Strukturen. In der Tat ist eine sich perpetuierende Pluralisierung aller Dimensionen der Gesellschaft seit dem 16. Jh. zu beobachten. Die Erneuerung der Kirche durch die Rückbindung an die zentrale biblische Aussage von der Gnade Gottes in Jesus Christus ließ sich in der Reformation nur um den Preis des Verlustes der institutionellen Einheit der Kirche durchsetzen. Die dann im Zuge der Aufklärung aufkommende Infragestellung traditioneller Autoritäten und Geltungsansprüche forderte eine durchgängig rationale Begründung und verdrängte so das Religiöse zudem in den Bereich des Privaten. Aus der notwendig folgenden Relativierung ergab sich eine weitere Pluralisierung, die sich gleichzeitig als Protest gegen die Universalisierungsansprüche der Aufklärung erwies. Die Romantik widersprach diesen Universalisierungstendenzen ebenso mit dem Postulat der Individualität; und die Einsicht in die geschichtliche Bedingtheit vertiefte die Relativierungstendenzen weiter. Diese geistesgeschichtlichen Entwicklungen lassen das Potenzial zur Ausbildung des heutigen Pluralismus erkennen. Vgl. zu dieser Diskussion CHRISTOPH SCHWÖBEL, Art. *Pluralismus, II. Systematisch-theologisch*, in: TRE Bd. 26, 724–739 (Lit.). MICHAEL WELKER, *Kirche im Pluralismus*, KT 136, Gütersloh: Kaiser 1995; COLIN E. GUNTON, *The One, the Three and the Many. God, Creation and the Culture of Modernity. The 1992 Bampton Lectures*, Cambridge: University Press 1993.

12 Häresie ist hier etymologisch als „Wählen" erklärt. Vgl. BERGER, *Der Zwang zur Häresie*, 40 f. „So ist Häresie, einstmals das Gewerbe randständiger und exzentrischer Menschentypen, eine weitaus allgemeinere conditio geworden; Häresie ist in der Tat universell geworden", ebd. 44.

seiner moralischen Glaubensvorstellungen, um sich ihrer Plausibilität
stets neu zu vergewissern.

Miroslav Volf wählt die Gesellschaftsanalyse von Niklas Luhmann[13]
als Startpunkt, um nach einer theologisch angemessenen Ekklesiologie
in diesem veränderten gesellschaftlichen Kontext zu suchen. Volf geht
davon aus, dass die Volkskirche als traditionelle Form der Kirchlich-
keit allmählich zugunsten eines freikirchlichen Modells schwinde und
meint, eine „globale Expansion des freikirchlichen Modells"[14] vo-
rauszusehen. Daraus ergebe sich ein unumkehrbarer Kongregationa-
lisierungsprozess in allen kirchlichen Traditionen. Aufgrund dieser
Beobachtungen ist er motiviert, das freikirchliche Modell fruchtbar
zu machen für den Entwurf einer „ökumenischen Ekklesiologie".[15] Da
die Freikirchen in ihrer Grundausrichtung anti-monarchisch, anti-hie-
rarchisch und anti-klerikal seien, also den in der pluralistischen Gesellschaft geforderten partizipatorischen Charakter zeigten, entsprächen sie am ehesten dem gesellschaftlichen Trend der Abwendung von
hierarchisch strukturierten Modellen. Dies lege das freikirchliche Modell für eine demokratische, moderne Gesellschaftsordnung nahe.

Unumstritten ist die Notwendigkeit, gesellschaftliche Analysen dieser
Art in einer Kirchentheorie zu berücksichtigen. Doch es ergibt sich leicht
die Gefahr einer idealisierten Beschreibung freikirchlicher Ekklesiologie,
die z. B. bei Volf zudem einseitig rezipiert erscheint, bleibt sie doch
beschränkt auf den Baptismus – der gerade den individualistischen Aspekt stark betont[16] – und innerhalb des Baptismus wiederum auf den
singulären Entwurf von John Smyth.[17] Damit erscheint dieser Entwurf
sowohl von seiner Quellengrundlage her wie in seiner theologischen
Begründung problematisch und macht sich verdächtig, den Nachweis
einer „Überlegenheit" dieses Modells gegenüber anderen Ekklesiologien
in der Ökumene durchführen zu wollen.

---

13 Vgl. v. a. NIKLAS LUHMANN, *Gesellschaftsstruktur und Semantik*. Studien zur Wissens-
    soziologie der modernen Gesellschaft, Frankfurt/M: Suhrkamp 1989.
14 MIROSLAV VOLF, *Trinität und Gemeinschaft*. Eine ökumenische Ekklesiologie, Neu-
    kirchen-Vluyn: Neukirchener 1996, 13.
15 „... nicht im Sinne eines Konstrukts, das alle Traditionen heranzieht und dabei in
    keiner wirklich verwurzelt ist, sondern in dem Sinne, dass alle größeren Themen
    dieser unzweideutig protestantischen ekklesiologischen Melodie (gemeint ist die fa-
    vorisierte freikirchliche, FE) von katholischen und orthodoxen Stimmen bereichert
    werden." VOLF, *Trinität und Gemeinschaft*, Einleitung, III.
16 Dennoch legt er die Qualifikation des Begriffs der Freikirche wie folgt fest: (1.) als
    Bezeichnung für die Kirchen mit kongregationalistischer Kirchenordnung und (2.)
    solche, die eine konsequente Trennung von Kirche und Staat befürworten. Hier fehlt
    zumindest eine weitere Qualifizierung: der Freiwilligkeitsanspruch, d. h. die Mit-
    gliedschaft durch den freien Willensentschluss (Glaubenstaufe).
17 Vgl. VOLF, *Trinität und Gemeinschaft*, 23. JOHN SMYTH, *The Works of John Smyth*,
    W. T. Whitley (ed.), Cambridge: University Press 1915.

Um diese Gefahren zu vermeiden, soll in dem hier vorliegenden Beitrag nicht die Gesellschaftsanalyse den primären Fragehorizont bilden, sondern die Gemeinschaft der Kirchen selbst. Die Auseinandersetzung *in* der Ökumene stärkt *gegenseitig* Potenziale und deckt gleichzeitig Defizite auf, die zu Korrekturmöglichkeiten führen. Dadurch sollten Simplifizierungen wie Idealisierungen gleichermaßen verhindert werden können.

I. Ekklesiologie im Horizont der Ökumene

I.1. Grundlegende Vorüberlegungen zur Ekklesiologie: Das Spannungsverhältnis von geglaubter und erfahrener Kirche

Kirche ist berufen als „Leib Christi" und lebt in der Verheißung des Reiches Gottes. Sie ist, was sie noch werden soll. Hieraus ergibt sich ihre Wesensbestimmung. In ihrer geschichtlichen Wirklichkeit wird sie immer wieder von der Wahrheit in Frage gestellt, zu der sie berufen ist. Darin drückt sich eine Spannung aus, die grundlegend ist für jede Ekklesiologie. Denn Berufung und Verheißung gelten gerade der Kirche in ihrer geschichtlichen Gestalt. Die „geglaubte" Kirche ist immer wieder in Beziehung zu setzen zu der „erfahrenen" Kirche.[1] Theologische Reflexion muss dieses Spannungsverhältnis im Blick auf den Grund der Kirche thematisieren, um so zu ekklesiologischen Aussagen zu gelangen. Unterschiedliche Ansätze zur Klärung dieser Spannung sind aber gleichzeitig die theologische Ursache unzähliger Kirchenspaltungen.

In der Orthodoxie hat die Ekklesiologie im Grunde keine dogmatische Fixierung erfahren.[2] Sie ist nicht zuallererst Institution, sondern „geistliche Gewissheit". Sie ist eine „besondere Erfahrung", ein „neues Leben". „Es kann somit keine befriedigende und vollständige Definition der Kirche geben."[3] Die Spannung wird zwar erkannt, es wird aber darauf verzichtet, eine theologisch lehrmäßige Näherbestimmung herbeizuführen, da die volle Erfassung nicht in Gestalt von Definitionen möglich scheint. Auf die Frage nach dem Wesen der Kirche lautet die Antwort aus orthodoxer Perspektive daher zuerst: „Komm und sieh – man erkennt die Kirche nur durch Erfahrung, durch Gnade, durch Teilhabe an ihrem Leben. Darum muss man die Kirche, bevor man irgendeine formale Definition gibt, in ihrem mystischen

---

1 Vgl. HUBER, *Kirche*, I.2, 32 ff.
2 Vgl. ANASTASIOS KALLIS, Art. *Kirche, V. Orthodoxe Kirche*; in: TRE Bd. 18, 252–262, 252. (Lit. 261 f.) Vgl. auch GREGORIUS LARENTZAKIS, *Die Orthodoxe Kirche*. Ihr Leben und ihr Glaube, Styria 2000.
3 VITALY BOROVOY, *Die kirchliche Bedeutung des ÖRK*. Vermächtnis und Verheißung von Toronto; in: *Es begann in Amsterdam*, Beiheft zur ÖR 59, Frankfurt/M: Lembeck 1989, 166. Borovoy beruft sich hierbei auf SERGIJ N. BULGAKOV, *The Orthodox Church*. Engl. Übersetzung aus dem Russischen, London: Centenary 1935. (Crestwood/NY: St. Vladimir's Seminary 1988).

Sein erfassen, das allen Definitionen zugrunde liegt, aber größer ist als sie alle."[4]

In der römisch-katholischen Tradition wird zwar zwischen „Sakrament" und „Institution" differenziert, zwischen „mystischem Leib Christi", der dem wahren „eucharistischen Leib Christi" gegenübergestellt wird und aus dessen Kraft Kirche lebt[5], es besteht aber eine unzertrennliche Einheit zwischen sichtbarer und unsichtbarer Kirche, zwischen „Rechts- und Liebeskirche".[6] Aber auch wenn in der *communio*-Ekklesiologie des II. Vatikanischen Konzils Kirche nicht nur als Geheimnis interpretiert wird, sondern die sichtbare Kirche auch als komplexe Wirklichkeit vorgestellt ist, so bleibt sie doch eine aus menschlichem und göttlichem Element zusammengewachsene. Und somit bleibt auch das Verhältnis letztlich „Mysterium".[7]

In den protestantischen Kirchen ist Kirche – bei aller Vielfalt – zuerst und vor allem als *creatura verbi divini* verstanden worden.[8] Besonders in der lutherischen Tradition ist sie die „Gemeinschaft der Heiligen, das ist ein hauffe oder samlung solcher Leute, die Christen und heilig sind", d. h. „die durch Christus Vergebung und Gnade empfangen und durch den Heiligen Geist die Sünde bekämpfen und so lebendig und erneuert werden".[9] Die Spannung wird bereits im Glauben der Einzelnen entdeckt und von da aus auf die *Gemeinschaft* der Glaubenden bezogen: Kirche nach protestantischem Verständnis

---

4 Ebd.
5 Vgl. JOSEF FINKENZELLER, Art. *Kirche, IV. Katholische Kirche*; in: TRE Bd. 18, 227–252, 229. (Lit. 250–252).
6 *Enzyklika Mystici Corporis* (PIUS XII., 1943), zit. in: ebd. 248. Für die ökumenische Gemeinschaft ist hier vor allem die Vorstellung problematisch, dass der mystische Leib identifiziert ist mit der römisch-katholischen Kirche. Erst im II. Vatikanischen Konzil wird das modifiziert: „Haec Ecclesia in hoc mundo ut societas constituta et ordinata, subsistit in Ecclesia catholica", *Lumen Gentium* 8; in: *Das Zweite Vatikanische Konzil*. Konstitutionen, Dekrete und Erklärungen. Lat. u. Dt. Komm., Freiburg 1966–1968. Daneben werden andere Weisen des Seins zumindest denkbar. Die nichtkatholischen Kirchen werden jetzt als „Ecclesiae vel communitates ecclesiasticae, ecclesiales" anerkannt, *Lumen Gentium* 15; *Unitate Redintegratio* 3, 19, 22; in: ebd. Auch über 30 Jahre später kann die röm.-kath. Kirche das Verhältnis nicht anders beschreiben, vgl. zuletzt in: Erklärung *Dominus Jesus*. Über die Einzigartigkeit und die Heilsuniversalität Jesu Christi und der Kirche, hg. von der Kongregation für die Glaubenslehre. Verlautbarungen des Apostolischen Stuhls 148, August 2000, bes. 22–23 (s. u. VI.d., Anm. 33).
7 Vgl. z. B. WERNER LÖSER, *Anmerkungen zur Ekklesiologie aus römisch-katholischer Sicht*; in: RITSCHL/NEUNER, *Kirchen in Gemeinschaft – Gemeinschaft der Kirche*, 117.
8 „Ecclesia enim creatura est Euangelii"; in: D. *Martin Luthers Werke. Kritische Gesamtausgabe*. Weimar 1883 ff. Neudruck Graz 1964 ff. (zit. WA), WA 2,430, 6 f. Vgl. hierzu ULRICH KÜHN, Art. *Kirche, VI. Protestantische Kirchen*; in: TRE Bd. 18, 262–277, (Lit.).
9 WA 50, 624.

ist daher immer *communio simul peccatorum et sanctorum*. Die begriff-
liche Differenzierung von *ecclesia visibilis* und *ecclesia invisibilis* geht,
unter Rückgriff auf die augustinische Differenzierung, auf Zwingli
zurück[10], die sich dann auch bei Calvin wiederfindet.[11] Luther unterscheidet zwischen sichtbarer und „verborgener" Kirche (*ecclesia
abscondita*)[12] und setzt den Grund und die äußere Struktur der Kirche
mit Hilfe des Bildes von Seele und Leib zueinander in Beziehung.[13]
„Nach dieser Verhältnisbestimmung ist die verborgene Kirche das
innere Lebensprinzip, die sichtbare Kirche dagegen die äußere, leib-
hafte Gestalt, *wobei eines nicht ohne das andere sein kann*."[14] Damit
gehört aber beides, sowohl die innere Gründung als auch die irdische
Gestalt, als eine Gemeinschaft der Glaubenden zum Wesen der Kirche, denn die verborgene Kirche existiert notwendig in äußeren Strukturen. Nach protestantischem Verständnis trägt die Energie dieser
Spannung zur beständigen Erneuerung der Kirche bei und wird geradezu zum „reformatorischen Prinzip", dem *ecclesia semper reformanda*.

Viele weiterführende Unterscheidungen ergaben sich aufgrund dieser konfessionellen Grundausrichtungen, als „Wesens- und Rechtskir-
che", „wesentlicher und empirischer" Kirche, zwischen „Konstitution
und Institution"[15], oder zwischen „Konstitution und Faktizität"[16],
„Wesen und Erscheinungsbild"[17], bis hin zu ganz pragmatischen: Kirche ist „Gemeinschaft der Heiligen" und gleichzeitig ein „Verband,
in dem man (Kirchen-)Mitglied wird"[18], so dass gar von der erfahrenen Kirche als dem „institutionalisierten Konflikt"[19] gesprochen
werden kann. Gemeinsam ist die Erfahrung dieses Konfliktes und die
Suche nach Entsprechung von Sein und Existenz.

Der Ort, an dem diese Spannung nachvollziehbar wird, ist aber für
alle Konfessionen nicht zuerst eine rational begründete theologische

---

10 Vgl. HULDRYCH ZWINGLI: *Exposito christianae fidei* (1531). So in ALBRECHT RITSCHL,
  Über die Begriffe: sichtbare und unsichtbare Kirche (1859); in: DERS., *Gesammelte
  Aufsätze*, Freiburg/Leipzig 1893, 68 f. Vgl. zu diesen Differenzierungen besonders
  HÄRLE, *Art. Kirche*, 286 ff.
11 Vgl. *Calvini Opera quae supersunt omnia*, ed. G. BAUM, E. KUNITZ, E. REUSS,
  Braunschweig und Berlin 1863–1900, 58 Bde. (zit. CO). Besonders *Institutio Reli-
  gionis Christianae*, Endgestalt 1559 (zit. Inst) IV,1,2–7.
12 WA 18, 652, 23.
13 Vgl. WA 6, 296 f.
14 WILFRIED HÄRLE, *Dogmatik*, Berlin/New York: de Gruyter 1995, 573.
15 DIETRICH RITSCHL, *Zur Logik der Theologie*. Kurze Darstellung der Zusammenhänge
  theologischer Grundgedanken. München: Kaiser 1988², 172.
16 Vgl. DIETRICH RITSCHL, *Kirche aus evangelischer Sicht*; in: RITSCHL/NEUNER, *Kirchen
  in Gemeinschaft – Gemeinschaft der Kirchen*, 122.
17 HÄRLE, *Art. Kirche*, 281.
18 HUBER, *Kirche*, 22.
19 Ebd., 9.

Aussage, sondern der Gottesdienst der Kirche als Ort der versammelten Gemeinde (Mt 18,20).[20] Im Gottesdienst wird das Wort erfahrbar,
das die Kirche sich selbst nicht sagen kann: als Gemeinschaft, im
Gebet, in Dienst und Verkündigung. Hier ist die Fülle dessen konzentriert, was den vielfältigen Reichtum des Lebens der Kirche ausmacht.[21]

a. Der Satz von der Erwählung: Israel und Kirche als „Volk Gottes"

Eine Ursache der Spannung zwischen geglaubter und erfahrener Kirche ist der Satz von der Erwählung der Kirche zum „Volk Gottes"
(1Petr 2,10; Tit 2,14). Dieser in der Erwählung des Volkes Israel
durch Jahwe fußende und dann in Jesus Christus auf die Heiden
ausgezogene Satz „ist der zentralste Satz aller Theologie".[22] Die geglaubte Kirche ist die, die sich von Gott in Jesus Christus erwählt
weiß. Das bindet sie bleibend an das Volk Israel.[23] Aber auch wenn
für alle christlichen Kirchen und in den verschiedenen jüdischen Lehrmeinungen dem Satz der Erwählung zentrale Bedeutung zukommt,
bleibt die unversöhnliche Trennung von Juden und Christen „die offene Wunde. ... Sie verhöhnt die Erwählung und macht die Ausgestaltung einer abgerundeten und schlüssigen Ekklesiologie unmöglich."[24] Die erfahrene Kirche ist die, die immer wieder Schuldbekennt-

20 Zur ekklesiologischen Bedeutung von Mt 18,20 vgl. u. a. KARL BARTH, *Die Kirchliche
    Dogmatik* (zit. KD) I/1–IV/4, 13 Bde., Zürich: EVZ 1932–1967; hier KD IV/2,
    791 ff. Bereits bei den Kirchenvätern finden sich zahlreiche Belege für die ekklesio-
    logische Interpretation, vgl. IGNATIUS, Smyrn., VIII,2; TERTULLIAN, *De exhort. castit.*,
    VII; CYPRIAN, *De unitate*, XII.
21 ECKHARD LESSING, *Kirche–Recht.*
22 RITSCHL, *Zur Logik der Theologie*, 161.
23 Paul van Buren entwickelte eine Theologie der jüdisch-christlichen Wirklichkeit, vgl.
    PAUL M. VAN BUREN, *A Theology of the Jewish-Christian Reality.* Lanham et al.:
    University Press of America 1995. Part I. *Discerning the Way* (1980); Part II. *A
    Christian Theology of the People Israel* (1983); Part III. *Christ in Context* (1988).
    Van Buren vertritt die Konzeption *eines* Bundes, der die Kirche und Israel an
    denselben Gott bindet. Parallel dazu verwendet er die Begriffe der gemeinsamen
    „Story" und des „einen Weges": „The way is one because it is provided and enlighted
    by One, even though it is given to different peoples to claim as their own and to
    walk in their respective manner", *Discerning the Way*, 2. Kritik hierzu findet sich
    bei JAMES H. WALLIS, *Post-Holocaust Christianity.* Paul van Burens's Theology of
    the Jewish-Christian Reality, Lanham et al.: University Press of America 1997. Wallis
    spricht von den „overlapping stories", ebd., 156. In beiden Redeweisen geht es jedoch
    um die Illustration der untrennbaren Bindung der Kirche an Israel. Vgl. dazu auch
    NORBERT LOHFINK, *Der niemals gekündigte Bund.* Exegetische Gedanken zum jü-
    disch-christlichen Gespräch, Freiburg u. a.: Herder 1989.
24 RITSCHL, *Zur Logik der Theologie*, 162.

nisse zu formulieren gezwungen ist, weil sie sich als nicht der Erwählung entsprechende Kirche erfährt:

„Die Kirche ... war stumm, wo sie hätte schreien müssen, weil das Blut der Unschuldigen zum Himmel schrie ... Sie hat mitangesehen, wie unter dem Deckmantel des Namens Christi Gewalttaten und Unrecht geschah ... Die Kirche bekennt, die willkürliche Anwendung brutaler Gewalt, das leibliche und seelische Leiden unzähliger Unschuldiger, Unterdrückung, Hass und Mord gesehen zu haben, ohne Wege gefunden zu haben, ihnen zu Hilfe zu eilen. Sie ist schuldig geworden am Leben der schwächsten und wehrlosesten Brüder Jesu ... Die Kirche bekennt, die Beraubung und Ausbeutung der Armen, Beherrschung und Korruption der Starken stumm mitangesehen zu haben. Die Kirche bekennt, schuldig geworden zu sein an den Unzähligen, deren Leben durch Verleumdung, Denunziation, Ehrabschneidung vernichtet worden ist. Sie hat den Verleumder nicht seines Unrechts überführt und hat so den Verleumdeten seinem Geschick überlassen".[25]

Die Erwählung der Kirche erfolgt aber nicht um ihrer selbst willen, sondern sie zielt auf einen spezifischen Zweck, der außerhalb ihrer selbst liegt: Sie ist in ihrem Sein „Botschafterin" des Reiches Gottes, der Gerechtigkeit Gottes und des Friedens für die Menschen und die gesamte Schöpfung, des שָׁלוֹם. Kirche als Teil der Welt, in der sie lebt, ist immer auch Vorbotin einer neuen und anderen Welt. Die Konstitution der Kirche ist nicht abtrennbar von ihrer Funktion. Auf dieser gemeinsamen Grundlage ergibt sich für alle Konfessionen gleichermaßen die Einsicht: der „Leib ist immer vor seinen Gliedern." Nicht die Mitglieder gründen die Kirche, sondern sie ist bereits da, erwählt und berufen.

Die Erfahrung der Parusieverzögerung forderte die Kirche von Beginn an heraus, in aller Kompromisshaftigkeit eine auf Dauer angelegte Institution so zu leben, *als ob* die Größe „Reich Gottes" schon bestimmende Realität sei.[26] Demnach kann das Neue Testament bereits als das „älteste Dokument des institutionalisierten Konfliktes" angesehen werden. Denn hier begegnen bereits die verschiedenen, unterschiedlichen Verwirklichungsmöglichkeiten von Kirche.[27]

---

25 DIETRICH BONHOEFFER, *Ethik*, Dietrich Bonhoeffer Werke (zit. DBW) Bd. 6, München: Kaiser 1992, 120.

26 In diesem Sinne ist auch zu verstehen ALFRED LOISY, *Evangelium und Kirche*, München 1904, 112 f.: „Jesus hatte das Reich Gottes angekündigt, und dafür ist die Kirche gekommen".

27 Vgl. exemplarisch WALTER REBELL, *Zum neuen Leben berufen. Kommunikative Gemeindepraxis im frühen Christentum*, München: Kaiser 1990.

b. Das Motiv der Inkarnation: das Universale im Partikularen als „Leib Christi"

Kirche ist „Leib Christi, Gegenwart Christi auf Erden, denn sie hat sein Wort"[28] (vgl. die paulinische Leib-Typologie in Kol 1,18.24; 2,19; Eph 1,23; 4,16; 5,23.30). Aber sie ist das als „konkrete geschichtliche Gemeinschaft in der Realität ihrer Formen, in der Unvollkommenheit und Unscheinbarkeit ihres Auftretens".[29] Karl Barth unterschied zwischen der „wirklichen" und der „empirischen" Kirche, die weder verschieden noch identisch sind. Die wirkliche Kirche ist die „irdisch-geschichtliche Existenzform" Jesu Christi.[30] Kirche gründet in der Selbstmitteilung Gottes in Jesus Christus. Sie hat Teil an einer Zukunft, die durch Christus eröffnet wurde. Das Datum der Inkarnation wird als der Beginn des Reiches Gottes interpretiert, dessen Vollendung erst im Eschaton aussteht. Kirche ist demnach immer „zwischen den Zeiten". Barth unterscheidet also in Ebenen des Ortes (in der Welt) und der Zugehörigkeit (Jesus Christus). Die Qualifizierung der Verbindung ergibt sich aus dem fleischgewordenen Wort, durch das die Kirche in die Welt kommt und dem gleichen Wort, das sie in der Welt weiterlebt und -sagt.

Ähnlich wird es in der 3. These der Barmer Theologischen Erklärung formuliert: „Die christliche Kirche ist die Gemeinde von Brüdern, in der Jesus Christus in Wort und Sakrament durch den Heiligen Geist als der Herr gegenwärtig handelt. Sie hat mit ihrem Glauben wie mit ihrem Gehorsam, mit ihrer Botschaft wie mit ihrer Ordnung mitten in der Welt der Sünde zu bezeugen, dass sie allein sein Eigentum ist, allein von seinem Trost und von seiner Weisung in Erwartung seiner Erscheinung lebt und leben möchte."[31]

Neben dem Satz der Erwählung ist somit das Motiv der Inkarnation wesensbestimmend für die geschichtliche Existenzweise der Kirche in ihrem Spannungsverhältnis. In den Dimensionen von Raum und Zeit ist das sich im geschichtlich Partikularen ereignende Universale das Bestimmende dieses Motivs. Kirche hat ohne das Inkarnationsgeschehen keinen Grund, denn hierin ist das einzigartige Zur-Welt-Kommen des Wortes Gottes geglaubt. Ist also die Existenz der Kirche von der Inkarnation des λόγος abhängig, dann wird verständlicherweise auch diese bereits im Inkarnationsgedanken fußende Spannung auch für die

---

28 DIETRICH BONHOEFFER, *Sanctorum Communio.* Eine dogmatische Untersuchung zur Soziologie der Kirche. DBW Bd. 1, München: Kaiser 1986, 141.
29 Ebd.
30 vgl. BARTH, KD IV/1, 718; IV/2, 695; IV/3, 780.
31 Die *Barmer Theologische Erklärung.* Einführung und Dokumentation, hg. von ALFRED BURGSMÜLLER u. RUDOLF WETH, 5. bearb. u. erg. Auflage, Neukirchen-Vluyn: Neukirchener 1993[5], 38.

Ekklesiologie bestimmend sein müssen. In der Dimension des Raumes ist dies die Spannung zwischen Universalität (Kirche als *catholica* oder *oecumenica*) und Partikularität (in der Gestalt der Ortsgemeinde).[32] So wie die universale Bedeutung des Christus-Ereignisses in besonderer Weise partikular Gestalt gewinnt im Leben und Sterben des Juden Jesus von Nazareth.[33]

c. Das Ereignis von Pfingsten: Communio Sanctorum als „Tempel des Heiligen Geistes"

In der Dimension der Zeit zeigt sich diese Spannung zwischen Aktualität und Dauer. Die Aktualität meint den Ereignischarakter, der der menschlichen Machbarkeit entzogen ist, die Dauer das Tradieren der apostolischen Überlieferung. Kirche bringt sich nicht selbst hervor, weil sie die Bedingtheit des Glaubens erkennt, die nicht als Möglichkeit des Menschen, sondern als Wirklichkeit Gottes verstanden wird.[34] „Dieses besondere Moment in der Offenbarung ist nun unzweifelhaft identisch mit dem, was das NT eben als die subjektive Seite im Ereignis der Offenbarung in der Regel den Heiligen Geist nennt."[35] Das Pfingstereignis, die Ausgießung des Heiligen Geistes, wird als die Geburtsstunde der Kirche interpretiert. Der Heilige Geist ist „Quelle des mystischen Lebens und Wirkens der Kirche in der Welt".[36] Denn die Wahrheit des Evangeliums wird erst durch den Heiligen Geist als Ereignis im Leben der Kirche aktuell. Und das Wort wird durch das Wirken des Heiligen Geistes als *Gottes* Wort „beglaubigt". Dies ist das „innere Zeugnis" des Heiligen Geistes[37], die „Aktualisierung der Offenbarung".[38]

Somit ist der Aufbau des „Leibes Christi" durch den Heiligen Geist bewirkt (1Kor 12,11), der die Glieder zu einer Gemeinschaft der Glaubenden miteinander verbindet. Die notwendig auf Dauer angelegte Institution Kirche wird so erst zu einem „gotterfüllten Organismus"[39], zu einer *communio sanctorum* (vgl. Röm 1,7; 1Kor 1,2; 2Kor 1,1; Eph 1,1). Neues Leben, jegliche heiligende Handlung ist als das Werk des *Parakleten* verstanden. Im Apostolicum ist dieser Zusam-

---

32 Vgl. HUBER, *Kirche*, 32 ff.
33 Neben der Leib-Typologie ist die Metapher von der Kirche als „Braut Christi" zu beachten, die das bleibende Gegenüber von Christus und Kirche stärker zum Ausdruck bringen kann, vgl. Off 18,23; 22,17, u. a.
34 Vgl. BARTH, KD I/1, 473.
35 Ebd., 472.
36 KALLIS, *Art. Kirche*, 257.
37 HÄRLE, *Art. Kirche*, 282.
38 BARTH, KD I/1, 475.
39 KALLIS, *Art. Kirche*, 257.

menhang im dritten Artikel festgehalten.[40] In der Taufe ist die Teilhabe am Heiligen Geist sichtbar vollzogen, der den Einzelnen die Charismen verleiht, die nicht zum Gegeneinander führen sollen.

„Denn wir sind durch einen Geist alle zu einem Leib getauft, wir seien Juden oder Griechen, Sklaven oder Freie, und sind mit einem Geist getränkt". (1Kor 12,13).

Die Beziehung ist in den Bildern vom Tempel oder dem Haus als „Innewohnen" umschrieben (vgl. atl. *schechina*, „Herabkunft und Einwohnung Gottes in Raum und Zeit an einem bestimmten Platz und zu bestimmter Zeit irdischer Geschöpfe und in ihrer Geschichte").[41] Durch die Kraft des Heiligen Geistes wachsen die Glaubenden hinein in „einen heiligen Tempel im Herrn" (Eph 2,21), in ein „geistliches Haus" (1Petr 2,5).

Ziel ist die Erhaltung der Einheit im Geist durch das Band des Friedens (Eph 4,1–3). Und doch ist die Erfahrung der Trennungen eine ganz reale in der erfahrenen Kirche. Die Gemeinschaft der Heiligen erfährt sich immer nur in gebrochener *communio*, sie grenzt aus, schließt sich selbst aus, muss mit Trennungen leben, die die Gemeinschaft zuweilen kaum mehr erkennen lassen. Somit wird auch hier die Spannung sichtbar zwischen geglaubter und erfahrener Kirche als *communio sanctorum*, zwischen Aktualität und Dauer. – Damit ist also das Spannungsverhältnis von geglaubter und erfahrener Kirche in den theologischen Grund-Sätzen für eine Ekklesiologie bereits mitgesetzt.

d. Notae ecclesiae: Die notwendige Differenzierung zwischen Attributen, Kennzeichen und Merkmalen der Kirche

Sollen nun im Horizont dieser Spannung Aussagen gemacht werden über die unterschiedlichen Wesensmerkmale der Kirche, dann erweist sich die Differenzierung zwischen „Attributen" und „Kennzeichen" der Kirche als hilfreich.[42] Die Attribute sind im Nicaenum fixiert und

40 „Credo in spiritum sanctum, sanctam ecclesiam catholicam, sanctorum communionem, remissionem peccatorum, carnis resurrectionem, et vitam aeternam"; in: *Die Bekenntnisschriften der evangelisch-lutherischen Kirche* (zit. BSLK), Göttingen: Vandenhoeck & Ruprecht 1998[12], 21.

41 JÜRGEN MOLTMANN, *Der Geist des Lebens.* Eine ganzheitliche Pneumatologie, München: Kaiser 1991, 60. Die Lehre von der *schechina* macht nach Moltmann (1) den personalen Charakter des Geistes klar, Gottes Empathie, (2) auf die Empfindsamkeit Gottes des Geistes aufmerksam, und weist (3) auf die Kenosis des Geistes hin. Vgl. ebd., II.§ 3, 60–64. Vgl. dazu auch BERND JANOWSKI, *„Ich will in Eurer Mitte wohnen".* Struktur und Genese der exilischen Schechina-Vorstellung; in: JBTh2, Neukirchen-Vluyn: Neukirchener 1987, 165–193.

42 HUBER, *Kirche,* 87.

in der Ökumene nicht umstritten: μίαν ἁγίαν καθόλικὴν καὶ ἀποστο-λικὴν ἐκκλησίαν, lat. *„unam, sanctam, catholicam et apostolicam eccle-siam"*.[43] Werden diese Attribute nicht im normativen Sinne verstanden, sondern deskriptiv, dann *ist* Kirche die eine, heilige, katholische und apostolische. Die Attribute beschreiben demnach die geglaubte Kirche.

Divergierende Überzeugungen treten dann im Blick auf die äußeren Kennzeichen (*notae externae*[44]) dieser einen, heiligen, katholischen und apostolischen Kirche in ihrer geschichtlichen Existenz zutage, also der erfahrenen Kirche. In der lutherischen Tradition ist die rechte Kirche beispielsweise dort, „bei welchen das Evangelium rein gepre-digt und die heiligen Sakrament laut des Evangelii gereicht werden".[45] Dies sind die notwendigen als auch hinreichenden Kennzeichen der rechten, sichtbaren Kirche. Sie sind *konstitutiv* für das Wesen der sichtbaren Kirche.[46]

Luther nennt an anderen Stellen weitere Kennzeichen der rechten Kirche: in *Von den Konziliis und den Kirchen* (1539)[47] gelten als „Wahrzeichen" der Kirche: 1. Wort Gottes, 2. Sakrament der Taufe, 3. Sakrament des Altars, 4. öffentlicher und nicht öffentlicher Gebrauch der Schlüssel (Sündenvergeben und -behalten), 5. Einrichtung kirchlicher Ämter, 6. Gebet, 7. Heiltum des Kreuzes (Unglück, Verfolgung, Anfechtung, Leiden); in *Wider Hans Worst* (1541)[48] zusätzlich 8. Ehrerbietung gegenüber der weltlichen Herrschaft, 9. Anerkennung des Ehestandes, 10. Duldsamkeit, Ermahnung, Fürbitte gegen-über den Feinden, 11. Fasten.

„Notae externae im strengen Sinne des Wortes sind nur diejenigen Heilsmittel, durch die die Kirche als ‚Gemeinschaft der Glaubenden' begründet, belebt und erhalten wird. Und nur sofern sie dem dienen, sind sie Kennzeichen der rechten Kirche".[49] Innerhalb der *notae ex-ternae* ist demnach je weiter zu differenzieren zwischen solchen, denen im jeweiligen konfessionellen Verständnis konstitutiver Charakter für die Kirche eignet und jenen, die hinzutreten *können*. Diese sollen im Folgenden als „Merkmale" bezeichnet werden.[50]

---

43 *Symbolum Nicaenum*; in: BSLK, 27. Auch das Romanum und das Apostolicum hatten bereits ähnliche Formulierungen gebildet, wenn auch noch nicht in dieser vierfach differenzierten Gestalt.

44 Vgl. BSLK, 30 f. und WA 39/II, 167, 8.

45 *Die Augsburgische Konfession. Confessio oder Bekanntnus des Glaubens etlicher Fürs-ten und Städte überantwortet Kaiserlicher Majestat zu Augsburg Anno 1530* (zit. CA); in: BSLK, 31–137, VII. Von der Kirche, 61.

46 Vgl. HÄRLE, *Dogmatik*, 576.

47 WA 50, 628 ff.

48 WA 51, 478 ff.

49 HÄRLE, *Dogmatik*, 576.

50 Unter Aufnahme des Sprachgebrauchs in der sog. „Toronto-Erklärung des ÖRK" von 1950 § 8: *Die Kirche, die Kirchen und der Ökumenische Rat der Kirchen*. Die

Dass Kennzeichen und Merkmale nicht unabhängig von den Attributen bestimmt werden können, ergibt sich gerade aus dieser Differenzierung. Die Kennzeichen rechter sichtbarer Kirche sind das dem „Werk Gottes genau *entsprechende* und von ihm kategorial zu *unterscheidende* Ergebnis menschlichen Wirkens (*opus hominum*), das als solches per definitionem nicht vollkommen, sondern stets fragmentarisch und unterwegs ist. Die rechte (wahre) sichtbare Kirche ist darum genau genommen eine kritische *Zielgröße*, die unter irdisch-geschichtlichen Bedingungen nicht ein für allemal und nicht in vollkommener Form erreicht werden kann. Darum ist die (sichtbare) Kirche eine *ecclesia semper reformanda.*"[51]

Der Begriff der ἐκκλησία, der versammelten Gemeinde, hält also Wirklichkeit und Ideal zusammen.[52] Daher scheint es sinnvoll zu unterscheiden zwischen Aussagen, die auf einen Idealtyp von Kirche abzielen und solchen über die „real existierende" Kirche bzw. Kirchengemeinschaft. Das bleibt ein wichtiges Ordnungskriterium, um bei der Suche nach der Intention unterschiedlicher Aussagen auch den „Sitz im Leben" zu berücksichtigen: Geht es um dogmatisch fixierende, deskriptive Sätze oder um gestaltende, normative? So ergiebig diese Unterscheidung in Einzelfragen sein wird, so sehr greift sie doch zu kurz, wenn sie einer simplen Trennung folgt. Das Spannungsverhältnis selbst will theologisch reflektiert werden, wenn sich Theologie als eine Funktion im Dienst der Kirche verstehen will. Denn aus der Reflexion darüber ergeben sich fortwährend Wegweisungen für die Gestaltung kirchlichen Lebens, und auch in diesem Sinne bleibt Kirche dann *semper reformanda*. Diese Dialektik soll im Folgenden berücksichtigt werden.

Im ökumenischen Horizont lässt sich die Aufgabenstellung dann so beschreiben: zum einen ist die Einheit in der Deskription festzustellen, zum anderen nach den Divergenzen in der Normativität zu fragen: Inwieweit beziehen sich Divergenzen auf konstitutive Kennzeichen oder auf nicht-konstitutive Merkmale? Und wie stehen diese je im Verhältnis zu den Attributen der *una, sancta, catholica et apostolica?*

---

ekklesiologische Bedeutung des Ökumenischen Rates der Kirchen; in: *Die Einheit der Kirche. Material der ökumenischen Bewegung.* Theologische Bücherei Bd. 30, Mission und Ökumene, München: Kaiser 1965, 260.

51 HÄRLE, *Art. Kirche*, 293.

52 In diesem Sinne ist die Frage lohnend, ob denn die Diasporaexistenz Israels nicht die eigentliche Lebensform der Gläubigen und auch der Kirche sei. Vgl. RITSCHL, *Zur Logik der Theologie*, 173: „Bei jeder theologischen Theoriebildung über die Institution der Kirche in Beziehung auf die Gesellschaft muss mitbedacht werden, welche irreversiblen Entwicklungen dadurch eingetreten sind, dass die christliche Kirche nicht bereit gewesen ist, die Diasporaexistenz Israels als die eigentliche Lebensform der Gläubigen zu teilen".

Ekklesiologie im ökumenischen Horizont wird die geschichtliche Existenz der Kirche „zwischen den Zeiten" anerkennen und die Ebenen weder zu trennen noch zu vermischen suchen. Sie wird vielmehr im Satz von der Erwählung, im Motiv der Inkarnation und in der Berufung zur *communio sanctorum* die drei grundlegenden Fundamente finden, die es ihr ermöglichen, Universalität und Partikularität, geglaubte und erfahrene Kirche zusammenzusehen. Sie wird weiter aus dieser Spannung heraus zu verstehen suchen, wie die gegebenen *notae ecclesiae* in der irdisch-geschichtlichen Gestalt der Kirche sichtbar werden, dabei die unterschiedlichen konfessionell geprägten *notae externae* berücksichtigen und diese nach ihrer Gründung fragen. So wird diese Ekklesiologie ihrer „therapeutischen" Aufgabe gegenüber und innerhalb der Gemeinschaft der Kirchen gerecht. Denn Theologie als eine Funktion im Dienst der Ökumene fragt aus der erfahrenen Wirklichkeit der Trennungen die geglaubte Wahrheit der Einheit an, um daraus je neu eine Gestalt von kirchlicher Gemeinschaft zu entwerfen, die ihrem Wesen und ihrer Berufung entspricht. Wahrheit der Verkündigung und Existenzform der Kirche lassen sich nicht voneinander trennen.[53] – Unter diesen kritischen Prämissen wird die spezifische Ekklesiologie aus friedenskirchlicher Perspektive zu beschreiben und zu interpretieren sein.

I.2. Ekklesiologische Aspekte in den neueren Diskussionen des ÖRK

Jede Ekklesiologie im Horizont der Ökumene beruht auf der Einsicht, „dass Universalität und Besonderheit zusammengehören, weil sie durch die Inkarnation Jesu Christi miteinander verbunden sind".[54] Das wird dann auch für die Historischen Friedenskirchen gelten, denn die oben beschriebene Spannung zwischen erfahrener und geglaubter Kirche gilt für alle Gestalten von Kirche. Man kann ihr nicht entgehen, indem *eine* geschichtliche Gestalt exklusiv als maßgeblich erklärt wird. Denn das hieße, die dynamische Kraft dieser Spannung nicht zu nutzen, und Theologie müsste sich dann mehr und mehr darauf beschränken, die bestehende Wirklichkeit der Kirche zu legitimieren, anstatt sie tatsächlich im Lichte ihrer Gründung beständig zu reflektieren. Das Leben in und das Bewusstsein für diese Spannung weist Konfessionen aneinander und lässt sie gemeinsam danach fragen, wie

---

53 Vgl. Dietrich Bonhoeffer, *Finkenwalder Homiletik*, in: *Gesammelte Schriften*, hg. von Eberhard Bethge, Bd. IV, München: Kaiser 1965², 252.
54 Huber, *Kirche*, a. a. O., 36.

diese Spannung im Leben der Gemeinschaft der Kirchen angemessen zum Ausdruck kommt.

Bereits lange vor der Gründung des ÖRK standen Diskussionen zur Ekklesiologie und Überlegungen zur ekklesiologischen Bedeutung der Einheit der Kirchen im Zentrum der institutionalisierten ökumenischen Bewegung.[55] Daran hat sich bis heute nichts geändert. In den folgenden Darstellungen sollen die grundsätzlichen Aussagen zur Ekklesiologie im Horizont der Ökumene aufgezeigt werden, die offenen Fragen benannt und vor allem die Richtung der neueren, fortwährenden Diskussion erschlossen werden. Dies wird den notwendigen Rahmen bilden, um sinnvoll nach dem ekklesiologischen Beitrag der Historischen Friedenskirchen zu fragen. Ziel kann es hier allerdings nicht sein, eine vollständige geschichtliche Entwicklung dieser Fragestellung innerhalb der ökumenischen Bewegung nachzuzeichnen.[56]

Innerhalb der ökumenischen Bewegung kommt dem ÖRK eine exponierte Position zu, weil er „der einzige und einzigartige Ort (ist), an dem die Kirchen auf weltweiter Ebene zusammenkommen, um miteinander zu sprechen und gemeinsam zu handeln. Der Rat macht die weltweite Interaktion von Christen deutlich sichtbar ...".[57] Er steht als Repräsentant einer *Gemeinschaft von Kirchen* vor der besonderen Aufgabe, sein ekklesiologisches Selbstverständnis zu formulieren, bzw. noch grundsätzlicher danach zu fragen, ob ihm ein solches überhaupt zukommen kann. Die verschieden gebrauchten Formulierungen sind Ausdruck eben dieser Diskussion: geht es um die „ekklesiologische Bedeutung des ÖRK", um „ekklesiologische Aspekte des ÖRK" oder um die „ekklesiologischen Perspektiven der verschiedenen Einheiten des ÖRK"? Die Tatsache, sich in seiner Konstitution als Gemeinschaft von Kirchen zu bezeichnen, eröffnet die Fragen nach der Ekklesiologie.

Vielfältig sind die Probleme, die sich bei dem Versuch einer solchen Beschreibung auftun, denn auch innerhalb der einzelnen Konfessionen besteht nicht immer Einigkeit darüber. Ferner sind gerade die ekklesiologischen Aussagen einer Tradition auch von ihrem „Sitz im Leben" abhängig: je nach dem können unterschiedliche Aspekte zumindest in den Merkmalen hervorgehoben werden. Ekklesiales Leben lässt sich gerade im ökumenischen Horizont schwerlich auf die festgefügten Formen einer historisch gewachsenen Institution reduzieren. Daher

---

55 Vgl. *Die Weltkonferenz für Glauben und Kirchenverfassung*, dt. amtl. Bericht über die Weltkonferenz in Lausanne (1927), hg. v. H. SASSE, Berlin: Furche 1929.

56 Dies ist in vielfältiger Weise geschehen, vgl. zuletzt bei PETER MIŠČÍK, *Trinität und Kirche*. Die Entwicklung trinitarischer Kirchenbegründung in den Dokumenten der Kommission für Glauben und Kirchenverfassung des ÖRK, Frankfurt/M: Lembeck 1999.

57 Vgl. Zentralausschuss des ÖRK, *Minutes*, Geneva: WCC, 1989.

müssen solche Überlegungen wohl zwangsläufig in die Irre gehen, wenn versucht wird, die ekklesiologische Bedeutung des ÖRK als statischen Zustand festzuschreiben. Nur als anhaltend dynamischer Prozess scheint dies überhaupt plausibel und legitim. Immer wieder gab es Versuche, ein neues ekklesiologisches Selbstverständnis der ökumenischen Bewegung vorauszusetzen.[58] Aber sie „haben alle keine greifbaren Ergebnisse gezeitigt, weil sie eine Theologie des ÖRK als einer ekklesialen Größe im Auge hatten. Doch der ÖRK ist keine Kirche und kann darum keine eigene, von den Kirchen unabhängige Theologie und Ekklesiologie haben. Der ÖRK hat nur die Ekklesiologien seiner Mitgliedskirchen. Das aber macht gerade seinen auszuschöpfenden Reichtum aus. Die Ekklesiologien stehen im ständigen Dialog und in Wechselwirkung miteinander und beeinflussen sich dadurch gegenseitig."[59]

Hier kann es also nicht um die Formulierung einer ökumenischen Ekklesiologie gehen, an der dann die singuläre Position einer Tradition zu messen wäre. Vielmehr wollen sich die folgenden Überlegungen als Bestandsaufnahme eines Gesprächs verschiedener Ekklesiologien miteinander verstanden wissen. Die Darstellung und Diskussion bezieht sich auf die Gemeinschaft der Kirchen, wie sie sich im ÖRK institutionalisiert hat und soll so den Horizont bilden für die Fragestellung an die einzelne Tradition.

I.2.1. Die bleibende Frage nach der Ekklesialität der Gemeinschaft der Kirchen

Die ekklesiologische Fragestellung begleitet die ökumenische Bewegung seit der Gründungsphase des ÖRK, die vornehmlich von den westlichen Kirchen anglikanischer und protestantischer Tradition ge-

---

58 So bereits bei Dietrich Bonhoeffer, der schon 1934 in Bezug auf die Arbeit des Weltbundes meinte: „Das Schicksal des Weltbundes entscheidet sich daran, ob er sich als Kirche oder als Zweckverband versteht. Kirche ist der Weltbund, sofern er im gehorsamen und gemeinsamen Hören und Verkündigen des Wortes Gottes seinen Grund hat. Zweckverband ist er, wenn er in der Verwirklichung von Zwecken und Zuständen irgendwelcher Art sein Wesen hat. Nur als Kirche kann der Weltbund vollmächtig das Wort Christi den Kirchen und Völkern sagen. Als Zweckverband steht er neben zahllosen anderen gleichartigen Verbänden ohne Vollmacht." DIETRICH BONHOEFFER, Die Kirche und die Welt der Nationen; in: Gesammelte Schriften, hg. von EBERHARD BETHGE, Bd. 1, München: Kaiser 1965², 212. Ulrich Duchrow forderte eine positive Überprüfung der Frage von Toronto und der ekklesiologischen Bedeutung des ÖRK: „Dennoch ist entscheidend wichtig, die verdrängte Frage der kirchlichen Verbindlichkeit der ökumenischen Bewegung erneut aufzugreifen und zu klären, da sonst die universale Kirche Jesu Christi ohne konkrete Gestalt ist." ULRICH DUCHROW, Konflikt um die Ökumene, München: Kaiser 1980, 300.
59 BOROVOY, Die kirchliche Bedeutung des ÖRK, 165.

prägt war.[60] Im römischen Katholizismus wurde immer Interesse signalisiert, zu Beginn besonders aus Frankreich, Belgien und Holland. Doch es blieben erhebliche Vorbehalte, da gerade nicht klar war, welchen ekklesiologischen Stellenwert dieses neue Instrument der Kirchen haben sollte. Unterschiedliche Interessen und uneinheitliche Ziele mussten jene Traditionen skeptisch sein lassen, die der geschichtlich gewachsenen Institution einen hohen Stellenwert beimessen. Somit stellte sich die Frage nach dem ekklesiologischen Selbstverständnis von Beginn an. Es wurde wiederholt betont, dass der ÖRK keine neue Kirche – und noch weniger eine „Superkirche" – sei und keine kirchlichen Funktionen ausübe. In der Verfassung wurde festgehalten, dass der ÖRK keine kirchenregimentlichen Rechte über die Kirchen ausüben könne.[61] Dennoch blieb die Frage und die Ungewissheit darüber, welche ekklesiologische Bedeutung diesem geschichtlichen Präzedenzfall zukommt, wenn er sich andererseits als Gemeinschaft von Kirchen definiert. Hat dieser Organismus einen ekklesialen Status? Was ist das Wesen dieser Gemeinschaft?[62] – Ein kurzer Blick auf die Anfänge zeigt, wie dieser Frage zunächst begegnet wurde.

a. Richtungsvorgabe durch die Toronto-Erklärung 1950

Bereits 1949 kam es in Paris zu einem Treffen katholischer Ökumeniker, aus dem der erste Entwurf zur sog. „Toronto-Erklärung" hervorging. Dieser wurde in seiner revidierten Fassung 1950 dem Zentralausschuss des ÖRK in Toronto vorgelegt. Bereits zwei Jahre nach Gründung des ÖRK (1948) war es notwendig geworden, eine Erklärung zu dieser elementaren Frage abzugeben: über „die ekklesiologische Bedeutung des Ökumenischen Rates der Kirchen", so lautet der Untertitel der Toronto-Erklärung, der ursprünglich der Haupttitel sein sollte. In der Umstellung zeichnet sich die Brisanz wie die Gewichtung bereits ab: Kann dem ÖRK ekklesiologische Bedeutung zukommen? Der gefundene Kompromiss deutet sich im schließlich angenommenen Haupttitel an: „Die Kirche, die Kirchen und der Ökumenische Rat der Kirchen". Die Herausforderung wird in der Einleitung genannt: „Wie kann man die ekklesiologische Bedeutung

---

60 Aus der orthodoxen Tradition war lediglich das Patriarchat von Konstantinopel von Beginn an vertreten.

61 „Der ÖRK besitzt keine gesetzgebende Gewalt über die Kirchen. Er handelt auch in keiner Weise in ihrem Namen, außer in den erwähnten oder von den Mitgliedskirchen künftig festgelegten Fällen." *Verfassung und Satzung des ÖRK*, Art. IV. Vollmacht, 517.

62 Vgl. hier auch CONSTANTINE SCOUTERS, *Die kirchliche Bedeutung des ÖRK. Die Verschmelzung von Lehre und Leben*; in: *Es begann in Amsterdam*, 169 ff.

einer Körperschaft bestimmen, in der sehr verschiedene Auffassungen vom Wesen der Kirche vertreten sind, ohne dabei die Kategorien und Ausdrucksformen einer einzelnen dieser Auffassungen von der Kirche zu benutzen?"[63]

Das Problem besteht somit auch in der Suche nach einer gemeinsamen Sprache. Begriffe und Metaphern, Denkkategorien und Aussageformen unterscheiden sich in hohem Maße. Es überrascht daher nicht, dass die Toronto-Erklärung zunächst mit sechs Negationen darüber beginnt, was der ÖRK *nicht* sein will. Er ist *nicht* die „Una Sancta", von der in den altkirchlichen Bekenntnissen die Rede ist (§ 1). Damit wird auf eine attributive Näherbestimmung der Gemeinschaft zunächst verzichtet. Hinsichtlich des Spannungsverhältnisses von Konstitution und Institution wird für den ÖRK eindeutig zugunsten der letzteren gewichtet: Es wird unterschieden zwischen der *einen* Kirche, die die Konfessionen ihrem Wesen nach sind, und dem ÖRK als einem *Instrument* der Kirchen. Damit sollte allen Ängsten gewehrt werden, hier könnte sich eine neue Autorität etablieren, die den Anspruch einer Repräsentation der geglaubten Kirche auf sich ziehen würde. Der ÖRK erhebt seine Autorität demnach nicht aus einem ekklesialen Anspruch, sondern nur aufgrund der „Weisheit", die ihm von *den Kirchen* zuerkannt wird.[64]

Die weiteren Negierungen bestätigen diese Interpretation: „Der ÖRK wurde nicht geschaffen, um Unionsverhandlungen zwischen den Kirchen in die Wege zu leiten ..." (§ 2), „der ÖRK darf sich nicht auf den Boden einer besonderen Auffassung von Kirche stellen. Das ekklesiologische Problem wird durch seine Existenz nicht präjudiziert" (§ 3).[65] Vielmehr solle im ÖRK Raum sein für die Ekklesiologie jeder Kirche, die (1) bereit ist, am ökumenischen Gespräch teilzunehmen und die (2) die Basisformulierung akzeptiert. Keine Kirche ist verpflichtet, ihre Ekklesiologie zu ändern. Ziel des ÖRK könne nicht eine Relativierung der spezifischen Auffassungen von Kirche sein (§ 4). Keine Kirche müsse „eine bestimmte Lehre über das Wesen der kirchlichen Einheit" annehmen (§ 5).[66] Ausdrücklich wurde darauf hingewiesen, dass die Einheitsvorstellung von der „unsichtbaren Kirche" weder angenommen noch abgelehnt werde (§ 6).[67]

---

63 Ebd., 253. Vgl. auch die Aussage von Visser't Hooft: „... denn es war seltsam, die ekklesiologische Bedeutung zu unterstreichen, wenn in der Erklärung der Standpunkt vertreten wird, dass der Ökumenische Rat keine besondere Auffassung von der Kirche hat." WILLEM A. VISSER'T HOOFT, *Ursprung und Entstehung des ÖRK*, Beiheft zur ÖR 44, Frankfurt/M: Lembeck, 77.

64 Vgl. WILLIAM TEMPLE; in: *Die Kirche, die Kirchen und der ÖRK*, 253.

65 Ebd., 254.

66 Ebd., 255.

67 Diese Bemerkung bezog sich explizit auf die Enzyklika *Mystici Corporis*, a. a. O.

Mit diesen Negationen lehnte es der ÖRK kategorisch ab, eine
eigene Ekklesiologie zu entwickeln, die die bestehenden Ekklesiologien der Mitgliedskirchen relativieren könnte. Die Frage drängt sich
auf, ob damit nicht gerade die Gefahr gegeben war, der oben beschriebenen Spannung auszuweichen, indem man sich im Blick auf
die Gemeinschaft der Kirchen zunächst gänzlich auf den Bereich der
erfahrenen Kirche beschränkte. Somit ergibt sich von Beginn an die
Herausforderung einer Klärung der Verhältnisbestimmung von geglaubter Kirche (der *einen* Kirche) und erfahrener Kirche (dem ÖRK
als institutionalisierte Gemeinschaft von Kirchen).[68]

In der Toronto-Erklärung schließen sich dann aber positive Formulierungen an über „Voraussetzungen, ... auf denen der ÖRK aufgebaut ist" und „die ekklesiologische Bedeutung, die der Mitgliedschaft im Rate zukommt".[69] Das Gespräch, die Zusammenarbeit und
das gemeinsame Zeugnis beruhen auf der Anerkennung, „dass Christus
das göttliche Haupt des Leibes" ist (§ 1): die „Mitgliedskirchen des
ÖRK glauben auf Grund des Neuen Testaments, dass die Kirche
Christi eine ist" (§ 2).[70] Diese Aussage wird gar als „Glaubensartikel"
bezeichnet. Damit ist die Herausforderung des zu klärenden Spannungsverhältnisses zwischen der *einen* Kirche, die die Kirche Jesu
Christi ist, und dem ÖRK, der nicht die *Una Sancta* sein kann,
offensichtlich erkannt. Immerhin wird eine „heilige Unzufriedenheit"
diesbezüglich festgestellt.[71]

„Die Mitgliedskirchen erkennen an, dass die Mitgliedschaft in der Kirche
Christi umfassender ist als die Mitgliedschaft in ihrer eigenen Kirche ...", alle
christlichen Kirchen einschließlich der Kirche in Rom sind der Meinung, dass
die Mitgliedschaft in der einen heiligen Kirche sich nicht vollständig mit der
Mitgliedschaft in ihrer eigenen Kirche deckt" (§ 3).[72]

Es lässt sich ein Bekenntnis zur geglaubten Kirche erkennen, die durch
das Attribut *catholica* geprägt ist, auch wenn die institutionalisierten
Konfessionen hierzu im Widerspruch zu stehen scheinen.

„Die ökumenische Bewegung steht auf dem Standpunkt, dass jede Kirche auf
diesem Gebiet eine positive Aufgabe zu erfüllen hat. Die Aufgabe besteht
darin, mit all denen Gemeinschaft zu suchen, die, solange sie nicht Glieder

---

68 Ein zusätzliches Problem ergibt sich dadurch, dass der ÖRK nur einen Teil der
   ökumenischen Bewegung und der Kirchen tatsächlich repräsentiert.
69 *Die Kirche, die Kirchen und der ÖRK*, 256.
70 Ebd., 256.
71 Ebd., 257.
72 Zum Ausdruck komme dies darin, dass „die christlichen Kirchen mit ganz wenigen
   Ausnahmen die von anderen Kirchen vollzogene Taufe als rechtmäßig annehmen".
   Hier wird nicht berücksichtigt, dass in manchen Konfessionen das eigene Taufverständnis bzw. die eigene Taufform als allein gültig angesehen wird.

desselben sichtbaren Leibes sind, doch als Glieder des mystischen Leibes zusammengehören."[73]

Demnach versteht sich die ökumenische Bewegung doch zumindest als der Ort, an dem die Spannung zwischen geglaubter und erfahrener Kirche im Blick auf das Attribut der „una ecclesia" entdeckt wird. Weitere Klärungen über das Verhältnis der vielen Kirchen zu der „heiligen katholischen Kirche, die in den Glaubensbekenntnissen bekannt wird" (§ 4) werden lediglich als Problem angezeigt. Dies ist zur bleibenden Herausforderung der ökumenischen Bewegung geworden. In Toronto wurde gar eingeräumt, dass aus der Mitgliedschaft im ÖRK noch nicht folge, dass eine Kirche die andere im vollen Sinne des Wortes anerkennen müsse. In anderen Kirchen seien aber immer „vestigia ecclesiae" (Spuren der wahren Kirche) zu erkennen. Diese werden identifiziert: (1) Verkündigung des Wortes, (2) Auslegung der Heiligen Schrift, (3) Verwaltung der Sakramente. Alle Konfessionen „enthalten eine wirkliche Verheißung", sind nicht nur „Schatten der wahren Kirche".[74] Die ökumenische Bewegung gründe in der Überzeugung, dass man diesen Spuren nachgehen müsse, denn sie seien „Zeichen", die auf eine wirkliche Einheit hinwiesen und Instrumente, „durch die Gott sein Werk tut".[75] Neben den Attributen werden also durchaus auch *konstitutive notae externae* (Kennzeichen) der einen Kirche genannt.

In den §§ 6–8 wird die Funktion der Kirche festgehalten: „... weil die Kirche in der Welt steht, um Christus zu bezeugen", bemüht sie sich „um ein gemeinsames Zeugnis". Mitgliedskirchen des ÖRK wüssten sich miteinander solidarisch verbunden, stünden einander in Not bei, enthielten sich solcher Handlungen, die den geschwisterlichen Beziehungen widersprächen (§ 7). Ein geistliches Verhältnis miteinander sei notwendig zur Auferbauung des Leibes Christi und zur Erneuerung des Lebens der Kirche (§ 8). Es ist „gemeinsame Lehre der Kirchen, dass die Kirche der Tempel Gottes ist, ein Gebäude, das einmal gebaut worden ist und zugleich auch weiterhin gebaut wird".[76] Deshalb gäbe es „Kennzeichen" der Kirche (Singular), die zu ihrem Wesen und ihrer Grundstruktur gehörten und daher unveränderlich seien. Andererseits habe Kirche aber auch „Merkmale", die veränderlich seien. Somit wird auch hier differenziert zwischen wesensbestimmenden Attributen, konstitutiven Kennzeichen und veränderbaren Merkmalen, ohne genauer zu klären, in welchem Verhältnis diese in

---

73 *Die Kirche, die Kirchen und der ÖRK*, 257.
74 Ebd., 258.
75 Ebd., 259.
76 Ebd., 260.

der Gemeinschaft der Kirchen zu deuten wären. Immerhin war damit die Richtung für die notwendige weitere Diskussion innerhalb der ökumenischen Bewegung vorgegeben.

Um die Toronto-Erklärung erschöpfend zu würdigen, soll ihre Intention noch einmal in den Blick kommen: Zum Einen wollte sie auf die Frage antworten, wie eine Kirche ihre Mitgliedschaft im ÖRK vom Boden ihrer eigenen traditionellen Ekklesiologie aus rechtfertigen könne. Zum Zweiten wie der geistlichen Wirklichkeit, die in der ökumenischen Bewegung tatsächlich erfahren werde, sichtbar Ausdruck zu verleihen sei. Dies wird aber im Grunde nicht beantwortet. – Aus der Unbestimmtheit ergab sich als Folge für den Rezeptionsprozess, dass die Toronto-Erklärung von den verschiedenen Konfessionen ganz unterschiedlich gedeutet wurde. Für die Orthodoxen Kirchen ist sie die „große Charta des ÖRK" und „die Hauptgarantie für die Unversehrbarkeit und Integrität *ihrer* Ekklesiologie im Rahmen des ÖRK".[77] Für kritische Protestanten und auch für manche Evangelikale war sie dagegen eher Hindernis auf dem Weg zur Einheit: der ÖRK werde zum Forum für Begegnung und Diskussion degradiert. Daraus ergaben sich immer wieder Forderungen nach einer Revision, da diese Erklärung nicht die „geistliche Erfahrung des Miteinanderlebens" in der ökumenischen Gemeinschaft widerspiegele.[78] Besonderer Streitpunkt blieb vor allem die gegenseitige Anerkennung als wahre Kirchen.[79] – Letztlich blieb allein das christozentrische Bekenntnis als Grund für die gemeinsame Suche nach der sichtbaren Einheit.

Wenn eine gemeinsame Gegebenheit der Attribute vorausgesetzt wird und konstitutive Kennzeichen gemeinsam benannt werden können, dann bleibt als Aufgabe zum Einen die Klärung dieses Verhältnisses, zum Zweiten die Bestimmung der Ekklesialität der Gemein-

---

77 VITALY BOROVY, *Die kirchliche Bedeutung des ÖRK*, 153.
78 Ebd., 152. Vgl. auch WILLEM A. VISSER'T HOOFT in: ANS VAN DER BENT, *Vital Ecumenical Concerns*, Geneva: WCC 1986, 93. José Miguez Bonino hat das in dem „Bemühen um eine lebendige und kohärente Theologie" so ausgedrückt: „Es ist eine Frage der Ekklesiologie. Die Toronto-Erklärung ist nach wie vor eine relevante und notwendige Schutzerklärung. Doch sie muss durch ein positives Nachdenken über die ekklesiale (vielleicht im Unterschied zur kirchlichen = ekklesiastischen) Bedeutung der ökumenischen Bewegung und des ÖRK als sein bevorzugtes Instrument ergänzt werden." Dabei stünden wiederum zwei Fragen im Vordergrund: (1) „Die ekklesiale Bedeutung des ÖRK und ihre Auswirkungen auf seine Richtlinien und Programme" und (2) „Das Verhältnis zwischen den Ekklesiologien, die sich hinter den verschiedenen Untereinheiten usw. verbergen". Vgl. die Diskussionen des Exekutivausschusses Kinshasa 1985, Reykjavik 1986 und Atlanta 1987; in: *Minutes*.
79 So z. B. von Seiten der russisch-orthodoxen Kirche bereits bei der Aneignung der Toronto-Erklärung durch den Zentralausschuss, vgl. GEORGE FLOROVSKY: seine Kirche betrachte die anderen Kirche als im Wesentlichen unvollständig, beschrieben in: VISSER'T HOOFT, *Ursprung und Entstehung des ÖRK.*, op. cit., 77.

schaft von Kirchen, denn es wird deutlich, dass die Erklärung sich darauf beschränkt, lediglich den „kleinsten gemeinsamen Nenner" zu ermitteln. Das aber reicht offensichtlich nicht aus, wenn in manchen Konfessionen weitere und andere konstitutive Kennzeichen hinzutreten bzw. wegfallen können. Zum Dritten zeigte sich bald, dass eine christozentrische und christomonistische Gründung allein für die Entwicklung einer ekklesialen Bestimmung der Gemeinschaft der Kirchen nicht ausreichend sein konnte.

Der „Erfolg" der Toronto-Erklärung lag zu jener Zeit allerdings gerade im Verzicht des ÖRK, sich selbst als eine neue dauerhafte ekklesiologische Autorität einzurichten sowie in der Abwehr des Verdachts, er wolle die Souveränität der Mitgliedskirchen einschränken. Einerseits verfehlte diese Intention ihre positive Wirkung für die weitere Dynamik innerhalb des ÖRK nicht. Andererseits aber hat das Ausweichen und Suspendieren dieser zentralen Frage die Arbeit des ÖRK auch immer wieder behindert und schließlich in die Krise geführt, so dass sie heute wieder und nicht weniger vehement zur Klärung ansteht.[80]

b. Der „CUV-Prozess" – 50 Jahre nach Toronto: sozialethische und geistlich/kirchliche Perspektive

Die ekklesiologische Frage im Horizont der Ökumene kann anhand der Vollversammlungen leicht verfolgt werden.[81] New Delhi 1961 stellt auch diesbezüglich eine wichtige Zäsur dar, denn hier wird die christologische Basis um die trinitarische Perspektive erweitert und in der *Erklärung über die Einheit der Kirche* betont: „Wir glauben, dass die Einheit, die zugleich Gottes Wille und seine Gabe an seine Kirche ist, sichtbar gemacht wird, indem alle an jedem Ort, die in Jesus Christus getauft sind und ihn als Herrn und Heiland bekennen, durch den Heiligen Geist in eine völlig verpflichtete Gemeinschaft geführt werden ...". Uppsala 1968 interpretierte den ÖRK als eine Gemeinschaft von Kirchen, die danach trachtet, in ihrem Leben die Katholizität als Hauptmerkmal der Kirche zum Ausdruck zu bringen *und zu verwirklichen*. Nairobi 1975 fand neue Wege in der „konziliaren

---

80 Vgl. die spannungsreichen Diskussionen zwischen orthodoxen und protestantischen Vertretern in den Zentralausschusssitzungen 1996 und 1997 im Vorfeld der achten Vollversammlung in Harare, *Minutes*, Geneva: WCC. Vgl. auch die Einschätzung von MICHAEL WEINRICH, *Ökumene am Ende?* Plädoyer für einen neuen Realismus, Neukirchen-Vluyn: Neukirchener 1995.
81 Vgl. z. B. REINHARD FRIELING, *Der Weg des ökumenischen Gedankens.* Eine Ökumenekunde. Zugänge zur Kirchengeschichte Bd. 10, Göttingen: Vandenhoeck & Ruprecht 1992.

Gemeinschaft von Gemeinden" (*local churches*), die ihrerseits tatsächlich vereinigt seien. Vancouver 1983 gilt als Meilenstein im wachsenden Selbstverständnis und der zunehmenden Selbstverwirklichung des ÖRK in einer „eucharistischen Vision". Canberra 1991 griff erneut den aus den Anfängen der ökumenischen Bewegung bekannten Begriff der Koinonia auf (*Die Einheit der Kirche als Koinonia. Gabe und Berufung*) und unterstrich zudem durch die Themenwahl die pneumatologisch erweiterte Gründung („Komm, Heiliger Geist, erneuere die ganze Schöpfung").

Auf der Jubiläums-Vollversammlung des ÖRK 1998 in Harare wurde schließlich eine Grundsatzerklärung zum Selbstverständnis vorgelegt, die 1997 nach einem über achtjährigen Reflexionsprozess vom Zentralausschuss angenommen worden war: „Auf dem Weg zu einem gemeinsamen Verständnis und einer gemeinsamen Vision des Ökumenischen Rates der Kirchen" (CUV).[82] Eigentlich sollte diese nun auch von der Vollversammlung angenommen werden und in eine Neuverpflichtung münden, um als „ökumenische Charta" für das 21. Jahrhundert zu dienen.[83] Doch die Debatten zeigten deutlich, dass auch dieses Dokument die Diskussionen um das Selbstverständnis und damit zusammenhängend die ekklesiologischen Fragen der Gemeinschaft der Kirchen nicht konsensfähig explizieren konnte. Dennoch lässt es Aussagen zu über den Stand der ekklesiologischen Überlegungen: Das Bemühen wird erkennbar, zwei biblische Visionen zusammenzuhalten, die in der ökumenischen Bewegung immer wieder in Spannung zueinander standen: Zum einen das Hohepriesterliche Gebet in Joh 17 (V. 21 „dass sie alle eins seien ... damit die Welt glaube"), zum anderen der Lobpreis in Eph 1 (V. 9–10 „Denn Gott hat uns wissen lassen das Geheimnis seines Willens nach seinem Ratschluss ... wenn die Zeit erfüllt wäre, dass alles zusammengefasst würde in Christus, was im Himmel und auf Erden ist"). Diese schlagen sich nieder in

---

82 *Auf dem Weg* zu einem Gemeinsamen Verständnis und einer gemeinsamen Vision des Ökumenischen Rates der Kirchen. Grundsatzerklärung; in: *Gemeinsam auf dem Weg*, 159–194. (engl.: *Common Understanding and Vision*; zit. CUV). Vgl. auch die Einleitung und die Diskussionsbeiträge im gleichen Band. Im ersten Kapitel wird der Kontext des CUV-Prozesses beschrieben, der sich in Kontinuität sieht zu vorgängigen Diskussionen, die ebenso zur Aufgabe hatten, den „Charakter und Zweck der ökumenischen Gemeinschaft im ÖRK zu definieren". Im 2. Kapitel wird der ÖRK als ein Teil der ökumenischen Bewegung vorgestellt. Im 3. Kapitel soll schließlich das „Selbstverständnis" beschrieben werden, auf der Grundlage der bestehenden „Basis", in Kapitel 4 geht es um die unterschiedlichen Beziehungen zu anderen Partnern. Immerhin ergaben sich aus diesem Prozess einige, nicht unwesentliche Satzungsänderungen im Blick auf die Ziele und Funktionen des ÖRK. Vgl. *Verfassung und Satzung des ÖRK*, Art. III, 515 f. Die älteren Formulierungen stammten von der fünften Vollversammlung in Nairobi 1975, vgl. ebd., 180.
83 Ebd., Vorwort, 159.

jenen Positionen, die die Gemeinschaft der Kirchen vor allem in der sozialen Dimension verwirklicht sehen und denen, die sie in geistlicher und kirchlicher Weise sehen.[84]

Spiegelt sich hier die unausweichliche ekklesiologische Spannung von geglaubter und erfahrener Kirche wider? Sicherlich wäre es eine Verkürzung, die sozialethische Position auf die erfahrene Kirche, die geistlich/kirchliche auf die geglaubte zu reduzieren. Doch lässt sich vermuten, dass die sozialethische Position den Zugang zum benannten Spannungsverhältnis vornehmlich aus der Perspektive der Berufung der Kirche wählt und ihrer Erfahrung („von unten"), die geistlich/kirchliche hingegen vornehmlich aus der Perspektive des Wesens der Kirche und ihrem Glauben („von oben"). Beide Positionen verhielten sich dann im Grunde komplementär zueinander, gerade auch in ihrer unterschiedlichen theologischen Gründung. Denn zu Trennungen muss dies nur dann führen, wenn das Spannungsverhältnis nicht gleichzeitig im Satz von der Erwählung, im Motiv der Inkarnation und im Ereignis von Pfingsten reflektiert wird. Die trinitarische Gründung kommt so in den Blick: „Die Dynamik der ökumenischen Bewegung hat ihre Wurzeln in dem Spannungsverhältnis zwischen den Kirchen, wie sie sind, und der wahren *koinonia* mit dem dreieinigen Gott und miteinander, die ihre Berufung und Gottes Gabe ist".[85]

Im Selbstverständnis greift die Erklärung auf die Negierungen von Toronto 1950 zurück. Dennoch wird festgehalten, dass der Begriff der Gemeinschaft nahe lege, dass der ÖRK mehr sei als ein institutioneller Zusammenschluss von Kirchen. Die Existenz des ÖRK stelle die Mitgliedskirchen damit vor eine „ekklesiologische Herausforderung"[86]: „... die Bedeutung und die Tragweite der Gemeinschaft, die sie im Rat erfahren, wie auch die ekklesiologische Bedeutung der *koinonia* zu klären, die Ziel und Zweck des ÖRK, aber noch nicht Wirklichkeit ist."[87]

Damit ist gesagt, dass die Gemeinschaft real erfahren wird als vorgegebene, dass diese aber im Sinne der Koinonia noch einer ekklesiologischen Klärung bedarf. Und weil diese Gemeinschaft kein Selbstzweck ist, kann sie als „missionarische, diakonische und ethische Gemeinschaft von Kirchen beschrieben werden".[88] Demnach müsse im Blick auf die Institution diese Identität zum Ausdruck kommen, „die auf einer trinitarischen Grundlage in dieser Körperschaft zusam-

84 Vgl. *Auf dem Weg*, 170.
85 Ebd., 171.
86 In Aufnahme eines Zitates des Ökumenischen Patriarchats, ebd., 174.
87 Ebd., 175.
88 Ebd.

mengefunden haben".[89] Hier kommt die Absicht deutlich zum Ausdruck, den Bezug zwischen trinitarisch gegründeter Konstitution und
handelnder Institution herzustellen. Wie das gemeinsam zum Ausdruck kommen kann, bleibt die noch zu erfüllende Aufgabe, ebenso
die Klärung des Verhältnisses von Trinität und Ekklesiologie. Die
Genese und Ausdifferenzierung dieser Aufgabe soll in den folgenden
Abschnitten anhand der neueren Studienprojekte systematisiert dargestellt werden.

I.2.2. Die ekklesiologische Frage in den neueren Diskussionen von Glauben und Kirchenverfassung (seit 1982)

Die Zielfunktion der Kommission für Glauben und Kirchenverfassung
(Faith and Order, zit. F&O) als Teil des ÖRK ist in der Satzung
gegeben und deutet die Zentralität der ekklesiologischen Frage bereits
an: „... die Einheit der Kirche Jesu Christi zu verkünden und die
Kirchen aufzurufen zu dem Ziel der sichtbaren Einheit in einem Glau-
ben und einer eucharistischen Gemeinschaft, die ihren Ausdruck im
Gottesdienst und im gemeinsamen Leben in Christus findet, damit die
Welt glaube."[90]

Daher ist die aktuelle Diskussion gerade dieser Kommission des
ÖRK darzustellen, um den ökumenischen Horizont abzustecken, in
dem sich die ekklesiologische Frage heute stellt[91], zumal auch die
römisch-katholische Kirche hier als Vollmitglied vertreten ist. Drei
Dokumente aus den vergangenen zwanzig Jahren bilden die Grundlage
für den aktuell andauernden Diskussionsprozess, der in das neueste
Studiendokument über *Wesen und Bestimmung der Kirche*[92] mündete.
Da diese drei Prozesse zum Teil parallel zueinander verliefen und sich
gegenseitig beeinflussten[93], soll hier eine Zusammenschau nach The-

---

89 Ebd., 183 f.
90 *By-Laws of the Faith and Order Commission*, Art. 3 in: *Faith and Order in Moshi*,
   ed. by ALAN FALCONER, Geneva: WCC 1998, Appendix 4, 323.
91 Vgl. zur geschichtlichen Entwicklung MATTHIAS HAUDEL, *Die Bibel und die Einheit
   der Kirchen*. Eine Untersuchung der Studien von Glaubens und Kirchenverfassung,
   Göttingen: Vandenhoeck & Ruprecht 1993. (Besprochen werden die Dokumente bis
   Bangalore 1978).
92 *Das Wesen und die Bestimmung der Kirche*. Ein Schritt auf dem Weg zu einer
   gemeinsamen Auffassung, hg. von DAGMAR HELLER. Studiendokument von Glauben
   und Kirchenverfassung (F&O Paper 181), Frankfurt/M: Lembeck 2000. Hier werden
   nicht nur Ergebnisse der neueren Studien zusammengetragen, sondern es wird auch
   zurückgegriffen auf zahlreiche bilaterale theologische Übereinstimmungen und Erfahrungen von vereinigten und vereinigenden Kirchen.
93 Vgl. GÜNTHER GASSMANN, *Zum Ekklesiologie-Projekt von Glauben und Kirchenverfassung*; in: RITSCHL/NEUNER, *Kirchen in Gemeinschaft – Gemeinschaft der Kirchen*,
   215–224.

men systematisiert erstellt und im Blick auf die ekklesiologischen Implikationen ausgewertet werden.

Bei der Tagung der Kommission für F&O in Lima/Peru (1982) wurde ein Studienprogramm über „Kirche und Welt. Die Einheit der Kirche und die Erneuerung der menschlichen Gemeinschaft" in die Wege geleitet.[94] Die Initiative hierzu lag in der Erkenntnis begründet, zwei elementare Strömungen der ökumenischen Bewegung zusammenzusehen: die Sichtbarmachung der Einheit der Kirche und das gemeinsame christliche Zeugnis und Engagement in der Welt. Hier zeichnet sich der ernste Versuch ab, Kirche in der Spannung von geglaubter und erfahrener Kirche zu verstehen und nicht, wie bis zu diesem Zeitpunkt in der ökumenischen Bewegung meist geschehen, in getrennten Überlegungen zu Wesen (esse) und Funktion der Kirche, sichtbar vertreten in der Kommission von F&O einerseits und der Bewegung für Praktisches Christentum (Life and Work) andererseits. Dennoch will sich auch diese Studie ausdrücklich nicht verstanden wissen als „Ekklesiologie in ökumenischer Perspektive".[95] Das entstandene Studiendokument ist vielmehr Ausdruck ökumenischer Konvergenzen zu Einheit und Erneuerung – in Kirche und Welt. Somit kann es nicht herangezogen werden zur Darstellung der ökumenischen Position zum beschriebenen ekklesiologischen Spannungsverhältnis. Hier ist es aber insofern relevant als entscheidende Richtungslinien für den weiteren Diskussionsverlauf vorgegeben wurden, der noch nicht abgeschlossen ist, sondern über die Vollversammlung in Canberra (1991) und die fünfte Weltkonferenz für F&O in Santiago de Compostela (1993) hinausführte.

Gleichzeitig beschloss die Kommission ein theologisches Studienprojekt für einen gemeinsamen Ausdruck des Apostolischen Glaubens, wie er im Nicaeno-Constantinopolitanum (NC) von 381 bekannt wird. Das Ergebnis wurde im Studiendokument Gemeinsam den einen Glauben bekennen[96] 1990 von

---

94 Kirche und Welt. Die Einheit der Kirche und die Erneuerung der menschlichen Gemeinschaft. Studiendokument von Glauben und Kirchenverfassung, F&O Paper 151, Frankfurt/M: Lembeck 1991. Der Prozess dauerte von 1984–1989. Das Studiendokument stellt das Ergebnis von sieben internationalen Konsultationen dar. 1990 lag es in seiner endgültigen Form vor und wurde „zur Veröffentlichung und Verbreitung und zum Studium in den Kirchen" von der Ständigen Kommission für Glauben und Kirchenverfassung gebilligt. Sie versteht sich auch als Fortführung früherer Studien, insbesondere „Die Einheit der Kirche und die Einheit der Menschheit" und „Die Gemeinschaft von Frauen und Männern in der Kirche". Vgl. auch GÜNTHER GASSMANN, Glaube und Kirchenverfassung 1985–1989, Frankfurt/M: Lembeck 1990.
95 Kirche und Welt, 13. Doch wird gleichzeitig gesagt, dass diese Aufgabe „noch vor uns liegt".
96 Gemeinsam den einen Glauben bekennen. Eine ökumenische Auslegung des apostolischen Glaubens, wie er im Glaubensbekenntnis von Nizäa-Konstantinopel (381) bekannt wird. Studiendokument von Glauben und Kirchenverfassung, F&O Paper 153, Frankfurt/M u. Paderborn: Lembeck u. Bonifatius 1991. Vgl. zum gesamten HANS-GEORG LINK (Hg.), Gemeinsam glauben und bekennen. Handbuch zum Apostolischen Glauben, Neukirchen-Vluyn: Neukirchener u. Paderborn: Bonifatius 1987.

der Ständigen Kommission gebilligt und veröffentlicht. Fundamentale Aussagen zum Wesen der Kirche als gemeinsames Bekennen in ökumenischer Gemeinschaft kommen hier zum Ausdruck. An mehreren Stellen nehmen die beiden Studien Bezug aufeinander, so dass ersichtlich wird, dass sie nicht isoliert voneinander entwickelt wurden.

Schließlich greifen beide Studien auch auf Ergebnisse des sog. „Lima-Prozesses" zurück. Denn auch das „Lima-Dokument" über TAUFE, EUCHARISTIE UND AMT[97] impliziert eine „Ekklesiologie, die nicht explizit im Text entfaltet wurde".[98] Die Konvergenzerklärungen erzielten eine beachtliche Rezeption in den verschiedensten Kirchen. „Diese Frucht jahrelanger ökumenischer Diskussion ist der ökumenische Text, der in neuerer Zeit am weitesten verbreitet, am häufigsten übersetzt und diskutiert worden ist".[99] Die hierin implizit vorhandene Ekklesiologie wurde zum entscheidenden Impulsgeber für weitere Diskussionen über ökumenische Perspektiven zur Ekklesiologie. Denn die Reaktionen der Kirchen evozieren die Frage nach dem ekklesiologischen Rahmen, in dem die jeweiligen Einzelaussagen gemacht werden, da sie erst in diesem Kontext für andere verständlich werden. So finden sich im Lima-Dokument neue Impulse für eine Ekklesiologie im ökumenischen Horizont.

DAS WESEN UND DIE BESTIMMUNG DER KIRCHE[100] ist das aktuellste Studiendokument von F&O, in dem die ekklesiologische Frage direkt aufgegriffen wird. Es ist als Ergebnis eines fünfjährigen Studienprozesses zu betrachten, der auf der fünften Weltkonferenz von F&O (Santiago de Compostela 1993) angeregt wurde. Dass diese Studie entstand, mag bereits als Beleg für die bleibende Dringlichkeit der ekklesiologischen Fragestellung in der Ökumene gewertet werden. Der Untertitel verdeutlicht Selbstverständnis und Intention: „Ein Schritt auf dem Weg zu einer gemeinsamen Auffassung". Somit ist als Zielrichtung in der Tat eine „gemeinsame" Ekklesiologie identifiziert (wenn

---

DERS., *Bekennen und Bekenntnis*. Ökumenische Studienhefte 7, Bensheimer Hefte 86. Göttingen: Vandenhoeck & Ruprecht 1998. DEUTSCHER ÖKUMENISCHER STUDIENAUSSCHUSS (DÖSTA), *Wir glauben, wir bekennen, wir erwarten*. Eine Einführung in das Gespräch über das Ökumenische Glaubensbekenntnis von 381, hg. von WOLFGANG BIENERT. Eichstätt: Franz Sales 1997.

97 *Taufe, Eucharistie und Amt*. Konvergenzerklärungen der Kommission für Glauben und Kirchenverfassung des Ökumenischen Rates der Kirchen. Frankfurt/M: Lembeck 1987[11]. Auch in: *Dokumente wachsender Übereinstimmung 1931–1982*. Sämtliche Berichte und Konsenstexte interkonfessioneller Gespräche auf Weltebene, hg. von H. MEYER, H. J. URBAN, L. VISCHER, Frankfurt/M: Lembeck 1983, 545–585. Vgl. *Die Diskussion über Taufe, Eucharistie und Amt 1982–1990*. Stellungnahmen, Auswirkungen, Weiterarbeit. Frankfurt/M: Lembeck 1990, sowie *Churches Respond to BEM*, Vol. I–VI, ed. by MAX THURIAN, Geneva: WCC 1986–1988. Vgl. auch KONFESSIONSKUNDLICHES INSTITUT (Hg.), *Kommentar zu den Lima-Erklärungen über Taufe, Eucharestie, Amt*, Bensheimer Hefte 59, Göttingen: Vandenhoeck & Ruprecht 1983.

98 *Gemeinsam den einen Glauben bekennen*, 87.

99 *Erklärung der Kommission* für Glauben und Kirchenverfassung zum Lima-Dokument, Budapest 1989.

100 a. a. O.

auch kaum für alle Konfessionen einheitliche), als auch der Weg dahin als anzustrebende Konvergenz[101] beschrieben, sowie die Feststellung, dass das vorliegende Dokument lediglich als ein erster Entwurf zu einem Konvergenztext im fortdauernden Prozess verstanden werden soll. Die grundsätzliche Frage aller Konvergenztexte ist, ob verbleibende Unterschiede kirchentrennenden Charakter haben. In diesem Dokument wird die Ekklesiologie in ökumenischer Perspektive insgesamt unter dem Aspekt ihrer trinitarischen Gründung erläutert. Dies soll vor allem im Zusammenhang mit dem Koinonia-Verständnis diskutiert werden (s. u. I.2.4.).

Mindestens zwei Grundbewegungen der Diskussion lassen sich nachweisen und es scheint angemessen, die neuere Diskussion so abzugrenzen: Mit dem Dokument von Lima zeigt sich ein markanter Einschnitt, bahnt sich doch hier ein Übergang an von der christomonistischen Gründung der Ekklesiologie hin zu einer pneumatologischen und trinitarischen Erweiterung. Hier beginnt die „Phase der großen Einzelstudien zum Erreichen eines theologischen Konsenses".[102] Deutlicher wird dieser Übergang dann vor allem in *Gemeinsam den neuen Glauben bekennen*, da sich hier erstmals ein Versuch der gemeinsamen trinitarischen Begründung des Kirchenverständnisses nachweisen lässt. Die im Lima-Prozess aufscheinende Tendenz zur katholisierenden Gestalt der Ekklesiologie (Sakramente und Amt) wird nach und nach durch das Konzept der Koinonia ersetzt, das eher das Potenzial zu bieten scheint, die divergierenden konfessionellen Ekklesiologien zu integrieren.

Gleichzeitig finden die sozialethischen Implikationen einer Ekklesiologie im Horizont der Ökumene erkennbar Berücksichtigung.[103] So

101 Definition Konvergenztext: „Ein Konvergenztext versucht einerseits zu formulieren, was von den verschiedenen Kirchen bereits gemeinsam gesagt werden kann, andererseits aufzuzeigen, wie unterschiedliche Positionen einander angenähert werden können. Bei diesem Vorgehen wird aber auch gleichzeitig deutlich, dass bestimmte Unterschiede weiterhin bestehen bleiben." Ebd., Einführung, 5. Vgl. zu diesen Definitionsfragen und der Diskussion darüber JOZSEF FUISZ, *Konsens, Kompromiss, Konvergenz.* Eine strukturanalytische Untersuchung ausgewählter ökumenischer Dokumente, Theologische Fakultät der Universität Heidelberg: Dissertation 2000 (Lit.).
102 MIŠČIK bezeichnet diesen Übergang so: von einem „kreuzestheologisch-trinitarischen" zu einem „epikletisch-trinitarischen" Ansatz; in: *Trinität und Kirche*, 181. Er übernimmt den Begriff des Epikletischen von N. A. Nissiotis, der Ende der 70er Jahre einen Fortschritt der Diskussionen in F&O in einer „epikletischen" Qualität zu erkennen glaubte, in der die pneumatologische Dimension betont werde, vgl. NIKOS A. NISSIOTIS, *Berufen zur Einheit oder Die epikletische Bedeutung der kirchlichen Gemeinschaft*; in: ÖR 26/1977, 297 ff. DERS., *Glaube und Kirchenverfassung – eine Theologische Konsensusgemeinschaft*; in: ÖR 33/1984, 322 ff.
103 MIŠČIK meint, wiederum unter Berufung auf Nissiotis und WOLFHART PANNENBERG (*Die Hoffnung der Christen und die Einheit der Kirche*, in: ÖR 27/1978, 473; DERS., *Die Arbeit von F&O im Kontext der ökumenischen Bewegung*, in: ÖR 31/1982, 47–59), ein Ende der sog. Säkularökumene sei mit dieser Phase angezeigt. Das ist

zeigt sich in der Diskussionsentwicklung eine, wenn auch stets vorsichtig formulierte Annäherung zwischen den traditionellen Strömungen der ökumenischen Bewegung, die ebenfalls im Begriff der Koinonia ihren vorläufigen Zielpunkt erreicht zu haben scheinen. Die Bestimmung von Wesen und Berufung der Kirche wird aus zwei komplementären Perspektiven diskutiert. Hier wird das Ringen um die rechte Bestimmung des Verhältnisses von geglaubter und erfahrener Kirche sichtbar. – Ob damit die Rede von einem „Paradigmenwechsel" in der ökumenischen Bewegung gerechtfertigt erscheint, soll hier nicht diskutiert werden.[104]

a. Spannungsreiche Metaphern: Prophetisches Zeichen, Mysterium, Creatura Verbi

Ausgangspunkt von *Kirche und Welt* ist erklärtermaßen die veränderte und sich verändernde Weltsituation.[105] Die Welt ist der Ort der Kirche, an dem sie bekennt, in den sie sich berufen weiß und gesandt ist, innerhalb dessen sie sich für das Leben einsetzt. „Wo die Kirche dies vernachlässigt, leugnet sie ihr eigenes Wesen und ihre Berufung, ein *prophetisches Zeichen* für die Welt zu sein und ,stellt sich der Welt gleich'."[106] Unter Aufnahme dieser vor allem in der römisch-katholischen Tradition verwendeten Metapher erfolgt hier die erste Wesensbestimmung der Kirche, die als Grundthese des gesamten Dokumentes gewertet werden kann. Damit ist auch gesagt, dass Kirche durch Verkennung ihres Handlungsfeldes ihr eigenes Wesen in Frage stellen kann. Somit ist eine erste Verbindung von Ekklesiologie und Ethik angedeutet. „Eine ökumenisch entfaltete Ekklesiologie darf daher nicht auf sich selbst bezogen, triumphalistisch oder selbstgenügsam sein, sondern sollte den Dienst der Kirchen an der Welt auf Gerechtigkeit, Frieden und Bewahrung der Schöpfung ausrichten."[107]

---

zumindest irreführend, wenn unter Säkularökumene die „Hinwendung zur Welt" gemeint ist (vgl. *Trinität und Kirche*, 166). Später demonstriert er das Gegenteil: „Der Ansatzpunkt des Textes zeigt, dass *Kirche und Welt* sich in seinen Ausführungen für die Perspektive ,von unten' entscheidet und auf die konkrete Situation der Welt abhebt. In diesem Punkt erinnert es an die Option der Säkularökumene ...", ebd., 210.

104 Vgl. KONRAD RAISER, *Ökumene im Übergang*. Paradigmenwechsel in der ökumenischen Bewegung, München: Kaiser 1990, besonders 53 ff. Zu einem vorsichtigeren Gebrauch mahnt Ritschl; in: DIETRICH RITSCHL u. WERNER USTORF, *Ökumenische Theologie – Missionswissenschaft*. Grundkurs Theologie Bd. 10/2, hg. von G. STRECKER, Stuttgart u. a.: Kohlhammer 1994, 28 f. (Lit.).

105 In den 80er Jahren noch deutlich gekennzeichnet durch die Situation des „Kalten Krieges" und der atomaren Bedrohung.

106 *Kirche und Welt*, 10.

107 *Die Diskussion über Taufe, Eucharistie und Amt*, 149.

Die zweite Wesensbestimmung der Kirche stützt sich auf die Metapher *Mysterium*. Begründet ist dies in der Überzeugung, dass die Kirche Anteil hat am Geheimnis Gottes und an seiner Sendung. Kirche ist Kirche des lebendigen Gottes, in ständiger Gemeinschaft mit Gott, durch Jesus Christus im Heiligen Geist. So ist sie mehr als die irdisch-geschichtliche Institution, die aus dem Wirken Jesu hervorging. Sie hat Teil an dem Mysterium Christi und ist daher selbst als Mysterium bestimmt. Hier wird der Einfluss der orthodoxen Traditionen sichtbar, auch weil darin ein trinitarisch begründeter Ansatz mit enthalten ist. Kirche als göttliches Mysterium ist die vollkommene Kirche, die allerdings nur dem Glaubenden erkennbar bleibt. Auch wenn einerseits eingeräumt wird, dass es aus dieser Perspektive praktisch sinnlos werde, „von einer sündhaften, der Veränderung bedürftigen Kirche zu sprechen"[108], so gilt doch andererseits: „dieses göttlich-menschliche Mysterium, das die Kirche ist, bezeugt die Freiheit Gottes und verlangt nach der Verantwortung des Menschen".[109] Damit ist das Wesen der Kirche in ihrer trinitarischen Gründung vorgegeben, was Implikationen für die Lebenspraxis dieses corpus bereitstellt.

Die Initiative (Erwählung) geht von Gott aus, die mit Israel (*qahal Jhwe*) begann und in Jesus Christus weitergeführt wurde, zielt aber über die Grenzen der Kirche hinaus auf alle Menschen. In dieser Weise ist Kirche drittens und in Aufnahme des protestantischen Verständnisses *creatura verbi*, Gabe des Wortes Gottes. Daran muss sie als Institution gemessen werden in all ihren Ausdrucksformen. Hier wird das beständige Korrektiv aus der protestantischen Tradition aufgenommen und die der westlichen Tradition eigene Suche nach einer dialektischen Sprache in metaphorischer Rede eingeholt, um die Spannung zwischen Glauben und geschichtlicher Wirklichkeit in einheitlichen Begriffen zum Ausdruck zu bringen.[110]

Das gemeinsame Motiv aller drei konfessionell geprägten Metaphern liegt in dem Vermögen, die Spannung zwischen Konstitution und Institution auszudrücken. Die ekklesiologische Metapher des Mysteriums (die die geschichtliche Form transzendiert), vermag das ebenso auszudrücken, wie die des prophetischen Zeichens (das über sich selbst hinausweist und doch gleichzeitig ganz an dem Teil hat, auf das es hinweist). Sie stellen zunächst unterschiedliche konfessionelle Sprechweisen dar. Das Spannungsverhältnis selbst ist aber zugleich „die tiefste Herausforderung zur ständigen Erneuerung des Lebens der Kirche …".[111] Kritisch zu fragen bleibt daher, welche

---

108 *Gemeinsam den einen Glauben bekennen*, 90.
109 *Die Diskussion über Taufe, Eucharistie und Amt*, 147.
110 Vgl. *Gemeinsam den einen Glauben bekennen*, 90.
111 *Kirche und Welt*, 36.

unterschiedlichen Selbstverständnisse letztlich diese Sprechweisen
steuern, ob diese durch eine Überblendung der Metaphern verloren
gingen oder ob sie gar unüberwindbar Trennendes ausdrücken.

b. Kirche als Präfiguration des Reiches Gottes

„Die Erinnerung an das eschatologische Reich Gottes wird zur Quelle
der Hoffnung".[112] Buße und Glaube werden hier als die entscheidenden Begriffe identifiziert, wenn der Blick auf die erfahrene Kirche
gelenkt wird.[113] Menschliche Gemeinschaften blieben immer hinter
dem zurück, was von ihnen gefordert werde. Dem Indikativ des angebrochenen Reiches Gottes steht der Imperativ der Verwirklichung
gegenüber. In der Perspektive der Antizipation liege die Kraft zur
Erneuerung, weit über die Grenzen der Kirche hinaus, denn Kirche
ist „Vorgeschmack des Gottesreiches"[114] für die ganze menschliche
Gemeinschaft. Voraussetzung ist die im Namen Gottes versammelte
Gemeinde (Mt 18,20). Deshalb ist Kirche „Präfiguration des Reiches
Gottes".[115]

Die Botschaft vom anbrechenden Reich Gottes entlarvt die Unge-
rechtigkeiten in der menschlichen Gemeinschaft (Gericht). Gleichzeitig wird aber eine hoffnungsvolle Perspektive angeboten (Gnade): die
Verheißung eines neuen Himmels und einer neuen Erde. Diese Botschaft „stellt jeden Einzelnen und jede Gemeinschaft vor die Wahl,
das Gottesreich zurückzuweisen oder eine radikale und totale Entscheidung dafür zu treffen ...".[116] Aufrichten der Gerechtigkeit, Frieden im umfassenden Sinne (שָׁלוֹם) und Freude im Heiligen Geist seien
die Zielpunkte der Verheißung des Reiches Gottes. Eine Reduzierung
dieser Verheißung auf den vertrauten Kreis der Familie oder der
Gemeinde ist daher nicht legitim. Erst im Durchbrechen der eigenen
Grenzen wird die Kirche zum (prophetischen) Zeichen der grenzüberschreitenden, eschatologischen Hoffnung.[117]

In der antizipierten Teilhabe der Kirche am Reich Gottes innerhalb
der gebrochenen Welt wird selbst das Leiden zum Kennzeichen der
Kirche, denn das Leben in Solidarität mit den Leidenden und Macht-

---

112 Ebd. 21. Zur Geschichte und Auslegung dieses Begriffes in der ökumenischen Be-
    wegung vgl. auch WOLFRAM WEISSE, *Praktisches Christentum und Reich Gottes*. Die
    ökumenische Bewegung Life and Work 1919–1937, Göttingen: Vandenhoeck &
    Ruprecht 1991. DERS., *Reich Gottes*. Ökumenische Studienhefte 6, Bensheimer Hefte
    83. Göttingen: Vandenhoeck & Ruprecht 1997.
113 Vgl. Mk 1,15.
114 *Kirche und Welt*, 24. Vgl. „Sauerteig"-Metapher in Mt 13,33.
115 *Gemeinsam den einen Glauben bekennen*, 92.
116 *Kirche und Welt*, 24.
117 Vgl. Eph 2,14–16.

losen dieser Welt bringe in der Kirche selbst Märtyrer (Zeugen) hervor. Aber die Kirche ist dennoch nicht das Reich Gottes, sondern das Reich Gottes bleibt eschatologische Verheißung. Kirche ist Werkzeug des Gottesreiches und wird nicht selbst zur „Architektin" dieses Reiches. Das Reich Gottes ist ein Reich der Gerechtigkeit und der Liebe, die nur bei Gott so beieinander sein könnten. Und doch scheint die Rede von der Kirche als Zeichen des Reiches Gottes dann berechtigt, wenn in ihr die Würde der Einzelnen und das Menschenrecht beachtet werden. So entsteht eine Gemeinschaft, „in der Verletzung und Heilung sich beide innerhalb der Liebe Gottes ereignen und dadurch die Liebe sich durchsetzen kann".[118]

Kirche ist eine Gemeinschaft von „Frauen und Männern aller Altersstufen, Rassen, Kulturen und sozialen und wirtschaftlichen Verhältnisse".[119] „In der christlichen Tradition sind Mann und Frau nach dem Bilde Gottes geschaffen, der als Gemeinschaft der Liebe vom Vater, Sohn und Heiligen Geist offenbart wurde. Als Ebenbilder des dreieinigen Gottes sind Mann und Frau zutiefst miteinander verbunden. Sie werden im wahrsten Sinne dadurch Mensch, dass sie ein Leben führen, das die Beziehungen widerspiegelt, die zwischen den drei Personen der Trinität bestehen. Das kann nur in Christus und durch die Kraft des Heiligen Geistes geschehen."[120] So wird durch die Vorstellung der *imago Dei* die innertrinitarische Beziehungshaftigkeit zum Urbild von Gemeinschaft schlechthin.

Die eschatologische Erwartung des Reiches Gottes als Vollendung der Partizipation an der trinitarischen Gemeinschaft wird zu einem elementaren „Baustein" einer Ekklesiologie im ökumenischen Horizont. Das liegt nahe, ist doch hier eine Grund-Metapher christlicher Existenz gefunden, die in allen Traditionen als Ausdruck der letztgültigen Bestimmung bewahrt wurde.

c. Gemeinsame Eucharistie und eine Taufe als Teilhabe an der erneuerten Gemeinschaft im Heiligen Geist

Ausdrucksstärkstes Symbol dieses Reiches ist die Tischgemeinschaft, die Jesus auch mit Ausgestoßenen suchte. So kommt in der Folge die Feier der Eucharistie in den Blick als „eschatologisches Fest der Freude"[121], in dem das Reich Gottes vorweggenommen ist und als jener

---

118 Im Dokument wörtlich übernommen von der Konsultation in Prag 1985, vgl. THOMAS BEST (ed.), *Beyond Unity-in-Tension: Unity, Renewal and the Community of Women and Men*, F&O Paper 138, Geneva: WCC 1988.
119 *Gemeinsam den einen Glauben bekennen*, 92.
120 *Kirche und Welt*, 65.
121 *Kirche und Welt*, 28.

Ort, an dem Glaube und Erfahrung in einzigartiger Weise zusammentreten. Eucharistie wird interpretiert als Danksagung, Gedächtnis, Anrufung des Geistes, Gemeinschaft der Gläubigen (*communio*) und Mahl des Gottesreiches. Die neue, zeichenhafte Gemeinschaft ist in der gemeinsamen Feier vorweggenommen. Kirche handelt in ihr deshalb prophetisch, weil sie in der Feier alle Ungerechtigkeit der Welt herausfordert. – Gerade im Limaprozess wurde diese ethische Dimension der Eucharistie entfaltet:

„Alle Arten von Ungerechtigkeit, Rassismus, Trennung und Mangel an Freiheit werden radikal herausgefordert, wenn wir miteinander am Leib und Blut Christi teilhaben. Durch die Eucharistie durchdringt die alles erneuernde Gnade Gottes die menschliche Person und Würde und stellt sie wieder her."[122]

Die „Welt, die Gott mit sich versöhnt hat, ist in jeder Eucharistie gegenwärtig".[123] Sie ist das „Lobopfer", durch das die Kirche für die ganze Schöpfung spricht. Demnach ist gerade die Feier der Eucharistie der genuine, erlebbare Ort des Spannungsverhältnisses von geglaubter und erfahrener Kirche. Die Lehrdifferenzen, die Christen und Kirchen weiterhin trennen und die sie daran hindern, die Eucharistie gemeinsam zu feiern, werden auf dem Hintergrund dieser Argumentation als Hindernis der prophetischen Wirkmächtigkeit der Kirche erkennbar.

Durch die Taufe stehen Christen in der Gemeinschaft mit Gott und sind des Leibes Christi als einer „Gemeinschaft der Liebe" teilhaftig.[124] Denn durch „ihre eigene Taufe werden Christen in die Gemeinschaft mit Christus, miteinander und mit der Kirche aller Zeiten und Orte geführt".[125] In der Taufe kommt die Teilhabe am Heiligen Geist in besonderer Weise zum Ausdruck. Die *eine* Taufe hat dadurch entscheidende Bedeutung für die *eine* Kirche, denn sie ist *per se* der Ruf an die Kirchen, ihre Trennungen zu überwinden.

Der Lima-Prozess hat gezeigt, dass in vielen Kirchen die ethischen Implikationen der Sakramente erkannt und expliziert werden. So gewinnen sie Relevanz für die Herausforderung, Kirche in der

---

122 *Taufe, Eucharistie und Amt,* Eucharistie, 24. Vgl. zur sozialethischen Interpretation der Eucharistie vor allem MARGOT KÄSSMANN, *Die eucharistische Vision.* Armut und Reichtum als Anfrage an die Einheit der Kirche in der Diskussion des ÖRK, München: Kaiser u.Mainz: Grünewald 1992. ECKHARD LESSING, *Abendmahl.* Ökumenische Studienhefte 1, Bensheimer Hefte 72, Göttingen: Vandenhoeck & Ruprecht 1993.
123 *Taufe, Eucharistie und Amt,* 19.
124 *Gemeinsam den einen Glauben bekennen,* 89. Vgl. zu konfessionskundlichen Verständnissen und zur Diskussion in der Ökumene vor allem ERICH GELDBACH, *Taufe.* Ökumenische Studienhefte 5, Bensheimer Hefte 79, Göttingen: Vandenhoeck & Ruprecht 1996.
125 *Taufe, Eucharistie und Amt,* 10.

Welt zu sein, tragen missionarischen wie eschatologischen Charakter.[126] Daraus folgt, dass die *eine* Taufe als Eingliederung in und Teilhabe an dem einen Leib und die *gemeinsame* Feier der Eucharistie als Ort wahrhaftiger Zeichenhaftigkeit der neuen Gemeinschaft konstitutiven Charakter für eine Ekklesiologie im ökumenischen Horizont haben.[127]

d. Pneumatologische und trinitarische Erweiterung in der Gründung des Lebensvollzugs der Kirche

In der Feier der Eucharistie haben die Glaubenden teil am „trinitarischen Leben der Gemeinschaft und Liebe".[128] Die entstehende Gemeinschaft wird vertikal (Gott-Mensch) und horizontal (Mensch-Mensch) als κοινωνία verstanden.[129] Diese Gemeinschaft gründet letztlich in der Gemeinschaft der Trinität, sie „manifestiert ... die wirksame Gegenwart der Trinität in der Welt".[130] In allen Traditionen ist die christozentrische *und* trinitarische Begründung des Kirchenverständnisses auch im Sinne eines Korrektivs für die geschichtliche Institution konsensfähig. Dabei wird hier der Versuch unternommen, die immanente Trinität direkt an die ökonomische anzuschließen und deshalb scheint die Rede von der pneumatologischen und trinitarischen *Erweiterung* angemessen:

„Die göttliche Ökonomie in Schöpfung, Versöhnung und eschatologischer Vollendung, bildet die Grundlage des trinitarischen Glaubens. Auf der anderen Seite ist der eine Gott in aller Ewigkeit der Vater, der Sohn und der Heilige Geist. Die heilsgeschichtliche und die ewige Trinität sind eine Wirklichkeit. Die beiden Aspekte können nicht voneinander getrennt werden ... Die trinitarische Lehre ist kein Produkt abstrakter Spekulation, sondern eine Zusammenfassung dessen, wie Gott in Jesus Christus offenbart wird."[131]

126 Vgl. *Ekklesiologische Perspektiven in den Stellungnahmen der Kirchen zu BEM*; in: *Die Diskussion über Taufe, Eucharistie und Amt*, 145 ff.
127 Bleibende Differenzen zeigen sich in der Interpretation der Eucharistie als gemeinschaftlicher Empfang des Leibes und Blutes Christi oder aber als Dank, sowie in der Präsenz Christi im Abendmahl. Vgl. *Das Wesen und die Bestimmung der Kirche*, 47 f. Auch im Verständnis eines sakramentalen Wesens der Taufe, der Beziehung zwischen Glaube und Taufe, der Taufformel, der Form der Taufe u. a. bleiben ebenso markante Differenzen, vgl. ebd., 45.
128 *Kirche und Welt*, 31.
129 Das Gesamtverständnis der Kirche und der Gemeinschaft der Kirchen als κοινωνία hat in der neueren ökumenischen Diskussion einen so weiten Raum eingenommen, dass es angezeigt ist, dies ausführlicher zu behandeln. S. u. I.2.4.
130 *Gemeinsam den einen Glauben bekennen*, 91.
131 Ebd., 26. „Die klassische Frage der christlichen Trinitätslehre, wie die Einheit in der Dreiheit und die Dreiheit in der Einheit in Gott gedacht werden kann, wird in der Auslegung zunächst nicht gestellt. Sie verzichtet weitgehend auf eine philoso-

Ausgangspunkt bleibt die „unauflösbare Verbindung zwischen dem Wirken Gottes in Jesus Christus durch den Heiligen Geist und der *Wirklichkeit* der Kirche".[132] Kirche als Ort des Heilshandelns Gottes stehe heute vor vielen Herausforderungen. Sie beträfen die Frage nach dem Heil außerhalb der Kirche, den Regeln und der Ausübung von Autorität innerhalb der Kirche, nach der bleibenden Trennung der Konfessionen, sowie der Frage nach den „Früchten der Heiligung" in der Geschichte der Kirche. Dies weist wiederum auf die notwendige Entsprechung von *Kirche sein* nach ihrer Berufung und *Kirche gestalten* als Zeugnis in der Welt.

Für die ekklesiologischen Überlegungen kommt der dritte Glaubensartikel gesondert in den Blick.[133] Die Aussagen bleiben erklärtermaßen der Auslegung des Nizänums verpflichtet: die enge Verknüpfung von Kirche und Wirken des Heiligen Geistes ist grundlegendes Element des apostolischen Glaubens. Kirche wird unauflöslich dem dritten Glaubensartikel zugeordnet, denn der Heilige Geist macht die Kirche zu dem einen „mystischen Leib Christi". So kann Kirche auch verstanden werden als das „fortdauernde Pfingsten".[134] Kirche ist der wirksame Anfang der neuen Menschheit, denn sie ist jener Teil, der die Verheißungen des Reiches Gottes angenommen hat, der sie bekräftigt, bekennt und weiterträgt als von Gott herausgerufene und gesandte Gemeinschaft zur μετάνοια der ganzen Menschheit.

Es zeichnet sich deutlich ab, dass der christozentrisch geprägten Frühphase des ÖRK die pneumatologische und trinitarische Erweiterung folgt. So sehr das Bekenntnis zu dem einen Herrn Jesus Christus weiterhin grundlegend bleibt für das Selbstverständnis der Kirche und ihrer Einheit, so sehr wird sie in ihrem Lebensvollzug dem Wirken des Heiligen Geistes zugeordnet, dessen Wirken die Einsicht in die trinitarische Transzendenz erst ermöglicht. In diesem Sinne kann Kirche nun auch als *creatura Spiritus* verstanden werden, in Korrelation zum Verständnis als *creatura verbi*.[135] Ekklesiologie im

---

phische Argumentation der Gotteslehre und hält die heilsgeschichtliche trinitarische Sprache konsequent durch. Eine spekulative Trinitätslehre wird vermieden." Miščík, *Trinität und Kirche*, 189.

132 *Gemeinsam den einen Glauben bekennen*, 86.

133 Die in F&O vorausgegangenen Diskussionen zum *filioque* werden aufgenommen, vgl. dazu vor allem Lukas Vischer (Hg.), *Geist Gottes – Geist Christi*. Ökumenische Überlegungen zur Filioque-Kontroverse, Beiheft zur ÖR 39, Frankfurt/M: Lembeck 1981. Bernd Oberdorfer, *Filioque*. Geschichte und Theologie eines ökumenischen Problems. Forschungen zur systematischen und ökumenischen Theologie, Göttingen: Vandenhoeck & Ruprecht 2001.

134 *Kirche und Welt*, 30.

135 *Das Wesen und die Bestimmung der Kirche*, 13.

ökumenischen Horizont bleibt damit bewusst in der Tradition der altkirchlichen ökumenischen Symbole.[136]

e. *Bewahrung der Apostolischen Tradition in der Kontinuität aller Attribute der Kirche*

Um ihrer Berufung als *una* gerecht zu werden, solle die Kirche auf die sichtbare Einheit zugehen als einer Gemeinschaft „des Gottesdienstes, Zeugnisses und Dienstes …".[137] Dies seien die „sichtbaren Attribute"[138], also die konstitutiven *notae ecclesiae externae* (Kennzeichen) der Kirche: die versammelte Gemeinde im Gottesdienst, die über sich hinausweist auf das allen Menschen gleichermaßen angesagte Reich Gottes und die jetzt schon in Diakonie zur Erneuerung der Menschheit beiträgt. Die Kennzeichen bedingen sich gegenseitig und sind zusammengefasst in der Berufung der Kirche zur Mission.[139] Gelebt wird dies in jeder Ortskirche als Teil der *catholica*, aber je in der ganzen Fülle der Verheißungen.

Die Heiligkeit der Kirche (*sancta*) kommt in dem Bewusstsein als „Gemeinschaft von Sündern" zum Ausdruck, bei der Gottes Gericht beginne und die gleichzeitig die Vergebung erfahre. Kirche als *apostolica* manifestiert sich in der Bewahrung des Wortes Gottes sowie des Lebens in der apostolischen Tradition. „Sie manifestiert sich in ihrer Feier der Sakramente, durch die Kontinuität ihres Amtes im Dienst Christi und seiner Kirche in Gemeinschaft mit den Aposteln und durch das engagierte christliche Leben aller ihrer Glieder und Gemeinschaften."[140]

Hier wird der Versuch erkennbar, die Attribute der Kirche nicht allein in der Lehre oder der Sukzession des Amtes bewahrt zu sehen, sondern einen umfassenderen Zusammenhang zum Leben der Kirche herzustellen.[141] Zwar wird das Amt als „konstitutiv für das Leben und Zeugnis der Kirche"[142] angesehen, es bleibt Garant für ihre Apostolizität. Doch ist es letztlich der Geist, der die Kirche in der apostolischen Tradition erhält. Freilich bleibt es innerhalb dieses Rahmens in den einzelnen Konfessionen bei einer unterschiedlichen Füllung

---

136 Die Kirchen sind sich allerdings weiterhin uneinig darüber, „ob Predigt und Sakramente Mittel des Geistes oder Zeugen seines Wirkens durch das göttliche Wort sind, dass sich in einem unmittelbaren innerlichen Geschehen in den Herzen der Gläubigen ereignet". Ebd., 15.
137 *Kirche und Welt*, 32.
138 *Das Wesen und die Bestimmung der Kirche*, 14.
139 *Kirche und Welt*, 44.
140 *Gemeinsam den einen Glauben bekennen*, 94.
141 Vgl. hierzu auch *Taufe, Eucharistie und Amt*, Amt: Kap. 34–38.
142 Ebd., 31.

dessen, wie Apostolischer Glaube zum Ausdruck kommt.[143] Gemeinsam kann aber gesagt werden:

„Apostolische Tradition in der Kirche bedeutet Kontinuität in den bleibenden Merkmalen der Kirche der Apostel: Bezeugung des apostolischen Glaubens, Verkündigung und neue Interpretation des Evangeliums, Feier der Taufe und der Eucharistie, Weitergabe der Amtverantwortung, Gemeinschaft in Gebet, Liebe, Freude und Leiden, Dienst an den Kranken und Bedürftigen, Einheit unter den Ortskirchen und gemeinsame Teilhabe an den Gaben, die der Herr jeder geschenkt hat. ... Es sollte deshalb ein Unterschied zwischen der apostolischen Tradition der ganzen Kirche und der Sukzession des apostolischen Amtes gemacht werden."[144]

f. Sichtbare Einheit und Ethik als Prüffelder ekklesiologischer Aussagen

Welt und Kirche sollen nicht miteinander vermischt werden, sondern *aus der Perspektive des Reiches Gottes* unterschieden bleiben. Die Differenz liegt „in der innersten Beziehung der Kirche zu Gott, dem Vater, Sohn und Heiligem Geist. Gleichzeitig wird die Beziehung zwischen Kirche und Welt anerkannt und in Hoffnung praktiziert".[145] Was in der Kirche zusammengeführt wird als Gemeinschaft, ist Welt im vollen Sinne des Wortes: die von Gott entfremdete Welt. Kirche verliert nicht ihre Identität, wenn sie mitten in der Welt solidarisch lebt, denn sie ist selbst ganz göttlich-menschliche Gemeinschaft. Daraus wird der prophetische Dienst der Kirche abgeleitet: weil die Kirche nicht Selbstzweck ist, kein Ziel in sich selber trägt, sondern „Gottes Gabe an die Welt" ist, gehört der „Dienst wesentlich zum Sein der Kirche".[146] Als Gemeinschaft, nicht als Einzelne hat die Kirche Aussagen des Evangeliums auf die entscheidenden Ereignisse und Fragen der Zeit zu beziehen und zu übersetzen, sie zu „inkarnieren". Dies geschieht in jedem kulturellen Kontext auf spezifische Weise. Dabei bedingen sich die „Treue zum apostolischen Glauben", die „Selbstkritik" der Kirche in Bezug auf ihre eigene Übersetzungsarbeit und die Bereitschaft zur „kreativen Anwendung des Evangeliums" gegenseitig.[147] In der Treue zum apostolischen Glauben kommt zum Ausdruck, wie die Ortsgemeinde Teil der *ecclesia catholica* ist. Kirche ist daher nicht eine weltfremde Einrichtung, sondern „funktioniert" als Sauerteig in der Welt, dient als Paradigma für eine er-

---

143 Vgl. *Das Wesen und die Bestimmung der Kirche*, 43.
144 *Taufe, Eucharistie und Amt*, 42. Wörtlich übernommen in: *Das Wesen und die Bestimmung der Kirche*, 41.
145 *Kirche und Welt*, 33.
146 *Das Wesen und die Bestimmung der Kirche*, 63.
147 *Kirche und Welt*, 39.

neuerte Gemeinschaft. Sie sucht nach Verbündeten auch außerhalb der Kirche, denn sie beansprucht kein Monopol auf die Sorge um Gerechtigkeit, Frieden und Bewahrung der Schöpfung. Somit hat Kirche aber auch Teil an den Paradoxien der Welt. Sie ist die Gemeinschaft von Sündern und gleichzeitig Gerechtfertigten, immer bedroht, von innen wie von außen.[148] Hier wird deutlich, inwiefern ethische Fragestellungen zu Prüffeldern der ekklesiologischen Aussagen werden können.[149] In der Anerkennung auch und gerade der „Entstellungen" von Kirche in der Geschichte liege die Wurzel zu Umkehr und Erneuerung (μετάνοια).[150] Erst dadurch wird Kirche, was sie ist, verkörpert sie die versöhnende und versöhnte Gemeinschaft zu der sie ihrem Wesen nach berufen ist. Das neue Leben *in Christus* will auch in einem neuen „Lebensstil" zum Ausdruck kommen, dessen Richtschnur Jesus selbst sei.

Diese Gemeinschaft ist zuerst in der Apostelgeschichte beschrieben als jene, die die Taufe und den Heiligen Geist empfangen haben. Eine realistische, differenzierte Sicht auf die Gestalt der Kirche wird jedoch angemahnt: sie ist keinesfalls die perfekte, herrschaftsfreie Gemeinschaft.[151] Vielmehr lebt sie in allen Dilemmata der erfahrenen Wirklichkeit. Wenn ethische Fragen aber zu Prüffeldern werden sollen, dann stellt sich hier die offene Frage, ob das *esse* der Kirche durch ethisches Fehlverhalten auch beschädigt werden kann. Immerhin wird

---

148 Vgl. ebd., Kap. III, Absatz 9., 32. Sie ist keine „Burg", in der man sich verschanzen könnte.

149 Vgl. ebd., Kap. IV und V, 46 ff., hier konkretisiert in der Frage nach Gerechtigkeit und nach der Gemeinschaft zwischen Männern und Frauen.

150 Vgl. hierzu auch die einflussreiche Studie der GRUPPE VON DOMBES, *Für die Umkehr der Kirchen. Identität und Wandel im Vollzug der Kirchengemeinschaft*, Frankfurt/M: Knecht/Lembeck 1994. Hier wird eine theologische Interpretation des „Wechselverhältnisses von Identität und Umkehr als konstitutiven Polen im Lebensvollzug christlicher und kirchlicher Existenz" angeboten, so KONRAD RAISER im Vorwort, ebd., 10.

151 Falsche Vorstellungen von Macht hätten das Leben dieser Gemeinschaft immer wieder behindert, z. B. durch den Aufbau von Hierarchien, wenn diese im Gegensatz zum Laienstand gesehen wurden oder durch Leugnung der Gleichheit aller Menschen, wenn Frauen diskriminiert werden. Gerade weil die Frage der Gemeinschaft zwischen Männern und Frauen eine grenzüberschreitende ist, wird sie zum besonderen Prüfstein für den Anspruch, dass hier eine Wahrheit inkarniert ist, die für alle menschliche Erfahrung Relevanz hat. Andererseits wird aber festgestellt, dass zum Leben in der (christlichen) Gemeinschaft ganz unausweichlich die „Ausübung von Macht" gehöre (ebd., 76). Folglich komme es auf die rechte Weise der Machtausübung an. Unterschieden wird zwischen qualitativer und quantitativer Macht. Unter qualitativer Macht wird die Teilung von Macht verstanden, unter quantitativer Macht die Machtansammlung auf der einen zu Ungunsten einer anderen Seite verstanden.

gesagt, dass „die Integrität der Sendung der Kirche, ihres wahren Wesens als Gottes Werkzeug" damit zur Disposition gestellt sei.[152] Dadurch ist die Gründung der Kirche in der „Rechtfertigung, in Gnade durch Glauben" nicht geleugnet, aber auf dieser Grundlage könne „moralisches Engagement, gemeinsames Handeln und Nachdenken als wesentlich für das Leben und Sein der Kirche bejaht werden".[153]

Es wird festgehalten, dass heute viele Christen nicht mehr in einer „konstantinischen Situation"[154] leben, in der das Verständnis von Gottes Gerechtigkeit die Institutionen und das Leben der Gesellschaft prägen. Vielmehr bestehe die Herausforderung heute im Pluralismus. Auch die Kirche müsse beispielsweise damit leben, dass in einer Gemeinschaft die Berufung zum Pazifismus vorherrschen könne, „während es in einer anderen für rechtmäßig gehalten wird, unter bestimmten festgelegten Umständen einer andern Nation den Krieg zu erklären".[155] Christen erwarteten in dieser gebrochenen Welt letztlich nichts anderes als „Zeichen" einer „Gerechtigkeit, die sich aus dem abwägenden Ausgleich von Ansprüchen und Interessen und der Einschränkung von Handlungsweisen sündhafter Menschen ergibt".[156] Denn Kirche lebt zwischen den Zeiten, zwischen göttlicher Berufung und menschlichem Bemühen.

Hiermit ist die Schwierigkeit illustriert, dass unterschiedliche Konfessionen verschiedene Kriterien für ethisches Verhalten feststellen. Damit ist aber die Gewagtheit, Ethik zum Prüffeld ekklesiologischer Aussagen zu machen, nochmals aus der Perspektive der Einheit gestellt. (Im Blick auf den Rechtfertigungsgedanken bedarf dies ohnehin weiterer Klärung, s. u.). Und dies muss gerade im Blick auf die ekklesiologischen Aspekte der Historischen Friedenskirchen interessieren. Neben der ethischen wird somit die Frage der Einheit zum zweiten Prüffeld: im Streben nach der Sichtbarmachung der Einheit kommt der „Gehorsam" der Kirche gegenüber dem Heilswillen Gottes für die ganze Schöpfung zum Ausdruck.

Modell für die Einheit ist auch hier die innertrinitarische Gemeinschaft, wodurch Totalität abgewiesen ist und Pluralität ermöglicht.[157]

---

152 *Das Wesen und die Bestimmung der Kirche*, 27. Differenzen lassen sich vor allem an der Definition der Kirche als Sakrament festmachen. Hier zeigt sich die unterschiedliche Interpretation des Spannungsverhältnisses im Blick auf die Ekklesiologie.
153 *Das Wesen und die Bestimmung der Kirche*, 64.
154 *Kirche und Welt*, 46.
155 Ebd., 47.
156 Ebd., 49. Die Sündhaftigkeit der Menschen ist noch nicht aufgehoben, u. a. werden explizit genannt: Unterdrückung und Misshandlung von Frauen.
157 Vgl. TOBIAS BRANDNER, *Einheit, gegeben – verloren – erstrebt. Denkbewegungen von Glauben und Kirchenverfassung*, Göttingen: Vandenhoeck & Ruprecht: 1996, 121 f.

„Die Trinität kann als Modell einer Verschiedenheit betrachtet werden, die die Einheit nicht zerstört, und einer Einheit, die die Verschiedenheit nicht um der Einheitlichkeit willen erstickt".[158] Gott ist hier ontologischer Grund für die Einheit, die dadurch selbst einen besonderen ontologischen Status erhält. Somit ist Kirche, abgeleitet vom ontologischen Grund der Trinität, eine analoge Wesensbeschreibung zuerkannt.[159] Allerdings wird noch nicht eindeutig geklärt, wie denn die Verhältnisbestimmung zwischen Ekklesiologie und Trinität gedacht werden soll, wenn an anderen Stellen wieder von der „Teilhabe" an der Gemeinschaft gesprochen wird. Auch wird die innertrinitarische Einheit verschieden gedeutet, obwohl gemeinsam gesagt ist: „Die göttliche Einheit kommt aus dem Vater als ihrer Quelle, aber wird erhalten im Gehorsam des Sohnes und im Zeugnis des Geistes, der den Sohn im Vater und den Vater im Sohn verherrlicht."[160]

Die Zielrichtung des Zeugnisses in der Einheit ist mit dem Schlüsselwort „Erneuerung" beschrieben. Die Gebrochenheit der menschlichen Gemeinschaft soll durch die Kirche erneuert werden zu einem versöhnten Leben. Wie ist Kirche aber zu verstehen, wenn Wesen (Einheit) und Sendung (Erneuerung) „integrale und in Wechselbeziehung zueinander stehende Elemente des Seins (*esse*) der Kirche" sind?[161] Eine Beantwortung der Frage nach dem *esse* der Kirche kann sich dann nur aus der Spannung von geglaubter und erfahrener Kirche ergeben. Damit bleibt die konkrete Zuordnung der Interdependenz zwischen Wesen der Kirche und ethischen Fragen und solchen der Einheit lediglich festgestellt, kann aber nicht als geklärt betrachtet werden. Würde in einer genaueren Definition die Spannung letztlich doch wieder aufgelöst werden müssen? Darüber wird eine Ekklesiologie im ökumenischen Horizont Rechenschaft ablegen müssen.

g. Die Rede vom „wandernden Volk Gottes" als Desiderat und potenzielles drittes Prüffeld

Der grundlegende Satz von der Erwählung findet hier seinen Niederschlag insofern, als Kirche in der Gleichzeitigkeit von Kontinuität und Diskontinuität zum *qahal Israel* verstanden wird. „Die Kirche ist, in Kontinuität mit dem Volk Gottes des Alten Bundes und mit der

---

158 *Gemeinsam den einen Glauben bekennen*, 27. Ähnlich auch *Kirche und Welt*, 67.
159 Vgl. BRANDNER, *Einheit*, 119.
160 *Gemeinsam den einen Glauben bekennen*, 27, vgl. auch 43. Unterschiedlich sind die Bewertungen, ob sich hierin eine Tendenz zum Modalismus (so BRANDER, *Einheit. Gegeben – verloren – erstrebt*, 126 f.) oder zum Monarchismus (so MIŠČÍK, *Trinität und Kirche*, 190 f.) zeigt.
161 *Kirche und Welt*, 12.

Verkündigung des Evangeliums Jesu Christi über die kommende Herrschaft Gottes, auf dem Neuen Bund gegründet worden, der mit der Menschheit in Christi Blut geschlossen wurde".[162] Die Kirche habe zwar die Verheißungen an Israel geerbt, doch sei damit die Erwählung Israels keinesfalls aufgehoben. Sie bleibe bestehen, sei fortdauernde Geschichte.[163] Kirche kann sich nun in der Folge ebenso als „wanderndes Gottesvolk"[164] begreifen, als Gemeinschaft von Pilgern, die beständig danach trachtet, ihrer Verheißung und den Geboten entsprechend zu leben. Gerade als wanderndes Gottesvolk bleibe sie Zeichen, auch dann, „wenn sie ihrem Auftrag nur wenig gerecht wird".[165]

Nicht an allen Stellen wird im Blick auf die Aneignung des Begriffes des „wandernden Gottesvolkes" auf Israel Bezug genommen. In einer weitergehenden Reflexion müssten sich zum Einen Aussagen ergeben über das gebrochene Verhältnis zwischen Kirche und Israel. Zum Zweiten könnten sich weitere Explikationen zu einer „Exilsexistenz" als angemessene Redeweise von der Kirche in der Welt eröffnen. – Hier wird ein Desiderat für eine Ekklesiologie im ökumenischen Horizont sichtbar, das ein bisher unausgeschöpftes Potenzial weiterführender ekklesiologischer Aussagen bereithält. Angesichts der zentralen Bedeutung des Erwählungsgedankens (s. o. I.1.a.) und der Implikationen der Redeweise von einer neuen Gemeinschaft in Christus, versöhnt zu *einem* Leib Gottes, in *einem* Geist zum Vater (Eph 2,11 ff.), ist die Einbeziehung des Verhältnisses von Israel und Kirche als drittes Prüffeld m. E. nicht nur angezeigt, sondern unausweichlich.

Michael Weinrich betrachtet die durch das Volk Israel gegebene Perspektive als die eigentliche ökumenische Frage, „weil sich an ihr die theologische Brisanz des ökumenischen Problems erst in ihrer ganzen Reichweite zeigt".[166] Weinrich nennt sechs Gründe: (1) Israel erinnert die Kirche an die Freiheit und Treue Gottes, Freiheit zur Erwählung und Treue in der Erwählung. „Die Berufung zum Volk Gottes bleibt ein Akt der Freiheit Gottes, die weder unseren habituellen Aneignungsambitionen und Besitzansprüchen noch unseren narzisstischen Exklusivitätsbedürfnissen entspricht." (2) Die „vom Judentum ausgehende Verunmöglichung einer dogmatischen Inbesitznahme Jesu in einer *Lehre*". Diese Störung kritisiert die Lehre einer Christologie im Sinne kirchlicher Exklusivitätsansprüche und hilft, den Blick

162 Ebd., 30.
163 Vgl. *Gemeinsam den einen Glauben bekennen*, 89.
164 *Die Diskussion über Taufe, Eucharistie und Amt*, 149.
165 *Gemeinsam den einen Glauben bekennen*, 93.
166 Vgl. WEINRICH, *Ökumene am Ende?*, Kap. 8, bes. 152 ff. DERS., *Kirche glauben*, Wuppertal: Foedus 1998.

stärker auf die lebendige Beziehung zu richten. (3) Erst so wird die Bedeutung der Rede von der eschatologischen Sammlung in ihrer ganzen Offenheit deutlich: Sie ist Aufbruch und Sammlung einer Gemeinschaft, die über sich hinausweist, sozusagen exemplarisch für die Sammlung der ganzen Menschheit (inklusive Orientierung). (4) Der Aspekt der Sendung und der Berufung wird nicht zugunsten eines Nachdenkens über Sein und Wesen der Kirche vernachlässigt und bewahrt Kirche in einer geduldigen Unruhe. (5) In der Selbst-Bekundung Gottes gegenüber einem Volk (Israel) und nicht gegenüber einem Individuum wird erst die Herstellung einer Gemeinschaft begründet und der Blick von einem individuellen Heilsverständnis hin zu einem sozialen gelenkt. (6) Die „Selbstidentität Gottes" ist im biblischen Zeugnis insofern ja gerade begründet, da der Gott Israels eben auch der Gott Jesu und der Christen ist.

In den besprochenen ökumenischen Studien wird immerhin festgehalten, dass die Verwurzelung der Kirche im Glauben Israels und in den Bundesschlüssen Gottes mit Israel zu den Bereichen gehöre, die noch weiter untersucht werden müssten.[167] Aber auch in der aktuellsten Studie fehlt diese Ausführung, obwohl auch hier festgestellt wird, dass Kirche „Juden und Heiden umfasst".[168]

h. Die Marginalisierung der Differenz im Amtsverständnis

Es ist bezeichnend, dass Ausführungen über die verschiedenen Amtsverständnisse in den beiden Dokumenten *Kirche und Welt* und *Gemeinsam den einen Glauben bekennen* nur marginal vorhanden sind. Dies ist Hinweis auf die notwendige Voraussetzung, zumindest ein konvergierendes Verständnis von Wesen und Berufung der Kirche zu entwickeln, um dann erst in diesem angemessenen ekklesiologischen Kontext die Amtsverständnisse zu erläutern. Daraus erklärt sich zumindest teilweise die Tatsache, dass in dieser ökumenischen Frage noch kaum Annäherungen erzielt worden sind.[169]

---

167 Vgl. *Die Diskussion über Taufe, Eucharistie und Amt*, 146.
168 *Das Wesen und die Bestimmung der Kirche*, 17. Es ist zu fragen, warum frühere Diskussionen hier nicht stärkere Berücksichtigung finden, vgl. z. B. *Die Kirche und das jüdische Volk*, in: *Bristol 1967*. Studienergebnisse der Kommission für Glauben und Kirchenverfassung, F&O Paper 50, hg. v. R. GROSCURTH, Beiheft zur ÖR 7/8, Stuttgart 1967.
169 Als weiter zu erforschen gelten die Fragen nach dem Vorsitz bei der Eucharistie, dem repräsentativen Charakter des Amtes, des dreifachen Amtes als Mittel für und Ausdruck von Einheit, dem Wesen der Ordination, der Ordination von Männern und Frauen zum Amt von Wort und Sakrament. Vgl. *Das Wesen und die Bestimmung der Kirche*, 51. So bereits in *Die Diskussion über Taufe, Eucharistie und Amt*, 146.

In den Konvergenzerklärungen von Lima wird die Amtsfrage als eigenes Thema behandelt. Ausgangspunkt ist die Berufung des ganzen Volkes Gottes zum Dienst, so wie Christus zum Dienst der Versöhnung berufen war.[170] In diesem Sinne ist Christus Priester (Hebr 9,10) und in Analogie kann Kirche als Leib Christi insgesamt als Priesterschaft beschrieben werden (1Petr 2).[171] Im Neuen Testament findet der Terminus „Priester" ausschließlich in diesen beiden Dimensionen Verwendung. In beiden Fällen ist seine Funktion Opfer und Fürbitte. Der Heilige Geist verleiht die unterschiedlichen Charismen zu solchem Dienst in der Gemeinschaft. – Soweit kann Konsens festgestellt werden. Differenzen ergeben sich im Blick auf die „Ordnung", insbesondere Stellung, Form und weitergehender Funktion des ordinierten Amtes. Auch hier wird versucht, konfessionell verschiedene Aussagen in ihren trinitarischen Letztbegründungen konvergieren zu lassen.

„Die Autorität des ordinierten Amtsträgers ist begründet in Jesus Christus, der sie vom Vater (Mt 28,18) empfangen hat und der sie durch den Heiligen Geist im Akt der Ordination verleiht."[172] Die Frage bleibt aber: „Wie ist das Leben der Kirche nach dem Willen Jesu Christi und unter der Leitung des Heiligen Geistes zu verstehen und zu ordnen, so dass das Evangelium verbreitet und die Gemeinschaft in Liebe auferbaut werden kann?"[173]

Die Feststellung, dass Kirche niemals ohne Personen gewesen sei, die spezifische Autorität und Verantwortung ausgeübt hätten, ergibt noch kein theologisches Argument für die Existenz und Ordnung der Ämter. Sie deutet lediglich auf die geschichtliche Entwicklung hin, von der in vielen Fällen die Ausformung der jeweiligen Ämter erst erklärbar wird. Die neutestamentlichen Zeugnisse geben keine einheitliche Amtsstruktur vor, vielmehr werden in unterschiedlichen Kontexten auch hier verschiedene Ausprägungen erkennbar. Erst später im 2. und 3. Jh. setzt sich die dreigliedrige Struktur von Bischöfen, Presbytern und Diakonen durch. – Immerhin kämen damit aber drei Dimensionen in den Blick, in denen das ordinierte Amt angemessenen Ausdruck finde: „persönlich", „kollegial" und „gemeinschaftlich".[174] In *Wesen und Bestimmung der Kirche* wird diese Diskussion wieder stärker aufgenommen, die Dimensionen werden weiter inhaltlich gefüllt und Differenzen genauer benannt. Zur Weiterführung der Diskussion scheint es angezeigt, die jeweiligen Ausprägungen des Amtverständnisses in ihrer Korrelation mit den je differenten ekklesiolo-

---

170 *Taufe, Eucharistie und Amt*, 29.
171 Ebd., 34.
172 Ebd., 33.
173 Ebd., 30. Zumindest ist hier die Terminologie definiert, so dass die Kommunikation erleichtert wird: Charisma, Dienst, ordiniertes Amt, Priester.
174 Ebd. 39 f. Vgl. Auch *Das Wesen und die Bestimmung der Kirche*, 58 ff.

gischen Konzeptionen zu begreifen. Dies könnte allerdings um den Preis geschehen, sich von dem Ziel einer Konvergenz in Fragen der Ekklesiologie wieder zu entfernen.

i. Zusammenfassung und Auswertung: Ekklesiogenese

Es konnte gezeigt werden, welche ekklesiologischen Aspekte in den neueren Diskussionsprozessen von F&O aufgegriffen und in welcher Weise sie im ökumenischen Horizont beleuchtet werden. Als Perspektive diente hierbei das in allen konfessionell geprägten Ekklesiologien vorhandene Bewusstsein der Existenz im Spannungsverhältnis von geglaubter und erfahrener Kirche. Dies lässt sich an den konfessionsspezifischen Sprechweisen und an der Auswahl der Metaphern belegen. Ungeklärt blieben jedoch die unterschiedlichen theologischen Interpretationen, die diese in sich tragen. Und so bleiben die Differenzen vor allem in der Auffassung darüber, „an welcher Stelle sie die göttliche Realität der Kirche festmachen und damit in ihrem Verständnis der Art und Weise, wie die Kirche von der Sünde beeinträchtigt wird."[175]

In den eschatologischen Zeugnissen vom anbrechenden Reich Gottes ist aber das Bewusstsein der gemeinsamen Gründung gegeben. Dieses Reich gewinnt schon jetzt in der Kirche Gestalt. Erlebbar und erfahrbar ist dies in der Feier der gemeinsamen Eucharistie und durch die Teilhabe in der einen Taufe. Dadurch werden diese zu Konstitutiva des Selbstverständnisses der Kirche, die nicht ohne Wirkung auf den Lebensvollzug bleiben. Aber die Kirche „schafft" dieses sakramentale Leben nicht aus sich selbst heraus, sondern dies bleibt Wirken des Heiligen Geistes. Auch hierin ergibt sich eine Kontinuität zur apostolischen Tradition, die dann nicht reduziert werden kann auf ein distinktes Amtsverständnis. Einheit, Heiligkeit, Katholizität und Apostolizität bedingen sich in ihrem jeweiligen umfassenden Sinn gegenseitig. Welche Implikationen diese Ausrichtung für die Beschreibung des *esse* der Kirche hat, muss an bestimmten Prüffeldern aus dem Lebensvollzug der Kirche – der Ethik und der Einheit – angeführt werden. Wir sahen, dass sich in diesem Sinne das Verhältnis der Kirche zu Israel als drittes Prüffeld anbietet.

Die Dokumente selbst nennen weiter zu klärende Fragen: Die Rolle und der Ort der Kirche in Gottes Heilshandeln (Frage der Sakramen-

---

175 *Das Wesen und die Bestimmung der Kirche*, 25. Für manche konfessionellen Traditionen kann die Kirche nicht Subjekt der Sünde sein, wenn sie Ort des Heils ist, vgl. z. B. die Schulderklärung Papst Johannes Pauls II. (12. März 2000), in der allein die Rede davon ist, dass „einige in der Kirche" gesündigt haben; in: L'Osservatore Romano, Wochenausgabe in dt. Sprache vom 17.3.2000, 6.

te), die wesentlichen Eigenschaften oder Kennzeichen der Kirche, das Verhältnis des ordinierten Amtes zum Priestertum des ganzen Volkes Gottes sowie weitere Fragen in Bezug auf das Amt, die Lehrautorität und Entscheidungsprozesse, die Beziehung zwischen örtlicher und universaler Dimension der Kirche. Diese offenen Fragen deuten an, dass der Diskussionsprozess zur Ekklesiologie im ökumenischen Horizont nicht abgeschlossen ist.

In der Ökumene kristallisiert sich bei der Rede von der Kirche und der Gemeinschaft der Kirchen der Begriff der „Koinonia" heraus, verstanden als *communio*, Partizipation einerseits auf der Ebene Gott-Mensch (Teilhabe an den „heiligen Dingen") und andererseits auf der Ebene Mensch-Mensch (*communio sanctorum* zu allen Zeiten und an allen Orten). Koinonia besteht zwischen jeder Ortsgemeinde und der universalen Kirche. Hieraus lässt sich die deutliche Option für eine trinitarisch begründete Ekklesiologie feststellen.[176] Unklar bleibt allerdings bislang, wie das Verhältnis zwischen Ekklesiologie und Trinität gedacht sein soll. – Auf dem Weg über die siebente Vollversammlung des ÖRK in Canberra (1991) und der fünften Weltkonferenz für F&O in Santiago de Compostela (1993) wurde dies weiter entwickelt.

Daneben stellt sich die Frage nach der genaueren Verhältnisbestimmung von Ethik und Ekklesiologie als zweite Aufgabe immer dringlicher, wenn sich Wesen, Einheit und Sendung der Kirche komplementär zueinander verhalten. Weitere Überlegungen zu ökumenischen Perspektiven der Ekklesiologie werden das berücksichtigen müssen.

Somit wird hier keine ökumenische Ekklesiologie definiert, doch werden im Gegensatz zur Toronto-Erklärung weitergehende ekklesiologische Aussagen gewagt, die sich aus einem gemeinsamen Studium unter Berücksichtigung der verschiedenen Traditionen ergeben. Und insofern scheint es angemessen, von einer *Ekklesiogenese* im ökumenischen Horizont zu sprechen.[177]

Im Weiteren sollen nun diese beiden Denkbewegungen, die Verhältnisbestimmung von *Ethik und Ekklesiologie* und das Verständnis der *Koinonia* in trinitarischer Gründung genauer betrachtet werden.

I.2.3. Ekklesiologie und Ethik

Wenn eine gemeinsame Ethik als „Prüffeld" für die Ekklesiologie im Horizont der Ökumene gelten soll, dann ist es angezeigt, diesen Zusammenhang näher zu beleuchten, zumal die Frage nach dem Zu-

---

176 Vgl. MIŠČÍK, *Trinität und Kirche*, a. a. O. Miščík weist diese Tendenz für alle drei Studien nach, vgl. 181, 203 f., 229 ff.
177 Vgl. ANTON HOUTEPEN in Bezug auf den Lima-Prozess, in: *Auf dem Weg zu einem ökumenischen Kirchenverständnis*, in: Una Sancta (zit. UnSa) 44/1989, 29–44.

sammenhang von Ekklesiologie und Ethik in der neueren ökumenischen Diskussion einen breiteren Raum eingenommen hat und gerade im Blick auf die Historischen Friedenskirchen relevant sein wird. Die Dringlichkeit dieser Aufgabe soll zum einen anhand des Konziliaren Prozesses für Gerechtigkeit, Frieden und Bewahrung der Schöpfung (*Justice, Peace and Integrity of Creation*, zit. JPIC[178]) gezeigt werden, zum anderen soll anhand des Studienprojektes *Ekklesiologie und Ethik* deutlich werden, welche Probleme sich dabei zeigen. Diese Darstellung kann dazu dienen, die ethische Fragestellung im ökumenischen Horizont in ihrer Beziehung zu den ekklesiologischen Aspekten der Gemeinschaft der Kirchen zu beleuchten. Ergeben sich daraus neue Einsichten zur Verhältnisbestimmung von Wesen und Berufung der Kirche? Wie lässt sich die Interdependenz angemessen beschreiben und theologisch begründen?

a. Die fehlende Klärung der ekklesiologischen Frage im Konziliaren Prozess für Gerechtigkeit, Frieden und Bewahrung der Schöpfung

Neben den ekklesiologisch ausgerichteten Studien der 80er und 90er Jahre des 20. Jhs., die zur klassischen Disziplin von F&O gehören, gab es parallel dazu den auf der sechsten Vollversammlung des ÖRK in Vancouver (1983) initiierten „konziliaren Prozess gegenseitiger Verpflichtung (Bund) für Gerechtigkeit, Frieden und Bewahrung der ganzen Schöpfung".[179] Dieser Prozess gipfelte 1990 in der Weltkonvokation in Seoul/Südkorea. Die Aufgabe des Prozesses bestand darin, „eine Antwort aus christlichem Glauben auf die Krise der Überlebensfähigkeit von Mensch und Natur in Gerechtigkeit gemeinsam als Kirchen und Christen zu geben und diese Antwort zusammen mit Angehörigen anderer Religionen und Weltanschauungen praktisch werden

---

178 Die englische Terminologie „Integrity of Creation" scheint angemessener, denn der Mensch ist dann deutlicher als Teil der Schöpfung verstanden und steht ihr nicht als „Bewahrer" gegenüber.

179 *Bericht aus Vancouver 83*, hg. von W. MÜLLER-RÖMHELD, Frankfurt/M: Lembeck 1983, 261. Vgl. zum Gesamten ULRICH SCHMITTHENNER, *Der konziliare Prozess.* Gemeinsam für Gerechtigkeit, Frieden und Bewahrung der Schöpfung, Idstein: Meinhardt 1998. DERS., *Textsammlung zum konziliaren Prozess* (zweisprachig), CD-ROM 1999. Vgl. zum Gesamten auch STYLIANOS TSOMPANIDIS, *Orthodoxie und Ökumene.* Gemeinsam auf dem Weg zu Gerechtigkeit, Frieden und Bewahrung der Schöpfung, Ökumenische Studien Bd. 10, Münster: Lit 1999. Tsompanidis liefert eine Darstellung der Entwicklung und Durchführung des Konziliaren Prozesses und untersucht in einem zweiten Schritt auch den Zusammenhang von Ekklesiologie (bes. Konziliarität) und Ethik. Die besondere Perspektive, Position und Rolle der Orthodoxie wird in diesem Zusammenhang vorgestellt („Liturgie nach der Liturgie", „Eucharistische und konziliare Gemeinschaft"). Lit. 246–265.

zu lassen".[180] Der Zentralausschuss erwartete, dass die Verpflichtungen von Seoul eine neue Qualität in das Leben der ökumenischen Bewegung bringen könnten.[181] Vorgesehen waren drei Schritte, in denen sich diese Hoffnung materialisieren sollte: (1) Analyse (Bedrohungen identifizieren, innere Zusammenhänge herstellen), (2) aktuelles Bekennen (Erarbeitung theologischer Grundüberzeugungen zu JPIC), (3) praktische Verpflichtungen (Übernahme gemeinsamer Verpflichtungen zur Überwindung der Bedrohung).

Es gibt eine breite Diskussion darüber, ob die Weltkonvokation von Seoul als „gescheitert" zu werten sei.[182] Differenziert nach den einzelnen Zielen lässt sich festhalten, dass die gemeinsame Analyse (1) nicht geleistet wurde[183], das aktuelle Bekennen (2) aber möglich wurde und die praktischen Verpflichtungen (3) nur zum Teil gelangen. Hier soll nicht eine abschließende Beurteilung das Ziel sein. Vielmehr wird die These vertreten, dass die Ursachen der aufgetretenen Schwierigkeiten letztlich in den ungeklärten Fragen der Ekklesiologie und der ekklesiologischen Dimension der Gemeinschaft von Kirchen und eines konziliaren Prozesses begründet liegen. Lässt sich diese These erhärten, dann ist zu fragen, welche Konsequenzen sich daraus für ekklesiologische Überlegungen im ökumenischen Horizont ergeben. Im Folgenden sollen zunächst Argumente für die These angeführt werden.

Als ekklesiologisches Modell diente der Weltkonvokation der umstrittene Begriff des „Bundesschlusses". Der Bund sei das Werk Gottes, auf die Bundestreue Gottes antworteten die Menschen, indem sie

---

180 *Die Zeit ist da*. Schlussdokument und andere Texte der Weltversammlung für Gerechtigkeit, Frieden und Bewahrung der Schöpfung, Seoul 5.–12. März 1990, Genf: ÖRK 1990, 4. Auch in: WOLFRAM STIERLE, DIETRICH WERNER, MARTIN HEIDER (Hgg.), *Ethik für das Leben*. 100 Jahre Ökumenische Wirtschafts- und Sozialethik, Ökumenische Studien 5, Rothenburg o. d. Tauber: Ernst Lange-Institut 1996, 94–105.

181 Vgl. Protokoll der Sitzung des Zentralausschusses 1989 in Moskau; in: *Minutes*, Geneva: WCC 1989.

182 Vgl. *Between the Flood and the Rainbow*. Interpreting the Conciliar Process of Mutual Commitment (Covenant) to JPIC, compiled by D. PREMAN NILES, Geneva: WCC 1992. MARTIN ROBRA, *Ökumenische Sozialethik*, Gütersloh: Gütersloher Verlagshaus 1994, II.6. Die Weltkonvokation in Seoul (1990), bes. 6.1. Widersprüchliche Reaktionen, 151 ff. Robra stellt exemplarisch die Reaktion Paul Albrechts („Bankrott ökumenischer Sozialethik") und Ulrich Duchrows („Aufbruch der Bewegungen") gegenüber. Vgl. auch HARDING MEYER, *Ökumenische Zielvorstellungen*, Bensheimer Hefte 78, Ökumenische Studienhefte 4, Göttingen: Vandenhoeck & Ruprecht 1996, Kap. 3.4.3 *Der „konziliare Prozess" und die Frage kirchlicher Einigungsmodelle*, 163 ff.

183 Vgl. z. B. ELISABETH RAISER, *Seoul: Ein Schritt zum weltweiten ökumenischen Netz*, in: Ökumenischer Informationsdienst (zit. OID) 2/90, Wethen 1990, 2 ff. DIES., *Zur Weltversammlung für Gerechtigkeit, Frieden und Bewahrung der Schöpfung in Seoul*, in: Zeitschrift für Ev. Ethik 34/1990, 242–247.

sich zusammenschlössen im Kampf um Gerechtigkeit, Frieden und Bewahrung der Schöpfung. Aus der Bundesgemeinschaft sollte sich vor allem der verpflichtende Charakter ergeben. Das Hauptproblem aber war zweifellos die fehlende Klärung dieser begründenden theologischen Konzeption für eine angestrebte gegenseitige Verpflichtung.[184] Vor allem die Ungleichzeitigkeit verschiedener Teile der ökumenischen Bewegung offenbarte sich in Seoul einmal mehr. Die unterschiedliche Wahrnehmung und Gewichtung ethischer Herausforderungen in den verschiedenen Traditionen und Kontexten sowie die unterschiedliche Akzentsetzung innerhalb des Themenspektrums stellt auch die Frage nach dem Spannungsverhältnis zwischen ökumenischer und kontextueller Theologie. Dies zeigt sich gerade in der Sozialethik.[185] Für den Konziliaren Prozess ergibt sich daraus wiederum die Anfrage, ob von ungeklärten und nicht konsensfähigen ekklesiologischen Modellen ausgegangen wurde, die zu sehr von der Vorstellung der *una catholica* geprägt waren und zu wenig die lokale und partikulare Dimension von Kirche berücksichtigten. Konrad Raiser entdeckt hierin das nochmalige Aufscheinen des Universalismus eines früheren Paradigmas der ökumenischen Bewegung: „Am Konzilsgedanken entzündete sich noch einmal die Glut unter der Asche des älteren ökumenischen Universalismus, sei es als Hoffnung auf eine universale Einigung der Kirchen, sei es als drängende Erwartung eines Wortes, ‚das die Menschheit nicht überhören kann‘.“[186]

Die römisch-katholische Kirche brachte sich nicht in der erwarteten Weise als Mitveranstalterin in diesen Prozess ein. Der Vatikan lehnte dies gerade aus „ekklesiologischen Gründen"[187] ab. Diese wurden auch geltend gemacht, als der Vatikan sich nicht bereit erklären konnte, 50 stimmberechtigte Delegierte zur Versammlung zu entsenden. Damit aber war die Hoffnung eines ökumenischen Konzils im Sinne der Alten Kirche endgültig zunichte geworden.

Somit ist erneut das Problem des ekklesiologischen Selbstverständnisses der ökumenischen Bewegung aufgeworfen. Ist sie ein „konziliarer Prozess" (Vancouver 1983), eine „Vorbereitung auf ein ökumenisches Konzil" oder gar eine „konziliare Gemeinschaft" (Nairobi 1975)? Welche gemeinsame Grundlage kann es in dieser Gemeinschaft von Kirchen für Verpflichtungen, bindende Erklärungen oder Aktionen geben? Es gab und gibt kein allgemein akzeptiertes Verständnis des Konziliaren Prozesses, auch wenn in Löwen 1971 „Konziliarität"

---

184 *Die Zeit ist da*, 8.
185 Vgl. MARGOT KÄSSMANN, *Bericht über die JPIC-Weltkonvokation in Seoul.* Zentralausschuss des ÖRK, Genf 1990, in: epd-Dokumentation 27/90, 36–40.
186 RAISER, *Ökumene im Übergang*, 179.
187 Ebd.

bereits so definiert worden war: „das Zusammenkommen von Christen örtlich, regional und weltweit zu gemeinsamem Gebet, zu Beratung und Entscheidung in dem Glauben, dass der Heilige Geist solche Zusammenkunft für seine Zwecke der Versöhnung, Erneuerung und Umgestaltung der Kirche benutzen kann, indem er sie zur Fülle der Wahrheit und der Liebe hinführt".[188]

Im Laufe des Konziliaren Prozesses für JPIC wurde zunächst bewusst auf die Diskussion der ekklesiologischen Frage verzichtet, um sie der Zusammenarbeit unter den Kirchen in ethischen Fragen nicht in den Weg zu stellen und so vermutlich in der Diskussion um Voraussetzungen bereits stecken zu bleiben. Dadurch nahm man zwangsläufig die Gefahr in Kauf, dass diese grundlegende aber „verdrängte" Frage von selbst wieder in den Vordergrund treten würde, sobald ein gewisser Fortschritt in gemeinsamen Sachfragen erreicht wäre. Und so offenbaren sich am Ende an unterschiedlichen Stellen die Trennungen um so vehementer.[189] Jetzt wurde die Aufgabe erneut dringlich, zu einer gegenseitigen Anerkennung verschiedener Identitäten und Kirchenverständnisse als Voraussetzung für eine verbindliche Gemeinschaft in der Ökumene zu gelangen.[190] Diese Suche nach einer „verbindlicheren, verpflichteten Gemeinschaft" steht seit Seoul im Vordergrund.[191] Auf der Weltkonvokation selbst wurde deutlich erkannt, dass eine begründete Hoffnung für ein gemeinsames Zeugnis im weiteren Vorgehen nur dann gegeben sein könnte, wenn die Fragen der Ethik mit denen der Ekklesiologie zusammengesehen würden. Ekklesiologische Aussagen sind nicht von den Inhalten des Konziliaren Prozesses zu trennen. Offensichtlich ist also mit der Frage nach dem Zeugnis der Kirche immer auch die nach ihrem *esse* gestellt. Diese Erkenntnis wird in Seoul beschwörend formuliert:

„Wenn die Kirchen auf die heutigen globalen Bedrohungen angemessen antworten wollen, müssen sie ihrer umfassenden Berufung auf neue Art gerecht werden. In unserer Zeit müssen sie wie ein Leib handeln, nationale Grenzen überwinden und gleichzeitig die Schranken der Ungerechtigkeit niederreißen, die den Leib Christi zertrennen."[192]

---

188 *Löwen 1971.* Studienberichte und Dokumente der Kommission für Glauben und Kirchenverfassung, hg. von KONRAD RAISER, Beiheft zur ÖR 18/19, Stuttgart 1971.
189 Als z. B. eine Bischöfin der nordamerikanischen Episkopalkirche in einem der Gottesdienste predigte und sich daraufhin sofort eine erneute Diskussion über die Frauenordination ergab.
190 Vgl. *Die Zeit ist da*, 9.
191 Auch die Weltmissionskonferenz 1989 in San Antonio beschäftigte sich beispielsweise mit dieser Frage, als es um die Formulierung des praktischen Zeugnisses ging, vgl. JOACHIM WIETZKE (Hg.), *Dein Wille geschehe.* Mission in der Nachfolge Christi. Weltmissionskonferenz in San Antonio 1989, Frankfurt/M: Lembeck 1989.
192 *Die Zeit ist da*, 13.

Welcher Art kann diese Ekklesiologie aber sein, wenn sie nicht dem Universalismus des „alten Paradigmas" erneut verfallen will? Der Zentralausschuss des ÖRK nahm diese Fragestellung nach der Weltversammlung zur Weiterarbeit auf. Begriffe wie „Bund" und „konziliarer Prozess" seien zu klären, ebenso die ekklesiologische Frage nach der Zusammenarbeit mit Initiativen und Gruppen, die sich in Teilaspekten des Konziliaren Prozesses engagierten. Denn in Fragen von JPIC könne es keinen Monopolanspruch oder gar ein Konkurrenzverhalten geben. K.Raiser deutet die Richtung an: „Lösen wir uns freilich von der Fixierung auf die autoritativen Worte, so wird deutlich, dass das Ziel des konziliaren Prozesses nicht die Harmonie des magnus consensus, auch nicht der trügerische Kompromiss des kleinsten gemeinsamen Nenners und schon gar nicht das eindeutige, prophetische Zeichen sein kann, sondern nur der in der Gemeinschaft der auf Christus Getauften und an ihn Glaubenden durchgehaltene Streit um die je konkrete Verleiblichung des Evangeliums".[193]

Der Prozess wird weiterhin als Anliegen des ganzen Rates fortgesetzt. „Entscheidende Voraussetzung dieses Gelingens ist die Zusammenarbeit zwischen den Einheiten und Untereinheiten des ÖRK."[194] Damit versucht der ÖRK verstärkt, die ursprünglichen und in der ökumenischen Bewegung getrennt voneinander verhandelten Anliegen von Life and Work und F&O zusammenzusehen. Der Zentralausschuss empfahl, „die Arbeit zur Frage der Verknüpfung von Ethik und Ekklesiologie fortzusetzen und zu intensivieren".[195] Dass Einheit nicht um ihrer selbst willen gesucht wird, sondern um des Zeugnisses und Dienstes in der Welt willen, ist der Bewegung von F&O seit ihren Anfängen bewusst. Und dass dieser Dienst der Kirche an der Welt die Sorge um Gerechtigkeit, Frieden und Bewahrung der Schöpfung einschließt, kann als Konsens festgestellt werden. Die Frage nach der „Einheit wozu?" und die nach ethischem Handeln „als was?" weisen direkt aufeinander. Daraus ergibt sich der innere Zusammenhang zwischen sichtbarer Einheit der Kirche und der gemeinsamen Berufung zum prophetischen Zeugnis und Dienst in der Welt. Im Grunde hatte ja ebendieses Bewusstsein schon zur Gründung des ÖRK geführt.[196]

---

193 RAISER, *Ökumene im Übergang*, 180.
194 *Die Zeit ist da*, 62.
195 Ebd., 63.
196 Vgl. PETER LODBERG, *The History of Ecumenical Work on Ecclesiology and Ethics*, zuerst erschienen in EcRev, 47/1995.

b. Der Versuch einer Integration von Ekklesiologie und Ethik in den Studien Costly Unity, *Costly Commitment und* Costly Obedience *(1992–1996)*

Der Studienprozess *Ekklesiologie und Ethik*[197] stellt die notwendige Konsequenz aus den Ergebnissen des Konziliaren Prozesses und der bleibenden ekklesiologischen Frage nach dem Selbstverständnis der ökumenischen Gemeinschaft dar. Zwei Überzeugungen bilden den Diskussionsrahmen: (1) „Ecumenical ethical reflection and action are intrinsic to the nature and life of the church". Damit ist gesagt, dass ethisches Handeln direkter Ausdruck ekklesiologischer Überzeugungen ist und Ekklesiologie notwendig von den Erfahrungen ethischen Handelns „lernen" wird („must be informed"). (2) „... ecclesiology and Christian ethics must stay in close dialogue, each honouring and learning from the distinctive language and thought-forms of the other".[198] Aus der ekklesiologischen Perspektive heißt dies vor allem, das Verständnis von Koinonia, Erinnerung und Hoffnung, Eucharistie und Taufe weiterzuentwickeln im Blick auf deren ethische Implikationen. Aus der Perspektive der Ethik beinhaltet dies vor allem ein Verständnis von Kirche zu entwickeln, das später mit den umstrittenen Begriffen „moral community" und „moral formation" bezeichnet wird.[199]

---

197 Alle drei Dokumente dieses Studienprozesses (*Costly Unity, Costly Commitment* und *Costly Obedience*) in: THOMAS F. BEST / MARTIN ROBRA (eds.), *Ecclesiology and Ethics. Ecumenical Ethical Engagement, Moral Formation and the Nature of the Church*, Geneva: WCC 1997. (*Costly Commitment* zit. nach THOMAS F. BEST and MARTIN ROBRA (eds.), *Costly Commitment*, Geneva: WCC 1995. Neben dem Konsultationsbericht sind hierin auch die Vorträge enthalten, zuerst erscheinen in: EcRev 47/1995). Vgl. auch DUNCAN FORRESTER, *The True Church and Morality*. Reflections on Ecclesiology and Ethics, Geneva: WCC 1997. Forrester vertieft die Themen des Studienprojektes und verdeutlicht anhand von Beispielen aus der weltweiten Ökumene den Zusammenhang von Einheit und Ethik: „In some cases the same causes that have brought people together in a unity of struggle have also caused divisions in the church, as in the German church struggle in the 1930s or the more recent struggle against apartheid in South Africa – divisions which in some ways may have been necessary, and have pointed the way to a more genuine fellowship or koinonia. ... this debate ... is far from concluded and ... is of the greatest importance for the integrity of the church in its search for unity and faithful discipleship". Vgl. auch LEWIS S. MUDGE, *The Church as Moral Community*. Ecclesiology and Ethics in Ecumenical Debate, New York: Continuum 1998. Mudge verfolgt ein sakramentalistisches Verständnis der Kirche, das Ekklesiologie und Ethik vereinigt. Dies wird weiter entwickelt zu einem Verständnis von Kirche als οικοδομη und πολις in eschatologischer Vision.

198 BEST/ROBRA, *Ecclesiology and Ethics*, IX.

199 „... that training in ethical decision-making and discernment which comes through formal church teaching but more pervasively through the whole life of the church, and not least in its worship", ebd., X.

1993 kam es in Rønde/Dänemark zur ersten gemeinsamen Konsultation von Vertretern aus dem Konziliaren Prozess und F&O unter dem Thema *Koinonia and JPIC*.[200] Damit ist bereits im Titel die Verbindung ausgedrückt. „Koinonia" als Thema der fünften Weltkonferenz von F&O (Santiago de Compostela 1993) und JPIC aus dem Konziliaren Prozess. Ausgangspunkt war die Frage, was Koinonia in einer Welt bedeute, die von Ungerechtigkeit geprägt ist, von der Bedrohung des Friedens und der Zerstörung der Schöpfung. Ein „konziliarer Prozess gegenseitiger Verpflichtung", wie in Vancouver anvisiert, impliziere schon die Frage danach, was es heiße, Kirche zu sein. Nach gemeinsamen Aktionen zu fragen heiße, nach der Einheit, der Gemeinschaft, nach der Koinonia zu fragen. Somit werde deutlich, dass es in der Gemeinschaft der Kirchen um eine „teure Einheit" (*Costly Unity*) gehe.

Tantur/Jerusalem (1994) konnte die Reaktionen auf *Costly Unity* sowie die Diskussionen von Santiago de Compostela bereits berücksichtigen. Hier wurde vor allem die Geschichte der Fragestellung innerhalb der ökumenischen Bewegung reflektiert und spezifische Beiträge der unterschiedlichen Traditionen gehört. Die Diskussion wurde besonders im Blick auf die ökumenische Dimension gegenseitiger Verpflichtung fortgeführt (*Costly Commitment*).

Johannesburg/Südafrika (1996) konzentrierte sich auf ethische Bildung und Prägung (*moral formation*) als Dimension kirchlichen Lebens und ökumenischer Gemeinschaft. Die besonderen Herausforderungen der Gegenwart machten die Notwendigkeit christlicher Identitätsbildung unverkennbar und zeigten die Gefahren der „Missbildung" (*malformation*), denen auch die Kirche wie alle anderen Institutionen ausgesetzt sei. In diesem Sinne seien Mut, Ausdauer und Opferbereitschaft vonnöten (*Costly Obedience*).

Die Titel der einzelnen Studien weisen auf das theologische Erbe Dietrich Bonhoeffers, insbesondere seines Verständnisses der „teuren Gnade".[201]
„Alle Ekklesiologien verstehen die Kirche als eine ihrem Wesen und ihrer Berufung nach ,ethischen' Gemeinschaft" (*moral community*).[202] Das Gewagte an dieser Feststellung ist, dass damit in den Ekklesiologien der Kirchen ethische Implikationen auch ihrem Wesen nach und nicht nur in ihrer Berufung festgestellt werden. Wie erläuterungsbedürftig aber diese Grundaussage ist, wird schon in der Schwierigkeit der Übersetzung des englischen „*moral communi-*

---

200 Vgl. Koinonia and Justice, Peace and Integrity of Creation: *Costly Unity*, Presentations and Reports from the World Council of Churches' Consultation in Rønde, Denmark, February 1993, Thomas F. Best and Wesley Granberg-Michaelson (eds.), Geneva: WCC 1993. Dt.: *Teure Einheit.* Eine Tagung des ÖRK über Koinonia und Gerechtigkeit, Frieden und Bewahrung der Schöpfung, gemeinsam veranstaltet von Einheit I (Einheit und Erneuerung) und Einheit III (Gerechtigkeit, Frieden und Bewahrung der Schöpfung) in Rønde/Dänemark 1993, in: ÖR 42/1993, 279–304. (zit. nach der Ausgabe des ÖRK).
201 Vgl. Dietrich Bonhoeffer, *Nachfolge*. DBW 4, München: Kaiser 1989, 29 ff.
202 *Teure Einheit*, Einleitung, 5.

ty" deutlich.[203] In den ersten Auseinandersetzungen tauchen denn auch die Vorwürfe eines Reduktionismus und Moralismus auf. Darauf reagierte die zweite Konsultation (Tantur) mit der Weiterentwicklung zu einer Rede von der *„moral formation"*.[204] Hier findet die Diskussion über das Verhältnis zwischen dem, was die Kirche ist und dem, was die Kirche tut, ihre direkte Fortsetzung. Von den Kirchen wird erwartet, dass sie für die Gesellschaft, in der sie leben, und für ihre eigenen Mitglieder wichtige ethische Ressourcen bereit stellen. Gerade in der gegenwärtigen Orientierungslosigkeit vieler Gesellschaften müssten Kirchen dieser Berufung gerecht werden. Insofern soll *moral formation* den Begriff *moral community* nicht ersetzen, sondern seine Funktion näher beschreiben. Dies führe zu einer Offenheit gegenüber neuen Realitäten, zur Kritikfähigkeit und Selbstkritik. Vorsichtiger formuliert diese Studie: „In the church's own struggles for JPIC, the *esse* of the church is at stake".

Moral Formation kann m. E. treffender mit kirchlicher/christlicher Sozialisation beschrieben werden, wenn darunter ein begleiteter („nurtured") Prozess verstanden werden soll, aus dem eine distinkte Identität erwächst, eine distinkte Wahrnehmung der Gemeinschaft und eine genuine Motivation.[205] Der spirituelle Aspekt spielt dabei eine ebenso formende Rolle wie alle anderen Dimensionen kirchlichen Lebens. („To be in the Christian community is to be shaped in a certain way of life"). In der postmodernen Gesellschaft sind Identitäten allerdings Teil einer Vielfalt kultureller Lebenswelten. Dahinter gibt es kein Zurück in vormoderne Zeiten. Dies erfordert umso mehr eine genuine, identitätsstiftende und kritische Position der Kirche gegenüber gesamtgesellschaftlichen Tendenzen.

In *Costly Unity* wird zunächst betont, dass zwar weitgehend Einigkeit darüber herrsche, dass Einheit und Ethos zwei Seiten derselben Medaille darstellten, dies aber bisher noch nicht genügend zum Aus-

---

203 Vgl. die Anmerkung hierzu in ebd., 31: „Angesichts der Interpretationsschwierigkeiten in Bezug auf das im Originaltext verwendete ‚moral' community erscheint uns ‚ethische' Gemeinschaft beim gegenwärtigen Stand der Diskussion als die angemessenste Übersetzung (Anm. d. Übers.)". Vgl. auch die Ausführungen zu dieser Diskussion in *Costly Commitment*, 72 ff. In *Costly Obedience* werden erneut Definitionen versucht und nun zwischen Moral und Ethik differenziert: „‚Morality' refers to patterns of actual conduct, while ‚ethics' refers to systematic, often academic, reflection on that conduct. ‚Moral reflection' can then refer to the thoughtful formulation of rules of conduct in the context of given traditions of life or spheres of communal experience. ‚Ethics', on the other hand, is a field of study which seeks conceptual models for reasoning about the perennial moral questions of human existence, as well as dilemmas emerging in our century for the first time." *Costly Obedience*, 53.

204 Vgl. *Costly Commitment*, 72 ff.

205 Vgl. *Costly Obedience*, 56.

druck gebracht worden sei. Um dies zu erläutern, wurde an frühere Studien angeknüpft: *Kirche und Welt* (F&O), *Taufe, Eucharistie und Amt* (Lima), *Die Zeit ist da* (JPIC), *Die Einheit der Kirche als Koinonia: Gabe und Berufung* (Canberra).[206] Koinonia wird als Schlüsselbegriff für den Zugang aus zwei verschiedenen Perspektiven definiert: (1) aus der Gemeinschaftserfahrung des Engagements für die Anliegen des Konziliaren Prozesses, die sich in reichen liturgischen Formen äußerte, (2) aus der Erfahrung des Wesens der Kirche als Glaubens- und Nach fol ge gemeinschaft. In beiden Fällen geht es um das *esse* der Kirche *als Koinonia*. Kirche *hat* nicht eine bestimmte Ethik, sondern sie *verkörpert* sie zugleich.[207] Die Frage des ethischen Engagements betrifft dann nicht nur die Kirche in ihrem *Kirche sein*, sondern auch die Gemeinschaft der Kirchen: „Must we also not say: if the churches are not engaging these ethical issues *together, then none of them individually is being fully the church?*"[208] Doch wird dann differenziert: Das ethische Handeln der Kirchenmitglieder ist nicht als Konstitutivum der Kirche anzusehen, auch wenn die Zeugniskraft der Kirche durch ethisches Fehlverhalten stark beeinträchtigt wird. Andererseits wird aber festgestellt, dass „die Heiligkeit der Kirche nur um den Preis eines ständigen ethischen Bemühens ihrer Glieder zu erreichen ist".[209] Und es gäbe Kirchen, die sich aufgrund einer moralischen Häresie[210] selbst aus dem „Leib Christi" ausschlössen. Damit aber ist

---

206 A. a. O.
207 Damit folgt die Diskussion einem Ansatz, der in jüngster Zeit von Stanley Hauerwas u. a. vertreten worden ist: „In der Tat will ich gerade diese These bestreiten, dass christliche Sozialethik vor allem den Versuch darstellt, die Welt friedfertiger und gerechter zu machen. Vielmehr ist die erste sozialethisch Aufgabe der Kirche diejenige, Kirche zu sein – als Dienstgemeinschaft. Eine solche Behauptung mag wohl selbstbezogen klingen, solange wir uns nicht daran erinnern, dass das, was Kirche zur Kirche macht, die treue sichtbare Verkörperung der Friedensherrschaft Gottes in der Welt ist. Als solche hat die Kirche keine Sozialethik; die Kirche ‚ist‘ eine Sozialethik." STANLEY HAUERWAS, *Selig sind die Friedfertigen.* Ein Entwurf christlicher Ethik, hrsg. u. eingeleitet von REINHARD HÜTTER, Neukirchen-Vluyn: Neukirchener 1995, 159. Vgl. dazu auch ALASDAIR MACINTYRE, *Der Verlust der Tugend.* Zur moralischen Krise der Gegenwart, aus dem Engl. übers. von W. Riehl, Theorie und Gesellschaft 5(1987), Frankfurt/M: Suhrkamp 1997.
208 *Costly Commitment,* 64. Die ökumenische Bewegung wird nach wie vor von der bereits 1952 in Lund geäußerten Hoffnung herausgefordert, dass gemeinsame Reflexion und Aktion, gemeinsames Bekennen, Mission, Zeugnis und Dienst die Norm sein sollten und nicht die Ausnahme. Vgl. *Kirche, Gottesdienst, Abendmahlsgemeinschaft.* Bericht einer Weltkonferenz; Lund, III. Weltkonferenz für Glauben und Kirchenverfassung, hg. von W. STÄHLIN, Witten/Ruhr: Luther Verlag 1954.
209 *Teure Einheit,* 9.
210 Diese Wortwahl kann sich auf frühere Äußerungen aus dem ÖRK stützen, vgl. beispielsweise: „Rassismus ist Sünde und die theologische Rechtfertigung ist eine Häresie". WILLEM A. VISSER'T HOOFT, *Der Auftrag der ökumenischen Bewegung,* in:

ethisches Verhalten zum elementaren Ausdruck der Rechtgläubigkeit der Kirche erklärt. Zumindest im Blick auf die *una sancta* soll dies wohl gelten: Die Auseinandersetzung über das ethische Urteil ist notwendig, wenn eine „teure Einheit" angestrebt ist. Eine „billige Einheit" würde der Konfrontation über ethische Fragen ausweichen[211], würde „Vergebung ohne Buße" suchen, „Taufe ohne Nachfolge".[212]

Die Sakramente werden unter Rückgriff auf die früheren Studien von F&O in ihrer ethischen Dimension zu verbindenden Anknüpfungspunkten: Taufe als Zeugnis für die Werte des Evangeliums, Eucharistie als Sakrament zur Stärkung und Heilung der zerbrochenen Gemeinschaft. Spiritualität und Gottesdienst, in denen diese Sakramente ein Teil sind, können daher als „Brücke zwischen Ekklesiologie und Ethik" angesehen werden.[213] Die eschatologische Dimension als Bewusstsein der Teilhabe an dem durch Gott sich erfüllenden Reich ist hier antizipiert.

Taufe habe bereits in der neutestamentlichen Urgemeinde ethische Entscheidungen impliziert (Nachfolge). Diese Implikation sei im Laufe der wachsenden Institutionalisierung der Kirche und ihrer Teilhabe an weltlicher Macht aber mehr und mehr in den Hintergrund getreten. „Radikaler Gehorsam" wich einer „Formalisierung".[214] – Die Einschätzung, dass erst in neuerer Zeit wieder das Bedürfnis nach solchen Bemühungen entstanden sei, überrascht in einem ökumenischen Dokument, denn nie hat es eine Zeit gegeben, in der nicht einzelne Konfessionen oder doch Menschen innerhalb einzelner Konfessionen dieses Bewusstsein bewahrt hätten.[215]

In der Eucharistie lässt sich eine Konvergenz verschiedener Elemente feststellen: Hier kommen Freuden, Leiden und Hoffnungen zusammen als Antwort auf den Ruf Gottes.[216] Die im Abendmahl erlebte Gemeinschaft sei ebenso eine Dimension des „Bundes Gottes"

Bericht aus Uppsala 1968. Offizieller Bericht über die Vierte Vollversammlung des ÖRK, hg. von Norman Goodall, dt. Ausgabe von W. Müller-Römheld, Genf 1968, 329–341. Vgl. auch Konrad Raiser, *Ecumenical Discussion of Ethics and Ecclesiology;* in: EcRev 48/1996, 3–27, 3.

211 Als Beispiel für „teure Einheit" wird das sog. *„Kairos-Dokument"* der südafrikanischen Kirchen genannt, das Ausdruck einer erfahrenen Einheit auf dem Weg zu Gerechtigkeit und Frieden sei.

212 *Teure Einheit,* 11.

213 Ebd.

214 Ebd., 13. Vgl. auch *Costly Obedience,* 70 ff.

215 Vgl. beispielsweise die Botschaft des Zentralausschusses des ÖRK (Genf 1999), *Dekade zur Überwindung von Gewalt.* Kirchen auf der Suche nach Versöhnung und Frieden; in: ÖR 49/2000, 465–467. Hier werden zumindest „Monastische Traditionen" und „Historische Friedenskirchen" genannt, 466.

216 Vgl. die Entfaltung der verschiedenen Aspekte der Eucharistie in *Costly Commitment,* 70.

wie die im ethischen Handeln erlebte Gemeinschaft, denn beides ist *Anamnesis*, aktive Erinnerung.[217] Beide sind Ausdruck der Gewissheit über die Verwirklichung des Reiches Gottes und daher voneinander abhängig.[218] Wenn die eucharistische Gemeinschaft keine ethische Manifestation erfährt, führt sie in den Spiritualismus. Die Eucharistie stelle eine kontinuierliche Herausforderung in der Suche nach angemessener Beziehungsbildung im sozialen, ökonomischen und politischen Leben dar.[219] Liturgie könne aber ebenso missbraucht werden zur *mal-formation*.

Ihren Grund hat die ethische Gemeinschaft somit im Erleben des Gottesdienstes, „in which the story of salvation is re-enacted"[220], in Gebet, Verkündigung und Sakrament. Das bewahrt sie vor bloßem Aktionismus und Moralismus. – Auch hier bietet sich als Letztbegründung die Trinitätsvorstellung an, als Vorbild für die Konstitution der Beziehungen wie für die Qualität der Beziehungen als Partizipation. Durch das Brechen des Brotes erleben Christen die Gegenwart Jesu Christi in der Eucharistie und so wird die Erfahrung der eigenen Nachfolge als Teilhabe an der ökonomischen Trinität selbst begreiflich, in Antizipation des Reiches Gottes (*memory and hope*).[221] – Es zeigt sich hier, wie die ethische Gemeinschaft aus der Feier der Sakramente selbst ihre Richtung erhalten soll, eine Gemeinschaft, die in der göttlichen Gemeinschaft vorgezeichnet ist und in den Sakramenten erfahrbar wird. So kann gerade die Eucharistie den Blick auf die ökonomische Trinität öffnen, weil die ethische Gemeinschaft an diesem Ort an der göttlichen partizipiert.

Diese Aussagen zielen also nicht auf eine Individualethik, sondern wählen die Perspektive der *Koinonia*: die Gemeinschaft ist Nährboden und gleichzeitig Ziel, sie sei nicht die lehrmäßige Autorität in ethischen Fragen, sondern der Ort, an dem ethische Implikationen des Evangeliums für die Gegenwart gemeinsam erforscht werden und deren Ergebnisse zwangsläufig vielfältig sein können. Gleichzeitig ist sie als Ort der Spiritualität Ermutigung und Trost. Diese Vorstellung der Teilhabe und des Miteinanderteilens an einem konkreten Ort entspricht der Verwendung des Begriffs *Koinonia* im Neuen Testament

---

217 Vgl. *Costly Commitment*, 71.
218 Vgl. 1Kor 11: der Vorwurf des Paulus, dass manche bei der Feier des Abendmahls ungerecht behandelt werden.
219 Verweise auf Mt 5,23 f.; 1Kor 10,16 f.; 1Kor 11,20–22; Gal 3,28. Explizit wird auf die Aussagen in *Taufe, Eucharistie und Amt* zurückgegriffen, § 20.
220 *Costly Obedience*, 66 ff. Larry Rasmussen hatte bereits auf die ursprünglich auch ethische Konnotation von λειτουργια hingewiesen: „it meant the public charge to perform a particular public service, or *diakonia*", in: LARRY RASMUSSEN, *Moral Community and Moral Formation*, in: *Costly Commitment*, 56.
221 Ebd., 67.

(s. u. I.2.4.). Fragen bleiben bezüglich der Gestaltung von Strukturen zur Ausübung gegenseitiger Rechenschaftspflicht (*accountability*) innerhalb eines weit gefassten Verständnisses von Koinonia, „in der wir in Jesus Christus – und trotz aller Mängel unserer Gemeinschaften und Beziehungen – gemeinsame Vorstellungen von einer gerechten, friedlichen und verantwortlichen Welt entwickeln."[222]

Die Gefahr der simplen Definitionsausweitung des Begriffes wird erkannt: Wäre *Koinonia* bloß als Synonym für „versöhnte Verschiedenheit" verwendet, dann ergäbe sich daraus noch kein Gewinn. Der in Nairobi 1975 verwandte Begriff *konziliare Gemeinschaft* könnte als Bezugsrahmen dieser Überlegungen in der Verhältnisbestimmung von universal/lokal und Verschiedenheit/Einheit dienen. Zu suchen ist nach Modellen der konziliaren Gemeinschaft, die das gemeinsame Zeugnis der Kirche stärken.

Costly Commitment greift dazu den Begriff vom *Haushalt des Glaubens / Haushalt des Lebens* auf (*household of faith/life*[223], οἰκοδομή). Damit ist nicht einfach eine weitere Metapher für Kirche gewählt, sondern diese umfasst verschiedene Wege des Glaubens in der Welt. Der Prozesscharakter gehört zum Ethos des Haushaltes des Glaubens und beschreibt den Lebensstil der in ihm Wohnenden. Diese „produktive Metapher"[224] ermöglicht den Blick für den lokalen Kontext und öffnet ihn gleichzeitig für die ökumenische Bewegung, die universale Kirche. Fragen von Ökonomie und Ökologie sind impliziert, denn die Beziehungen innerhalb des Haushaltes sind bündnisartig, ausgehend von der Einheit aller und der Pluralität auf allen Ebenen. Das bleibt nicht ohne Wirkung auf die Struktur von Kirche und Gesellschaft. Wenn die Kirche ihrer Verantwortung diesbezüglich nicht nachkomme, verfehle sie ihren Auftrag und trage zu einem moralischen Vakuum innerhalb der Gesellschaft bei. Durch die Verwendung dieser Metapher gelingt eine Umschreibung der ethischen Dimension des Kirche*seins*, ergänzend zum Koinonia-Konzept. Es bleibt offen, wie kompatibel diese Vorstellung tatsächlich mit den Ekklesiologien der verschiedenen Konfessionen ist. Auf die Bedeutung des sozialen und kulturellen Kontextes wird hier, unter Bezugnahme auf die „Haustafeln" der Pastoralbriefe, explizit auf Chrysostomos (der Haushalt ist eine kleine Kirche) und auf die Theologie der friedenskirchlichen Tradition, insbesondere John Howard Yoder (The Politics of Jesus)[225] verwiesen.

---

222 *Teure Einheit*, 16.
223 *Costly Commitment*, 74 ff. Vgl. hierzu auch RAISER, *Ökumene im Übergang*, IV. Ökumene: Der eine Haushalt des Lebens, 125–170.
224 *Costly Commitment*, 75.
225 S. u. III.

Wenn die Begriffe *Bund* oder *Bundesschluss* verwendet würden, dann sei immer klarzustellen, (1) dass es um den Bund Gottes gehe (so schon in JPIC), (2) dass dieser Bund nach dem NT den alten Bund nicht ersetze oder an seine Stelle trete, sondern erfülle, (3) dass der Bund „in eine Art soziales Credo"[226] umgesetzt werden müsse. Für Christen sei dieser Bund am deutlichsten ausgedrückt im Leben, Sterben und Auferstehen Jesu Christi. Im Anhang zu *Costly Unity* wird darauf hingewiesen, dass das Vorbereitungsdokument für Santiago de Compostela (1993) keinen Hinweis auf den Dialog mit dem Judentum enthält. Gerade bei der Beschäftigung mit der Thematik des Bundes wird dies aber als unerlässlich angesehen.[227] Kritisch ist zu fragen, warum das hier nicht geleistet wird, greifen doch gerade die Themen von JPIC zunächst und vor allem auf Vorstellungen der Hebräischen Bibel zurück. Die Lücke bleibt.

Die Vermittlungsschwierigkeiten zwischen *lokaler und globaler Ebene*, die sich im Konziliaren Prozess gezeigt hatten, werden unter dem „Attribut"[228] der Katholizität der Kirche untersucht. Dazu wird differenziert zwischen „Verschiedenheit" und „Zersplitterung" (auch „Gebrochenheit"). „Der Lokalismus in der Kirche hat den Kongregationalismus als Organisationsstruktur überholt".[229] Hatte der Kongregationalismus noch ein Verständnis für die universale Kirche, so laufe der Lokalismus auf eine neuerliche Tribalisierung hinaus. Der Grund für diese Entwicklung wird im mangelnden Vertrauen gegenüber den eigenen zentralen Glaubensaussagen vermutet. Verschiedenheit ist aber nur dann tragbar, wenn sie von dem Bewusstsein eines gemeinsamen apostolischen Glaubens gerahmt wird. Die traditionellen Attribute der Kirche müssten ihren Ausdruck im ethischen Verhalten der Glieder der Kirche finden: das *una* rufe nach Vertiefung der Liebe und Gemeinschaft; Güte sei essentiell für das *sancta*; *catholica* erlaube eine große Verschiedenheit innerhalb der Gemeinschaft und *apostolica* bedeute, den Nächsten zu sehen und mit ihm zu teilen. Aus der Katholizität ergibt sich auch eine gegenseitige Verpflichtung und Rechenschaftspflicht der Kirchen untereinander (*commitment*). Somit dienen hier die Attribute der geglaubten Kirche als Grundlage für direkte Ableitungen im Blick auf das ethische Verhalten der erfahrenen Kirche.

Problematisch bleibt dieses Vorgehen insofern, als sich daraus immer eine Pluralität von Ableitungen ergeben kann und somit die Frage nach einem gemeinsamen Zeugnis der Gesamtgemeinschaft nicht gelöst ist. Aus gemeinsam bekannten und konsensfähigen Ist-Sätzen las-

---

226 *Teure Einheit*, 18.
227 Vgl. Anhang I zu ebd., 28.
228 *Teure Einheit*, 20.
229 Ebd., 21.

sen sich nicht einfach verpflichtende Soll-Sätze ableiten.[230] Als denkbare Lösung bleibt hier vorläufig einzig der beständige ethische Diskurs innerhalb der sozialen Größe Kirche, die immerhin gemeinsame Attribute zur Beschreibung ihres Wesens teilt. Katholizität verpflichtet auch zum Verbleiben im Diskurs. Die primäre Rolle, die der Kirche in der gegenwärtigen Situation zukommt, wird weiterhin vielfältig interpretiert: (1) Evangelisierung (Bekehrung und Taufe), (2) kontemplativer Rückzug, (3) Exempel einer alternativen Gesellschaft, (4) führende Rolle im Kampf für Gerechtigkeit und Frieden, (5) Teilhaberin in den Kämpfen des Volkes. Die Verschiedenheit wird dort erst problematisch, wo die genannten Funktionen nicht als komplementär angesehen werden können, sondern für einen der Wege Absolutheit beansprucht wird.

Die *zehn Verpflichtungen* von Seoul bieten aber immerhin inhaltliche Kriterien, die der gemeinsamen ethischen Orientierung dienen können.[231] Diese Grundüberzeugungen bilden den Umriss eines gemeinsamen Ethos, das zu „einer Art ökumenischem Katechismus" weiterzuentwickeln sei.[232]

„Wir bekräftigen,
   dass alle Ausübung von Macht und Gewalt verantwortet werden muss
   dass Gott auf der Seite der Armen steht
   dass alle Rassen und Völker gleichwertig sind
   dass Mann und Frau nach dem Bilde Gottes geschaffen sind
   dass Wahrheit zur Grundlage einer Gemeinschaft freier Menschen gehört
   den Frieden Jesu Christi
   dass Gott die Schöpfung liebt
   dass die Erde Gott gehört
   die Würde und das Engagement der jüngeren Generation
   dass die Menschenrechte von Gott gegeben sind"

Die verschiedenen Traditionen haben in ihren Ekklesiologien verbindliche und gestaltende Ansätze zu ethischen Fragen unterschiedlich zum Ausdruck gebracht: „Liturgie nach der Liturgie", *status confessionis*, Erbauung des Reiches Gottes, das Zeugnis der Historischen Friedenskirchen. Dabei ist vordergründig nach der Verbindung zwischen Glauben (ethischer Substanz) und Handeln (ethischer Erfahrung) in der jeweiligen Tradition zu fragen. Zu klären sind außerdem die Gründe der unterschiedlichen Ausrichtungen der Ethik innerhalb der Kirchen, denn different sind auch die Sichtweisen, in welchem Verhältnis spe-

---

230 Vgl. zu dieser Diskussion weiterführend die Beiträge in WILFRIED HÄRLE und REINER PREUL (Hgg.), *Woran orientiert sich Ethik?* Marburger Jahrbuch Theologie XIII, Marburg: N. G. Elwert 2001.
231 *Die Zeit ist da*, 16 ff.
232 Anhang II zu *Teure Einheit*, 29.

zifische moralische Vorstellungen einer Lebens- und Lerngemeinschaft (*moral formation*) zu generalisierbaren ethischen Prinzipien stehen. Zum einen haben Ekklesiologie und institutionelle Struktur direkte Auswirkungen auf ihre spirituelle, moralische und ethische Ausformung. Zum anderen ist die Verhältnisbestimmung von Ekklesiologie und Ethik verschieden: ist Kirche verstanden als neue göttlich-menschliche Realität, wie in der katholischen und orthodoxen Tradition, dann ist dieser Brückenschlag nur durch ein sakramentales Verständnis der Welt möglich. Die Gründung der Kirche im glaubenschaffenden Wort Gottes enthält dagegen nach reformatorischer Tradition bereits eine „infinite qualitative distinction" zwischen Gott und Mensch, zwischen der Gerechtigkeit Gottes und menschlicher Gerechtigkeit. Diese Position muss gegenüber einer ethischen Argumentation innerhalb der Ekklesiologie skeptisch bleiben. Die Bereitschaft dazu findet sich eher in einer Nachfolge-Ekklesiologie freikirchlicher und insbesondere friedenskirchlicher Prägung, in der ethische Entscheidungen an die Vorstellung von der Auferbauung des Reiches Gottes geknüpft zu sein scheinen.[233]

Das gemeinsame ethische Engagement von *Christen und Nichtchristen*, das im Konziliaren Prozess zu einer tief empfundenen Gemeinschaftserfahrung geführt hatte, macht diese noch nicht zu Kirchenmitgliedern.[234] In diesem Zusammenhang stellt sich die Frage (1) nach der Beziehung zwischen Laien und Autorität/Repräsentation ganz neu und (2) nach einer Koinonia, die über die Grenze der institutionalisierten Kirche hinausgeht. „Wir können versuchen, Kirche als Resonanzboden, als ein Ausdrucksmittel für außerkirchliche Bewegungen zu sehen."[235] Durch gemeinsames ethisches Handeln beginnt ein Prozess, der als „*koinonia-generating-involvement*" bezeichnet wird.[236]

---

233 Vgl. *Costly Obedience*, 55.
234 Hier wird vor dem „kirchlichen Imperialismus" des Modells „anonymer" oder „latenter" Christen gewarnt. Vgl. *Teure Einheit*, 9. Vgl. dazu vor allem KARL RAHNER, *Schriften zur Theologie*, Bde. I–XVI, Einsiedeln: Benziger 1954–1984: *Das Christentum und die nichtchristlichen Religionen*, V, 136–158, *Die anonymen Christen*, VI, 545–554, *Anonymes Christentum und Missionsauftrag der Kirchen*, IX, 498–515, *Bemerkungen zum Problem des „anonymen Christen"*, X, 531–546, *Anonymer und expliziter Glaube*, XII, 76–84. Vgl. zur ökumenischen Diskussion weiter CHRISTINE LIENEMANN-PERRIN, Mission und interreligiöser Dialog. Ökumenische Studienhefte 11, Bensheimer Hefte 93, Göttingen: Vandenhoeck & Ruprecht 1999.
235 *Teure Einheit*, 23. *Costly Commitment* führt zusätzlich die Basisgemeinschaften in Lateinamerika an, Gebetskreise, Bewegungen und Aktionsgruppen, die sich zwar alle als Christen bezeichnen, aber nicht notwendig in direktem Kontakt mit offiziellen Kirchenstrukturen stehen. Dazu gehörten gerade auch Frauengruppen, die sich in besonderer Weise von der Kirche distanziert fühlten.
236 So bereits formuliert in Sektion IV, in: *Santiago de Compostela* 1993. Fünfte Weltkonferenz für Glauben und Kirchenverfassung, hg. von GÜNTHER GASSMANN u.

Der Motivationsgrund wird dann zum eigentlichen Kriterium, Koinonia ist nicht mehr deckungsgleich mit der offiziellen Kirchenstruktur. Begründet wird dies mit der Wirkung des Heiligen Geistes auch außerhalb der Kirche, aber es wird nicht klar, in welcher Relation diese Begriffsdeutung zur innertrinarischen Koinonia beschrieben werden soll. Hier wird lediglich darauf verwiesen, dass die Verwendung des Begriffes im Neuen Testament auch eine solche Deutung zulasse.

Die Suche nach einer engen begrifflichen Verknüpfung von Ekklesiologie und Ethik wird am deutlichsten in dem Begriff der Kirche als „*ecclesio-moral communion*".[237] Gleichzeitig ist dies aber auch deutlicher Hinweis auf die Sprachschwierigkeiten, die Verhältnisbestimmung in angemessener Form auszudrücken. Jede Tradition hat ihr eigenes Vokabular herausgebildet, selbst innerhalb der ökumenischen Bewegung (hier Life and Work und F&O). Das erschwert die Kommunikation und verlangt nach der Entwicklung eines neuen gemeinsamen Sprachraumes, der nur allmählich aus der gemeinsamen ökumenischen Erfahrung des Gottesdienstes erwachsen kann: „If we learn to live together in a morally engaged worshipping community, we will eventually find the words to talk about it. Our reflections on the church as intrinsically a community of moral formation and world-engagement are intended as a move in that direction".[238]

Der Fortschritt dieses Studienprozesses ist denn auch zuerst in dieser Konvergenz zwischen den verschiedenen Denkbewegungen zu Ekklesiologie und Ethik zu sehen. Hierin kommt der Wille zum Ausdruck, geglaubte und erfahrene Kirche nicht zu trennen, sondern in diesen zwei komplementäre Perspektiven zu entdecken. Damit ist zumindest methodologisch eine entscheidende Weichenstellung in der ökumenischen Bewegung vorgenommen. Es ist deutlich geworden, dass in Bezug auf die Klärung des Verhältnisses von Ekklesiologie und Ethik im Horizont der Ökumene der Metapher „Koinonia" in ihrer trinitarischen Gründung eine Schlüsselfunktion zukommt. Bisher gelang die Konvergenz nicht in analytischer, sondern in metaphorischer Rede. Die Gefahr hierbei ist die bleibend verschiedene Deutung einer biblischen Metapher, wodurch kein Fortschritt erreicht wäre. Hier bleibt die gesamte Studie höchst unbefriedigend, da sie oft nur fragmentartige Argumentationsgänge liefern kann, die nicht immer

---

DAGMAR HELLER, Beiheft zur ÖR 67, Frankfurt/M: Lembeck 1994, 252 (in der deutschen Übersetzung nicht so schlagwortartig, sondern umschrieben). „... in reference to the church or to Christian groups, whether those related directly to the church or those, whose relation to the church is more distant, but who claim a clear Christian motivation for their work." *Costly Commitment*, 69.
237 Vgl. *Costly Obedience* mehrere Stellen, z. B. 82.
238 Ebd., 72.

kompatibel zueinander sind. Die potenzielle Leistung dieses Vorgehens liegt in der Findung einer Sprachform, die die pluralen Ausprägungen einzufangen vermag und kommunizierbar machen könnte. Der Ort, an dem sich das ereignet, scheint eher im Gottesdienst und der Feier der Sakramente erhofft zu werden als in der Lehre. Das verwundert nicht bei einem stark erfahrungsbezogenen Ansatz, der im Blick auf den ethischen Diskurs die religiöse Sozialisation als Schlüsselkompetenz der Kirche betrachtet.

Unklar bleibt auch, inwiefern sich zumindest ein verpflichtender Diskurs daraus ergeben könnte, denn die attributiv beschriebene Gemeinschaft der Kirchen kann in vielfältigem ethischen Handeln zum Ausdruck kommen, auch wenn erste Ansätze zur Ausprägung regulativer Sätze möglich scheinen.

Im Folgenden soll die Leistungsfähigkeit der metaphorischen Rede von *Koinonia* im Blick auf eine potenzielle Ekklesiologie im Horizont der Ökumene weiter untersucht werden, um dann zu sehen, wie sich dies zu einer Ekklesiologie aus der Perspektive der Historischen Friedenskirche verhält.

I.2.4. Koinonia in trinitarischer Gründung

Koinonia *ist gegeben* und kommt zum *Ausdruck „im gemeinsamen Bekenntnis des apostolischen Glaubens,* in dem einen gemeinsamen *sakramentalen Leben,* in das wir durch die eine *Taufe* eintreten und das in der einen *eucharistischen Gemeinschaft* miteinander gefeiert wird, in einem *gemeinsamen Leben,* in dem *Glieder und Ämter gegenseitig anerkannt und versöhnt* sind, und in einer gemeinsamen *Sendung,* in der allen Menschen das Evangelium von Gottes Gnade bezeugt und der *ganzen Schöpfung* gedient wird ... Diese volle Gemeinschaft wird auf der *lokalen wie auf der universalen* Ebene in *konziliaren Formen des Lebens und Handelns* zum Ausdruck kommen.[239]

In diesem kurzen, aussagekräftigen Absatz wird gleichsam exemplarisch die große Definitionsweite des Verständnisses von Koinonia sichtbar: *una, sancta, catholica* und *apostolica* sind gegeben. Sie kommen im Bekenntnis wie im Leben der Koinonia zum Ausdruck. Kennzeichen sind die eine Taufe, die gemeinsame Eucharistie, das gegenseitig

---

239 *Die Einheit der Kirche als Koinonia:* Gabe und Berufung; in: *Im Zeichen des Heiligen Geistes.* Bericht aus Canberra 1991. Offizieller Bericht der siebten Vollversammlung des Ökumenischen Rates der Kirchen. Februar 1991 in Canberra/Australien, hg. v. W. MÜLLER-RÖMHELD, Frankfurt/M: Lembeck 1991, 174. (Hervorhebungen durch FE). Vgl. zur Rezeption dieses Begriffes seit Beginn der institutionalisierten ökumenischen Bewegung JEAN-MARIE R. TILLARD, Art. *Koinonia,* in: *Dictionary of the Ecumenical Movement,* NICHOLAS LOSSKY, JOSE MIGUEZ BONINO et al. (eds.), Geneva: WCC Publications 1991, 568–574.

anerkannte Amt. Koinonia ist gelebte konziliare Gemeinschaft, lokal und global. Sie ist berufen zu einer Sendung für die ganze Schöpfung. Im Weiteren sollen Ausführungen zur Koinonia-Vorstellung näher betrachtet werden. Dieser Begriff ist auf der Suche nach integrierenden Einheitskonzepten (wieder) ins Zentrum der ökumenischen Diskussionen im Blick auf die Ekklesiologie gerückt. Weiter soll geprüft werden, wie leistungsfähig dieses Verständnis ist im Blick auf die Verhältnisbestimmung von Wesen und Botschaft der Kirche und der Gemeinschaft der Kirchen. Ist damit tatsächlich ein Fortschritt erreicht oder erschöpft sich das Neue lediglich in der Wiederaufnahme einer Metapher, in die alle Ansprüche und Erwartungen hinsichtlich einer Ekklesiologie in ökumenischer Perspektive hineinprojiziert werden?

Die Erklärung der siebenten Vollversammlung des ÖRK in Canberra stellt den Koinonia-Begriff in einen umfassenden Zusammenhang und füllt ihn zunächst mit den bekannten Bildern für Kirche: „Vorgeschmack", „Zeichen" und „Dienerin" für das versöhnende und einigende Handeln Gottes. Diese Überlegungen werden in die Vorbereitung zur fünften Weltkonferenz von F&O (Santiago de Compostela) aufgenommen und dort vertieft. Anlass dafür sind die durch die vorangegangenen Studien und den Lima-Prozess sichtbar gewordenen Konvergenzen verschiedener, konfessionell geprägter Ekklesiologien, die scheinbar im Koinonia-Begriff Ausdruck finden können. Auch der Diskussionsprozess zur Verhältnisbestimmung von Ekklesiologie und Ethik favorisiert dieses integrativ wirkende Konzept. Daher sollen die beiden „Stationen" (Canberra und Santiago) der Erläuterung zugrunde gelegt werden sowie das Studiendokument über *Das Wesen und die Bestimmung der Kirche*[240], in das diese Überlegungen Eingang fanden. Hier wird Koinonia in seiner trinitarisch interpretierten Gründung schließlich zum Schlüsselbegriff einer Ekklesiologie im Horizont der Ökumene.[241]

Die Leistungsfähigkeit erweist sich zunächst in der Möglichkeit, die unterschiedlichen aber nicht unabhängigen Ebenen von Gemeinschaft auszudrücken: (1) Koinonia mit Gott als Teilhabe an der immanenten Trinität, (2) Koinonia innerhalb der Kirche (auch als Synonym für Kirche), (3) Koinonia als Gemeinschaft der Kirchen untereinander, (4) Koinonia mit Menschen anderen Glaubens oder ohne Glauben und (5) Koinonia mit der Schöpfung. In dieser umfassenden Verwendung des Begriffs ist allerdings eine Gefahr ebenso unverkennbar: die spezifischen ekklesiologischen Traditionen können dies je

---

240 A. a. O.
241 Vgl. bes. Kap. I und III der Studie.

nach eigenem Verständnis auslegen. Ist dadurch tatsächlich eine Möglichkeit zur Vertiefung der ekklesiologischen Dimension in der Ökumene eröffnet? Das „Diskussionspapier" im Vorfeld der fünften Weltkonferenz von F&O versucht zu klären.[242] In seinen Gliederungspunkten wird deutlich, wie der bisherige Diskussionsgang in F&O nun auf den Begriff der Koinonia bezogen wird:

1) Das Verständnis von Koinonia und seine Bedeutung für Menschheit und Schöpfung (vgl. JPIC, a. a. O.),
2) Den einen Glauben zur Ehre Gottes bekennen (vgl. *Gemeinsam den einen Glauben bekennen,* a. a. O.),
3) An einem gemeinsamen Leben in Christus teilhaben (vgl. *Taufe, Eucharistie und Amt,* a. a. O.),
4) Zum gemeinsamen Zeugnis für eine erneuerte Welt berufen (vgl. *Kirche und Welt,* a. a. O.),
5) Hineinwachsen in die Koinonia: Fortschritte und Erwartungen.

In der Botschaft von Santiago werden die Bedeutungen aufgenommen und zusammengesehen: „Dieses Wort (sc. Koinonia) beschreibt den Reichtum unseres gemeinsamen Lebens in Christus: Communio, Gemeinschaft, Miteinanderteilen, Teilhabe, Solidarität."[243] In der Koinonia der Trinität, der Gemeinschaft von Vater, Sohn und Heiligem Geist liegt die Gemeinschaft der Kirche begründet. – Wie soll das im Einzelnen gedacht werden?

a. Koinonia im Neuen Testament

Die Verbalform, von der sich das Substantiv ableitet, trägt bereits eine Fülle von Bedeutungen in sich: etwas gemeinsam haben, miteinander teilen, teilnehmen, teilhaben an, gemeinsam handeln, eine vertragsmäßige Beziehung gegenseitiger Rechenschaftspflicht eingehen.[244] Der Begriff Koinonia kann demnach im Neuen Testament all das bezeichnen, was gemeinsam ist: Teilhabe, Teilnahme, Teilen, Gemeinschaft, Gemeinde.[245] Schließlich erscheint der Begriff in Schlüsselsituationen, wie der Versöhnung zwischen Paulus und Petrus, Jakobus

---

242 *Auf dem Weg zur Koinonia* im Glauben, Leben und Zeugnis. Ein Diskussionspapier, Glauben und Kirchenverfassung Dokument 161, Genf: ÖRK 1993.
243 Botschaft *Auf dem Weg zu einer umfassenden Koinonia;* in: *Santiago de Compostela,* 213 ff.
244 Vgl. *Exegetisches Wörterbuch zum Neuen Testament,* hg. v. HORST BALZ u. GERHARD SCHNEIDER, 2. verb. Auflage, Bd. II, Stuttgart u. a.: Kohlhammer 1992 (1981), 747–755. Vgl. *Das Wesen und die Bestimmung der Kirche,* 30. Vgl. auch *Koinonia in der Bibel;* in: *Santiago de Compostela,* Kap. II, 37–94.
245 Vgl. *Auf dem Weg zur Koinonia,* 19: Apg 2,42; Röm 15,26; 1Kor 1,9;10,16; 2Kor 6,14;8,4;9,13;13,13; Gal 2,9; Phil 1,5;2,1;3,10; Phlm 6; Heb 13,16; 1Joh 1,3.6–7.

und Johannes (Gal 2,9), der Kollekte für die Armen (Röm 15,26; 2Kor 8,4) oder zur Beschreibung des Zeugnisses der Kirche (Apg 2,42-45).

Die Bilder für Koinonia als Gemeinschaft sind entsprechend vielfältig: Heiliges Volk, Gottes Volk (1Petr 2,9-10), Tempel Gottes (1Kor 3,16-17), Wein und Reben (Joh 15,5), Leib Christi (1Kor 12,27; Röm 12,4-5; Eph 1,22-23). Sie sind der Ausdruck der Beziehung unter den Gliedern der Gemeinschaft in Raum und Zeit. Durch die Taufe werden sie zur Gemeinschaft untereinander und mit Gott (Röm 6,4-11; 1Kor 12,13), im Hören auf Gottes Wort und der Feier der Eucharistie (1Kor 11,17-16) werden sie *sein* Leib. Dieser Leib ist verstanden als eine Gemeinschaft der „Nachfolge" und „Jüngerschaft", die sich wiederum in vielfältiger Weise ausdrückt:[246] Zusammen verwurzelt zu sein im Glauben an den trinitarisch verstandenen Gott (Röm 4), die apostolische Lehre zu teilen und Gemeinschaft auch im Gebet und im Brechen des Brotes zu erfahren (Apg 2,42), authentische Jüngerschaft und Bereitschaft zur Teilhabe am Leiden Christi (Phil 3,10; 2Kor 4,7-11; 1Petr 4,13;5,1), gegenseitiges Teilen von Freuden und Nöten (2Kor 1,6-7; Hebr 10,33), Mut zum Eintreten für die Wahrheit (Gal 2,5), einander in Liebe zu dienen und wechselseitig materielle und geistliche Gaben zu geben und zu empfangen (Röm 15,26-27; 2Kor 8,1-15; Gal 5,13), die Verkündigung des Evangeliums an alle Menschen (Mt 28,19-20; Apg 2,14 ff.), die Sorge um die Harmonie der Schöpfung Gottes, verbunden mit der Verherrlichung Christi und der Kinder Gottes (Kol 1,14-18, Röm 8,19-21), die vorausblickende Teilhabe an der kommenden Herrlichkeit (Röm 8,17).

Die Koinonia mit Gott ist durch den Heiligen Geist gegeben (1Joh 1,3). Paulus spricht von der Beziehung der Glaubenden zu ihrem Herrn als Sein „in Christus" (2Kor 5,17) und von Jesus Christus als dem, der im Glaubenden ist durch den Heiligen Geist. Die Gemeinschaft ist demnach Gabe Gottes, „durch die Gott die Menschheit in den Kreis seiner großzügigen, göttlichen, selbstlosen Liebe zieht, die zwischen den Personen der Heiligen Dreieinigkeit strömt".[247]

b. Teilhaben an: Relationalität in trinitarischer Gründung

„Das geheimnisvolle Leben der göttlichen Gemeinschaft zwischen Jesus Christus und seinem Vater und dem Geist ist personal und in Beziehung – ein Leben des Schenkens und des Empfangens von Liebe, die zwischen ihnen fließt. Es ist ein Leben in einer Gemeinschaft, in deren Zentrum ein Kreuz

---

246 Vgl. *Auf dem Weg zur Koinonia*, 21 ff.
247 *Das Wesen und die Bestimmung der Kirche*, 31.

steht und in einer Gemeinschaft, die sich immer über sich selbst hinaus ausstreckt, um alles in ihrem eigenen Leben zu umfassen und einzuhüllen."[248] In dieser nun perichoretisch vorgestellten Beziehung der trinitarischen Personen kommt die Sozialität Gottes zum Ausdruck. Im Vorfeld zu Santiago werden die Begriffe Koinonia und Gemeinschaft (engl.: *communion*) als Synonyme verwendet. Die Relationalität, wie sie sich in der göttlichen Trinität offenbart, tritt in den Vordergrund. Analog dazu ist das Aufeinanderbezogensein innerhalb der Gemeinschaft der Kirche vorgestellt. Brandner vermutet hierin eine Korrektur an dem monarchisch interpretierten Trinitätsverständnis, wie sie noch im Lima-Prozess zu finden war.[249] Vor allem aber soll wohl damit die Beziehung der verschiedenen Ebenen ausgedrückt werden: Koinonia bezeichnet auch die dynamische Beziehung zwischen Gott und Mensch, sie drückt die Teilhabe an der Wirklichkeit der Gnade Gottes aus, durch die der Mensch erst zu einem „Koinonia-förmigen Wesen" wird.[250] Glaube heißt Leben in Gemeinschaft mit Gott, die gesamte Schöpfung hat ihre Integrität in der Koinonia mit Gott.[251]

Entsprechend ist die Struktur der Kirche relational und kommt auf lokaler wie auf universaler Ebene zum Ausdruck. Das heißt auch: „Kein Christ kann als isolierte Einzelperson leben und eine bevorzugte und direkte Gemeinschaft mit Gott haben"[252] (*unus Christianus, nullus Christianus*). – Allerdings finden sich wenig Konkretisierungen über die Art und Weise der Relationalität der verschiedenen Ebenen. Die Ausführungen bleiben ungenau und vage, tragen meist eher affirmativen bzw. doxologischen Charakter. Die oben angezeigte Gefahr der Definitionsausweitung wird dadurch verstärkt. Sicherlich ist zu berücksichtigen, dass analog zu den ökumenischen Sprach- und Verständigungsschwierigkeiten auch in den einzelnen Traditionen ekklesiologische Aussagen nicht zuerst durch eine genaue, analytische Definition eines Begriffes möglich werden, sondern die Verwendung der gleichen Sprache und der gleichen Bilder und Metaphern eine gemeinsame Sprachmentalität und -bewegung entstehen lässt, die dann u. U. einen gemeinsamen Deutungsraum eröffnet. Insofern erscheint diese Methode auch hier gerechtfertigt. Als „trinitarische Gemeinschaft" ergibt sich somit tatsächlich ein beschreibbares Verständnis von Koinonia, das sowohl die angezeigten Spannungsverhältnisse einzufangen vermag als auch eine gemeinsame Sprachform anbietet.

---

248 *Santiago de Compostela*, 218.
249 Vgl. BRANDNDER, *Einheit*, 128.
250 *Auf dem Weg zur Koinonia*, 20.
251 Vgl. *Das Wesen und die Bestimmung der Kirche*, 29.
252 *Santiago de Compostela*, 219.

Die eschatologische Ausrichtung ist das Bindeglied zwischen Gabe und Berufung. Es bleibt bei der konventionellen heilsgeschichtlichen Ausrichtung der Grundaussage. Hinzu tritt aber jetzt die trinitarische, insbesondere pneumatologische Begründung: Der Heilige Geist wirkt die Gemeinschaft in der Kirche. Die christozentrische und zuweilen christomonistische Engführung früherer Dokumente ist damit aufgegeben, auch wenn sie nach wie vor als Basis für diese Erweiterungen angesehen werden kann.

Koinonia ist aber eine Gabe, die Gott der ganzen Menschheit schenkt, nicht nur der Kirche. Daher kann nun gesagt werden: Christus ist auch außerhalb der Kirche präsent, denn der Geist „weht wo er will" und wirkt auf vielfältige Weise.[253] Dies stellt eine dramatische Erweiterung des Gedankens der Zuwendung Gottes dar. Erst durch die trinitarische Begründung ekklesiologischer Aussagen werden solche Sätze nachvollziehbar. Auch die Mission der Kirche kommt nun in den Blick als dem Wesen und der Sendung der Koinonia entsprechend: „Mission hat als letztgültiges Ziel die Koinonia aller".[254] Deshalb behindern die Spaltungen der Kirchen den Auftrag der Kirche, die nur in der Einheit auch zur Erneuerung der ganzen Schöpfung beitragen kann und so erst ihrer Mission gerecht wird.

c. Teilnehmen: „authentische Jüngerschaft"

„Weil Koinonia auch Teilhabe am gekreuzigten Christus ist, gehört es auch zum Wesen und der Sendung der Kirche, das Leiden und das Ringen der Menschheit zu teilen."[255] „Die Quelle ihrer Leidenschaft für die Veränderung der Welt liegt in ihrer Gemeinschaft mit Gott in Jesus Christus. Sie glauben, dass Gott, der absolute Liebe, Barmherzigkeit und Gerechtigkeit ist, durch den Heiligen Geist in ihnen wirkt."[256] „Die Gemeinschaft der heiligen Trinität ist auch ein Vorbild für Gottes Volk – die Kirche. Der Heilige Geist leitet die Kirche dazu, ihr Leben der trinitarischen Beziehung nachzubilden."[257]

Wenn die Kirche verstanden ist als die von Gott berufene Gemeinschaft, die durch den Heiligen Geist an Christus teilhat, dann ist ihr Zeugnis auch die Versöhnung Gottes, ihr Ziel die Heilung der ganzen Schöpfung. „Die Beziehung der Kirche zu Christus beinhaltet, dass Glauben und Gemeinschaft Jüngerschaft im Sinne von mo-

---

253 Vgl. *Auf dem Weg zur Koinonia*, 23. Hier wird über das hinausgegangen, was in *Gemeinsam den einen Glauben bekennen* gesagt wurde: „Wer Christus außerhalb der Kirche sucht ...".
254 *Das Wesen und die Bestimmung der Kirche*, 32.
255 Ebd., 31.
256 Ebd., 63.
257 *Im Zeichen des Heiligen Geistes*, Sektion IV., 117.

ralischer Verpflichtung fordern."[258] Dass der Einsatz für JPIC auch gemeinsam mit Menschen erfolgt, die außerhalb der christlichen Glaubensgemeinschaft stehen, ist „Merkmal, das zur Definition von Koinonia und für unser Verständnis von Kirche zentral ist".[259] Santiago geht hier noch einen Schritt weiter: Gott ruft die Gemeinschaft der Kirche auf, sich von außerhalb ihrer Grenzen korrigieren und verändern zu lassen. Denn zum dynamischen Prozess der Koinonia gehört das Anerkennen der menschlichen Komplementarität.[260] Das heißt nicht nur, dass die Kirche zur Erneuerung der ganzen Menschheit beiträgt, sondern sie steht aufgrund ihres auf Relationalität angelegten Seins in einem dialogischen Verhältnis zur Welt. Daraus folgt als Konkretisierung dieser Argumentation, dass Kirche im Bereich des ethischen Handelns andere Gemeinschaften „guten Willens" als Verbündete suchen wird.

In der Vorbereitung auf Santiago sprach man von „authentischer Jüngerschaft"[261], um den engen Bezug zwischen Ekklesiologie und Ethik auszudrücken. „Wenn Christen authentisch leben, dann gibt es keinerlei Form von Herrschaft".[262] Dazu ist aber Selbsthingabe und Selbstentäußerung notwendig. Phil 2 thematisiert, wie Jesus zur göttlichen auch die Knechtsgestalt angenommen hat. Dies ist das Modell für die Versöhnung in der Gemeinschaft, die in eine volle Koinonia führt. – In Santiago selbst wird dann allerdings vorsichtiger formuliert: „Die Kirche ist bestrebt, eine Gemeinschaft zu sein, die in treuer Nachfolge Christi steht ...".[263] Der deutlich ethischen Ausrichtung der Vorlage wird nicht in vollem Umfang gefolgt.

Gemeinschaft ist auch unter diesem Aspekt Gabe *und* Berufung. So wird die kreative Spannung von geglaubter und erfahrener Kirche zur Grundfigur. Die Gemeinschaft, die bereits Teil hat an der göttlichen Koinonia, bleibt doch in Leiden, Schwachheit und Versagen, Buße und Erneuerung, „weil es menschliche Sünde gibt".[264] Die Sünde korrumpiert die ganze Schöpfung und deshalb kann das Schicksal der

---

258 *Das Wesen und die Bestimmung der Kirche*, 63.
259 Ebd., 63.
260 *Santiago de Compostela*, 220.
261 *Auf dem Weg zur Koinonia*, 21. Später dann auch in *Santiago de Compostela*, 222.
262 *Auf dem Weg zur Koinonia*, 42. Hier wird auch versucht, an die alttestamentliche Vorstellung von שָׁלוֹם anzuknüpfen: „Charakteristisch für das Leben von שָׁלוֹם war es, den Schwachen, die Waise, die Witwe und den Fremden zu verteidigen, den Nächsten zu lieben und den Verfolgten Zuflucht und Gastfreundschaft zu gewähren. Es war die Pflicht des Königs (des Messias), darauf zu sehen, dass diese Akte des Rechts (מִשְׁפָּט), der Gerechtigkeit (צְדָקָה) und Güte (חֶסֶד) in Israel durch die ganze Gemeinschaft beachtet wurden ...". Ebd., 20.
263 Sektionsbericht 1: Das Verständnis der Koinonia und ihrer Implikationen; in: *Santiago de Compostela*, 218.
264 *Auf dem Weg zur Koinonia*, 24.

Kirche niemals getrennt von dem des Universums betrachtet werden. Aber Christen glauben, dass nach Gottes Willen die Kirche der Teil der Menschheit ist, „der bereits an der Liebe und Gemeinschaft Gottes im Glauben und in der Hoffnung und in der Verherrlichung von Gottes Namen teilhat".[265] Dies ist die Berufung der Kirche: In Übereinstimmung mit dem „Plan Gottes zu leben, wie er in der Schrift geoffenbart ist".[266] Denn „im Reich Gottes findet die Kirche wie die gesamte Menschheit ihr Ziel".[267] Die Koinonia der Kirche übernimmt Verantwortung für die Erneuerung der Koinonia der ganzen Menschheit, der ganzen Schöpfung. Sie soll wie „ein wahrer Sauerteig" werden. Dabei geht es auch um die Transformation von Kultur und Machtstrukturen. Der Kirche Berufung erschöpft sich somit keinesfalls in der Koinonia zu Gott, aber sie ist durch diese qualifiziert.

Es fällt auf, dass auch die Feststellung des Diskussionspapiers zur Vorbereitung auf Santiago einer Möglichkeit der *ethischen Häresie* nicht Eingang findet.[268] Daraus ist zu schließen, dass eine Verständigung über die Möglichkeit zur ethischen Häresie nach wie vor umstritten ist. Dennoch bleibt auch die Diskussion in Santiago von der Frage der Integration ekklesiologischer und ethischer Fragen qualifiziert.[269] Dies wird in der als gemeinsame ethische Verpflichtung in der Nachfolge interpretierten Äußerung deutlich:

„Die Kirche ist die von Gott berufene Gemeinschaft von Menschen, die durch den Heiligen Geist mit Jesus Christus vereint und als seine Jünger ausgesandt sind, Zeugnis abzulegen und teilzuhaben an Gottes Versöhnung, Heilung und Verwandlung der Schöpfung. Die Beziehung der Kirche zu Christus bedeutet, dass Glaube und Gemeinschaft eine Frage der Nachfolge im Sinne einer ethischen Verpflichtung sind. Es geht daher bei dem durch Verkündigung und konkretes Handeln abgelegten Zeugnis für Gerechtigkeit, Frieden und Bewahrung der Schöpfung um Sein und Sendung der Kirche. Dies ist ein Definitionsmerkmal der Koinonia und zentral für unser Verständnis der Ekklesiologie. Die Dringlichkeit dieser Fragen macht deutlich, dass unsere theologische Reflexion über die rechte Einheit der Kirche Christi zwangsläufig mit Ethik zu tun hat."[270] Das bedeutet, „... dass die Kirche ein Ort ist, an dem zusammen mit dem Bekenntnis des Glaubens und der Feier der Sakramente (und als untrennbarer Teil davon) die Tradition des Evangeliums ständig auf ethische Inspiration und Erkenntnisse hin erforscht wird."[271]

---

265 Ebd.
266 Ebd.
267 *Auf dem Weg zur Koinonia*, 23, als Zitat aus *Kirche und Welt*, 30.
268 Die Verurteilung der Rechtfertigungsversuche einer auf Rasse oder Geschlecht beruhenden ungleichen Behandlung stand dort als Kriterium der Trennung an.
269 Vgl. vor allem Sektionsbericht 4; in: *Santiago de Compostela*, 245 ff.
270 Ebd., 251.
271 Ebd., 252.

Die Modelle solcher Nachfolge werden im Leben und Handeln Jesu erkannt. Kirche sieht die Welt aus der „Perspektive des Reiches Gottes". So soll zum Ausdruck gebracht werden, dass (1) Kirche eine Wirklichkeit ist, die ihre empirische, geschichtliche Gestalt transzendiert, und (2) bewegt durch den Heiligen Geist nicht auf sich selbst verweist, sondern über sich selbst hinaus auf die Herrschaft Gottes.

d. Etwas gemeinsam haben: Katholizität, Apostolizität und Heiligkeit

„Die relationale Dynamik der Katholizität innerhalb jeder Ortskirche hin zur universalen Kirche (der ‚einen' und der ‚vielen') ist ein Spiegelbild der Beziehung zwischen den drei Personen der Trinität. Die Heilige Trinität verwirklicht den einen Leib Christi, indem sie jede Ortskirche zu einer vollständigen und ‚katholischen' Kirche macht."[272]
Zum einen ist die Relationalität der Kirchen wieder analog verstanden, als „Widerspiegelung" der göttlichen Relationen. So kommt ihre Katholizität zum Ausdruck. Daraus ergibt sich zum Zweiten, dass – wie jede Person in der immanenten Trinität vollständige Trägerin der göttlichen Substanz ist – auch jede Ortskirche selbst katholische Kirche ist, gewirkt durch den Heiligen Geist. Das gibt ihrer Lokalität vollständige Autorität. Somit wird auch in der Frage des Verhältnisses von lokal/universal das Modell der immanenten Trinität gewählt, um die Art und Weise der Koinonia zwischen den Kirchen zu beschreiben.
Ihre Katholizität kommt auf der örtlichen wie auf der weltweiten Ebene zum Ausdruck, weil sie eine Koinonia im apostolischen Glauben ist.[273] Koinonia ist die *una, sancta, catholica* und *apostolica*. Sie verwirklicht sich im sakramentalen Leben. Heiligkeit umfasst aber noch mehr: „Jesu Nachfolge in der heutigen Welt".[274] Die Koinonia ist die *communio sanctorum*. Apostolizität ergibt sich demnach auch aus dem Lebensvollzug der Gemeinschaft. „Eine apostolische Gemeinschaft zu sein bedeutet, eine mit Jesus gleichzeitige Gemeinschaft zu sein, die dort anzutreffen ist, wo Jesus ist".[275] Apostolisch ist das Attribut der Kirche, um ihre bleibenden Kennzeichen zusammenzufassen: Bezeugung des Glaubens und Verkündigung des Evangeliums, die Feier des Gottesdienstes, die Weitergabe der Amtsverantwortung, die Lebensgemeinschaft der Christen und der Dienst in der Welt. „Der Begriff apostolisch umfasst daher auch das Eintreten der Kirche für

---

272 Ebd., 220.
273 „Der Ausdruck (Apostolizität) bezieht sich nicht auf eine feststehende Formel oder auf eine bestimmte Phase der christlichen Geschichte". *Auf dem Weg zur Koinonia*, 30.
274 *Santiago de Compostela*, 227.
275 Ebd., 228.

Frieden, Gerechtigkeit und Bewahrung der Schöpfung in allen Teilen der Welt".[276] Hier wird Apostolizität zum kritischen Konzept ausgearbeitet, an dem Glauben, Leben und Struktur der Kirche immer neu auszurichten sind. Apostolizität wirkt so als korrigierendes und gleichzeitig einigendes Prinzip, als *regula fidei* für die *ecclesia semper reformanda*. Die Kennzeichen dienen der Kontinuität wie der Integrität. Für die Koinonia unter den Kirchen bedeutet dies, dass das Ziel der Suche nach voller Gemeinschaft dann verwirklicht ist, „wenn alle Kirchen in der Lage sind, jeweils in der anderen die eine, heilige, katholische und apostolische Kirche in ihrer ganzen Fülle zu erkennen. Diese volle Gemeinschaft gestaltet sich auf der örtlichen und universalenEbene durch konziliare Lebens- und Handlungsformen".[277] Das aber bedeutet, hier wird auch das Handeln der Kirche als Merkmal verstanden, im Sinne einer nicht-konstitutiven *nota externa*.

e. Beziehung gegenseitiger Rechenschaftspflicht: Gemeinschaft und Vielfalt

„Die Interdependenz von Einheit und Verschiedenheit, die das Wesen der kirchlichen Koinonia ist, wurzelt in dem dreieinigen Gott, den Jesus Christus offenbart hat."[278] Damit ist die Vielfalt in ihrer theologischen Gründung legitimiert, denn Relationalität innerhalb einer Gemeinschaft kann es nur geben, wo es Eigenständiges gibt. Hier ist nicht die Analogie der methodische Schritt zwischen Trinität und Kirche, sondern die immanente Trinität ist wesentlich bestimmend für die Kirche, aufgrund der ökonomischen Trinität. Diese zweite Denkbewegung steht parallel zu der analogen Zuordnung.

Damit ist die Koinonia der Kirche die Einheit in bleibender Verschiedenheit. Die Unterschiede dienen der gegenseitigen Bereicherung. „Verschiedenheit wie Einheit sind Gabe Gottes."[279] Die Vielfalt ergibt sich durch die unterschiedlichen kulturellen und historischen Kontexte, in denen das Wort sich in der jeweiligen Sprache, den Symbolen und Bildern inkarniert.[280] Zwei Kriterien sind daher für die Koinonia an jedem Ort grundlegend notwendig: die Wahrung der Einheit und

---

276 Ebd. Anders akzentuiert wiederum die neueste Studie: „Die Gemeinschaft der Ortskirchen wird durch eine grundlegende Kohärenz und Übereinstimmung in den lebendigen Elementen der Apostolizität und Katholizität zusammengehalten: Schrift, Taufe, Eucharistie und der Dienst des gemeinsamen Amtes." *Das Wesen und die Bestimmung der Kirche*, 38.
277 *Das Wesen und die Bestimmung der Kirche*, 38.
278 *Santiago de Compostela*, 217. So auch bereits in *Kirche und Welt*, 31.
279 Ebd., 219. Vgl. auch *Das Wesen und die Bestimmung der Kirche*, 34.
280 *Das Wesen und die Bestimmung der Kirche*, 34.

die Entwicklung einer legitimen Vielfalt. Wenn Einheit als Uniformität verstanden wird, widerspricht sie der offenbarten trinitarischen Relationalität der Personen und wirkt destruktiv.

Im Vorfeld von Santiago wird vorgeschlagen, dass die *Grenzen* der Vielfalt und Verschiedenheit erkennbar erreicht seien, (1) wenn das gemeinsame Bekenntnis, wie es in der Basisformel des ÖRK formuliert ist, nicht mehr gegeben ist, (2) wenn eine Diskriminierung von Rasse oder Geschlecht versucht wird zu rechtfertigen, (3) wenn die gemeinsame Sendung der Kirche behindert wird, (4) wenn das Leben der Koinonia gefährdet ist.[281] Hier werden demnach Bekenntnis, Ethik, Mission und Gemeinschaft zu zentralen und gleichrangigen Kriterien der Infragestellung der Koinonia vorgeschlagen. Darüber herrscht aber in der ökumenischen Bewegung offensichtlich kein Konsens, denn nur das erstgenannte Kriterium fand direkten Eingang in die Schlusserklärung von Santiago. Und gerade dieses konnte im Grunde nicht strittig sein, wenn es nicht mehr enthält als die Basisformulierung der bestehenden erfahrenen Gemeinschaft.

„Verschiedenheit ist beispielsweise nicht legitim, wenn sie es unmöglich macht, Jesus Christus als Gott und Heiland, gestern, heute und derselbe auch in Ewigkeit (Hebr 13,8), das Heil und letztlich Bestimmung der Menschen gemäß dem Zeugnis der Heiligen Schrift und der Verkündigung der apostolischen Gemeinschaft gemeinsam zu bekennen".[282]

Allerdings wird festgehalten, dass die *Gebrochenheit* der Koinonia zum Ausdruck kommt in der Nichtanerkennung der Ämter und Mitglieder einer Reihe von Kirchen untereinander, in der gegenseitigen Ausschließung von der Eucharistie, in der Wiedertaufe von ehemaligen Mitgliedern anderer Kirchen in „christlichen Gemeinschaften", in Akten des Proselytismus, in der ungerechten Behandlung von Frauen in manchen Kirchen und schließlich in dem Versuch, anderen Uniformität aufzuzwingen. Somit finden die im Vorfeld zu Santiago sehr allgemein formulierten Kriterien eine starke Spezifizierung und Einschränkung.

f. Miteinander teilen: Eucharistie und Taufe

„Die gemeinsame Teilhabe an Kreuz und Blut Christi in der Eucharistie ist der Ursprung der Koinonia als eine Gemeinschaft des Teilens und nicht umgekehrt." Inwiefern die gemeinsame Eucharistie die Koinonia mit Vater, Sohn und Geist vergegenwärtigt und so zur Auferbauung und Erfahrung der Gemeinschaft der in ihr Partizipierenden

---

281 Vgl. *Auf dem Weg zur Koinonia*, 32.
282 *Santiago de Compostela*, 219. Auch in Canberra, *Im Zeichen des Heiligen Geistes*, 2.2.

wird, ist bereits gezeigt worden.[283] Das wird hier bestätigt: „Durch den gemeinsamen Glauben an Christus, der in der Verkündigung des Wortes, der Feier der Sakramente und einem Leben in Dienst und Zeugnis Ausdruck erhält, hat jede örtliche christliche Gemeinschaft teil am Leben und Zeugnis aller christlichen Gemeinschaften an allen Orten und zu allen Zeiten."[284]

Im Sektionsbericht 2 von Santiago wird auf die verschiedenen Taufpraktiken hingewiesen, die aus den unterschiedlichen Ekklesiologien hervorgehen. Wenn die Kirchen gegenseitig die Taufe anerkennen, dann ließe sich auf dieser Basis eine „Taufekklesiologie"[285] entwickeln, in die auch andere Elemente gemeinsamen Glaubens und Lebens eingebracht werden könnten. Denn in der Taufe kommt das Wesen der Kirche beispielhaft zum Ausdruck als einer Gemeinschaft von Personen, in der es keine Diskriminierung geben kann aufgrund von Geschlecht, Alter, Rasse, Kultur, sozialem und wirtschaftlichem Hintergrund, wenn sie ihren Urgrund in der göttlichen Trinität hat, in der jede Uniformierung gerade zur Zerstörung der Gemeinschaft führen würde.

g. Fazit

„Der Begriff koinonia (Gemeinschaft) ist grundlegend geworden, um ein gemeinsames Verständnis vom Wesen der Kirche und von ihrer sichtbaren Einheit neu zu beleben".[286] Heute wird er in der ökumenischen Bewegung „als Schlüssel zum Verständnis des Wesens und der Bestimmung der Kirche in Anspruch genommen".[287]

Zugrunde liegt die Wiederentdeckung bzw. Aufnahme eines trinitarischen Kirchenverständnisses, das im trinitarischen Gottesverständnis gründet. Für die ökumenische Gemeinschaft ist das in Santiago erstmals so umfassend durchgeführt. Die Leistungsfähigkeit der im Koinonia-Konzept zu Grunde gelegten Zusammenschau von theologischem, christologischem und pneumatologischem Aspekt erweist sich in der Möglichkeit, die Perspektiven „von oben" (Ekklesiologie ihrem Wesen nach) und „von unten" (die in der Ekklesiologie implizierten Ethik) zusammenzuhalten, so dass diese Differenzierung selbst erkennbar in Frage gestellt ist.

Brandner akzentuiert anders: „Koinonia distanziert sich von abstrakten Spekulationen über die Kirche als Leib Christi, um umso

---

283 S. o. I.2.2.c. und I.2.3.b.
284 *Das Wesen und die Bestimmung der Kirche*, 34 f.
285 *Santiago de Compostela*, 238.
286 *Das Wesen und die Bestimmung der Kirche*, 29.
287 Ebd.

mehr die echte Teilhabe an diesem Leib hervorzuheben. Damit erhält Koinonia den Charakter einer Ekklesiologie von unten."[288] Darin erweist sich auch ihr Potenzial zur ekklesiologischen Konvergenz, denn die ostkirchliche Vorstellung des Mysteriums Kirche ist darin ebenso aufgenommen wie die westkirchlich-protestantische von der *creatura verbi.* Beide ergänzen sich gegenseitig und sollen nicht gegeneinander aufgelöst werden, denn Einheit im Sinne von Gemeinschaft gibt es nur, wo es bleibend Unterschiedene gibt. Das gilt im Übrigen ebenso für die unterschiedlichen kulturellen Kontexte.

„Durch den Aspekt des Kreuzes, speziell der Kenosis und der Metanoia, wird Koinonia als Gabe in die Koinonia als Berufung übersetzt."[289] Die Betonung des kenotischen Aspekts in der Koinonia-Konzeption verhindert einen allzu vage und nahezu unbegrenzt definierbaren Sprachgebrauch. Somit kann von einer bleibenden Christozentrik gesprochen werden, die aber trinitarische Erweiterung erfährt und dadurch gerade im Blick auf den Gemeinschaftsaspekt leistungsfähiger wird. Dass diese Gemeinschaft ethische Implikationen in sich trägt, müsste im Grunde am Personenbegriff trinitarischer Konzeptionen gezeigt werden, denn die trinitarische Beschreibung der Einheit hebt gerade den personalen Charakter der Gemeinschaft hervor, einer Gemeinschaft der Partizipation: Gemeinschaft ist ein Beziehungsgeschehen, dessen zentrales Motiv das der Versöhnung ist.[290] Die Würde eines jeden Gliedes fände hierin ihre Begründung.

Das wird hier noch nicht befriedigend geleistet. Im Ganzen scheint die trinitarische Erweiterung noch entwicklungsbedürftig, wenn einmal im Analogieschluss, das andere Mal die ökonomische Trinität die methodische Legitimation zur Ableitung bieten soll. Hier bedarf es weiterer Klärungen. Deutlich wird allerdings, dass in der Gründung des Koininia-Konzeptes in der Trinität die Gefahr verhindert wird, eine bloße weitere Metapher aufzugreifen. Trinitarische Überlegungen könnten eine Grundlage bieten für einen gemeinsamen Gebrauch einer Symbolik und Sprache, die aus den neutestamentlichen Zeugnissen entwickelt ist. Es entsteht nicht ein „dogmatisches Gebilde oder ein kirchlich-institutionelles Gehäuse, sondern eine neuartige Beziehung untereinander".[291]

Brandner beklagt allerdings, dass in dem Versuch der genaueren Beschreibung dessen, wie sich diese trinitarisch gegründete Gemeinschaft gestalte, nämlich im gemeinsamen Bekenntnis, im sakramentalen Leben, in der gemeinsamer Sendung etc. das Potenzial wieder

---

288 Vgl. BRANDNER, *Einheit,* 57.
289 MIŠČÍK, *Trinität und Kirche,* 230.
290 Vgl. *Im Zeichen des Heiligen Geistes,* 99 f.
291 BRANDNER, *Einheit,* 58.

verspielt werde, die Erblasten früherer Einheitsmodelle hinter sich zu lassen. Jeder wolle die eigene konfessionelle Ekklesiologie nun verknüpfen mit Koinonia, anstatt zu sehen, dass sich hier ein dritter Weg auftue, der Platz für die anderen lasse.[292] „Nicht mehr Gott in seinem Offenbarsein, nicht mehr Gott für uns, sondern Gott in seiner Verborgenheit begründet die Einheit. Solche Akzentuierung verankert die Wurzeln der Einheit in den Tiefen des Mysteriums und weicht die Definition der Grenzen der Einheit auf."[293]

Bei der Beschreibung von Kirche im ökumenischen Horizont als Koinonia in trinitarischer Gründung muss aber m. E. darüber hinaus die Frage gestellt werden, wie sich die idealtypischen theologischen Aussagen zur empirischen Gestalt der ökumenischen Bewegung in ihren institutionalisierten Ausformungen verhalten. Natürlich kann und soll es nicht, wie in Toronto 1950 bereits abgelehnt, zu einer „Superkirche" kommen, aber im Idealfall wird sich eine Gemeinschaft von Kirchen ereignen, die sich gerade aufgrund dieses Gemeinschaftsverständnisses gegenseitig verpflichtet bleibt und entsprechende konkretisierende Möglichkeiten zur institutionellen Gestaltwerdung sucht, auch wenn klar ist:

„... wo immer Kirche unter Menschen Gestalt gewinnt, unterliegt sie den Bedingungen menschlichen Lebens. Sie braucht Strukturen und Ordnungen. Damit lebt die Kirche immer in der Spannung zwischen der Sprache des Teilens und der Sprache der Strukturen. Jeder Versuch, aus der durch Gott in Jesus Christus eröffneten Wirklichkeit der Koinonia ein ideales System zu machen, wird misslingen."[294]

Damit ist die Plattform gegeben für einen fortdauernden gemeinsamen und fundierten Diskurs.

I.3. Zusammenfassung: Ekklesiogenese in trinitarischer Gründung und bleibende Fragen

Wir haben gesehen, wie die Frage nach der Ekklesiologie die ökumenische Bewegung seit ihren Anfängen bleibend beunruhigt hat. Das kann nicht anders sein, wenn sich Kirche in der Ekklesiologie selbst thematisch wird. In den aktuellen Diskussionen zeigen sich zwei Tendenzen: zum einen der ernste Versuch einer gemeinsamen Klärung der Verhältnisse von Wesen und Berufung der Kirche, von Ekklesiologie

292 Vgl. ebd., 60.
293 Ebd., 118.
294 KONRAD RAISER, *Wir stehen noch am Anfang: Ökumene in einer veränderten Welt*, Gütersloh: Kaiser 1994, 45.

und Ethik und von geglaubter und erfahrener Kirche. Zum Zweiten steht die Frage nach der Qualität, dem Charakter der gegebenen und gesuchten Einheit bleibend auf der ökumenischen Tagesordnung. Diese Herausforderungen und Denkbewegungen brachten eine Konzeption von Koinonia in trinitarischer Erweiterung der christozentrischen Basis mit sich, die sich als potenziell leistungsfähig erweist und sich nicht darin erschöpft, neue Worthülse ohne beschreibbare Definition zu sein. Denn durch die trinitarische Gründung sind zusammengehalten: der theologische Satz von der Erwählung zum „Volk Gottes", das christozentrische Motiv der Inkarnation als „Leib Christi" und die pneumatologische Dimension von Pfingsten, die den „Tempel des Heiligen Geistes" zur *communio sanctorum* werden lässt. Diese werden in einem trinitarischen Verständnis unvermischt zusammengesehen, die Abhängigkeit und Komplementarität verschiedener Denkbewegung christlicher, ökumenischer Tradition werden eingefangen und ein gemeinsames, über sie hinausgehendes Konzept sichtbar.[295] Dadurch ist eine paradoxe Sprachform gegeben, die nicht grenzenlos ist, die aber von dem Motiv der Partizipation und der Relationalität begründend verpflichtete Einheit in bleibender Verschiedenheit favorisiert.

Die Attribute der Kirche bleiben *una, sancta, catholica* und *apostolica*, die aber vielfältige Ausformulierungen erfahren können. Gemeinsame Kennzeichen ergeben sich in κοινωνία, λειτουργία (Verkündigung und Sakramente), μαρτυρία und διακονία. Gerade in den Sakramenten kommt die eschatologische Dimension und Perspektive des Reiches Gottes zum Tragen, da diese den Ort darstellen, an dem die menschliche Koinonia erfahrbar an der göttlichen partizipiert und ihre Relationalität dann auch hinsichtlich der Beziehung als menschliche Gemeinschaft erfährt. Dies kann nicht ohne sozialisierenden Einfluss bleiben, so dass Kirche als ethische Gemeinschaft von hier ihre Ausrichtung erfährt (Sakramentalität des Lebens). Denn die trinitarische Koinonia ist abhängig von der Eigenständigkeit der Personen, die sich erst aus ihrer Relationalität ergibt. Das Motiv der Versöhnung wird dann zentral. „Trinität ist diejenige Denkform, welche die Gleichzeitigkeit von Trennungen und Versöhnung am exaktesten auszudrücken vermag."[296]

---

295 Christoph Schwöbel hat mehrfach die Gründe aufgezeigt für die „Renaissance" trinitätstheologischer Ansätze, gerade für die Ökumenische Theologie, vgl. vor allem CHRISTOPH SCHWÖBEL, *The Renaissance of Trinitarian Theology*: Reasons, Problems and Tasks; in: DERS. (ed.), *Trinitarian Theology Today*. Essays in Divine Being and Act, Edinburgh: T&T Clark 1995 (vgl. auch die anderen Beiträge in diesem Band von INGOLF U. DALFERTH, COLIN E. GUNTON, ROBERT W. JENSON, JOHN HEYWOOD THOMAS, JOHN D. ZIZIOULAS). Vgl. auch COLIN E. GUNTON, *The Promise of Trinitarian Theology*, Edinburgh: T&T Clark 1997² (1990).
296 BRANDNER, *Einheit*, 122.

Als klärungsbedürftig und entwicklungsfähig zeigen sich die unver-
bundenen Zuordnungen im Verhältnis Kirche und Trinität. Wie aber
soll das gedacht werden? Verschiedene Ansätze werden erkennbar,
ohne dass sie bisher argumentativ verknüpft sind:

A. *Ontologisch*: Die trinitarische Einheit bildet den Raum und den
   Grund für die kirchliche Gemeinschaft, in den die Glaubenden
   eintreten und mit der die Kirchen verbunden sind.
B. *Kausal*: Der trinitarische Gott ist der Ursprung, der (Kausal-)
   Grund der Einheit.
C. *Analogisch*: Die Einheit der Kirche in ihrer Vielfalt steht in einer
   Analogie zu der Dreieinigkeit Gottes.
D. *Doxologisch*: Vor allem im gottesdienstlichen Geschehen und den
   Sakramenten vollzieht sich die Verbindung.

Diese Zuordnungsmodelle schließen sich nicht notwendig gegenseitig
aus, sondern ergänzen sich vermutlich. Auch ist die Frage nach dem
Verhältnis von immanenter (Gott für sich) und ökonomischer (Gott in
seiner Offenbarung für uns) Trinität ungeklärt. Verschiedene Traditionen und Entwürfe sind nachvollziehbar: Das Verhältnis von *Wesen* und
Dasein, Idee und Erscheinung, entsprechend der Tradition abendlän-
discher Metaphysik, in der das Interesse in der Betonung der Differenz
zwischen Gott und Welt liegt. Oder soll entsprechend ostkirchlicher
Tradition eher an die Unterscheidung zwischen Gottes *Essenz* an sich
und den erfahrbaren *Energien* Gottes unterschieden werden? – Um eine
tatsächliche Sozialität Gottes zu denken, haben neuere Entwürfe allerdings die Einheit von Wesens- und Offenbarungstrinität betont.[297] Dem
scheint auch die ökumenische Diskussion zu folgen.

Inzwischen liegen aus den verschiedensten Traditionen Beiträge hierzu vor.[298] Chr. Schwöbel nennt vier Gründe für den „ökumenischen

297 So z. B. bei KARL RAHNER, *Der dreifaltige Gott als transzendenter Urgrund der Heils-
    geschichte*; in: MySal II, 1967, 317–397. JÜRGEN MOLTMANN, *Trinität und Reich
    Gottes. Zur Gotteslehre*. München: Kaiser, 1994³ (1980). Und WOLFHART PANNEN-
    BERG, *Systematische Theologie Bd. I*, Göttingen: Vandenhoeck & Ruprecht 1988.
298 CHRISTOPH SCHWÖBEL, *Die Suche nach Gemeinschaft*. Gründe, Überlegungen und
    Empfehlungen; in: *Kirche als Gemeinschaft*. Lutherische Beiträge zur Ekklesiologie,
    hg. von HEINRICH HOLZE, LWB-Dokumentation 42, Genf: Lutherischer Weltbund
    1998, 205–260, hier 220 (Lit. über die bereits in Anm. 290 genannten hinaus: LEO-
    NARDO BOFF, DAVID BROWN, WILLIAM J. HILL, CATHERINE M. LACUGNA, JAMES
    MACKREY, THOMAS F. TORRANCE). Vgl. auch DERS., *Ökumenische Theologie im
    Horizont des trinitarischen Glaubens*; in: ÖR 46/1997, 321–340. Schwöbel bezeichnet
    die „begründete Analogie als *analogia transcendentalis*, ... insofern hier die Analogie
    durch die Begründungsrelation begründet und begrenzt wird, durch die der unge-
    schaffene Gott der schöpferische Grund und so die Bedingung der Möglichkeit und
    Wirklichkeit des Geschaffenen ist". Ebd., Anm. 23.

Charakter des Wiederaufblühens der trinitarischen Theologie": (1) Die Anrufung des dreieinigen Gottes wird als die wichtigste Form erkannt, Gott zu benennen. (2) Die Trinitätslehre bildet hier den „Rahmen, in dem alle anderen Lehren zu entwickeln sind". (3) Es zeichne sich weitgehend eine „Vorliebe für die kappadozische Form der Trinitätslehre" ab. (4) Neue Trinitätstheologien versuchten, eine „relationale Ontologie" zu entwickeln – im Gegensatz zur traditionellen Metaphysik der Materie und zu modernen Theorien der Subjektivität.

„Kreuz und Auferstehung können nicht losgelöst von der trinitarischen Gemeinschaft von Vater, Sohn und Heiligem Geist verstanden werden, noch lässt sich die Trinität losgelöst von Kreuz und Auferstehung verstehen."[299] Dadurch bleibt diese Koinonia-Konzeption christozentrisch ausgerichtet, weil sie auch in ihrer trinitarischen Gründung beschränkt bleibt auf die als Offenbarung verstandene Wahrheit im Leben, Sterben und Auferstehen Jesu Christi. Es lassen sich allerdings auch Tendenzen zu einem tritheistischen, modalistischen oder monarchischen Verständnis nachweisen. Diese sind zurückzuführen auf die problematische Neigung, die Spannung von gleichzeitiger Einheit und Verschiedenheit aufzulösen, meist zugunsten der Einheitsvorstellung als Uniformität einerseits oder in ethisch normativen Aussagen andererseits.

Der ursprüngliche Anstoß zur Gemeinschaft durch Gottes Handeln wird auch in der Geschichte des Volkes Israel erkannt. Hier ist die Dimension von Koinonia *als Gabe* deutlich aufgenommen, aber nicht expliziert. Die universale Dimension wird in den Schöpfungsberichten, dem Noah- und Abraham-Bund und den damit gegebenen Verheißungen sowie den Exilspropheten entdeckt. In der Person Jesus Christus ist das als „vollendet" interpretiert: das Angebot der Koinonia an die ganze Schöpfung. Damit wird an die Schriften der Hebräischen Bibel angeknüpft, ohne allerdings die Beziehung (Koinonia) zwischen Israel und Kirche zu thematisieren. Dies verwundert nicht, denn der erfahrungsgeschichtliche Kontext Israels war eben ein völlig anderer. Israel gründet seine Identität auf die Erwählung, nie spricht es von der Gemeinschaft mit YHWH.[300] Zu fragen bleibt aber, inwiefern es legitim ist, *als Kirche* die „Volk Gottes"-Metaphorik zu übernehmen,

---

299 *Gemeinsam den einen Glauben bekennen*, 26.
300 Koinonia hat keine Entsprechung im Hebräischen. John Reumann meint, dass die Wurzel חבר ihr am ehesten entspricht: binden, verbinden, vereinen: „*hbr* bezeichnet jedoch ein Geschehen, koinon- dagegen einen Seinszustand ...". Zwar finden sich in der Septuaginta Übersetzungen mit koinon-, aber niemals als Gemeinschaft mit YHWH, sondern nur mit heidnischen Götzen (vgl. Hos 4,7; Jes 44,1). Vgl. JOHN REUMANN, *Koinonia in der Bibel. Ein Überblick*; in: *Santiago de Compostela*, a. a. O., 37–69, 41 f.

ohne den ursprünglichen Kontext zu reflektieren oder die Aufgabe zur Thematisierung des Verhältnisses von Israel und Kirche zu erfüllen. So ist hier eine weitere kritische Anfrage an das Konzept der Koinonia für die ökumenische Gemeinschaft formuliert.[301] – D.Ritschl u. a. haben dazu vielfältige Vorschläge unterbreitet, die jedoch nicht in theologischer Reflexion Eingang fanden in die Studienprojekte von F&O. „Certainly the people of God is Israel and Israel only and if this primary use of language is used, so to speak metaphorically – or even in thankfulness for the expansion of the election in Jesus Christ into the realm of the gentiles, doxologically – then this usage constitutes a ‚second order language‘ which is certainly not without legitimation."[302]

Diese Koinonia-Ekklesiologie im Horizont der Ökumene ist weder dogmatisch fixiert noch durch ein Amt sanktioniert. Sie kann nur eine im Werden sein, Ekklesiogenese im konziliaren Prozess. Dass sie aber vorhanden ist, wurde im Konziliaren Prozess für JPIC erfahrbar. Daher wurde hier auch die Notwendigkeit am deutlichsten, dass sie dann auch reflektiert und formuliert werden müsste. Verfolgt man also die Entwicklung von Toronto 1950 über Santiago de Compostela 1993 bis heute, so lässt sich beobachten, dass die ursprünglich angemahnte Abstinenz von der Klärung des ekklesiologischen Charakters der Gemeinschaft der Kirchen allmählich aufgegeben ist, weil sie notwendig ist (1) zur Verhältnisbestimmung ihres Wesens und ihrer Berufung und (2) zur Beschreibung der Qualität dieser Einheit sowie der Grenzen ihrer Verschiedenheit.

Von hier aus ist nun nach dem Verhältnis zu einer spezifischen Ekklesiologie zu fragen, in unserem Fall die der sog. „Historischen Friedenskirchen". Welcher Beitrag kann von dort erwartet werden für diese ökumenische Ekklesiogenese und wie kann dieser im Horizont der ökumenischen Gemeinschaft fruchtbar gemacht werden? Und umgekehrt;Inwiefern kann diese ökumenische Ekklesiogenese auf diese konfessionsspezifische wirken? – Diese Fragen sollen im weiteren Vorgehen leitend sein.

---

301 Vgl. hierzu auch *Die Kirche und das jüdische Volk*, a. a. O. Vgl. MIŠĆIK, *Trinität und Kirche,* Kap. 6: Bristol 1967, 108–127.
302 Vgl. z. B. DIETRICH RITSCHL, *Some Remarks on Jewish-Christian Dialogue* and the Commission on Faith and Order. Aus dem Englischen übersetzt von Rolf Rendtorff: *Der jüdisch-christliche Dialog und die Kommission für Glaube und Kirchenverfassung*; in: Kirche und Israel 1/1996, 82–89. Vgl. zum Gesamten auch die Zusammenstellung der Dokumente in *The Theology of the Churches and the Jewish People.* Statements by the World Council of Churches and its Member Churches. With a commentary by A. BROCKWAY, P. VAN BUREN, R. RENDTORFF, S. SCHOON, Geneva: WCC 1988.

II. Annäherungen an die „Historische Friedenskirche" in konfessioneller Näherbestimmung

Soll über die Historischen Friedenskirchen gesprochen werden, so wird dieses Reden zuerst im Kontext des Selbstverständnisses als Freikirche verständlich. Die Historischen Friedenskirchen sind immer Freikirchen, denn in der Abgrenzung zur *Staatskirche* und deren Nähe zu staatlicher Gewalt – wie auch immer im Einzelnen definiert – liegt eines ihrer entscheidenden Wesensmerkmale. Die Umkehrung des Satzes gilt allerdings nicht, denn die meisten Freikirchen bezeichnen sich nicht notwendigerweise als Friedenskirchen. Hier muss genauer differenziert werden.

II.1. Die Frage nach dem Differenzkriterium im Kontext des Selbstverständnisses als Freikirche

a. Begriffsgeschichte

Unter Ablehnung des Territorialprinzips und der Einheit von „Kirche und Krone"[1] entstehen in Europa in Folge der Reformation des 16. Jhs. nicht nur auf dem Kontinent neue „Kirchen". Auch und gerade in England ergeben sich aus dieser Ablehnung zu Beginn des 18. Jhs. neue Gruppierungen: *Dissenters* (= *Andersdenkende*, „die mit der Anglikanischen Kirche nicht Übereinstimmenden"[2]) oder *Nonkonformisten* (= *Nichtgleichförmige*, „die Uniformitätsakte oder die 39 Artikel der anglikanischen Kirche ablehnenden engl. Protestanten"), *Separatisten* (streben danach, „sich von der offiziellen, verfassten Kirche zu trennen, um in besonderen Gemeinschaften ein besseres Christsein zu verwirklichen") und *Independente* (= *Unabhängige*, „auch Kongrega-

---

1 Vgl. den revolutionären Titel des im Gefängnis verfassten Erbauungsbuches von WILLIAM PENN (1644–1718), *No cross – no crown*, London 1669 (Linfield: Eade 1834).
2 Vgl. diese und folgende Kurzdefinitionen in: FRIEDRICH HAUCK und GERHARD SCHWINGE, *Theologisches Fach- und Fremdwörterbuch*, 8. ern. durchges. u. erg. Auflage, Göttingen: Vandenhoeck & Ruprecht 1997.

tionalisten, engl. kirchl. Richtung ..., die die Unabhängigkeit der Einzelgemeinde zum kirchenrechtlichen Grundsatz macht"). Der neue Begriff der *Free Church*[3] taucht dieser Traditionslinie folgend zuerst im 19. Jh. in Schottland auf. Erstmals wenden Vertreter dieses Spektrums unbefangen und selbstbewusst den Begriff „Kirche" auf sich selbst an. Es ist nicht mehr eine Bezeichnung, die aus der Perspektive der Territorialkirche definiert ist, sondern in Abgrenzung zu dieser. Die Freiheit zu sichern vor Eingriffen staatlicher Autorität war dieser Gruppe der schottischen *Presbyterianer* Grund genug, sich von der „*Kirk*" zu trennen und als *Free Church* selbstständig zu sein.[4] Etwa zur selben Zeit entsteht auch in der Schweiz eine *Eglise libre*.[5] Und mit der Gründung des „Free Church Federal Council" 1896 in England etablierte sich der Begriff schließlich als offizielle Bezeichnung.[6]

In anderen Ländern wurde der Begriff „Kirche" zur Selbstbezeichnung gerade vermieden, da er als Synonym für die etablierte Kirche galt. Man wollte *Gemeinde* sein, schloss sich zusammen zu *Assoziationen, Gesellschaften* oder *Konferenzen*, feierte Gottesdienste in *Häusern, Räumen, chapels* oder *temples*.[7]

Besondere Charakteristika dienen der, nicht immer von den Gruppen selbst gewählten Namensgebung, wie bei *Baptisten* (die Erwachsenen-„Taufenden"), *Quäkern* (die vom Heiligen Geist „geschüttelten") oder *Methodisten* (besondere „Methoden" bei den Versammlungen verwendend). Daneben setzten sich wertneutrale Namen durch, die auf eine Gründerfigur (z. B. die *Mennoniten* nach Menno Simons, 1496–1561) oder einen Ort (z. B. die *Herrnhuter*) zurückzuführen sind.

„Diese neuen Gruppierungen entwickelten in der Regel ein Kirchenbild, das von der Einzelgemeinde, der *congregatio*, ausging und das man deshalb als *kongregationalistisches* Verfassungsprinzip im Gegensatz etwa zu einer monarchisch-papalen oder bischöflichen Verfassung bezeichnet. Die wahre Kirche ist in jeder Einzelgemeinde vorhanden."[8] Dennoch bleibt der Blick für die Universalkirche erhalten, weshalb zu Recht von *Denominationen* (Benennungen) innerhalb der einen Kirche Jesu Christi zu sprechen ist und so gleichzeitig Absolutheitsansprüchen einzelner Gruppen entgegnet wird. Erich Geldbach

---

3 Vgl. zum Gesamten George H. Williams, *The Religious Background of the Idea of a Loyal Opposition*; in: D. B. Robertson, *Voluntary Associations. A Study of Groups in Free Societies*, Richmond/VA: Knox 1966, 55–89.
4 Unter der Führung von Thomas Chalmers (1780–1847). 1892 wurde der erste Kongress der Freikirchen in England organisiert.
5 1847 durch Alexandre Vinet.
6 Vgl. Horton Davies, *The English Free Churches*. London: University Press 1952, 1.
7 Vgl. Erich Geldbach, *Freikirchen – Erbe, Gestalt und Wirkung*. Bensheimer Hefte 70, Göttingen: Vandenhoeck & Ruprecht 1989, 30.
8 Ebd., 24.

greift – in Aufnahme des Begriffes von George H. Williams – hierzu die treffende Bezeichnung von der „Loyalen Opposition" in der Universalkirche auf.[9]

b. Ursprungstheorien: sektiererische, puritanische und täuferische Schule

Donald F. Durnbaugh identifiziert drei Schulen, die je unterschiedliche Theorien über die eigentlichen Ursprünge des „Freikirchen-Konzeptes" in der Kirchengeschichte benennen.[10]

Die Sektiererische Schule verortet die Wurzeln der Freikirche im Urchristentum.[11] „... traditional history (is) seen from the other side of the barricades. In this view, there is an apostolic succession of suffering dissenters stretching from the early Christian church through the medieval movements labeled as heresies by orthodoxy in both East and West to the left wing of the Reformation times and thence in modern times."[12] Gottfried Arnolds (1666–1714) „Unparteiische Kirchen- und Ketzerhistorie" (1699–1700) dokumentiert diese Sichtweise anschaulich.[13] Er geht erstmals davon aus, dass die wahre Kirche nicht in der offiziellen Institution tradiert ist, sondern die tatsächlichen Zeugen je und je im Dissentertum, unter sog. Heretikern zu finden sind. Verfolgung und Leid werden so zum Zeichen der wahren Kirche. Der (Sünden-) „Fall" der Kirche wird hier auf die Zeit Konstantins zurückgeführt. Diese These gewann an Popularität mit der einflussreichen Untersuchung der Soziallehre der christlichen Kirchen durch Ernst Troeltsch (1912)[14] und seiner – in Anlehnung an Max Weber – erfolgten Klassifizierung in Kirche, Sekte und Mystik. Der erste Generalsekretär des Ökumenischen Rates der Kirchen, W. A. Visser't

---

9 Ebd., 25.
10 Vgl. Donald F. Durnbaugh, *The Believers' Church*. The History and Character of the Radical Protestantism, New York: Macmillan 1968. 2. Auflage Scottdale/PA: Herald Press 1985, 8 ff.
11 So vor allem auch bei Gunnar Westin, *The Free Church through the Ages*. Nashville: Broadman 1958.
12 Ein eindrückliches Dokument dieser Sichtweise ist der „Märtyrerspiegel": Thielem J. van Braght, *Der blutige Schauplatz oder Märtyrer-Spiegel* der Taufgesinnten oder Wehrlosen Christen, die um des Zeugnisses Jesu, ihres Seligmachers, willen gelitten haben und getötet worden sind, von Christi Zeit an bis auf das Jahr 1600. Dordrecht 1659, hrsg. durch Berne/IN: Licht und Hoffnung 1950.
13 Gottfried Arnold, *Unparteiische Kirchen- und Ketzerhistorie*. Reprograf. Nachdruck der Ausgabe Frankfurt/M: 1729, Hildesheim 1967.
14 Ernst Troeltsch, *Die Soziallehren der christlichen Kirchen und Gruppen*. Neudruck der Ausgabe Tübingen 1912, UTB 1811 und 1812, Tübingen: J. C. B. Mohr 1994. Ausführlich dargestellt und interpretiert ist dies in Hans-Jürgen Goertz, *Religiöse Bewegungen in der frühen Neuzeit*, Enzyklopädie Deutscher Geschichte Bd. 20, München: Oldenbourg 1993.

Hooft, meinte in der *Social Gospel Bewegung* Nordamerikas diese Traditionslinie wiederzuerkennen.[15]

DIE PURITANISCHE SCHULE lokalisiert die Ursprünge der Freikirche im angelsächsischen Raum des 17. Jhs. Nonkonformität wird hier zum herausragenden Merkmal stilisiert, in Abgrenzung zu dem Bild der leidenden, heimlichen Kirche der Sektiererischen Schule.[16] Auch die Kontinuität mit Entwicklungen auf dem Kontinent wird bestritten, vielmehr sei das Freikirchenphänomen eine urenglische Entwicklung. Presbyterianer, Kongregationalisten, Methodisten, Quäker und Baptisten gingen aus dem englischen Puritanismus hervor und seien unabhängig von der Täuferbewegung des Kontinents im 16. Jh. entstanden. Winthrop S. Hudson, einer der bedeutendsten Vertreter dieser Schule, sieht den *„Denominationalism"* hier entstehen, als *modus vivendi* unter den verschiedenen Gruppierungen im Dissentertum.[17] James F. Maclear ergänzt, dass diese nonkonformistischen Denominationen ein enges Verhältnis zum Staat hatten und sich gerade nicht, wie etwa die Gruppierungen des Kontinents, in krasser Abgrenzung zur Gesellschaft und zum Staat definierten.[18]

DIE TÄUFERISCHE SCHULE hebt das Streben nach Restitution des Urchristentums als Differenzkriterium hervor. Sie kombiniert in gewissem Sinne die beiden anderen. Die Freikirche entstehe im „linken Flügel der Reformation"[19], werde aber durch die schroffe Ablehnung durch die römisch-katholische Kirche und die protestantischen Kirchen bis hin zur Verfolgung in die Isolation getrieben. Erst im Rahmen der politischen Entwicklungen des Commonwealth kann sie sich frei entwickeln. Parallelen werden aber auch im Heretikertum des Mittelalters erkannt. F. H. Littell, G. H. Williams und R. Bainton[20] sind als

---

15 Vgl. WILLEM A. VISSER'T HOOFT, *The Background of the Social Gospel in America.* Haarlem: H. D. Tjeenk Willink and Zoon 1928, 64 ff.

16 Vgl. DURNBAUGH, *The Believers' Church*, 16 f.

17 Vgl. WINTHROP S. HUDSON, *Denominationalism as a Basis for Ecumenicity.* A Seventeenth Century Conception; in: Church History XXIV/1955, 32–50.

18 Vgl. JAMES F. MACLEAR, *The Birth of the Free Church Tradition*, zit. in DURNBAUGH, *The Believers' Church*, 18.

19 Vgl. HEINOLD FAST (Hg.), *Der linke Flügel der Reformation.* Glaubenszeugnisse der Täufer, Spiritualisten, Schwärmer und Antitrinitarier. Klassiker des Protestantismus IV, Bremen: Carl Schünemann 1962. Fast unterscheidet die Täufer (Schweizer Brüder, Mennoniten, Hutterer) in Abgrenzung zu den Schwärmern (Müntzer, Hofman), den Spiritualisten (Schwenckfeld, Franck) und schließlich den Antitrinitariern (Servet). Der Begriff „linker Flügel der Reformation" wurde von ROLAND BAINTON geprägt: *The Left Wing of the Reformation;* in: The Journal of Religion XXI/1941, 124–134.

20 Vgl. FRANKLIN H. LITTELL, *The Free Church.* Boston: Starr King 1957. GEORGE H. WILLIAMS, *The Radical Reformation.* Philadelphia: Westminster 1962. ROLAND BAINTON, *The Left Wing of the Reformation;* a. a. O.

herausragende Vertreter dieser Interpretation zu nennen. Gemeindezucht, Förderung der Religionsfreiheit, Pflege des Laientums und
Überwindung von Rassentrennungen werden als Merkmale dieser Bewegung angeführt, die verschiedenen Interpretationen früherer Überzeugungen in der Gegenwart berücksichtigend. Die Ablehnung des
corpus christianum und das Element der Freiwilligkeit treten hinzu.
E. A. Payne und P. T. Forsyth erkannten klarer die Kombination
aus unterschiedlichen Ursprüngen: „From the Father, Calvinism, came
the positive and theological Gospel of the Word; from Anabaptism
came the personal and subjective religion of the Spirit, and from
England ‚its free constitution of the Church, non-dynastic, non-ter-
ritorial and democratic‘.“[21]

c. Das kategoriale Problem der Differenzkriterien für die Freikirche

Zwar kam es auch in Deutschland 1926 zur Gründung einer *Verei-*
nigung Evangelischer Freikirchen (VEF)[22], doch sind die ihr angehö-
renden Kirchen äußerst verschieden im Blick auf ihre geschichtlichen
Wurzeln und weiteren Entwicklungen, ihre Strukturen und theologischen Profile. Das macht die kategoriale Bestimmung so schwierig.
Geldbach versucht eine Beschreibung der „allgemeinen Kennzeichen"
dieser sich so plural darstellenden Kirchen mit großer Vorsicht und
unter dem Vorbehalt, dass „Akzente von einzelnen Freikirchen unterschiedlich gesetzt werden können".[23] Man wird den einzelnen Denominationen kaum gerecht, wenn nicht Einzeldarstellungen diese Kenn-
zeichensammlung flankieren und relativieren. Im Allgemeinen werden
zu den Freikirchen gerechnet: *Mennoniten, Baptisten, Bund Freier*
Evangelischer Gemeinden, Evangelisch-methodistische Kirche, Heilsar-
mee, Kirche des Nazareners, Pfingstbewegung, Religiöse Gesellschaft der
Freunde, Evangelische Brüder-Unität (Herrnhuter Brüdergemeine) und
Gemeinschaft der Siebenten-Tags-Adventisten.[24] In der folgenden Dar-

---

21 DURNBAUGH, *The Believers' Church*, 21. Vgl. dort auch weitere Literaturangaben.
22 Vgl. *Freikirchenhandbuch.* Informationen – Anschriften – Berichte. Hrsg. von der
   VEF, Wuppertal: Brockhaus 2000. Mitgliedskirchen sind heute die Arbeitsgemeinschaft Mennonitischer Gemeinden in Deutschland, der Bund Evangelisch-Freikirch-
   licher Gemeinden in D., der Bund Freier evangelischer Gemeinden in D., die Evangelisch-methodistische Kirche, die Heilsarmee in D., die Kirche des Nazareners,
   der Mühlheimer Verband Freikirchlich-Evangelischer Gemeinden. Gastkirchen sind
   der Bund Freikirchlicher Pfingstgemeinden, die Evangelische Brüder-Unität –
   Herrnhuter Brüdergemeine, der Freikirchliche Bund der Gemeinde Gottes, die Gemeinschaft der Siebenten-Tags-Adventisten in D.
23 Vgl. Geldbach, *Freikirchen*, 32 ff.
24 So auch die Differenzierung in: FRIELING/GELDBACH/THÖLE, *Konfessionskunde,*
   a. a. O. Vgl. hierzu auch ERWIN FAHLBUSCH, *Kirchenkunde der Gegenwart.* Theolo-

stellung wird erkennbar, wie problematisch dieser Versuch bleiben muss, da die Kontextabhängigkeit sowohl in der Entstehungsgeschichte wie auch in der weiteren Entwicklung gerade bei den Freikirchen zwangsläufig eine Pluralität hervorbrachte, die größer kaum zu denken ist. Dies kann nicht anders sein, wenn davon auszugehen ist, dass diese zunächst als Protestbewegungen gegen je verschiedene Elemente des etablierten Kirchentums entstanden. So mischen sich denn auch in der Klassifizierung Geldbachs historische und theologische Argumente fortlaufend ineinander. Das ist methodisch problematisch, aber weder aus dem historischen Entstehungszusammenhang allein werden viele Merkmale und Eigenarten der einzelnen Freikirchen verständlich, noch aus einer rein theologischen Darstellungsweise.

Dieses „Wagnis, ihre Vielfalt auf einen Nenner bringen zu wollen"[25] soll im Folgenden anhand des Merkmalkatalogs von Geldbach in aller Kürze illustriert werden, berücksichtigend, dass diese Schwierigkeit dort impliziert ist. Es soll daher auch gezeigt werden, wie leicht hinterfragbar jedes der genannten Elemente ist.

(1) Freikirchen seien *Protestbewegungen* gegen das Staats- und Landeskirchentum, gegen das Modell der Volkskirche, ohne dass sie auf dieses Gegenüber in ihrem Freikirchesein angewiesen wären. – In dem Maße aber, in dem Freikirchen selbst „volkskirchlichen Charakter" im Hinblick auf Etablierung und Festigung von überlieferten Traditionsgütern angenommen haben und gleichzeitig Landeskirchen in zunehmend säkularisierten und pluralistischen Gesellschaften ihren volkskirchlichen Charakter verlieren[26], läuft diese Protestbewegung ins Leere und kann die Volkskirche als Gegenüber zur eigenen Definition in weiten Teilen nur noch stigmatisieren. Der Protest gegenüber einer so nicht mehr vorhandenen Volkskirche wird dann selbst zum nicht mehr zeitgemäßen, schlichten Traditionsgut.

(2) In den Freikirchen werde, unter Ablehnung jeder Möglichkeit eines Stellvertreterglaubens, Christsein als *Erfahrungsreligion* erlebt. Dogmen, Bekenntnisse, wissenschaftliche Theologie und Amtsträger könnten allenfalls Hilfestellung bieten zum persönlichen Glauben, dem deshalb noch kein „privater" Charakter zueignen müsse. – Die Wertschätzung des persönlichen Glaubens und der Charakter der Er-

gische Wissenschaft Bd. 9, Stuttgart u. a.: Kohlhammer 1979. *Kleine Konfessionskunde*, hrsg. vom Johann-Adam-Möhler-Institut für Ökumenik, a. a. O.

25 *Kleine Konfessionskunde*, 246. Dennoch werden gemeinsame Merkmale genannt: a. Freiwilligkeit, b. Unabhängigkeit, c. Gemeindeprinzip, d. Kongregationalismus, e. Missionarischer Charakter, f. Frömmigkeit und Gemeindezucht.

26 Vgl. *Fremde Heimat Kirche*. Die dritte EKD-Erhebung über Kirchenmitgliedschaft. Hrsg. von KLAUS ENGELHARDT, HERMANN VON LOEWENICH und PETER STEINACKER, Gütersloh: Gütersloher Verlagshaus 1997.

fahrung kann aber anderen kirchlichen Traditionen sicherlich nicht abgesprochen werden. Für die religiöse Sozialisation der Mitglieder haben die genannten Faktoren dort durchaus ein vergleichbares Maß an Bedeutung.

(3) Aus der Ablehnung des Stellvertreterglaubens und der klaren Trennung von Staat und Kirche ergebe sich weiterhin die Forderung nach *Religions- und Gewissensfreiheit.* – Dies ist sicherlich das markanteste und in der Erfahrung aller Freikirchen tief verwurzelte Gut, das die „Großkirchen" erst sehr spät in ihrer Geschichte als christliche Forderung entdeckten.[27] Die Tatsache aber der Übernahme dieser Überzeugung durch andere Kirchen stellt die Originalität auch dieses Merkmals in Frage. Zu prüfen bleibt die Differenz in der Begründung.

(4) Ein bleibendes *missionarisches Engagement* müsse sich hier zwangsläufig stärker als in manch anderer Kirche ergeben, wenn Freikirchen nicht von der Existenz einer „christlichen" Gesellschaft ausgingen. – Aber die Missionsbemühungen sind in Methode und Intensität mindestens so unterschiedlich, kontext- und zeitabhängig wie in anderen kirchlichen Traditionen auch, zumal auch dort nur noch selten von einer christlichen Gesellschaft ausgegangen wird.[28]

(5) Idealisierend stellt Geldbach *Dialog* als Begegnungsstruktur in der Freikirche dar, Bemühungen um *Konsens* (Einmütigkeit im Ringen um das wahre Verständnis) als Binnenstruktur. Gottes Geist werde als „öffentlicher" Geist verstanden und wirke im offenen Gespräch, in dem ernsthaft um die Wahrheit gerungen werde. – Als Beleg könnten hier die wichtigen Impulse zur ökumenischen Bewegung am Beginn des 20. Jhs. angeführt werden (s. u. IV.1.a.). Zu erklären ist diese Tendenz u. a. auf dem Hintergrund der Ablehnung hierarchischer Strukturen (zumindest in Teilen der Freikirchen) sowie weniger stark ausgeprägter institutioneller Ausformungen. Allerdings ist dann ebenso zu fragen, ob die Gefahr eines unkontrollierten Machtzuwachses einzelner, charismatischer Persönlichkeiten andererseits nicht immer wieder zu derartigen Konflikten geführt haben, die nur noch durch innerkonfessionelle Spaltungen „lösbar" schienen. Durch die Geschichte der Aufspaltungen innerhalb der einzelnen Denominationen lässt sich diese Beobachtung mindestens so stark belegen wie die These Geldbachs.

---

27 Vgl. HERRMANN WEBER, Art. *Religionsfreiheit*, in: EKL³, Bd. 3, 1549–1551: „Zu einer Wende geführt hat hier die Praxis der konfessionellen Weltbünde, v. a. aber des ÖRK, der sich bereits kurz nach seiner Gründung ... aktiv an der UNO-Menschenrechtserklärung von 1948, insbesondere zur Religionsfreiheit, beteiligt und diese Haltung auf der fünften Vollversammlung in Nairobi bestätigt hat ...".
28 Vgl. z. B. die Beiträge in ANDREAS FELDKELLER und THEO SUNDERMEIER (Hgg.), *Mission in pluralistischer Gesellschaft*. Frankfurt/M: Lembeck 1999.

(6) Kirche ist *apostolische* Kirche, darin stimmen die Freikirchen mit allen anderen Kirchen überein. Aber das Geschichtsbild der Täufer des 16. Jhs. und des Baptismus des 17. Jhs. zeige eine unkonventionelle Periodisierung: Am Anfang war die apostolische Kirche, dann der „Fall", d. h. die Vermischung von Welt/Staatsgewalt und Kirche, worauf die Zeit der *Restitution* der *primitive church* (F. H. Littell) folgen muss. Apostolizität sei nicht vom Amt abhängig, Kontinuität nicht von der Sukzession, sondern vom Zeugnis der Märtyrer. Die verstreut lebende, verfolgte Kirche muss wieder gesammelt werden, aus Juden und Heiden (vgl. Sektiererische Schule, s. o. II.1.b.). – Nicht im Merkmal der Apostolizität, wohl aber in der Perspektive der Kirchengeschichtsinterpretation liegt hier die eigentliche Differenz und die sich daraus ergebende Interpretation von Apostolizität. Aber diese Sicht ist lediglich unter den Freikirchen täuferischer Tradition in dieser ausgeprägten Weise nachzuweisen.[29] Dass hier auch Juden genannt werden, ist eher als Ausdruck der Solidarität unter Verfolgten zu werten denn als genuiner Ansatz zu einem jüdisch-christlichen Miteinander. Dies weist auf die Perspektive und das Selbstverständnis als verfolgte Kirche hin.

(7) Aufgaben und Dienste werden ohne Über- und Unterordnung entsprechend den Charismen übernommen, als Glieder an dem einen Leib. Hier entsteht, wiederum als Gegenmodell zur Gesamtgesellschaft, eine Gemeinschaftsethik auf der Basis des *Priestertums aller Gläubigen*, eine „Koinonia-Ethik".[30] Daraus erwächst eine bestimmte Vorstellung der Kirchen- bzw. Gemeindeordnung. Nach Geldbach stellt dies den Beginn der Überwindung des Patriarchalismus dar. – Die Betonung und in Teilen Radikalisierung des *Priestertums aller Gläubigen* reiht die Freikirchen in die allgemeinere Kategorie der protestantischen Kirchen ein und kann so schwerlich zur genaueren Fixierung der Kategorie dienen. Tatsächlich kann nachgewiesen werden, dass in einigen Freikirchen viel früher als in anderen Konfessionen der Zugang zu bestimmten Ämtern offen war für Frauen, so z. B. in der Herrnhuter Brüdergemeine.[31]

(8) Freikirchesein schließe auch die *Freiwilligkeit der Gaben* ein. Statt Kirchensteuer einzuziehen tragen alle nach Selbsteinschätzung zum Unterhalt der Gemeinde, bzw. Kirche bei (oft 10 % des Einkommens).[32] – Dies als Merkmal aufzuführen macht in jenen Kontexten Sinn, in denen „Staatskirchen" tatsächlich noch eine Kirchensteuer durch die staatlichen Finanzämter einziehen lassen. Das aber ist welt-

---

29 S. u. IV.5.e.
30 FRANKLIN H. LITTELL, *Von der Freiheit der Kirche*. Bad Nauheim: Christian 1957, 141.
31 Vgl. GELDBACH, *Freikirchen*, 104 f.
32 Als Belegstelle wird meist Lev 27,30 angeführt.

weit gesehen kaum noch der Fall. Außerdem gibt es in den meisten Freikirchen Mindestbeitragsforderungen, die bei Nichtnachkommen der Verpflichtung einen Ausschluss erlauben.[33]

(9) Im Laufe der Jahrhunderte hat sich ein eigenes kulturübergreifendes Kirchenliedgut entwickelt. Die Freikirchen seien daher als *singende Kirchen*" zu bezeichnen. Auch dies kann nicht als „hartes" Kriterium gelten, da sich gerade im Liedgut eine große gemeinsame Schnittmenge mit anderen Konfessionen beobachten lässt. Auch scheint der kulturelle und geographische Kontext diesbezüglich oft bestimmender zu sein als die Konfessionszugehörigkeit.

Die Erläuterungen zur *Ekkesiologie der Freikirchen* interessieren hier im Besonderen und sollen daher etwas ausführlicher dargestellt werden. Geldbach beschreibt folgendes Grundverständnis, um daraus wiederum Merkmale zu extrahieren[34]:

(10) Das Korrektiv des Glaubens ereigne sich in der (Lokal-) Gemeinde und verhindere Individualismus. Das Prinzip der *sola scriptura* gelte radikal, die Schrift sei die sich selbst auslegende Norm, sowohl für das Glaubens- wie auch das damit korrelierende (Kirchen- oder) Gemeindeverständnis. Die Kirchenzugehörigkeit werde nicht durch biologische Abstammung zugeschrieben. Auch wenn nicht alle Freikirchen daraus die Notwendigkeit der Erwachsenentaufe ableiteten, so sei doch das persönliche Glaubensbekenntnis durchgängig wichtig. – Die These lässt sich erhärten, dass gerade in der Ekklesiologie und den damit verbundenen Folgen für Lehre, Bekenntnis, Sakraments- und Amtsverständnis die tragenden (Unterscheidungs-) Merkmale gegenüber anderen Konfessionsfamilien zu finden sind. Dennoch bleibt zu berücksichtigen, dass es bei genauerer Betrachtung immer wieder zu Gemeinsamkeiten mit verwandten Konfessionen kommt, die z. T. auf eine ähnliche Motivation und einen gemeinsamen geschichtlichen Kontext zurückzuführen sind.[35]

(a) Freikirche ist *Freiwilligkeitskirche*, die Mitglieder entschließen sich bewusst für die Teilhabe an der Gemeinschaft. Gegen den hieraus resultierenden Vorwurf der Abhängigkeit ihrer Ekklesialität von menschlichem Werk wird erwidert, dass die freie Entscheidung nicht voraussetzungslos geschieht, sondern in der Glaubensgemeinschaft unter der Wirkung des Heiligen Geistes. Gerade die bewusste Glaubensentscheidung will als vom Heiligen Geist gewirkte menschliche Ant-

---

33 So z. B. in vielen Mennonitengemeinden.
34 Die Systematik wurde hier zugunsten einer verständlicheren Darstellung der ekklesiologischen Argumente modifiziert. Es gilt zu berücksichtigen, dass bei Geldbach die Erläuterungen zur „Ekklesiologie" als 3. Merkmal erfolgen. Vgl. GELDBACH, *Freikirchen*, a. a. O.
35 Vgl. z. B. das reformatorische *sola scriptura* oder die im Pietismus ausgeprägte Betonung des persönlichen Glaubensbekenntnisses.

wort auf Gottes Gnadenhandeln verstanden werden. Daraus wird die untrennbare Einheit von Glaube an Jesus Christus und Gliedschaft in seiner Gemeinde abgeleitet.

(b) Freikirche als *Gemeinschaft der Heiligen* ist ihrem Selbstverständnis nach dennoch nicht als sündlose Gemeinschaft aufgefasst.

(c) Geldbach macht in der Anfangsgeschichte der Freikirchen eine *Bundestheologie* aus. Als Bundesgenossen Gottes seien die Glaubenden auch untereinander verbunden, vertikale und horizontale Dimension seien deutlich miteinander verknüpft.

(d) Freikirchen forderten eine klare *Trennung vom Staat*, im Interesse der Freiheit und Unabhängigkeit der Kirche, basierend auf einer radikalen Zwei-Reiche-Lehre. Ein kritikloser Gehorsam gegenüber dem Staat solle damit ebenso verhindert sein, wie eine Verherrlichung der Obrigkeit. – Diese zunächst schroffe Trennung wurde tendenziell immer wieder abgeschwächt. Beispielsweise wurde die von manchen Täufern des 16. Jhs. geforderte Ablehnung der Übernahme staatlicher Ämter im 17. Jh. weitestgehend fallen gelassen. Dennoch ist die bleibende deutliche Abgrenzung gegenüber staatlichen Institutionen ein bestimmendes Wesensmerkmal, nicht nur theologisch begründet, sondern teilweise auch durch die Ablehnung, bzw. Verfolgung dieser Nonkonformisten durch den Staat und die (Staats-) Kirche.

Aus diesen rein deskriptiv dargestellten Beobachtungen ergibt sich kein einheitliches Strukturmodell.[36] Die Behandlung der Freikirchen als Konfessionsfamilie stößt aus Ermangelung gemeinsamer, harter Differenzkriterien bald an ihre Grenze und deutet auf ein kategoriales Problem. Die Beschreibung der Merkmale zeigt die künstlich wirkende Zusammenfassung dieser Pluralität von Denominationen, so dass der Begriff der Freikirche schillernd bleibend muss. Die genannten Merkmale sind eher vergröbernd als Schnittmenge von Elementen anzusehen, die weder Ausschließlichkeit beanspruchen können, noch in allen Freikirchen tatsächlich so vorhanden sind. Daher ergibt sich hier kein Argument für Differenzierungen in konstitutive Kennzeichen und nicht-konstitutive Merkmale. Dies wird im Folgenden zu diskutieren sein.

---

36 „Um der Freiheit der Kirchen willen kann es keine Uniformität, weder nach außen noch nach innen, geben. Die freikirchlichen Verfassungen reichen von einer weltweiten, bischöflich verfassten Kirche wie der United Methodist Church und der streng nach militärischen Rängen gegliederten Heilsarmee über solche Freikirchen, die kongregationalistisch verfasst sind und durch einen ‚Bund' zusammengehalten werden bis zu einem ausgeprägten individualistischen Verständnis, was sich am eindrücklichsten bei den Quäkern zeigt." GELDBACH, *Freikirchen*, 45.

d. Die „Gemeinde der Glaubenden" (Max Weber) als alternative Differenzierung

Auch D. F. Durnbaugh beklagte bereits früh die Unschärfe des Begriffes der Freikirche, der in jedem Kontext und je nach Person etwas anderes heißen könne. Als erneuten Versuch der ekklesiologischen Definition übernimmt er schließlich den Begriff *„Believers' Church"* von Max Weber („Gemeinde der Glaubenden").[37] Weber beschrieb so auch die Täufer und Quäker aufgrund ihrer Ablehnung der Vorstellung von einer unsichtbaren Kirche, die sich aus „Gerechten" und „Ungerechten" zusammensetze. In diesen Bewegungen suche man viel mehr die Verwirklichung einer exklusiven Gemeinschaft von persönlich Überzeugten. Durnbaugh zeigt, dass die „Gemeinde der Glaubenden" sich definiere (1) durch freiwillige Mitgliedschaft jener, die Jesus Christus als Herrn bekennen, (2) durch die Trennung von der Bürgergemeinde und damit einhergehend die Betonung einer radikalen neutestamentlichen Ethik, (3) durch das Tun guter Werke als Antwort auf die vorauslaufende Gnade Gottes (auch in Abgrenzung zum Spiritualismus), (4) durch die Gemeindezucht nach Mt 18, nicht im legalistischen Sinne sondern als Stütze in der Bemühung um ein Leben in der Nachfolge, (5) durch kommunitär-ähnliche, gegenseitige spirituelle wie materielle Hilfe, basierend auf dem Verständnis, dass jeder Besitz nur zur Verwaltung anvertraut sei, (6) durch Tauf- und Gemeindeordnungen, die von der jeweiligen Gruppe selbst entwickelt würden (gegen Formalismus wie absoluter Spontaneität gleichermaßen gerichtet), (7) durch die je und je neu zu begreifende Schrift als letzte Autorität gegenüber der Tradition, Gebet und Liebe bildeten das Zentrum der Kirche.

Durnbaugh beginnt seine historische Beschreibung dieser Traditionslinie mit den „Medieval Sectarians" (*Waldenser* und *Böhmische Brüder*), über die „Radical Reformers" (*Schweizer Brüder* und *Hutterer*) des 16. Jhs., die „Separatist Puritans" (*Baptisten* und *Quäker*), „Free Church Pietists" (*Kirche der Brüder* und *Methodisten*), „New Testament Restorationists" (*Disciples of Christ* und *Plymouth Brethren*) bis hin zu „Contemporary Expressions" (*Bekennende Kirche* in Deutschland und neuere Formen von Kirche).

Durnbaugh stützt sich in seiner Explikation des Begriffes der *Believers' Church* auf zwei Konferenzen, die unter Verwendung dieser

---

37 Vgl. DONALD F. DURNBAUGH, *The Believers' Church*, a. a. O. MAX WEBER, *Die protestantische Ethik und der „Geist" des Kapitalismus*. Hrsg. u. eingeleitet von KLAUS LICHTBLAU. Neue wissenschaftliche Bibliothek, Bodenheim: Athenmäum Hain Hanstein 1996². Engl.: *The Protestant Ethic and the Spirit of Capitalism*. New York 1958, 144–145.

Bezeichnung stattfanden (1955 und 1967)[38]. Bei der zweiten Konferenz waren immerhin 150 Vertreter aus sieben verschiedenen Denominationen versammelt, gemeinsam bekennend:

„We have discovered in history, and in our present fellowship, a common spiritually based heritage, which is relevant for contemporary life and which is developing in churches of other traditions."[39]

Als gemeinsames Erbe betonte man folgende Überzeugungen: die Herrschaft Christi, die Autorität des Wortes, die durch das Wirken des Geistes hervorgerufene Kirchenzugehörigkeit, den Bund der Glaubenden, die Notwendigkeit der fortwährenden Restitution der Kirche, die Separation von der Welt die Aufgabe zu Verkündigung und Dienst gegenüber der Welt, sowie ein besonderes Verständnis der christlichen Einheit. Durnbaugh hat vornehmlich die Wirklichkeit der Kirchen im angelsächsischen Raum vor Augen: (a) *kongregationalistisch* verfasst (in Ablehnung der presbyterialen und episkopalen Struktur), (b) *„non-liturgical"* (im Sinne einer Ablehnung fester und spezifizierter Gottesdienstformen und -ordnungen), (c) *„non-credal"* (nicht ohne Glaubensbekenntnisse, aber auf ein Credo im Sinne der Lehre verzichtend), (d) *frei von dogmatischen Urteilen.*[40]

Es scheint, dass mit diesem Begriff eine distinkte Gruppe von Denominationen deutlicher umrissen werden kann, da hier versucht wird, sich in normativer Formulierung von anderen Konfessionen abzugrenzen. Sicherlich können auch damit die oben angedeuteten Probleme der klaren Differenzierung nicht völlig ausgeschlossen werden, denn wiederum finden sich zumindest Ansatzweise auch Elemente, die ebenso in anderen Traditionen zu finden sind und es ließe sich zeigen, dass auch die hier beschriebenen Denominationen nicht alle Kriterien in allen Kontexten voll erfüllen. Aber die Tatsache, dass der Definitionsrahmen enger gezogen wird und als Gegenüber daher nicht lediglich die sog. „Staatskirchen" bleiben, dient der Klärung. Die Beobachtungen berücksichtigen außerdem jene Pluralität, die in jeder Konfession vorzufinden ist.

---

38 Vgl. *Proceedings of the Study Conference on the Believers' Church.* Newton, KS: Mennonite Press 1955. Der Bericht der zweiten Konferenz in: Watchman-Examiner LV/1967. Weitere Literaturangaben in DURNBAUGH, *The Believers' Church*, a. a. O.
39 Ebd., X.
40 Vgl. DURNBAUGH, *The Believers' Church*, 5 ff.

e. Radikalisierte Zwei-Reiche-Lehre: Die Gemeinde als Ort der Weltgeschichte

Die Trennung von Staat und Kirche als Merkmal freikirchlicher Ekklesiologie kann zumindest vordergründig als der markanteste Differenzierungspunkt interpretiert werden und soll daher im Folgenden gesonderte Berücksichtigung finden. Erst auf diesem Hintergrund werden viele der Explikationen in den nachfolgend dargestellten Entwürfen verständlich.

Die Vielfalt der aus der Reformation hervorgegangenen Konstellationen „lässt erkennen, dass hier ‚ein Schnittpunkt aller theologischen Perspektiven' (G. Ebeling) vorliegt. Anthropologische, theologische, geschichtsphilosophische, rechtlich-politische und ethische Aspekte überlagern sich in nicht immer leicht zu durchschauender Komplexität".[41] Die Trennung von Kirche und Staat „muss als Konsequenz der theologischen Grundentscheidung der ... Freikirchen im Bereich der Ekklesiologie und nicht als zeitgemäßer, geistesgeschichtlich-politischer Impuls gewertet werden. ... Die Freiheit von allen obrigkeitlichen Verwaltungsmaßnahmen und die Basis der freiwilligen Kirchenmitgliedschaft gehören dabei untrennbar zusammen."[42]

Nach lutherischer Zwei-Reiche-Lehre (Zwei-Regimenten-Lehre), basierend auf Augustins Differenzierung von *civitas Dei* und *civitas terrena* (in *De civitate Dei*[43]), hat die Kirche den Auftrag, das geistliche Regiment wahrzunehmen, die staatliche Obrigkeit das weltliche Regiment. Beide sind Instrumente der Liebe Gottes, das geistliche Regiment durch die christologisch begründete Liebe, das weltliche durch die schöpfungsgemäß begründete Ordnung. Beide Regimente gehören zum Reich Gottes. Der einzelne Christ, Teil beider Regimente, hat die Aufgabe, dem Bösen zu widerstehen und zu wehren, als Privatperson unter dem geistlichen Regiment auch durch Selbstaufopferung, unter dem weltlichen Regiment dann in Gehorsam und Respekt, u. U. auch als Amtsperson durch Wahrung von Recht und Ordnung (*politia* als dritter Stand innerhalb der Christenheit neben *ecclesia* und *oeconomia*). Auch die weltliche Ordnung – im 16. Jh. eben noch die Ständegesellschaft – ist so als eine von Gott gesetzte und sanktionierte, zum Wohle aller verstanden. (Auf eine volle Entfaltung der Zwei-Rei-

---

41 WOLFGANG LIENEMANN, Art. *Zwei-Reiche-Lehre*, in EKL³ Bd. 4, 1408–1419, 1415. (Lit.)

42 ANDREA STRÜBIND, *Die unfreie Freikirche.* Der Bund der Baptistengemeinden im ‚Dritten Reich'. Neukirchen-Vluyn: Neukirchener 1991, 11. (2. korrigierte und verb. Auflage, Wuppertal: Brockhaus 1995).

43 Vgl. AUGUSTIN, *De Civitate Dei*, 15,1. Werkverzeichnis mit Ausgaben und dt. Übersetzungen in TRE, Bd. 4, 690–692.

che-Lehre Luthers sowie ihrer vielfältigen Variation und Wirkungsgeschichte kann hier verzichtet werden).[44]

Recht verstanden wird die Lehre erst auf dem Hintergrund der Abwehr, zum Einen gegen eine Zwei-Stufen-Ethik der mittelalterlichen röm.-katholischen Kirche, wonach die Weisungen der Bergpredigt ein Sonderethos für die „Vollkommenen" begründeten. Zum Zweiten sollte auch ein theokratisch verstandenes Gemeinwesen abgelehnt werden.[45] Problematisch gestaltet sich die Vorstellung der zwei Reiche vor allem dann, wenn sie unter der Perspektive einer Gehorsamsethik rezipiert wird oder aber wenn die weltliche Ordnung (bzw. Obrigkeit) selbst nicht mehr als „christlich" erkennbar ist, also offenkundig als Instrument des Bösen in Konkurrenz tritt zum geistlichen Regiment.[46]

Im Protestantismus selbst sind einflussreiche Alternativen entstanden: Im Pietismus finden sich Tendenzen zur Beschränkung des geistlichen Regimentes auf die Erbauung des inneren Menschen und ein Verständnis des Weltlichen als Teil der bösen, aber von Gott dennoch getragenen Welt.[47] Diese Haltung fand vor allem in der Tradition

---

44 Vgl. vor allem: *Von weltlicher Obrigkeit, wie weit man ihr Gehorsam schuldig sei* (1523), WA 11, v. a. 251 ff. Vgl. zum Gesamten BERNHARD LOHSE, *Luthers Theologie in ihrer historischen Entwicklung und ihrem systematischen Zusammenhang*, Göttingen: Vandenhoeck & Ruprecht 1995. Zur Diskussion um die Zwei-Reiche-Lehre speziell ULRICH DUCHROW (Hg.), *Die Vorstellung von Zwei Reichen und Regimenten*. 2. neubearb. Aufl. hrsg. von CHRISTOF WINDHORST. Texte zur Kirchen- und Theologiegeschichte 17, Gütersloh: Mohn 1978. NIELS HASSELMANN (Hg.), *Gottes Wirken in seiner Welt*. Zur Diskussion um die Zweireichelehre, 2 Bde., Hamburg: Lutherisches Verlagshaus 1980. LIENEMANN, Art. *Zwei-Reiche-Lehre*, a. a. O. (dort weitere Lit.angaben). GERHARD SAUTER (Hg.), *Zur Zwei-Reiche-Lehre Luthers*, München: Kaiser 1973. EIKE WOLGAST, *Die Wittenberger Theologie und die Politik der evangelischen Stände*. Studien zu Luthers Gutachten in politischen Fragen, Gütersloh: Mohn 1977. Auch ULRICH DUCHROW (Hg.), *Zwei Reiche und Regimente*. Ideologie oder evangelische Orientierung?, Gütersloh: Mohn 1977. DERS., *Christenheit und Weltverantwortung*. Traditionsgeschichte und systematische Struktur der Zwei-Reiche-Lehre, Stuttgart: Klett-Cotta 1983[2].
45 Vgl. z. B. WOLFGANG HUBER u. HANS-RICHARD REUTER, *Friedensethik*. Stuttgart u. a.: Kohlhammer 1990, 66 ff. „Beiden Positionen gegenüber will Luther deutlich machen, dass die Bergpredigt nicht davon handelt, wie man durch Werke vor Gott gerecht wird, sondern wie der Glaube im gerechtfertigten Menschen wirksam wird und entsprechende Handlungen zur Folge hat (vgl. WA 32, 541,14). Gottes Alleinwirksamkeit bildet den Grund und die Voraussetzung für die nachfolgende Mitwirkung des Menschen am Werk Gottes.", ebd., 68. Vgl. auch WA 18, 754, 1–16.
46 Vgl. beispielsweise die Kritik in der 2. These der *Barmer Theologischen Erklärung*, a. a. O., dann aber auch die Affirmation in der 5. These.
47 Vgl. hierzu GOTTFRIED HORNIG, *Lehre und Bekenntnis im Protestantismus*, bes. Kap. II: Der Pietismus; in: CARL ANDRESEN und ADOLF MARTIN RITTER (Hgg.), *Handbuch der Dogmen- und Theologiegeschichte*, Bd. 3: Die Lehrentwicklung im Rahmen der Ökumenizität, 2. überarb. u. ergänzte Auflage, Göttingen: Vandenhoeck & Ruprecht 1998, 71–146.

zwinglianischer Prägung Resonanz. Der Glaube kann derart verinnerlicht werden, dass das geistliche Regiment als Institution mit der weltlichen Obrigkeit zusammenfällt und somit für alle äußeren Belange verantwortlich wird. Im Ergebnis kann sich daraus die Vorstellung eines christlichen Staates (oder einer „Ekklesiokratie") ergeben.[48]

Die calvinistische Alternative[49], geschichtlich konkretisiert vor allem im Puritanismus, geht ebenfalls von der Unterscheidung zwischen geistlichem und weltlichem Regiment aus. Das geistliche Regiment erhält hier die prophetische Aufgabe, die Richtlinien für das weltliche Regiment vorzugeben. Die Christologie ist dann für die politische Ethik von größter Relevanz und bringt eine „christliche" Staatsführung hervor. Beide, die zwinglianische wie die calvinistische Alternative, suchen im Grunde den Dualismus der Zwei-Reiche-Lehre zu überwinden. Geistliche Freiheit und bürgerlicher Gehorsam sollen keinen Gegensatz bilden. Einmal wird das geistliche Regiment vom weltlichen unter christlichen Vorzeichen eingeholt, im anderen Fall durchdringt das geistliche das weltliche völlig.

Die Alternative einiger Täufer des 16. Jhs. bestand darin, „... an die Stelle der zwei Regimente und den Dualismus von Amts- und Privatperson ... die Dualität von Gemeinde und Welt" treten zu lassen.[50] Diese Dualität hat ihren Grund in der Überzeugung, dass der Ort der Weltgeschichte die Gemeinde Christi ist, zwischen Auferstehung und Wiederkunft. An diesem Ort geschieht das Wesentliche der (Heils-) Geschichte. Weder Gemeinde noch Welt sind unsichtbar (gegen die augustinische *ecclesia invisibilis*). Der Gemeinde schließt man sich bewusst an, durch die Entscheidung zur sichtbaren Nachfolge. Dies bedeutete ein radikales Auseinandertreten von Christengemeinde und Bürgergemeinde, eine klare Trennung von Kirche und Staat, ein Bruch mit dem konstantinischen *corpus christianum*. Heinold Fast meint, daraus ergebe sich der „evangelische Sinn", die „Freiheit zum Anderssein, ohne dass man einem gesetzlichen Pharisäismus verfallen müsste".[51] Die Gemeinde unterscheidet sich nicht in der ethischen Leistung, wohl aber in der Glaubensvoraussetzung von der Welt.

---

48 Vgl. auch WILHELM NEUSER, *Dogma und Bekenntnis in der Reformation;* in: ANDRESEN/RITTER, *Handbuch der Dogmen- und Theologiegeschichte,* Bd. 2: *Die Lehrentwicklung im Rahmen der Konfessionalität,* 167–208. LIENEMANN, Art. *Zwei-Reiche-Lehre,* 1413. Vgl. Zwinglis Unterscheidung von *Göttlicher und menschlicher Gerechtigkeit;* in: HULDRYCH ZWINGLI. *Schriften.* Hrsg. von THOMAS BRUNNSCHWEILER und SAMUEL LUTZ, Bd. 1, Zürich: TVZ 1995. 155–213.
49 Vgl. CO, besonders Inst III,19 u. IV,20. Vgl. auch NEUSER, *Dogma und Bekenntnis in der Reformation,* 238–305.
50 Vgl. HEINOLD FAST, *Beiträge zu einer Friedenstheologie. Eine Stimme aus den historischen Friedenskirchen.* Maxdorf: Agape 1982, 43.
51 Ebd., 44.

Das Evangelium gilt dennoch allen, woraus sich die Mission der Gemeinde erschließt. Aus der Differenz erwächst erst der gesellschaftliche Auftrag der Gemeinde, nicht aus ihrer Sanktionierung.

Diese Interpretation entspricht weitestgehend den Historischen Friedenskirchen unter den Freikirchen und es wird erkennbar, dass die Ursprünge der Freikirche dann am eindeutigsten in der Interpretation der „Täuferischen Schule" (s. o. II.1.b.) verankert sind. Daher bietet sich hier ein geeigneter Startpunkt der Differenzierung an: „Die Klärung des Zusammenhanges von Freikirche und Friedenskirche muss ansetzen bei dem Hinweis auf die Freiheit der Kirche, die als Freiwilligkeit der Mitgliedschaft, als Freiheit der Kirche vom Staat und als Gewaltfreiheit konkret wird".[52]

H. Fast stellt dazu fest: „Erstens hat die Gemeinde nur unter der Voraussetzung eines solchen Bewusstseins etwas zu sagen, was man sich außerhalb der Gemeinde nicht sagen kann. Zweitens kann sie es glaubhaft sagen, weil ihre Existenz und das Engagement ihrer Glieder dem Wort nicht widerspricht, sondern es unterstreicht. Das fordert keine Gemeinde der Heiligen, wohl aber eine Gemeinde, die sich auf dem Weg von der Welt zu Jesus Christus und also im Namen Christi in die Welt gerufen weiß. Drittens erlaubt das Bewusstsein der Dualität von Gemeinde und Welt die realistische Zupassung des Zeugnisses auf die Situation des Hörenden, ohne dass der Glaube zur Voraussetzung des Hörens gemacht oder das Evangelium verraten werden müsste."[53]

Christsein ist in dieser Tradition dann losgelöst von Gemeinde nicht denkbar. Und damit deuten sich bereits weitere Fragestellungen an: „Die Gemeinde besteht nicht nur aus der Wortverkündigung und der Darreichung der Sakramente, sondern aus lebendigen Menschen. Umstritten ist diese These, weil sie ‚katholisch' klingt: Hat die Gemeinde als eine um das Evangelium versammelte Gemeinschaft von Menschen etwa ein solches Gewicht, dass sie zum Mittel des Heils wird? Die Gemeinde als ‚verlängerter Christus'?"[54] (*Christus prolongatus*).

Sicherlich ist bei der Frage nach den Differenzkriterien – zumal wenn der Schwerpunkt auf der Ekklesiologie liegt – das Verhältnis der Kirche zur weiteren Gesellschaft eines der zentralen und wird in den folgenden Untersuchungen eine primäre Rolle spielen. Dennoch bleibt dies nur *eine* Möglichkeit der Annäherung. Weitere müssen hinzutreten, um in der Beschreibung der vielgestaltigen Lebendigkeit und der daraus resultierenden Komplexität einer Konfession zumindest annäherungsweise gerecht zu werden.

---

52 ANDREA LANGE, *Die Gestalt der Friedenskirche.* Beiträge zu einer Friedenstheologie 2, Maxdorf: Agape 1988, 15.
53 FAST, *Beiträge zu einer Friedenstheologie,* 44.
54 Ebd., 56.

f. Differenzierte und flexible Kategorisierung von Konfessionen

Bisherige Differenzierungsversuche bleiben problematisch, weil sich abzeichnet, dass die jeweilige Intention und die davon abhängige Wahl der Kriterien zur Unterscheidung mitbedacht werden wollen und dementsprechend vielfältig ausfallen. Hinzu kommt die unterschiedliche Beurteilung und Zuordnung der geschichtlichen Entwicklungslinien und die sich daraus ergebende Kategorisierung von Denominationen bzw. Konfessionen. Außerdem ist der jeweilige soziokulturelle Kontext zu bedenken. Dies wird deutlich, wenn Durnbaugh andere als die von Geldbach genannten Merkmale nennt. Daraus ergab sich aber eine mindestens ebenso adäquate Beschreibung dieser Traditionen. In der Regel wird schlicht unter dem primären Aspekt der Trennung von Kirche und Staat eine Vielfalt von Denominationen gebündelt. Es ist zu fragen, wie leistungsfähig ein Begriff sein kann, der sich auf einen sicherlich wichtigen, aber niemals einzigen Aspekt der Differenzierung stützt. Die theologische Vielfalt kann nicht zum Vorschein kommen, wenn Freikirche in erster Linie Nicht-Staatskirche heißt, zumal wenn nur noch in den wenigsten Kontexten von echten „Staatskirchen" ausgegangen werden kann und die so bezeichneten Konfessionen in anderen Ländern auch „Freikirchen" sind (z. B. in den U.S.A., auch sind die meisten der sog. „Jungen Kirchen" in der südlichen Hemisphere freikirchlich strukturiert) und dennoch in konfessionellen Weltbünden zusammengefasst werden können.[55] Geldbach versucht durch eine Anreicherung der Aspekte den Begriff zu füllen. Der Freiwilligkeitsaspekt tritt hinzu, die Forderung der Gewissens- und Religionsfreiheit, auch die Freiheit der Gaben. Aber all dies ist in vielen lutherischen und reformierten Kirchen und auch der römisch-katholischen Kirche längst Realität.

In deutschsprachigen Konfessionskunden werden die Konfessionen im Allgemeinen grob unterteilt in Orthodoxe Kirchen, Katholische Kirche, Evangelische Kirchen und Freikirchen. Es ist grundsätzlich zu überlegen, wie leistungsfähig diese auf ganz unterschiedlichen Differenzierungskriterien basierende Kategorisierung tatsächlich ist. Und die Problematik wird durch eine weitere Besonderheit innerhalb der deutschen „Freikirchen" noch verstärkt. Hier wird zusätzlich unterschieden zwischen „klassischen" und „konfessionellen" Freikirchen.[56] Die *konfessionellen Freikirchen* (i. e. die *Selbständig Evangelisch-Lutherische Kirche* und die *Altreformierten Gemeinden*) bildeten sich im 19. Jh. heraus und hielten gegen die große Mehrheit ihrer Konfession

---

55 Vgl. z. B. Lutherischer oder Reformierter Weltbund.
56 Vgl. GELDBACH, *Freikirchen*, 170 f. Geldbach klammert die konfessionellen Freikirchen für die Wesensbestimmung sinnvollerweise aus.

an überkommenen Interpretationen des spezifischen Bekenntnisses lutherischer oder reformierter Prägung fest. So wehrten sie sich gegen Kirchenunionen (Lutheraner) oder gegen einen wachsenden Liberalismus (Reformierte).

Also müssten die Zuordnungen je nach Fragestellung neu erfolgen, um der pluralen Realität der konfessionellen Landschaft tatsächlich gerecht werden zu können. Das wäre ein komplexer Vorgang, den Auseinandersetzungen in der ökumenischen Bewegung aber sicherlich nicht abträglich, denn so ergäben sich je und je neue Konstellationen und Koalitionen. Gemeinsamkeiten wie Unterschiede würden deutlich bewusst und manchem Vorurteil könnte im Vorfeld begegnet werden. Somit ist einerseits die Erweiterung des Definitionsrahmens „Freikirche" notwendig, andererseits eine Verengung durch Kombinationen verschiedener Aspekte, um tatsächlich noch Aussagen machen zu können. Hier käme etwa eine Kategorie „Friedensfreikirche" in den Blick, ohne dass diese Elemente in anderen als den genannten Friedens- oder Freikirche bestritten werden sollten. Sowohl der Realität jeder einzelnen Denomination als auch der Pluralität insgesamt würde eine stärkere, aber dennoch flexible, auf die jeweilige Situation und theologische Fragestellung ausgerichtete Ausdifferenzierung gerechter.

g. Lehrbildungsprozess als Differenzkriterium

Die Kriterien der Unterscheidung wollen komplexer gewählt werden, wenn sie auch im Blick auf die pluralen Realitäten zwischen und innerhalb der einzelnen Konfessionsfamilien und Denominationen leistungsfähig sein sollen. Zieht man im konkreten Falle die „Merkmale" in Betracht, die Durnbaugh nennt (kongregationalistisch verfasst, nichtliturgisch, *non-credal* und „frei" von dogmatischer Festschreibung), so drängt sich m. E. folgende These auf: Die hier zu beschreibende Denomination der Friedenskirche als Freikirche ist nicht hinreichend anhand der gängigen Aufzählung der Merkmale differenziert, sondern der Blick muss erweitert werden auf den Prozess der Lehr- oder Theoriebildung in diesen Traditionen. Diese hat ihren primären Ort offensichtlich im Fokus der (Lokal-) Gemeinde und gestaltet sich daher kontextuell je und je anders. So kann dann als zusätzliches, nicht minder entscheidendes Differenzkriterium der Prozess des Theologisierens genannt werden, der sich aus der direkten Korrespondenz zwischen einem radikal verstandenen *sola scriptura*-Prinzip und der kontextuellen Gemeindewirklichkeit ergibt und nicht gebunden ist an vorgegebene Bekenntnisse mit gesamtkonfessionellem Anspruch. In diesem Sinne kann die Friedenskirche als von dogmatischer Festlegung „frei" betrachtet werden. Der Verzicht auf eine allen Gemeinden gemeinsame Liturgie korreliert mit diesem Verständnis.

Im Folgenden soll bei dem Versuch der Beschreibung der Historischen Friedenskirchen diese These weitere Berücksichtigung finden, indem sowohl konventionell nach den *notae* der Friedenskirche gefragt wird – schon aus Gründen der Kompatibilität und der Korrespondenz im ökumenischen Horizont – als auch nach der Theoriebildung, um der genuinen konfessionellen Prägung im volleren Sinne gerecht zu werden.

II.2. Die Historische Friedenskirche im Kontext der Selbstexplikation

„Unter ‚historischen Friedenskirchen' versteht man innerhalb des Protestantismus jene Kirchen oder Gemeinschaften, die in ihren Anfängen von den politisch verfassten Gesellschaften, in denen sie lebten, ausgegrenzt und verfolgt wurden, und die später ihrerseits überwiegend auf einer mehr oder weniger klaren Trennung von Kirche und Staat bestanden haben und deren Mitglieder bis heute die Wehrlosigkeit und Gewaltfreiheit als wichtige Merkmale der Nachfolge Christi verstehen und deshalb in der Regel den Militärdienst verweigern".[57]

Dieser deskriptiven Definition ist zuzustimmen (wieder sind historische und theologische Elemente vermischt), doch sollen im Folgenden zunächst ausschließlich Vertreter und Vertreterinnen aus dieser Tradition gehört werden, um Friedenskirche tatsächlich in ihrer Selbstexplikation wahrzunehmen.

Andrea Lange hat die Existenz des Begriffes „Friedenskirche" als zweifache Problemanzeige identifiziert:

„Einmal, weil es sie bruchstückhaft in vielen Kirchen gibt, als perfekte empirische Größe aber nicht einmal dort, wo sie ausdrücklich genannt wird. Fragwürdig ist der Begriff aber auch, weil er dazu verführt, Frieden als eine von

---

57 WOLFGANG LIENEMANN, *Frieden.* Ökumenische Studienhefte 10, Bensheimer Hefte 92, Göttingen: Vandenhoeck & Ruprecht 2000, 123 f. Lienemann fasst drei Grundelemente des Zeugnisses der Historischen Friedenskirchen zusammen: (1) „Grundlage von Glauben und Leben der Mitglieder der Historischen Friedenskirchen ist die Erfahrung der Gegenwart Christi in der versammelten Gemeinde, eine Glaubenserfahrung, welche als unmittelbare Verpflichtung zu einem der Bergpredigt gemäßen Leben in der Nachfolge Christi verstanden wird. Die *Nachfolge-Christologie* bildet das Herzstück dieser Existenz. ... (2) Es ist ein primär gemeinschaftsorientiertes, nicht individualistisches Christentum, ... Diese gelebte *communio-Ekklesiologie* unterscheidet die Friedenskirchen deutlich von vielen anderen Kirchentypen. (3) Das politisch-praktische Zeugnis ... ist zutiefst von der Praxis der Gewaltfreiheit bestimmt ... Dabei geht es ... nicht um die Wahrung der Reinheit der eigenen Gesinnung, sondern um die Bewährung ihres *Verantwortungspazifismus durch konkrete Versöhnungsarbeit* ...". Ebd., 130 f.

vielen möglichen Spezialisierungen in der Kirche zu sehen. Im Grunde kann es keine besondere Friedenskirche geben, so wenig wie eine Hoffnungskirche oder Liebeskirche. Anders gesagt: Kirche ist entweder Friedenskirche oder sie ist nicht Kirche. Das Evangelium vom versöhnenden Handeln Gottes in Jesus Christus ist für die Kirche Begründung ihres Wesens und ihres Auftrages, dieses Evangelium in die Welt hineinzutragen. Friedenskirche heißt nun, dass dem Wesen und Auftrag der Kirche eine bestimmte Gestalt entspricht".[58]

Freilich sagt Lange dann aber auch: „Begriff und Konzept der Friedenskirche haben solange ihre Berechtigung, solange nicht alle Kirchen eine eindeutige Friedensgestalt haben."[59] Konsequent weitergedacht hieße das aber, den Begriff entweder ganz fallen zu lassen, da keine konfessionelle Größe diesem Anspruch gerecht wird, oder aber den Begriff auf alle Kirchen anzuwenden, da es keine christliche Kirche gibt, in der nicht auch „Spuren" eines Ethos des Gewaltverzichts auszumachen sind.

Hier soll dafür plädiert werden, den Begriff im konventionellen Sinne beizubehalten, der sich inzwischen gerade im ökumenischen Kontext als Definition etabliert hat und allgemein anerkannt wird zur Beschreibung derjenigen Konfessionen, die sich in Bezug auf die Gewaltfreiheit im Sinne eines *articulus* gemeinsam aussprechen.[60] Deutlich wird auch, dass in der Vorstellung dieser Konfessionen Christologie, Ethik und Ekklesiologie eine ganz eigene Verknüpfung eingehen, wie im Folgenden zu zeigen sein wird, ohne dass dies dogmatisch oder notwendigerweise im Sinne von festgeschriebenen Bekenntnissen fixierbar wird.[61]

„Es gehört zu unserer mennonitischen Auffassung, dass wir den christlichen Glauben nicht primär auf dogmatische Inhalte beziehen, sondern auf ethische. Das Christsein entscheidet sich nicht an Fragen wie ‚Glaubst du an Gott?', ‚Glaubst du an die Dreieinigkeit, an die Gottessohnschaft Jesu, an die Auferstehung der Toten?', sondern an der Frage, ob wir uns auf den Weg Jesu rufen lassen. Das hat uns den Vorwurf der Werkgerechtigkeit oder des bloßen Humanismus eingebracht; (...) Wir haben deshalb gelernt, uns vorsichtiger auszudrücken."[62]

---

58 LANGE, *Die Gestalt der Friedenskirche*, 13 f.
59 Ebd.
60 Vgl. z. B. die Botschaft des ÖRK/Genf 1999 anlässlich der *Dekade zur Überwindung von Gewalt. Kirchen auf der Suche nach Versöhnung und Frieden:* „Es gibt bereits eine Reihe von positiven und ermutigenden Beispielen in Gemeinden und Kirchen auf der ganzen Welt. Wir erkennen an, dass die monastischen Traditionen und die ‚historischen Friedenskirchen' standhaft Zeugnis abgelegt haben ..."; in: *epd-Dokumentation* 38/39. Vgl. auch ERICH GELDBACH, Art. *Friedenskirchen;* in EKL³, Bd. 2, 1389.
61 Vgl. zu dieser Frage HANS-JÜRGEN GOERTZ, *Zwischen Zwietracht und Eintracht. Zur Zweideutigkeit täuferischer und mennonitischer Bekenntnisse;* in: Mennonitische Geschichtsblätter (zit. MGB), Jg. 43./44. 1986/87, 16–46.
62 FAST, *Beiträge zu einer Friedenstheologie*, 55.

An dieser Äußerung ist symptomatisch: die Historischen Friedenskirchen halten nicht zwingend an einer einmal abgeschlossenen theologischen Argumentation fest, diese entwickelt sich vielmehr weiter im Laufe der Zeit. Auch das wird bei dem Versuch ihrer Beschreibung zu berücksichtigen sein.

a. Real existierende und/oder idealisierte Kirche?

Der Begriff taucht in der Literatur erst nach 1935 eindeutig belegbar auf. Während einer Konferenz in Kansas/U.S.A. suchten Vertreter der *Mennoniten*[63], der *Church of the Brethren*[64] und der *Quäker*[65] (oder *Gesellschaft der Freunde*) zum ersten Mal gemeinsam zu formulieren, was die „Principles of Christian Peace and Patriotism" seien.[66] In dem Begriff „Historische Friedenskirche" deutet sich auch die Distanzierung von einem Pazifismusbegriff an, der zu starke Konnotationen liberaler Theologie trägt. Auf der Grundlage dreier gemeinsamer Merkmale fühlte man sich verbunden:[67]

---

63 Gesamtdarstellungen sind CORNELIUS J. DYCK, *An Introduction to Mennonite History.* Scottdale/PA: Herald Press 1981²; HANS-JÜRGEN GOERTZ (Hg.), *Die Mennoniten.* Die Kirchen der Welt, Bd. VIII, Stuttgart: Ev. Verlagswerk 1971; DIETHER G. LICHDI, *Über Zürich und Witmarsum nach Addis Abeba.* Die Mennoniten in Geschichte und Gegenwart, Maxdorf: Agape 1983. C. ARNOLD SNYDER, *Anabaptist History and Theology.* An Introduction, Kitchener, Ontario/Canada: Pandora Press 1995. Umfassende Nachschlagewerke: *Mennonitisches Lexikon,* hrsg. v. CHRISTIAN HEGE und CHRISTIAN NEFF, 4 Bde., Karlsruhe 1913 bis 1967; *Mennonite Encyclopedia,* 5 Vols., Vol. 1-4 H. S. Bender / C. H. Smith (eds.), Hilsboro/KS: Mennonite Brethren Publishing House, Vol. 5 C. J. Dyck / D. D. Martin (eds.), Scottdale/PA: Herald Press, 1955 bis 1990.
64 Vgl. DONALD F. DURNBAUGH (Hg.), *Die Kirche der Brüder.* Vergangenheit und Gegenwart. Die Kirchen der Welt, Bd. IX, Stuttgart: Evangelisches Verlagswerk 1971.
65 Vgl. RICHENDA C. SCOTT, *Die Quäker.* Die Kirchen der Welt, Bd. XIV, Stuttgart: Evangelisches Verlagswerk 1974. JOHN PUNSHON, *Portrait in Grey.* A Short History of the Quakers, London 1984. Vgl. auch ANDRESEN/RITTER (Hgg.), *Handbuch der Dogmen- und Theologiegeschichte,* Bd. 2: *Die Lehrentwicklung im Rahmen der Konfessionalität,* Göttingen: Vandenhoeck & Ruprecht 1998; Sechster Teil von GUSTAV ADOLF BENRATH, Kap. I, §12 Das Quäkertum, 607 (Lit.) u. 670 (Lit.).
66 Dies war nicht die erste Konferenz dieser Art. Zwischen 1922 und 1931 hatte es bereits sechs solcher „Conferences of Pacifist Churches" gegeben. Hier ging es vor allem darum, nach außen zu zeigen, dass die Weigerung der Teilnahme an Kriegen keineswegs eine Infragestellung des Patriotismus sei. Vgl. DONALD F. DURNBAUGH (ed.), *On Earth Peace.* Discussions on War/Peace-Issues between Friends, Mennonites, Brethren and European Churches 1935-1975. Elgin/IL: The Brethren Press 1978, 31. Vgl. zum Gesamten auch WILFRIED WARNECK, *Friedenskirchliche Existenz im Konziliaren Prozess,* Anstöße zur Friedensarbeit 5, Hildesheim u. a.: Georg Olms 1990, bes. Kap. 1, 8-101.
67 Vgl. *A Declaration on Peace.* In God's People the World's Renewal Has Begun. A

1) „each has been visibly active worldwide in relief for the victims of war and other kinds of service, and in fostering international communication."
2) „each has assumed or affirmed the supranational quality of Christian fellowship."
3) „each has historically taught that the Christian is called not to participate in war, even when required to do so by government".

Diese Konferenz führte einerseits zum gemeinsamen Bemühen um die Klärung der Frage der Kriegsdienstverweigerung, machte andererseits aber auch deutlich, dass die gemeinsame Basis sich auf die Ablehnung von Gewalt und die Förderung eines aktiven Friedensdienstes beschränke, trotz gemeinsamer historischer Wurzeln. So bleibt diese Beschränkung auch in der vorliegenden Untersuchung geboten, die aber in ihrer theologischen Fundierung verstanden werden will. Schließlich ist das Selbstverständnis als Friedenskirche nicht ein Akzidenz: Das Versöhnungsgeschehen in Christus, die Rechtfertigung der Sünder ist *der* Akt der Feindesliebe Gottes (Röm 5,8.10).[68] Das Kreuz wird zum Paradigma der Feindesliebe und Zeichen der Gewaltfreiheit Gottes, ja zum Wesensmerkmal Gottes selbst. Schöpfung und Erlösung finden hierin ihre Verbindung: Gottes einseitiger, erster Schritt zur Versöhnung ist der stellvertretende Tod Jesu am Kreuz. In diesem Gewaltverzicht Gottes erkennt die versöhnte Gemeinde ihrerseits ihren Auftrag zur Versöhnung.

„Friedenskirche lebt also aus dem Evangelium als der Botschaft von der Feindesliebe Gottes. Sie lebt von einem Gottesbild, das weniger den autoritären Herrscher betont, als vielmehr die Züge der Barmherzigkeit, des Mitleidens und der leidenschaftlichen Liebe Gottes."[69]

Feindesliebe ist dennoch nicht notwendigerweise gesetzlich interpretiert, denn Nachfolge Jesu wird verstanden als *participatio*, nicht als *imitatio*.[70] Die Teilhabe am Leib Jesu Christi ist gleichzeitig der Ruf in die Nachfolge*gemeinschaft*. Der Zusammenhang zwischen Nachfolge der Gemeinde und individueller Nachfolge ihrer Glieder

contribution to ecumenical dialogue sponsored by Church of the Brethren, Fellowship of Reconciliation, Mennonite Central Committee, Friends General Conference. Scottdale/PA: Herald Press 1991.
68 So z. B. bei RON SIDER, *Jesus und die Gewalt.* Maxdorf: Agape 1982, 27; auch GORDON D. KAUFMAN, *Systematic Theology.* A Historicist Perspective, New York: Charles Scribner's Sons 1968, 219: „the cross is the nonresistance of God".
69 LANGE, *Die Gestalt der Friedenskirche,* 29. Clarence Baumann glaubt, dies schon bei den Täufern zu erkennen: „In der Gottesvorstellung der Täufer fehlten die Züge des Majestätischen, des Weltgewaltigen, ... was für die Großkirche so charakteristisch war". CLARENCE BAUMAN, *Gewaltlosigkeit im Täufertum.* Eine Untersuchung zur theologischen Ethik des oberdeutschen Täufertums der Reformationszeit. Leiden 1968, 187.
70 Vgl. FAST, *Beiträge zu einer Friedenstheologie,* 17.

äußert sich in der gemeinsamen ethischen Entscheidungsfindung. Dies ist der Hintergrund, auf dem Lange eine Beschreibung der Merkmale der Friedenskirche versucht.[71] Freilich muss darüber Klarheit herrschen, das dies nicht zwangsläufig die Gestalt der real existierenden, erfahrenen Friedenskirche ist, sondern eher eine Zeichnung ihres Ideals:

(1) Gewaltfreiheit und Versöhnung

„Die Gemeinde ist befreit von der Gewalt, weil Gott selbst auf Vergeltung verzichtet und Frieden gestiftet hat. Diese Befreiung ermöglicht der Gemeinde einen neuen Umgang mit Konflikt und Feindschaft. Sie ist befreit zu einem Leben der Versöhnung."

(2) Freiwilligkeit

„Freiwilligkeit ist die Bedingung für die Tragfähigkeit der Gemeinschaft. Die Bereitschaft, sich gegenseitig in der Nachfolge zu unterstützen und zurechtzubringen, kann nicht ohne weiteres vorausgesetzt werden – sie ist eine Verpflichtung, die bewusst eingegangen wird" und ihren sichtbaren Ausdruck findet in der Erwachsenentaufe. „Die messianische Gemeinschaft kann ihre Aufgabe, Botschafterin des Reiches Gottes zu sein, nur erfüllen, wenn diese Vision von allen geteilt wird."

(3) Disziplin und Konsens

„Die Bestimmung der Gemeinde als Lerngemeinschaft hat zur Folge, dass ihre Glieder auf gegenseitige Korrektur angewiesen sind. Gerade weil sie keine Gemeinschaft der Perfekten ist, sondern derer, die aus der Befreiung von Schuld und Feindschaft leben, wird sie Formen entwickeln, mit diesen kontinuierlich auftretenden Phänomenen in einer Weise umzugehen, die dieser Befreiung entspricht (z. B. nach Mt 18:15–20, FE). Die Notwendigkeit dazu folgt aus dem reformatorischen Prinzip ‚ecclesia reformata semper reformanda‘. ... Die ethische Entscheidungsfindung der Gemeinde ist ein Prozess mit dem Ziel des Konsenses. Elemente dieses Prozesses sind die versammelte Gemeinde, die Schrift und die Gegenwart des Geistes." Die Gemeinde ist eine „hermeneutische Gemeinschaft" (s. u. III.).

(4) Dienst und Teilen

„Die Ordnung der messianischen Gemeinde (s. u. III., FE) ist die Koinonia, in der Individualismus als Prinzip überwunden ist. Damit ist sie eine Alternative gegenüber der herrschenden Praxis des Wettbewerbs und der Definition von Menschen durch Leistung. Dies konkretisiert sich im Lebensstil des Einzelnen und der Gemeinde als miteinander Teilen, was sich in der Entwicklung von Formen des kommunitären Lebens äußert."

---

71 LANGE, *Die Gestalt der Friedenskirche*, 47 ff. Vgl. auch die genannten Merkmale bei WARNECK, *Friedenskirchliche Existenz*, 95 f.: bekennende Gemeinde, entscheidungsfähige Gemeinde, Gemeinde des Miteinanderteilens, versöhnende Gemeinde, charismatische Gemeindestruktur, Leidensbereitschaft.

(5) Feier

„Ein Element der Feier ist (daher) die Erinnerung an das Handeln Gottes und der Dank für das bereits Empfangene. Das zweite Element der Feier ist das der Antizipation. Die messianische Gemeinde geht dem Reich Gottes entgegen und ist Botschafterin seines Kommens. Daher ist die Vision des Reiches für die Feier der Gemeinden bestimmend. Gegenseitige Stärkung, erneute Aussicht und das Wahrnehmen der Zeichen der anbrechenden Gottesherrschaft sind Elemente der Feier. Im Sabbat werden beide Motive der geschichtlichen Erinnerung und der eschatologischen Hoffnung vereint."

Dass Lange die Friedenskirche auch auf die gottesdienstliche Feier hin expliziert, ist ungewöhnlich. Damit weist sie aber auf einen Aspekt hin, der in einer stark auf den Gemeindekontext ausgerichteten Tradition Hervorhebung verdient. Es bleibt unverständlich, warum dies in der übrigen Literatur so wenig Berücksichtigung findet. Ein Grund ist sicherlich in der Ablehnung fester liturgischer Formen zu sehen, als weiterer Ausdruck der Abgrenzung zu den „etablierten" Kirchen (*„non-liturgical"*).

Paul Peachey versucht eine Beschreibung der Gemeinsamkeiten eher aufgrund gemeinsamer historischer Wurzeln[72] und gelangt zu formal-deskriptiven Beschreibungen, die als Ergänzung und in Spannung zu den idealisierten Langes gelesen werden können:
1) Obwohl die Täufer sich selbst tief in der universalen christlichen Kirche verwurzelt sahen, entwickelte sich der Separatismus doch zu einem Identitätsmerkmal. Die Gründe dafür sind vielschichtig und bleiben in der Forschung umstritten.
2) Im Kontrast zum katholischen, volkskirchlichen Gedanken definierten sich alle drei Kirchen als nicht-hierarchisch.
3) Die Modalitäten des Gottesdienstes und der Lebensführung seien eher zufällig als in ihrem Charakter tatsächlich substanziell. Der Gottesdienst im Sinne eines formalen Rituals wurde abgelehnt. Er ist Ausdruck gemeinsamer und ernsthafter Suche nach dem Willen Christi, in der spezifischen Situation der Gemeinde.
4) Alle drei Kirchen lehnen das Dogma der apostolischen Sukzession ab.
5) Sie sind nicht-sakramental, d. h. sie lehnen die Auffassung ab, ein ritueller Akt könne in sich selbst Garant göttlicher Gnadenvermittlung sein.
6) Ihre Struktur sei nicht in einem kanonischen Sinne kodifiziert, sondern solle je und je Teil der Erneuerung „von unten" sein.

---

72 Vgl. PAUL PEACHEY, *The Peace Churches as Ecumenical Witness*; in: J. RICHARD BURKHOLDER und CALVIN REDEKOP (eds.), *Kingdom, Cross and Community*, Scottdale/PA: Herald Press 1976, 250 f.

Peachey räumt allerdings ein, dass auch diese Kirchen je länger sie bestanden um so fester in ihren Traditionen und Strukturen wurden, ähnlich jenen Kirchen, gegen die sie sich einst erhoben. So bleibt als ernüchterndes Ergebnis seiner Untersuchung, dass sie womöglich nur moderater seien in ihren Ansprüchen:

„They have become ‚churches' like any other of the many scores of religious bodies that claim the designation ‚church'. Their claims may be more modest than the claims of the larger bodies. But given the logic of their charter, their behavior as universal and self-sufficient bodies appears the more presumptuous."[73]

Der Vergleich zwischen Lange und Peachey zeigt die Diskrepanz zwischen einer normativ-idealen und einer deskriptiv-realen Beschreibung der Historischen Friedenskirche. Der Kongregationalismus kommt bei Peachey als nicht-hierarchische, das Dogma der apostolischen Sukzession sowie eine kanonisch definierte Struktur ablehnenden Kirche zum Tragen. Gottesdienst ist hier – gegenüber Lange – gerade nicht auf bestimmte Inhalte konzentriert, lediglich das nichtsakramentale Verständnis wird genannt. Sicherlich sind beide Beschreibungen legitim, wenn sie denn Rechenschaft ablegen über ihre jeweilige Perspektive und Aussageabsicht im Blick auf die geglaubte oder erfahrene Kirche. In der gegenseitigen Ergänzung und Komplementarität liegt der Fortschritt. Und so zeichnet sich ab, dass die Differenzen zu anderen Konfessionen vor allem in den ekklesiologischen Aussagen zu finden sind, die den Rahmen zu bilden scheinen für eine davon abhängige, spezifische Ethik.

b. Eschatologisches und empirisches Reden von Kirche

Während sich auf der 1935er Konferenz die real existierenden Historischen Friedenskirchen trafen, beschreibt Lange die ideale Gestalt der Friedenskirche in ihrer theologischen Gründung. Im ersten Fall geht es um die erfahrene, im zweiten um die geglaubte Kirche. Nicht zu erfassen ist dies in der Differenzierung von sichtbarer und unsichtbarer Kirche, da diese Unterscheidung von den Friedenskirchen gerade abgelehnt wird. John Howard Yoder, der wohl bedeutendste Sprecher der Historischen Friedenskirchen im 20. Jh., interpretiert dies so:[74] Augustins für die gesamte westliche Theologiegeschichte prägende Konzept der *ecclesia invisibilis* sei erst mit der soziologisch veränderten Situation der Kirche durch die Konstantinische Wende notwendig geworden. Die Kategorie „Welt" als Gegenüber war nicht

73 Ebd., 251.
74 S. u. III.

mehr greifbar. Als Lösung sei schließlich nur geblieben, den Kirchen-
begriff selbst zu differenzieren. Der Neuplatonismus bot dazu die
Idee: das Eigentliche ist empirisch weder greifbar noch sichtbar. Gerade dies lehne aber die Friedenskirche ab. Peachey schließt daraus:
„Kirche kann sich nicht mit dem Hinweis auf ihre Unsichtbarkeit
rechtfertigen, sondern sie ist gerechtfertigt in ihrem Herrn. Sie ist sein
Leib, trotz und mit ihren Unzulänglichkeiten. Es ist eine Konsequenz
der Inkarnation, dass Gott sich auf menschliche Schwäche ein für alle
mal eingelassen hat."[75]

Gordon D. Kaufman schlägt als Alternative zur Rede von unsichtbarer und sichtbarer Kirche die Differenzierung zwischen eschatologischem und empirischem Reden von Kirche vor.[76] Eschatologisches
Reden meint, „all mankind transformed into God's kingdom", empirisches Reden die Gemeinschaft, die durch diese Hoffnung lebt. Aus
dieser Sicht ist es kaum vorstellbar, dass die empirische Kirche etwas
anderes ist als die „Gemeinde der Glaubenden". Hier wird der Versuch
deutlich, die Spannung auszudrücken, die im Grunde auch Augustins
Lehre zu halten suchte. Wird dieser Differenzierung gefolgt, so ist
damit noch nicht abschließend geklärt, auf welchen Ebenen sich die
jeweiligen Beschreibungen bewegen. Denn auch Langes Merkmale
meinen ja nicht „all mankind", sondern die Gemeinde der Glaubenden
in ihrer eschatologischen Antizipation. Es wird daher genau zu beobachten sein, auf welcher Ebene und mit Hilfe welcher Differenzie-
rungskategorien jeweils von der Friedenskirche die Rede ist und wie
diese zueinander in Beziehung gesetzt werden.

Peachey beobachtet in den Auseinandersetzungen des 16. Jhs., die
schließlich zur Trennung zwischen (Staats-) Kirchen der Reformation
und der Friedenskirche im Sinne der Freikirche führten, dass an der
Lehre von der *ecclesia invisibilis* nicht notwendigerweise die tatsächliche Grenzlinie verläuft. Auch sei sie nicht scharf zu ziehen zwischen
Wahrheit und Irrtum, sondern diagonal dazu, wie auch zu den verschiedenen „Parteien": Luther bestand zu Recht darauf, das Kirchesein der Kirche gründe in der Gnade Gottes, die nur im Glauben
ergriffen werden könne. Friedenskirchliche Protagonisten insistierten
andererseits auch zu Recht darauf, das Kirche sich im sichtbaren
Handeln einer auch sichtbaren Gemeinde manifestiere. Eine Kirche
der Glaubenden zu bilden, die Einfluss auf die Sozialgestaltung der
Gesellschaft haben sollte, ohne sich dabei auf die Dynamik der Gnade
zu verlassen, führe letztlich zur Replikation des römisch-katholischen
Modells: „... it is the idioms of grace and of faith that define the

---

75 PEACHEY, *The Peace Churches as Ecumenical Witness,* 38.
76 GORDON D. KAUFMAN, *Nonresistance and Responsibility.* And other Essays. IMS
     Series No.5, Newton/KS: Faith and Life 1979, 56 f.

church. To witness to that reality is the only identity which the ‚peace churches' possess."[77]

Die Identität der Friedenskirche wird hier deutlich konzentriert auf die Fundierung in der paulinischen Rechtfertigungslehre, reformatorischer Interpretation folgend. Hinzu tritt der Auftrag zum Zeugnis von dieser Wahrheit. Folgt man dieser Weise des Definierens, erscheinen Friedenskirchen zuerst und eindeutig als protestantische, reformatorische Kirchen. In diesem Sinne erscheint dann die Kategorie „Freikirche" als Unterdifferenzierung innerhalb der protestantischen Konfessionsfamilie.

Festzuhalten bleibt in jedem Fall, dass die Wahl des Primärkriteriums sowie die Rede*weise* bestimmend sind für eine Definition der Historischen Friedenskirche und ihrer Ekklesiologie. Zu kurz greift jede Aufzählung von *notae ecclesiae*, wenn nicht jeweils auch über die Art der Rede Rechenschaft abgelegt wird. Womöglich können erst solche Differenzierungen über eine zu oberflächliche konfessionskundliche Einteilung hinausführen und den ökumenischen Horizont der jeweiligen Rede von der Kirche weiten.

c. Gewaltfreiheit als umstrittener articulus stantis et cadentis ecclesiae

Die Mennoniten sehen ihren Ursprung in der Reformationszeit, der Bewegung der Täufer des 16. Jhs., die Quäker im 17. Jh. im Dissentertum in England, die Church of the Brethren im 18. Jh. unter Einfluss des Pietismus in Süddeutschland.[78] So unterschiedlich wie die Entstehungssituationen der drei genannten Konfessionen sind, so verschieden entfalten sich auch die jeweiligen Entwicklungen der Friedensethik und der damit korrespondierenden ekklesiologischen Ausprägungen.[79] Wenn also im Folgenden von „Historischer Frie-

---

77 PEACHEY, *The Peace Churches as Ecumenical Witness,* 258.
78 Nachdem es zu erheblichen Konflikten mit dem Staat gekommen war, wanderte die Church of the Bretheren geschlossen nach Nordamerika aus.
79 Vgl. für die Church of the Brethren die ausführliche Darstellung und Diskussion von MARKUS WEINLAND, *Das Friedensethos der Kirche der Brüder im Spannungsfeld von Gewaltlosigkeit und Weltverantwortung,* Theologie und Frieden Bd. 9, Stuttgart u. a.: Kohlhammer 1996. Auf dem Hintergrund des Spannungsverhältnisses von absolutem Gewaltverzicht im Sinne der „anabaptistischen" Wehrlosigkeit einerseits und der Weltverantwortung im Sinne eines politischen Realismus andererseits zeigt Weinland für die Church of the Brethren, dass jede historische Herausforderung die Urteilsbildung neu und anders prägte. Gegensätzliche Positionen wurden in ständiger Auseinandersetzung fortgeführt. Unterschiedliche Antworttypen werden dem jeweiligen Entstehungskontext zugeordnet: Der „pietistische Typ" geht zurück auf die Gründergeneration (1708–1750), in der Weltverantwortung kaum im Blick ist, die Forderung nach Gewissensfreiheit aber die spätere Argumentation zur Kriegsdienstverweigerung vorbereitet. Vom „anabaptistischen Typ" sind die Brethren nach der

denskirche" die Rede ist, muss der Blick darum schon exemplarisch auf eine konzentriert bleiben: die Mennoniten. Je nach Kontext, den kulturellen und gesellschaftlichen Gegebenheiten, konnte das Friedenszeugnis mal stärker in den Vordergrund treten, mal nahezu ganz verschüttet sein.[80] Gewaltfreiheit war zunächst nur von Teilen der Täuferbewegung zum *articulus stantis et cadentis ecclesiae* erhoben worden, wie beispielsweise in den Artikeln des *Schleitheimer Bekenntnis* von 1527[81]: Dort finden sich Ausführungen zu Glaubenstaufe, Eidesverweigerung (um nicht Bindungen einzugehen, die in Konkurrenz zum Bekenntnis zu Christus stehen und zum Zeichen der Wahrhaftigkeit in jeder Situation), Gewaltverzicht und die Weigerung der Übernahme obrigkeitlicher Ämter sowie zu einem strengeren Dualismus von Kirche und Welt, der nach einer Absonderung derer verlangt, die der Nachfolge Christi oberste Priorität in ihrer Lebensführung einräumen wollten.

Nicht zu verstehen ist dies ohne die Berücksichtigung des einigenden Merkmals der Täufer des 16. Jhs.: der „aggressive Nonkonformismus", der ganz unterschiedliche Ausgestaltungsformen fand. Die radikale Reformation der Täufer resultierte in Verfolgungen und Martyrien. Aufgrund dieser Situation bildete sich allmählich eine Laienfrömmigkeit heraus, die „antiklerikale, antikirchliche, antiobrigkeitliche, antidoktrinäre und antikulturelle Züge" trug.[82] Die von vielen allmählich angenommenen Inhalte des Schleitheimer Bekenntnisses führte die Mennoniten in eine Abgeschiedenheit und von der Gesellschaft abgewandte Gemeindefrömmigkeit, die ihnen bald zumindest Duldung an bestimmten Orten einbrachte.

Auswanderung nach Nordamerika geprägt (1750–1917), wo sie im engen Austausch mit Mennoniten und Quäkern standen. Wehrlosigkeit wird zum Zeichen sichtbarer Nachfolge, die Frage der Verantwortung kann ganz Gott überlassen bleiben, denn eine klare Diastase trennt die „heilige Gemeinde" von der Welt. Durch die *Social-Gospel*-Bewegung, den protestantischen Liberalismus und ökumenische Kontakte kommt es im „liberalen Typ" (1917–1941) zu politischem Engagement, eine „Metamorphose" von der biblisch begründeten Wehrlosigkeit zum rational argumentierenden, aktiven Gewaltverzicht.

80 Vgl. z. B. das Verhalten der Mennoniten in Deutschland zur Zeit des Dritten Reiches, in Diether G. Lichdi, *Die Mennoniten im Dritten Reich*. Dokumentation und Deutung. Weierhof/Pfalz 1977. Symptomatisch ist sicherlich, darauf hat bereits A. Lange hingewiesen, das Fehlen eines Artikels „Friedenskirche" im *Mennonitischen Lexikon* (a. a. O.), dagegen findet sich aber der aus dem Amerikanischen übernommene Begriff „Peace Churches, Historic".

81 *Brüderliche Vereinigung* etlicher Kinder Gottes, sieben Artikel betreffend; in: *Bekenntnisse der Kirche*, hrsg. von Hans Streubing u. a., Wuppertal: Brockhaus 1985, 261–268, bes. im sechsten Artikel, ebd. 265 f.

82 Goertz, Art. *Menno Simons/Mennoniten*, II.2. Frömmigkeit, Theologie, konfessionelle Identität; in: TRE Bd. 22, 453. Vgl. auch: Ders., *Die Täufer*. Geschichte und Deutung, München: Beck 1988².

Paradoxerweise waren aber gerade Mennoniten in ihrer Entwicklung den jeweiligen ideengeschichtlichen Strömungen viel stärker ausgesetzt als die etablierten Kirchen und andere vergleichbare Konfessionen, die eine stärkere Bindung an ein eigenes konfessionelles Glaubensbekenntnis vorzogen. Wo sie geduldet, später aufgrund wirtschaftlicher Erfolge auch geachtet waren, assimilierten sie sich und lebten weitestgehend emanzipiert. Aufklärerisches und liberales Denken beeinflusste diese Gemeinden. In anderen Gebieten sind Gemeinden in Abgeschiedenheit geblieben. Verstärkt durch pietistische Einflüsse führte dies in Teilen zu einer stärkeren Skepsis und Isolierung von der sie umgebenden Gesellschaft.

Kriegsdienstverweigerung, das sichtbarste und öffentliche Zeichen der gewaltfreien Haltung, wurde meist als Privileg von den jeweiligen Regierungen zugestanden oder bot den entscheidenden Grund zu Auswanderungswellen. Im 19. Jh. schließlich wurde dieses Privileg von weiten Teilen der Mennoniten selbst aufgegeben – als Ergebnis einer langen Entwicklung der Verflachung des pazifistischen Gedankens durch Akkulturation und Emanzipationsbestrebungen.[83] „Der Wunsch, in den Genuss der allgemeinen Bürgerrechte zu kommen, kollidierte mit dem alten Täuferprinzip der Gewaltlosigkeit".[84]

Im Ersten Weltkrieg konnte die *Vereinigung der Deutschen Mennonitengemeinden* sagen, dass „die ganze wehrfähige Mannschaft unserer Gemeinden unter den Waffen" stand[85], auch wenn sie meist nicht den direkten Dienst an der Waffe wählten. Aus dem Zweiten Weltkrieg ist in Deutschland kein mennonitischer Wehrdienstverweigerer bekannt. Noch vor der Einführung der allgemeinen Wehrpflicht im Dritten Reich „hatten die deutschen Mennoniten den gemeindlichen Anspruch auf Wehrdienstverweigerung aus eigenen Stücken ganz aufgegeben ... und es dem Gewissen der einzelnen Gemeindeglieder überlassen, sich für oder gegen den Wehrdienst zu entscheiden. Die Gemeinden selbst haben die Preisgabe der täuferischen Gewaltlosigkeit nicht mehr zum Anlass von Bann, Meidung oder Spaltung genommen".[86] Sicherlich führte auch die Furcht vor einer Isolierung, Diffamierung und schließlich

---

83 Vgl. z. B. WOLFGANG FROESE, *Weltflucht und Weltzuwendung.* Die Aufgabe des Prinzips der Gewaltlosigkeit in der Krefelder Mennonitengemeinde im 18. und frühen 19. Jh.; in: MGB 47/48, 1990–91, 104–124. FAST, *Beiträge zu einer Friedenstheologie,* 31. Eine Nachzeichnung dieser geschichtlichen Vorgänge in erzählerischer Form bietet PETER P. KLASSEN, *Die schwarzen Ritter.* Geschichten zur Geschichte eines Glaubensprinzips, Uchte: Sonnentau 1999.

84 HANS-JÜRGEN GOERTZ, *Menno Simons/Mennoniten II,* 452 ff.

85 HEINOLD FAST, *Die Vereinigung der Deutschen Mennonitengemeinden 1886–1961.* Weierhof/Pfalz, 24.

86 GOERTZ, *Menno Simons/Mennoniten II,* 452 f. DERS., *Nationale Erhebung und religiöser Niedergang.* Die Aneignung des täuferischen Leitbildes im Dritten Reich; in: DERS. (Hg.), *Umstrittenes Täufertum 1525–1975.* Göttingen: Vandenhoeck & Ruprecht 1977², 259–289.

Verfolgung gerade im Dritten Reich zur Betonung dieser Haltung.[87] Doch ist sie ohne Berücksichtigung der vorausgehenden Emanzipationsbestrebungen, die sich z. T. auch ohne äußeren Druck ergaben, nicht hinreichend erklärbar.

Die Erfahrungen zweier Weltkriege im 20. Jh. brachten unter deutschen Mennoniten die Erinnerung an die ursprüngliche „friedenskirchliche" Tradition erneut ins Bewusstsein. Zum einen wurde auf theologische Positionen nordamerikanischer Mennoniten zurückgegriffen. Dadurch gelang eine neue Identitätsbildung:[88] vor allem eine neue Auseinandersetzung mit dem Friedenszeugnis und der Gewaltfreiheit. Zum anderen ist es dem allgemein pazifistischen Klima im ökumenischen Kontext der Nachkriegsjahre zu verdanken, dass die Wurzeln des friedenskirchlichen Gedankens revitalisiert wurden. Durch die Anfragen der Ökumenischen Bewegung erwuchs auch die engere Beziehung zwischen jenen Konfessionen, die diesen *articulus* zumindest in Erinnerung an ihre Tradition trugen. So ist der These Peacheys zuzustimmen, dass die Gemeinschaft der Historischen Friedenskirchen vor allem Ergebnis externer Herausforderungen sei: „Thus it can be said that the coming together of the peace churches in a community of witness is a result of external challenge, from both church and state. The development of this community meant both *intension* and *extension*, a reflection on their own *identity* and on their common *mission*."[89]

Diese Entwicklungsgeschichte gilt es zu berücksichtigen, wenn eine idealisierte und ideologisierte Interpretation der Historischen Friedenskirchen vermieden werden soll.

d. Versuch einer Definition der Historischen Friedenskirche

Bei dem Versuch, sowohl die erfahrene wie die geglaubte Kirche zu beschreiben und die Spannung von empirischem und eschatologischem Reden zusammen zu halten, entsteht ein Bild von einer Kirche, die stark von „anti-klerikaler"[90] (*non-liturgical, non-credal, non-hierarchical, non-sacramental*) Motivation geprägt ist, eine frei(willigkeits)kirchliche und kongregationalistisch strukturierte Denomination, die

---

87 Vgl. die Interpretationstendenzen in LICHDI, *Die Mennoniten im Dritten Reich*, a. a. O.

88 „Sie brachten eine bis dahin unbekannte ‚täuferische Identität' und gaben uns missionarisch und diakonisch einen weltweiten Horizont", PETER J. FOTH, *Hüben und Drüben*. Der Einfluss der amerikanischen auf die europäischen Mennoniten seit 1945; in: Mennonitisches Jahrbuch 2000, hrsg. von der AMG, Lahr 2000, 55–60.

89 PEACHEY, *The Peace Churches as Ecumenical Witness*, 248.

90 Vgl. zu den geschichtlichen Ursprüngen auch HANS-JÜRGEN GOERTZ, *Antiklerikalismus und Reformation*, Sozialgeschichtliche Untersuchungen. Göttingen: Vandenhoeck & Ruprecht 1995.

den Gewaltverzicht in christologischer Begründung zur zentralen ethischen Forderung der *communio* erhebt. Als Historische Friedenskirchen sind dann diejenigen konfessionell gefassten protestantischen Freikirchen zu bezeichnen, die Gewaltfreiheit als ein Merkmal ihrer ekklesialen Identität nennen. „Historisch" deshalb, weil es sich hierbei nicht um neuere Bewegungen handelt, sondern um kirchliche Traditionen, deren Wurzeln weit in die Kirchengeschichte zurück reichen und die sich selbst in direkter Traditionslinie zur jesuanischen und urchristlichen Forderung des Gewaltverzichtes sehen – im Gegensatz zu einem liberalen Pazifismusbegriff.

Inwiefern die Methode der Lehrbildung nun als Erweiterung der Definition hinzutreten muss, sei im Folgenden geklärt.

II.3. Systematisches Theologisieren aus täuferisch-mennonitischer Perspektive

Um nicht bei allgemeinen Beobachtungen und Darstellungen zur Friedenskirche stehen zu bleiben, soll auch die Frage nach der Theologie aus friedenskirchlicher Perspektive hier verengt bleiben auf *eine* der Historischen Friedenskirchen, die Mennoniten. In anderer Hinsicht wird es dann erst möglich, den Blick zu weiten: in dem Versuch, viel grundsätzlicher den theologischen Horizont zu beschreiben, der sich bei der Darstellung einer *Ekklesiologie* aus dieser einen, distinkten Perspektive ergibt. Dabei entsteht zunächst ein grober Forschungsüberblick der systematischen Theoriebildung im 20. Jh. Dieser bietet dann den Kontext für das Verstehen der späteren Positionierung im ökumenischen Horizont (s. u. IV.), sowie des distinkten Einzelentwurfes von John H. Yoder (s. u. III.). Auf diesem Wege soll eine weitere Annäherung an eine Ekklesiologie aus täuferisch-mennonitischer Perspektive erfolgen. Die bisherigen Beobachtungen werden in ihrem systematischen Zusammenhang verortet. Zugrunde liegt dabei die These, dass durch die Methode des Theologisierens das Spezifikum dieser Tradition ergänzend erfassbar wird.[91] Diese Berücksichtigung ist für eine Theologie im Horizont der Ökumene unerlässlich, wenn unterschiedliche Traditionen nicht nur in ihren dogmatischen Endaussagen gegenübergestellt werden wollen, sondern auch die jeweiligen Argumentationsgänge und Begründungsstrukturen, Entwicklungswege, Ausdifferenzierungen und methodischen Vorgehensweisen berücksichtigt werden, die diese „Spitzensätze" erst hervorbringen.

---

91 Vgl. das Ergebnis aus II.1.f., s. o.

II.3.1. Die Funktion systematischen Theologisierens: Identitätsbildung, Ökumenefähigkeit und Öffentlichkeitsauftrag der Kirche

In der gegenwärtigen mennonitischen Diskussion zur Systematischen Theologie[92] aus täuferisch-mennonitischer Perspektive geht es nicht darum, eine „mennonitische Theologie" zu entwerfen, d. h. eine umfassende und vollständige Alternative zu anderen konfessionellen Systemen darzustellen. Dieser Versuch, darin herrscht inzwischen größte Übereinstimmung, wäre zum Scheitern verurteilt, würde man diese Theologie traditionell aus einem gemeinsamen geschichtlichen Datum entwickeln wollen. In der täuferisch-mennonitischen Tradition lässt sich schlechterdings ein solcher gemeinsamer und konfessionell einheitlicher Ausgangspunkt nicht ausmachen. Es kann also bestenfalls um den Versuch einer Beschreibung des Theologisierens aus dieser spezifischen Perspektive gehen.[93] Hierfür sprechen dann allerdings mehrere Gründe: Zum Ersten ist systematisches Theologisieren notwendig für die Binnenperspektive, die Identitätsfindung innerhalb einer jeden Konfession. Zum Anderen ist ein reflektiertes Gespräch mit anderen Konfessionen in der Ökumene nur dann sinnvoll möglich, wenn eigene Standpunkte klar benennbar sind, ohne dass diese notwendig in fest gefügte, unveränderbare Lehrsätze gefasst sein müssen. Schließlich ist zum Dritten systematisches Reflektieren im Blick auf die Auseinandersetzung mit dem säkularen Bereich geboten. Es gehört zum Auftrag der Kirche und ihrer Ekklesialität, dass sie sich nicht selbst genügt, sondern distinkte Stimme im jeweiligen kulturellen, gesellschaftlichen und politischen Kontext *ist*, eine Botschaft *in sich* trägt. Nur dann kann sie missionarische Kirche sein und den Auftrag zur Öffentlichkeit[94] erfüllen.

---

92 Die wissenschaftlich-theologische Auseinandersetzung der Mennoniten fand im 20. Jh. vor allem in Nordamerika statt. Mennonitische Colleges und Universitäten bildeten den geeigneten wissenschaftlich-akademischen Kontext, der in anderen Teilen der Welt weitestgehend fehlte. Das erklärt die in der folgenden Darstellung verwandte, vornehmlich aus Nordamerika stammende Literatur. Ausnahmen in Europa sind das Seminar der Algemene Doopsgezinde Soceteit in Amsterdam/Niederlande und die Bibelschule Bienenberg/Schweiz (seit 1999 erweitert um das „Theologisches Seminar"), hier aber v. a. auf praktische Gemeindearbeit ausgerichtet und bis vor kurzem ohne besonderen Schwerpunkt in der wissenschaftlichen Forschung.

93 Vgl. zur Gesamtdiskussion CALVIN W. REDEKOP (ed.), *Mennonite Identity.* Historical and Contemporary Perspectives, New York: University Press of America 1988. WILLARD M. SWARTLEY (ed.), *Essays on Systematic Theology.* Institute of Mennonite Studies (zit. IMS) Series 7, Elkhart/IN: IMS 1984. DERS. (ed.), *Essays on Peace Theology and Witness,* Occasional Papers 12, Elkhart/IN: IMS 1988. LEO DRIEDGER and LELAND HARDER (eds.), *Anabaptist-Mennonite Identities in Ferment,* Occasional Papers 14, Elkhart/IN: IMS 1990. H. WAYNE PIPKIN (ed.), *Essays in Anabaptist Theology.* Text Reader Series 5, Elkhart/IN: IMS 1994.

94 Wolfgang Huber hat immer wieder zu Recht auf diesen Aspekt der Ekklesialität hingewiesen. Vgl. z. B. WOLFGANG HUBER, *Kirche in der Zeitenwende.* Gesellschaft-

Zum ersten Aspekt gehört die Notwendigkeit der Selbsterneuerung. Jede Bewegung, die über einen längeren Zeitraum Bestand hat, sich also institutionalisiert und somit im Laufe der Zeit eine Tradition herausbildet bzw. auch an vorhergehende anknüpft, muss notwendigerweise über diese ihre eigene Traditionsbildung kritisch reflektieren, um sie in einem veränderten zeitlichen oder räumlichen Kontext neu zu interpretieren. Verzichtet sie darauf, kann auch die Aneignung und tatsächliche Tradierung schwerlich gelingen, es sei denn, sie nimmt die Gefahr des Relativismus oder des Fundamentalismus in Kauf. Die Reflexion der eigenen Tradition führt zur Erhaltung der internen Integrität, in der sich die „Erben" als solche wiederfinden können, sich also bewusst in eine Tradition stellen. Sie dient der Definition von Inhalten und Zusammenhängen, die u. a. Liturgie und Katechismus bestimmen und auf diese Weise weiterhin prägend wirken.

Das zweite Argument, die Begegnung mit anderen in der Ökumene, hängt ab von der Prämisse, dass dort sinnvolle Gespräche möglich sind, wo klare Positionen zu Glaubensinhalten auch unterschiedlich vertreten werden. Ökumenische Lehrgespräche dienen letztlich der Fruchtbarmachung unterschiedlicher Teile kirchlicher Tradition und Konfessionsbildung. Die Identitätsfindung basiert hier nicht auf Separation, sondern auf Konversation und Dialog. Daher werden in solcher Begegnung konfessionelles Bekenntnis und beständige Infragestellung des „Geerbten" Hand in Hand gehen. Das gleiche Prinzip gilt für den dritten Aspekt. Denn auch die Auseinandersetzung mit dem säkularen Bereich setzt einerseits reflektiertes Bekennen voraus, andererseits fragt dieses Bekenntnis selbstkritisch nach Bewährung. Fortschreitende gesellschaftliche und weltanschauliche Veränderungen fordern Kirche in ihrer Reinterpretation des Tradierten heraus. Insofern steht diese Perspektive ganz auf dem Boden des reformatorischen Prinzips der *ecclesia semper reformanda*.

II.3.2. Entwicklungslinien täuferisch-mennonitischen Theologisierens im 20. Jh.

Sind sich Vertreter und Vertreterinnen mennonitischer Theologie weitgehend einig über die Notwendigkeit und Dienlichkeit einer systematischen Theologie aus täuferisch-mennonitischer Perspektive, so bleiben die Vorstellungen, wie diese Unternehmung jeweils gestaltet werden und welche Inhalte dabei diskutiert werden sollen, naturgemäß sehr unterschiedlich. Welche spezifischen Ansatzpunkte lassen sich

licher Wandel und Erneuerung der Kirche. Gütersloh: Bertelsmann Stiftung 1998, vgl. Kap. III.1. „Kirche in der Öffentlichkeit" und Kap. VI.3. „Die öffentliche Verantwortung der Kirche".

inhaltlich und methodisch ausmachen? Inwiefern unterscheidet sich dies von anderen Konfessionen? Und schließlich: ist es berechtigt, von einer spezifischen Perspektive zu sprechen? – Ein selektiver Überblick über die noch kurze Geschichte solcher Ansätze und Entwürfe soll Aufschluss geben über Tendenzen und Richtungen, um dann den „Ort" der Ekklesiologie festzustellen.

a. Die normative Vision: Bender-Schule und Concern-Bewegung

In den Darstellungen der ersten Hälfte dieses Jahrhunderts ging es vor allem um die Etablierung der täuferisch-mennonitischen Tradition. Es sollte gezeigt werden, dass sie in allen klassischen theologischen Fragen die „orthodoxe" Position der *main-line-churches* teilt. Dies ist leicht aus dem Bedürfnis erklärt, als Minderheit von den großen Denominationen überhaupt als ernst zu nehmende Gesprächspartnerin beachtet und akzeptiert zu werden. John Horsch betonte die Einigkeit in der Dogmatik mit der gesamten christlichen Tradition.[95] J. E. Hartzler[96] und C. H. Smith[97] arbeiteten bereits Akzentuierungen heraus, auch als binnengerichtete Orientierung intendiert: die Betonung der Autorität der Schrift und deren individuelle Interpretation, die Freiheit des Gewissens und die religiöse Toleranz. Generell fand man sich jedoch in den klassischen christlichen Dogmen wieder und betonte allenthalben die Gemeinsamkeit mit den anderen reformatorischen Kirchen. Auf dieser Basis bewegte sich auch die sog. *Bender-Schule* (benannt nach Harold S. Bender). Hier wurde allerdings erstmals der bis heute einflussreiche Versuch unternommen, eine „normative Vision"[98] der Täufer des 16. Jhs. für die gegenwärtige Kirche herauszuarbeiten. In drei Hauptpunkten meinte Bender, die *Anabaptist Vision* konzentrieren zu können: Die Nachfolge Christi, die Kirche als freiwillige und abgesonderte „Bruderschaft" sowie Liebe (ἀγάπη) und Wehrlosigkeit in allen zwischenmenschlichen Beziehungen. J. C. Wenger[99] und R. Friedmann[100] blieben konsequent dieser Schule verhaftet.

---

95 Vgl. JOHN HORSCH, *The Mennonite Church and Modernism.* Scottdale/PA: Herald Press 1924.
96 Vgl. J. E. HARTZLER, *The Faith of our Fathers;* in: Christian Exponent 1,3, 1924.
97 Vgl. C. HENRY SMITH, *The Mennonites.* A brief History of their Origin and Later Development in both, Europe and America. Berne/IN: Mennonite Book Concern 1920.
98 Vgl. HAROLD S. BENDER, *The Anabaptist Vision.* Scottdale/PA: Herald Press 1944.
99 Vgl. J. C. WENGER, *Glimpses of Mennonite History and Doctrine.* Scottdale/PA: Herald Press 1959.
100 Vgl. ROBERT FRIEDMANN, *The Theology of Anabaptism.* An Interpretation. Studies in Anabaptist and Mennonite History 15, Scottdale/PA: Herald Press 1973.

Die *Bender-Schule* trug dazu bei, das „von konfessionalistischer Polemik verzerrte Täuferbild zu korrigieren … Allerdings war diese Forschungsrichtung, die seit den siebziger Jahren einer revisionistischen, entkonfessionalisierten, auch stärker sozialgeschichtlich orientierten Täuferforschung weichen musste, nicht frei davon, das Gemeindeideal der eigenen Gegenwart in die Quellen der Täufer hineinzulesen und die eigene Geschichte zu unkritisch zu betrachten bzw. zu idealisieren".[101]

Das Dilemma, in dem sich die mennonitische Theologie wiederfand, ist erkennbar: Auf der einen Seite sollte die Einigkeit mit den anderen Denominationen hervorgehoben werden, um die eigene Tradition auf diese Weise endgültig zu etablieren. Andererseits galt es eine eigene Identität zu akzentuieren, die größeren Wert auf die christliche Ethik und den rechten Lebenswandel legte als auf theologische Systeme.

Dies lehnte die sog. *Concern-Bewegung*, die in den 50er Jahren entstand, als zu apologetische Versuche ab. Sie suchte nach neuen Definitionen einer täuferisch-mennonitischen Identität und gelangte zu dem Schluss, dass eine Theologie der täuferischen Tradition eine ganzheitliche Neuorientierung darstellen müsste, einen vollständig neuen „Lebensstil", der in alle Lebensbereiche hineingreife. Bedeutendster Repräsentant dieser Bewegung wurde John Howard Yoder, der eine neutestamentliche, christozentrische Ethik der wehrlosen Liebe und der „revolutionären Subordination" als normatives Element herauszustellen suchte. Als Keimzelle dieser Ethik machte er die Gemeinde als „messianische Gemeinschaft" aus. Historisch verwirklicht sah Yoder dies im Täufertum des 16. Jhs.[102]

Gordon D. Kaufman, ein weiterer Vertreter dieser Bewegung, betonte dagegen die historisch-ethische, eschatologische Interpretation des Neuen Testaments in der „täuferischen" Theologie.[103]

b. Paradigmenwechsel in der Täuferforschung: von der Anabaptist Vision zur Polygenese

Zu einer Krise aller bisherigen Versuche musste es kommen, als sich durch neuere Forschungsarbeiten die Täuferbewegung sehr viel pluraler darstellte. Allmählich setzte sich die Einsicht durch, dass im Hinblick

---

101 HANS-JÜRGEN GOERTZ, Art. *Menno Simons/Mennoniten II;* 454. Vor allem den umfassenden Beiträgen von H.-J. Goertz ist es zu verdanken, dass hier starke Korrekturen in der Täuferforschung erfolgten.

102 Unbestritten ist Yoder jener Vertreter, der wie kein anderer verschiedene Entwicklungsphasen selbst angestoßen und mit beeinflusst hat. Daher wird er exemplarisch und repräsentativ gesondert darzustellen sein. S. u. III.

103 Vgl. die frühen Beiträge von GORDON D. KAUFMAN, v. a. *Systematic Theology*, a. a. O.

auf „das Täufertum" als konfessionellem Ursprung der mennonitischen Tradition viel eher von einer Polygenese auszugehen sei als von einer einheitlichen Bewegung. Auch lässt sich keine einlinige Entwicklung von den Täufern zu den Mennoniten feststellen. Vielmehr ist eine Vielzahl von Entstehungskontexten anzunehmen.[104] Schon die Bender-Schule hatte das im Grunde gewusst, half sich jedoch mit einer Selektion der Täuferfiguren und erhob schlicht eine Gruppe (hier die *Schweizer Brüder*) zur Norm. Und ein weiteres Problem wurde aufgedeckt: die Infragestellung der Darstellung, dass diese Gruppe von Täufern eine „Vision" der erneuerten Kirche vor sich her getragen hätte. Es schien nun weitaus wahrscheinlicher, die später ausformulierten Vorstellungen zu einer friedenskirchlichen Ekklesiologie als Ergebnisse eines längeren Lern- und Erfahrungsprozesses zu erklären, besonders im Blick auf die Verfolgungssituation einer Minderheitensituation und die Herausforderung der theologischen Verarbeitung des Erleidens von Martyrien vieler Täuferinnen und Täufer. Unbestritten ist inzwischen, dass die Verfolgungssituation die theologische Entwicklung nachhaltig beeinflusste.

Diese Darstellung kam einer gewissen „Entmythologisierung" des Täufertums gleich. Der methodologische Vorwurf lautete: Bender setze ein theologisches Kriterium voraus, um ein historisches Phänomen zu beschreiben und daraus wiederum die Legitimation zur Entwicklung der Kriterien einer weiteren Theologiebildung zu gewinnen. Soziale, ökonomische und politische Dimensionen des Täufertums waren hier nicht im Blick. Im Grunde hatte auch die *Concern-Bewegung* nicht anders gearbeitet. Goertz konnte zeigen, dass von einer Mehrzahl unterschiedlicher Bewegungen innerhalb des *linken Flügels der Reformation* auszugehen sei und beschränkte die Gemeinsamkeiten dieser verschiedenen Richtungen auf die hintergründige Motivation eines ausgeprägten Antiklerikalismus zu Beginn des 16. Jhs. (s. o. II.2.c.). Dieser Antiklerikalismus fand seinen tiefsten Ausdruck in der Hervorhebung und Emanzipierung des Laientums. Da sich die Gemeinsamkeiten hierin aber bereits zu erschöpfen schienen, schlug Goertz vor, von dem Versuch einer normativen Form täuferisch-mennonitischer Theologiebildung gänzlich abzusehen.

Dies hat die gesamte Theologie aus täuferisch-mennonitischer Perspektive in solcher Weise beeinflusst, dass zu Recht von einem Paradigmenwechsel die Rede ist.[105] Scheinbar klare Positionen sollten nun

---

104 Als bahnbrechend gilt hier der Beitrag von KLAUS DEPPERMANN, WERNER PACKULL und JAMES STAYER, *From Monogenesis to Polygenesis*; in: Mennonite Quarterly Review (zit. MQR) 49/1975, 83–122.

105 „In the last fifteen or twenty years, we have clearly undergone a major paradigm shift in our view of Anabaptism". JAMES D. WEAVER, *The Anabaptist Vision: A Historical or a Theological Future?*; in: Conrad Grebel Review (zit. CGR), Winter 1995.

wieder gänzlich in Frage gestellt werden, auch die „mennonitische Friedenstheologie", denn es ließen sich nun auch unter den Täufern nichtpazifistische Positionen ausmachen. Dadurch wurde es unmöglich, allein durch den Blick auf die Entstehungssituation in der Reformationszeit eine friedenstheologisch normative Linie von den Täufern bis zu den heutigen Mennoniten zu ziehen.[106] Allerdings ermöglichte gerade dieser Paradigmenwechsel erst tatsächlich die ökumenische Öffnung einer Theologie aus täuferisch-mennonitischer Perspektive. Sie ereignet sich heute in kritischer Auseinandersetzung mit der eigenen Geschichte (Identität), im ökumenischen Diskurs mit anderen Konfessionen (Ökumene) und im Gespräch mit allgemeinen Zeitphänomenen wie Pluralismus und Postmoderne (Öffentlichkeit). Auch hier sind, wie in anderen konfessionellen Traditionen, die Ansätze dadurch vielfältiger geworden und lassen sich nicht mehr in einheitlichen Schulen darstellen.

Die Gefahr bleibt jedoch grundsätzlich bestehen, durch theologische Prämissen die Untersuchung und Darstellung der Geschichte interessengeleitet durchzuführen. Dies lässt sich anhand des Beitrages von Walter Klaassen demonstrieren, dem James D. Weaver nun wiederum die Ideologisierung des Pluralismus vorwirft.[107] Klaassen hebt die Gemeinsamkeiten mit Katholizismus und „staatskirchlichem" Protestantismus hervor: (1) Trinitarisch begründete Theologie, (2) Bedeutung der Schrift, (3) jahrhundertelange Traditionslinien des Dissens' auch innerhalb anderer Konfessionen, (4) liturgische Praktiken und sakramentale Zugänge zu Taufe und Abendmahl.[108] Elemente aus „mennonitischer Tradition" spezifizieren dann Konzepte wie die Vorstellung von der Kirche als einem Volk, das in der Welt sichtbar werde als gottesdienstlicher, nachfolgender und bekennender „Leib" von Glaubenden. Explizite Friedenstheologie kommt hier gar nicht mehr vor. Zwanzig Jahre früher hatte Klaassen selbst die Wehrlosigkeit noch als Merkmal mennonitischer Theologie gewertet.[109] In ähnlicher Weise verfährt auch Rodney R. Sawatzky: Der moderne mennonitische Pluralismus verlange nach einer pluralistischen Perspektive des Täufertums des 16. Jhs.[110] Die Polygenese wird hier zur Legitimierung

---

106 Darauf weist z. B. C. ARNOLD SNYDER hin, vgl. *The Anabaptist Vision: Theological Perspectives*, in: CGR Winter 1995.

107 Vgl. WEAVER, *The Anabaptist Vision*, a. a. O. Diesen Vorwurf macht H.-J. GOERTZ auch in seiner Rezension zu SNYDER, *Anabaptist History and Theology*, in: MGB 56/1999, 161–165.

108 Vgl. WALTER KLAASSEN, *Sixteenth-Century Anabaptism: A Vision Valid for the Twentieth Century?*; in: CGR Fall 1989, 241 ff.

109 Vgl. WALTER KLAASSEN, *The Modern Relevance of Anabaptism*; in: GOERTZ, *Umstrittenes Täufertum*, 290–304.

110 Vgl. RODNEY J. SAWATZKY, *The One and the Many: Recovery of Mennonite Plural-*

des nach-modernen Pluralismus herangezogen. In der Methodik bleibt das der früheren *Bender-Schule* verhaftet und muss daher konsequent in Frage gestellt werden. James D. Weaver gehört dagegen zu den Kritikern dieser Position. Er plädiert dafür, die Grenzen des Pluralismus nicht unter Berufung auf die eigenen geschichtlichen Wurzeln im 16. Jh. zu benennen, sondern unter Einbeziehung einer Christologie, die von Jesus Christus als Norm und Kriterium spricht.

c. Neuere Ansätze: Theologie der Kultur und Täuferische Vision in der Postmoderne

Die kurze Darstellung zweier weiterer Ansätze mag genügen, um die Vielfalt wie die Richtung in der neueren Forschung anzuzeigen: Duane K. Friesen folgt den wissenschaftstheoretischen Überlegungen Gordon D. Kaufmans und fragt nach einer „täuferischen Theologie der Kultur".[111]

G. D. Kaufman, sicherlich einer der bedeutendsten mennonitischen Theologen in der zweiten Hälfte des 20. Jahrhunderts, soll hier nicht ausführlich dargestellt werden, da er in seinen späteren Beiträgen gänzlich von dem Versuch Abstand nimmt, Theologie aus täuferisch-mennonitischer Perspektive zu beschreiben. Seinem Selbstverständnis entsprechend betreibt er Theologie *als Mennonit.* Inwiefern seine mennonitische Herkunft seine philosophischen Überlegungen und systematischen Entwürfe dennoch weiterhin beeinflussen, wäre Gegenstand einer eigenen Untersuchung und kann hier nicht weiter Berücksichtigung finden.[112]

---

ism; in: WALTER KLAASSEN (ed.), *Anabaptism Revisited.* Essays on Anabaptist/Mennonite Studies in Honor of C. J. Dyck. Scottdale/PA: Herald Press 1992, 148–154.

111 Vgl. DUANE K. FRIESEN, *An Anabaptist Theology of Culture for a New Century,* in: CGR Winter 1985, 33–53. DERS., *Artists, Citizens, Philosophers:* seeking the peace of the city: an Anabaptist Theology of Culture, Scottdale/PA: Herald Press 2000. DERS., *Toward a Theology of Culture:* A Dialogue with Gordon Kaufman; in: ALAIN EPP WEAVER (ed.), *Mennonite Theology in Face of Modernity.* Essays in Honor of Gordon D. Kaufman, Newton/KS: Mennonite Press 1996, 95–114. Vgl. auch: DERS., *Christian Peacemaking & International Conflict.* A Realist Pacifist Perspective. Scottdale/PA: Herald Press 1986.

112 Vgl. dazu GORDON D. KAUFMAN, *The Mennonite Roots of My Theological Perspective;* in: WEAVER (Hg.), *Mennonite Theology in Face of Modernity,* 1–19. (Hier auch eine vollständige Bibliographie). Vgl. auch die weiteren Beiträge darin. DERS., *Apologia Pro Vita Sua;* in: HARRY LOEWEN (ed.), *Why I am a Mennonite,* Scottdale/PA: Herald Press 1988, 126–138. DERS., *In Face of Mystery.* A Constructive Theology, Harvard: University Press 1993. DERS., *Mennonite Peace Theology in a Religiously Plural World;* in: CGR Winter 1996, 33–47. Vgl. dazu auch KLAUS PHILIPP NEUMANN, *Wege amerikanischer Theologie.* Gordon D. Kaufman, David Tracy und Edward Farley fragen nach Gott. Theologische Fakultät der Universität Heidelberg: Dissertation 1995.

Unter Bezugnahme auf Ernst Troeltsch (Christus als religiöse Idee), Reinhold Niebuhr (Ideal der ἀγάπη-Liebe) und H. Richard Niebuhr (*Virtues of excellences*) beschreibt Friesen, inwiefern die mennonitische Tradition sowohl Konformität als auch Alternativen zur herrschenden Kultur in sich trägt. Dies geschieht unter Hinweis auf die jüdische Tradition, die den Kontext des partikularen kulturellen Ausdrucks der Urgemeinde bilde. Sein Programm besteht darin, zwei täuferische Schwerpunkte aus zeitgenössischer Perspektive zu untersuchen: Die Kirche, die „der Stadt Bestes" sucht, und Jesus Christus als zentrales Symbol („*root-metaphor*") einer theologischen Orientierung und kritischen Haltung gegenüber der herrschenden Kultur. Kirche ist die „community of memory" und die „community of hope". Friesen will dies verankern in einer trinitarisch ausgerichteten Theologie, weniger die Seinsweisen Gottes erklärend als vielmehr seine ordnenden Funktion nutzend: „A theology of culture is an effort to produce appropriate metaphors for understanding God's relationship to the cosmos, and our lives within that cosmos, for our time and context."

Drei Elemente der „täuferischen Sicht" bleiben für die Kirche relevant: (1) die freiwillige Selbstverpflichtung zu einem alternativen Wertesystem, das sich der zentralen Loyalität Jesu Christi vergewissert, (2) eine Gemeinschaft gegenseitiger Fürsorge und die Verpflichtung zu fortwährenden Entscheidungsfindungsprozessen darüber, was es bedeutet, in ethischer Praxis glaubwürdig zu sein, (3) eine missionarische Gemeinschaft gegenüber der weiteren Gesellschaft, eingebunden in die gesamtgesellschaftliche Kultur. Der Schlüssel zur konfessionellen Identität liegt hier nicht in der Idealisierung bestimmter Inhalte aus der Täufergeneration. Vielmehr beobachtet Friesen kulturelle Minderheiten-Visionen, um herauszuarbeiten, inwiefern sie für die Kultur als ganze eine kreative Kraft bereit halten. Er nennt dies das „Exils-Modell" (unter Berufung auf Jer 29,7: „Pflanzt Gärten, nehmt euch Frauen und habt Kinder, suchet der Stadt Bestes"). Für den nordamerikanischen Kontext verweist er z. B. auf die jüdische Kultur oder die „African-American"- Einflüsse. Im Rückblick lassen sich in allen Jahrhunderten solche Phänomene ausmachen: im 13. Jh. Franziskus, 14. Jh. Waldenser, 15. Jh. Böhmische Brüder, 16. Jh. Täufer, 17. Jh. Quäker, 18. Jh. Church of the Brethren.

Gerald J. Biesecker-Mast versucht schließlich eine Neuinterpretation der täuferisch-mennonitischen Perspektive auf dem Hintergrund der Postmoderne.[113] Unter Postmoderne wird hier verstanden: (1) der Verlust des Glaubens an die Souveränität und Einzigartigkeit des

---

113 Vgl. GERALD J. BIESECKER-MAST, *Towards a Radical Postmodern Anabaptist Vision*, in: CGR Winter 1995, 55–68. Ähnlich auch TED KOONTZ, *Mennonites and Postmodernity*, in: MQR 63/1989, 401 ff.

Individuums, (2) das Misstrauen gegenüber jeder Narration oder Logik, die universalistischen Anspruch erhebt, (3) die wachsende Bedeutung von Erfahrung. Bilder und Zeichen repräsentieren nicht mehr das Reale, sondern sie konstruieren unsere Realität.

Die Frage nach der „Mennonitischen Identität" wird Teil der großen Konversation aller anderen ethnischen, religiösen und sozialen Gruppierungen heutiger Gesellschaften über Identität und Ethnizität in multikulturellen Gemeinschaften. Bender versuchte mit seiner Ekklesiologie der Kirche als „Bruderschaft der Liebe" noch das Täufertum (respektive die Mennoniten) im Reigen der Konfessionen, zwischen römisch-katholischem (Kirche als Institution), lutherischem (Kirche als Instrument zur Verkündigung des Wortes Gottes) und pietistischem Verständnis (Kirche als Sammelbecken individueller Frömmigkeiten) zu platzieren. Biesecker-Mast stellt sich der Frage: Kann eine postmodernistische Neuerschließung der *Anabaptist Vision* einen Interpretationsrahmen bereit stellen, der den nachaufklärerischen Herausforderungen gerecht wird, wenn davon ausgegangen wird, dass die Täufer Nonkonformisten einer voraufklärerischen Zeit waren? Unter Bezug auf Emmanuel Lévinas erklärt Biesecker-Mast das Andere als Ort metaphysischer Wahrheit. Lévinas' Definition des Transzendenten („Transcendence designates a relation with a reality infinitely distant from my own reality, yet without this distance destroying this relation and without this relation destroying the distance, as would happen with relations within the same"[114]) dient ihm als Ausgangspunkt einer Neuinterpretation des Nonkonformismus. Das Andere dürfe nicht auf das Gleiche reduziert werden. Daraus erwachse endlich eine Abkehr von kolonialistischen, imperialistischen, patriarchalen Denkkategorien. In der täuferisch-mennonitischen Tradition habe man das als „Wehrlosigkeit" bezeichnet. Wiederum drei bekannte Aspekte werden hervorgehoben:

1) Nachfolge in der Gemeinschaft, nicht von Gleichgesinnten, sondern Verwundbaren und Bußfertigen, jetzt verstanden als radikale christliche Antwort auf den postmodernen Tod des sich selbst genügenden Individuums. Nachfolge in der Zeit der Postmoderne heißt dann aber auch, dass diese Menschen in verschiedenen Gruppen beheimatet sein werden und nicht jede Gemeinschaft notwendig der Kirche zugehörig sein wird.

114 EMMANUEL LEVINAS, *Totality and Infinity*. Pittsburgh: Duquesne University Press, 1969, 42. Dt.: *Totalität und Unendlichkeit. Versuch über die Exteriorität.* Freiburg: Alber Verlag 1987. Vgl. hierzu auch GEORG WENZ, *Aufbruch zum „A-Dieu".* Ethische Intersubjektivität im „Neuen Denken" Emmanuel Lévinas' und seine Bedeutung für die jüdisch-christliche Begegnung, Theologische Fakultät der Universität Heidelberg: Dissertation 1997.

2) Gemeinschaft verstanden als multikulturelle, radikal-demokratische, den Tisch der Gemeinschaft erweiternde gegenüber Fremden und Aussätzigen. Trennungslinien verlaufen nicht mehr zwischen Welt und Gemeinde, sondern quer durch sie hindurch. Eine biblisch-orientierte Gemeinschaft bleibe es in dem Sinne, dass die Schrift letzte Autorität behält, aber von der Gemeinschaft in ihrer Vielschichtigkeit und Widersprüchlichkeit ausgelegt wird.

3) Wehrlosigkeit, nicht als passive, sondern „offensive" Liebe (ἀγάπη) gegenüber den Feinden interpretiert. Sie wäre missverstanden, wenn Duldung von Leid und Unterdrückung damit gefordert wird. Daher müsse dieses Element täuferisch-mennonitischer Perspektive heute um ein Element erweitert werden: die prinzipielle Weigerung, andere zum Opfer zu machen.

II.3.3. Das Verhältnis von Geschichte und Lehrbildung, Polygenese und Pluralität

Die Entwicklung des Theologisierens aus täuferisch-mennonitischer Perspektive lässt sich nachzeichnen von den ersten Versuchen der Annäherung an andere Traditionen über das Herausarbeiten einer eigenen Vision im Sinne einer Emanzipation, bis hin zu Entwürfen, für die die Polygenese zum Strukturelement wird in der Auseinandersetzung mit Pluralismus und Postmoderne. Hier werden Ansätze deutlich, die nicht nur in den Inhalten, sondern vor allem auch in der Methodik die täuferisch-mennonitische Perspektive in die Diskussion einbringen wollen. Ungeklärt bleibt die grundsätzliche Frage nach dem Verhältnis von Geschichte und Theologie. In welcher Weise bleibt das historische Entstehungsdatum einer Konfession maßgebend für die weitere Entwicklung der Lehre dieser Tradition? Wie lässt sich eine eindeutige Perspektive definieren, die als historische Grundlage eine vielschichtige Bewegung wie die Täuferbewegung (besser mit Goertz „die Täufer") hat? Will diese Perspektive historisch begründet sein, muss sie Rechenschaft darüber ablegen können, nach welchen Kriterien selektiert wird und welche Legitimation zur Entwicklung von Lehre zur Verfügung steht. Oder aber sie beschränkt sich auf eine Perspektive, die vornehmlich in der alternativen Methodik ihren Ausdruck findet. Auch hier bleibt die Rechenschaftspflicht bestehen. Sicherlich müssen spätere Lehrentwicklungen in einem reflektierten Verhältnis zu Aussagen ihrer konfessionellen Entstehungssituation stehen, um von einer Traditionslinie sprechen zu können. Doch dieses Verhältnis zum eigenen konfessionellen Ursprung muss nicht ausschließlich als theologisch-inhaltliche Legitimationsquelle von unveränderlichen Bekenntnissätzen gekennzeichnet bleiben. Sie kann ebenso Impulsgeber zur ständigen Erneuerungsbewegung sein, wenn denn das Element der *semper reformanda* diese Tradition näher bestimmt. Eine solche Tradition müsste in der Lage sein, die eigenen traditionellen Inhalte fortlaufend kritisch zu hinterfragen, um sie zu optimieren und wird sich nicht reduzieren lassen auf einmal gefasste theologische Aussagen, die in bestimmten zeitgeschichtlichen Kontexten und Situationen entstanden sind, auch wenn sie von Gründerfiguren oder gar Namensgebern dieser Tradition stammen. Der Preis wäre ein Erstarren in einer rechtgläubigen Dogmatik, die der eigentlichen Aufgabe der Theologie zuwider läuft, nämlich der Identitätsbildung, der Dialogfähigkeit in der Ökumene und dem Öffentlichkeitsauftrag von Kirche zu dienen, bei gleichzeitiger Wahrung der Tradition durch Erneuerung und Weiterentwicklung derselben.

Das zweite Problem, mit dem sich alle Entwürfe konfrontiert sehen und das bisher ungelöst scheint, ist die Pluralität innerhalb dieser Tradition. Die gegenwärtige mennonitische Gemeinschaft von Gemeinden ist vielfältiger denn je. Kein gemeinsames Amt, keine einheitsstiftende Bekenntnisschrift, kein verbindliches Credo[115] lässt sich zur Beschreibung ihrer Gemeinsamkeit zitieren. Und dennoch bilden sie nach ihrem Selbstverständnis eine Einheit, als Erben der pluralen täuferisch-mennonitischen Tradition. Wie lässt sich diese plurale Einheit so beschreiben, dass sie nicht nur als Phänomen wahrnehmbar bleibt, sondern auch erklärbar, und somit kommunizierbar, reflektierbar und kritisierbar wird? Howard J. Loewen meint, eine gemeinsame theologische Linie in den verschiedenen Bekenntnisschriften der täuferisch-mennonitischen Tradition feststellen zu können.[116] Für A. James Reimer und James D. Weaver besteht dagegen der Unterschied zu anderen Theologien eher in der Methodik als in den Inhalten. Reimer fragt nach dem organisieren-

---

115 Natürlich gibt es Glaubensbekenntnisse wie das *Schleitheimer Bekenntnis* (1527) oder das *Dordrechter Bekenntnis* (1632), doch besitzen diese keinen autoritativen Charakter, vergleichbar etwa der CA bei Lutheranern. Vgl. HOWARD JOHN LOEWEN, *One Lord, One Church, One Hope and One God. Mennonite Confessions of Faith.* IMS Series 2, Elkhart/IN: IMS 1985. C.J. Dyck unterscheidet im Vorwort zu LOEWEN (ebd.) zwischen Credo und Bekenntnis. Täufer und Mennoniten hätten im Laufe der Geschichte zwar zahlreiche Bekenntnisschriften entwickelt, aber kein Credo. Vgl. auch THOMAS N. FINGER, *The Way to Nicea*: Some Reflections from a Mennonite Perspective; in: Journal of Ecumenical Studies 24:2, Spring 1987, 212–231. Finger beschreibt das grundsätzliche Verhältnis der Mennoniten zu den altkirchlichen Symbolen so: Da es hier selten um das Verhalten der Glaubenden gehe, tendiere man dazu, diese Bekenntnisse danach zu beurteilen, was in ihnen *keine* Erwähnung finde. Als neuester umfassender Versuch eines gemeinsamen Bekenntnisses ist das der nordamerikanischen Mennoniten zu sehen: *Confession of Faith in a Mennonite Perspective.* Scottdale/PA: Herald Press 1995. (S. u. IV.5. Exkurs).
116 Vgl. LOEWEN, *One Lord, One Church, One Hope and One God,* a. a. O.

den Prinzip, dem Ansatzpunkt für einen theologischen Entwurf.[117] Weaver behauptet, solch eine Theologie werde entlang „regulativer Prinzipien" entwickelt, und schließt sich damit explizit einem systematisch-theologischen Entwurf an, wie ihn George A. Lindbeck vorschlägt.[118] Weaver identifiziert wiederum drei dieser „regulativen Prinzipien", die seiner Meinung nach die Rede von einer mennonitischen Perspektive legitimieren: (1) Jesus als Norm, (2) Frieden, (3) Gemeinschaft. Theologie aus täuferisch-mennonitischer Perspektive, so sein Schluss, könne niemals ein Credo als Ziel haben, sondern werde sich immer im Prozess befinden, reguliert durch diese Prinzipien.

II.3.4. „Implizite Axiome" (D. Ritschl) und „Regulative Prinzipien" (G. A. Lindbeck) für eine Theologie aus täuferisch-mennonitischer Perspektive

Im Folgenden soll der Versuch unternommen werden, die plurale Lehrentwicklung dieser Konfession mit polygenem Ursprung doch als Einheit zu beschreiben. Zum Einen lässt sich die plurale Einheit durch eine gemeinsame Geschichte erfassen. Mennoniten teilen die eine „Story" von den Täuferinnen und Täufern bis heute, bilden eine Erzählgemeinschaft, in der diese „Story" weitergetragen wird.[119] Es gibt – trotz der Traditionsabbrüche – einigende, „implizite Axiome", die in Sprache nur schwer zu beschreiben sind.[120] Alle Versuche, das Gemeinsame in lehr- oder bekenntnishafte Sätze zu fassen, mögen nicht recht gelingen.

---

117 Vgl. A. JAMES REIMER, *The Nature and Possibility of a Mennonite Theology*, in: CGR Winter 1983.
118 Vgl. JAMES D. WEAVER, *Becoming Anabaptist.* Scottdale/PA: Herald Press, 1987. GEORGE A. LINDBECK, *Christliche Lehre als Grammatik des Glaubens.* Religion und Theologie im postliberalen Zeitalter. Theologische Bücherei Bd. 90, München: Kaiser 1994.
119 Vgl. das „Story-Konzept" von DIETRICH RITSCHL, *Zur Logik der Theologie*, München 1988²: „Vor allem kann durch ,Stories' die Identität eines Einzelnen oder einer Gruppe artikuliert werden. Menschen sind das, was sie in ihrer ,Story' über sich sagen (bzw. was zu ihnen gesagt wird) und was sie aus dieser ,Story' machen.", ebd., 45. Vgl. auch DIETRICH RITSCHL u. HUGH O. JONES, *„Story" als Rohmaterial der Theologie*, München: Kaiser 1976.
120 Vgl. ebd. Siehe dazu auch die Darstellung von INGRID SCHOBERTH, *Erinnerung als Praxis des Glaubens*, München: Kaiser 1992. Zur Diskussion um das Konzept der Impliziten Axiome vgl. W. HUBER, E. PETZOLD, TH. SUNDERMEIER (Hgg.), *Implizite Axiome.* Tiefenstrukturen des Denkens und Handelns, München: Kaiser 1990, bes. G. WAINWRIGHT, *Bemerkungen aus Amerika zu Dietrich Ritschls „Logik der Theologie"*, 218–228.

Zum Anderen deutet Weaver unter Rückgriff auf Lindbeck (s. o. II.3.3.) eine Möglichkeit zur Beschreibung an: Es lassen sich gemeinsame Axiome feststellen, die aber nicht absolut und ausschließlich gelten müssen; so vor allem in der Christologie (Betonung des Lebens und der Lehre Jesu), in der Ethik (ἀγάπη als distinktes Motiv der Nachfolge), sowie der Ekklesiologie (Kirche als freiwilliger, alternativer Zusammenschluss von Nachfolgenden). Diese Axiome funktionieren als „regulative Prinzipien". Sie bieten Orientierung und Richtung für die nach innen gestellte Identitätsfrage, ohne sie zu kanonisieren. Sie sind einzubringen als distinkte Stimme dieser Tradition in das ökumenische Gespräch, ohne selbst absolut unveränderbar zu sein und somit kommunikationsunfähig zu werden. Und schließlich dienen sie als Leitlinien in der Auseinandersetzung mit dem Säkularen, gerade weil sie auf die Gestaltung der Kirche in der Welt, die erfahrene Kirche abzielen. Insofern sind die vordem genannten Bewährungsfelder von Theologie abgedeckt. Diese Sicht erlaubt eine nonkonforme Alternative zu bestehenden Systemen und doch Kontinuität zu dem religiös-pluralen Ursprung. Andererseits wird die Freiheit zur Adaption in einem jeweils veränderten Kontext erhalten. Und sicherlich ist gerade diese Kontextualität ein Merkmal der täuferisch-mennonitischen Perspektive, in der Kirche vor allem als lokal erfasste Gemeinschaft interpretiert wird. Im Rahmen solcher „Freiheit" bleiben Inhalte in jeweils neuen Formen variierbar, entsprechend den unterschiedlichen Ausdrucksformen der Täuferbewegung des 16. Jhs. Hinzu kommt die Möglichkeit, Inhalte auch gänzlich zu verändern. In dieser Weise bleibt Pluralität innerhalb der Gemeinschaft als Phänomen legitimiert. Genau dies aber enthält nach Lindbeck eine Doktrin: nicht letztgültige Wahrheit, sondern sie stellt ein Prinzip dar, das entscheidet und bestimmt, wie ein Anhänger einer Religion wirklich lebt. In dieser Methode sind dann auch empirisches und eschatologisches Reden gleichsam aufgehoben: in der Vorläufigkeit der Aussagen bleibt der Blick auf die erfahrene Kirche gewahrt, in der regulativen Funktion jener auf die geglaubte Kirche.

Hier kann nicht ausführlich diskutiert werden, wie leistungsfähig die methodologischen Ansätze Ritschls und Lindbecks sind. Sie sollen aber, bevor eine weitere Fokussierung auf die Ekklesiologie erfolgt, genutzt werden, um die plurale Einheit dieser Tradition zu beschreiben, indem die drei genannten „regulativen Prinzipien" entfaltet werden.

Jede theologische Aussage wird letztlich zu überprüfen sein an den Aussagen biblischer Zeugnisse. Darin folgt die Friedenskirche dem Prinzip *sola scriptura*. „Normativ können diese täuferischen Positionen nur sein, wenn sie mit der Norm übereinstimmen, die in Jesus von Nazareth als dem Christus sichtbar wurde. Täuferisch ist hier dann

eher ein systematischer als ein historischer Begriff".[121] Gerd Theißen
hat in einer evolutionären Deutung urchristliche Überzeugungen erklärt.[122] Evolutionäre Kategorien dienen hier als Meta-Ebene, ohne
dass behauptet wird, dass die Urchristen selbst dieses evolutionäre
Bewusstsein gehabt hätten. Ihre Überzeugungen ließen sich aber in
diese Kategorie übersetzen, weil sie auf die selbe Wirklichkeit bezogen
seien. Beide blieben „Wirklichkeitskonstruktionen" und seien nicht die
Wirklichkeit an sich. Theißen führt dies aus: „Weniger die inhaltlichen
Aussagen der Religion schaffen Plausibilität als das Netz von Grundaxiomen und Basismotiven, das seine Grammatik bildet."[123] Diese
Plausibilität sei in ihrer Übereinstimmung mit drei Evidenzquellen
begründet: der Welt, des Ich und der anderen Menschen, weil sie „in
einem historischen Prozess von Versuch und Irrtum entstanden ist. In
ihm wurde sie an die Welt angepasst, wurde vom menschlichen Ich
gestaltet und überlebte, weil sie gemeinschaftsfördernd war. Ihre Plausibilität basiert auf den verdichteten Erfahrungen vieler Generatio-
nen."[124] Theißen erläutert dies an zuvor ermittelten „Basismotiven"
der urchristlichen Religion, die von den Grundaxiomen des Judentums
(Monotheismus und Bundesmonismus) ausgehen und in Verbindung
mit dem Erlöserglauben ausgestaltet werden: Weisheitsmotiv, Ent-
fremdungsmotiv, Erneuerungsmotiv, Gerichtsmotiv, Wundermotiv,
Schöpfungsmotiv, Agapemotiv, Positionswechselmotiv, Stellvertre-
tungsmotiv, Einwohnungsmotiv, Glaubensmotiv.[125]

a. Die Funktion Jesu als Exempel und das Bekenntnis zu Christus

Christologie beinhaltet traditionell zwei Großthemen: Zum einen die
Frage nach der Person Jesu Christi, zum anderen die nach dem Werk
(Soteriologie). In der Täuferbewegung des 16. Jhs. lässt sich zum ersten Aspekt eine große Bandbreite von Meinungen nachweisen, von
denen dann je unterschiedliche Soteriologien abhängen, entsprechend
verschieden erscheinen auch die Vorstellungen für das Leben der Glaubenden.[126]

121 LANGE, *Die Gestalt der Friedenskirche,* 22 f.
122 Vgl. GERD THEISSEN, *Biblischer Glaube in evolutionärer Sicht,* München: Kaiser 1984.
123 GERD THEISSEN, *Die Religion der ersten Christen.* Eine Theorie des Urchristentums,
    Gütersloh: Kaiser 2000, 392.
124 Ebd., 394.
125 Vgl. die zusammenfassende Erklärung der Basismotive in ebd., 371–381.
126 Vgl. zum Gesamten ANDRESEN/RITTER, *Handbuch der Dogmen- und Theologiege-
    schichte,* Bd. 2, Kap. II: Die Lehre der Täufer, 611–664 (Lit.) u. Anhang, 666–673
    (Lit.).

Menno Simons[127] (1496–1561) und Dirk Philips[128] (1504–1568) betonen die göttliche Natur Jesu und enden bei einer ausgeprägten Kirchendisziplin. Die Gemeinde der Wiedergeborenen soll ebenso perfekt sein wie ihr Haupt, Jesus Christus, der nur deshalb perfekt ist, weil er in seiner göttlichen Natur nicht teil hat an der Erbsünde. Dennoch wird in der Christologie der Grund gelegt für den anzustrebenden Perfektionismus der Nachfolgenden.[129] Ganz anders Pilgram Marpeck[130] (1490?–1556): er sieht Gottes Liebe und Gnade gerade darin bestätigt, dass Gott ganz Mensch wird. Das menschliche Wesen macht je erst das göttliche offenbar. Marpeck geht von einer untrennbaren Einheit der beiden Naturen aus. Wiederum einen anderen Entwurf liefert Hans Dencks[131] (1495–1527) Logos-Christologie, in der die Naturen weitestgehend getrennt voneinander bestehen. Der historische Jesus (das „äußere Wort") ist als Lehrer und Exempel für den Gläubigen notwendig. Daneben wird er aber als Zeuge für die Universalität des „inneren Wortes" erkannt, das die Fähigkeit zur Deifikation der Glaubenden eröffnet. Der immanente Gott ist präsent in allen Menschen durch sein innewohnendes Wort, welches dem Sünder die Möglichkeit zum Glauben eröffnet, auch ohne vorherige Kenntnis der Person Jesu von Nazareth. Erkenntnis und Nachfolge bedingen sich gegenseitig.[132] Denck lehnt die Soteriologie Anselms ab und übernimmt stattdessen die Sicht Abaelards. Gott offenbart sich den Menschen in dem Liebesakt Jesus Christus, die ihn jetzt als gnädigen Gott

---

127 *Die vollständigen Werke Menno Simons*, übersetzt aus dem Holländischen. Funk-Ausgabe 1876, Aylmer/Ontario: Pathway 1982. Vgl. Lit.angaben in ANDRESEN/RITTER, *Handbuch der Dogmen- und Theologiegeschichte*, Bd. 2, 640 u. 672. Vgl. zu Menno Simons auch CHRISTOPH BORNHÄUSER, *Leben und Lehre Menno Simons'*. Ein Kampf um das Fundament des Glaubens, Neukirchen-Vluyn: Neukirchener 1973. JOHANNES REIMER (Hg.), *Kein anderes Fundament*. Beiträge zum Menno-Simons-Symposium, Lage: Logos 1996. Eine zusammenfassende Auswahl der Positionen einzelner Täufer zu verschiedenen Themen findet sich in WALTER KLAASSEN (ed.), *Anabaptism in Outline*. Selected Primary Sources, Kitchener: Herald Press 1981. Ebenso in GOERTZ, *Die Täufer*, a. a. O.; Kurzbiographien in: DERS. (Hg.), *Radikale Reformatoren*. 21 biographische Skizzen von Thomas Müntzer bis Paracelsus, München: Beck 1978.

128 Vgl. ANDRESEN/RITTER, *Handbuch der Dogmen- und Theologiegeschichte*, Bd. 2, 642 f. (Lit.)

129 Vgl. SJOUKE VOOLSTRA, *Het Woord is Vlees Geworden*. De Melchioritisch-Menninste Incarnatieleer, Kampen: Uitgevermaatsschappij J. H. Kok 1982.

130 Vgl. ANDRESEN/RITTER, *Handbuch der Dogmen- und Theologiegeschichte*, Bd. 2, 633 f. u. 671 (Lit.).

131 Vgl. ebd., 635 u. 637.

132 „Das Mittel aber ist Christus, welches nyemandt mag warlich erkennen, es sey dann, das er im nachfolge mit dem leben. Und nyemandt mag nachvolgen, dann sovil er in zuvor erkennt". HANS DENCK, *Schriften II*, Quellen zur Geschichte der Täufer 6, hrsg. von GEORG BARING, Gütersloh: Bertelsmann 1956, 45.

erkennen können, anstatt ihn als rachsüchtigen Richter fürchten zu müssen. Diese Interpretation steht im Kontrast zu der Satisfaktionstheorie all jener Reformatoren, die das Entkommen des sündigen Menschen vor dem Zorn Gottes als zentrale Frage sahen. Hans Denck wurde aufgrund dieser Überlegungen von den früheren mennonitischen Theologen des 20. Jhs. abgelehnt, oft gänzlich von der übrigen Täuferbewegung ausgeklammert und als „Mystiker" bezeichnet. John Horsch konnte behaupten, die Täufer seien in der Erbsündenlehre und der Soteriologie ganz einig mit den Vertretern des „staatskirchlichen" Protestantismus, allerdings räumt er eine stärkere Betonung der Implikationen für das Leben der Glaubenden gegenüber der Entfaltung abstrakter theologischer Entwürfe ein. Auch die *Bender-Schule* folgte dieser Interpretation, entfaltete sie weiter, indem sie die wichtigsten Elemente gängiger christologischer Überlegungen bestätigte: Präexistenz, Jungfrauengeburt, Opfertod, Parusieerwartung, leibliche Auferstehung, u. a. m.

Friedmann dagegen genügte die starke Akzentuierung der „neuen Geburt" und des „neuen Lebens", um die Täufer als dritte Kraft neben dem Protestantismus staatskirchlicher Prägung zu platzieren. G. H. Williams schließlich betonte die unorthodoxen Elemente in den Auffassungen der Täufer.[133] Dieser Richtung folgt dann auch J. H. Yoder, der hieraus die christologische Grundlegung für einen christlichen Pazifismus erarbeitet.[134] Yoder versucht, traditionelle theologische Denkmuster zu korrigieren, da diese die pazifistischen Inhalte der Schrift nicht hervorzubringen vermöchten, ja sie z. T. in ihr Gegenteil verkehrten. Er lehnt jede Trennung zwischen dem „Jesus des Glaubens" und dem „Jesus von Nazareth" ab. Das Werk Christi offenbare eine qualitativ neue Möglichkeit menschlicher, sozialer und politischer Beziehungen, wodurch die Person Jesu, so wie in den Evangelien überliefert, als alleinige Norm für eine christliche Sozialethik anerkannt wird.

Gordon D. Kaufman gründet Christologie auf ein Verständnis der Leiblichkeit Jesu, das sich mit der kritischen NT-Forschung und zeitgenössischem Historismus vereinbaren ließ. Auf diesem Weg gelangt er zur Neuformulierung christologischer Konzepte. Anstatt den Versuch zu unternehmen, Jesus Christus als göttliche oder menschliche Person zu beschreiben, werden die Begriffe *Dieser, Wort, Sohn* als historische, personale Bezeichnungen verstanden. Anstatt von Sühnetod zu sprechen, erkennt Kaufman im Christusereignis die Einsetzung einer Gemeinschaft authentischer Liebe. Hier werde ein historischer

---

133 Vgl. WILLIAMS, *The Radical Reformation*, a. a. O.
134 Vgl. JOHN H. YODER, *The Priestly Kingdom: Social Ethics as Gospel*, Notre Dame: University of Notre Dame 1984.

Prozess verkündet, der die menschliche Existenz in das Gottesreich zu transformieren vermag. Anstatt Auferstehung als erfahrbares Ereignis zu betrachten, wird dies theologisch als „Gott ist und bleibt Herr der Geschichte" interpretiert.

Tom Finger stellt in seinem eschatologischen Ansatz Christus als die Erfüllung der Verheißung der Gerechtigkeit Gottes dar.[135] Auch er entwickelt die Christologie entlang der Begriffe Leben, Tod und Auferstehung, anstatt sie in Übereinstimmung mit klassischen Definitionen christologischer Kategorien zu suchen. John Driver und C. Norman Kraus sind Repräsentanten eines interkulturellen missionarischen Ansatzes. Sie vermeiden eine Reduzierung der vielfältigen Christologien innerhalb des NT auf ein System, plädieren stattdessen dafür, diese nebeneinander stehen zu lassen, um so eine gegenseitige Ergänzung des soteriologischen Verständnisses zu sichern.[136] Im Prinzip schließt auch Weaver sich hier mit seinem Vorschlag für eine narrative Christologie an, den Evangelien entsprechend.[137] Da alle „Christologien" des NT unabhängig voneinander als verschiedene Reaktionen in unterschiedlichen Perspektiven verstanden werden könnten, solle darauf verzichtet werden, *eine* wahre, exklusive Christologie zu entwerfen. Diese müsse vielmehr kontinuierlich neu formuliert werden. Christologie reflektiere immer eine partikulare Weltanschauung. Konstanter Ausgangspunkt sei und bleibe aber das Leben des Juden Jesus. Dies will Weaver in einer narrativen Christologie einfangen, denn in der christologischen Formel von Chalcedon (451)[138] sei das gerade vernachlässigt.

Kraus geht wohl am weitesten in diese Richtung: Er fragt nicht mehr nach Person und Werk Christi, was seines Erachtens zwangsläufig im Dogmatismus enden muss, sondern nach der Identität und Mission Jesu. Dies reflektiere sowohl das biblische Verständnis der Täufer, als auch die Kritik an der traditionellen dogmatischen Christologie. Nach Kraus ist diese zu stark durch Chalcedon und Nicäa determiniert. Daher müsse der Versuch unternommen werden, vor die Zeit der altkirchlichen Bekenntnisse zurückzukehren.[139]

---

135 Vgl. Tom N. Finger, *Christian Theology. An Eschatological Approach*, Scottdale/PA: Herald Press, Vol. I 1985, Vol. II 1989.

136 Vgl. John Driver, *Understanding the Atonement for the Mission of the Church*. Scottdale/PA: Herald Press 1986; C. Norman Kraus, *Jesus Christ our Lord. Christology from a Disciples' Perspective*, Scottdale/PA: Herald Press 1987.

137 Vgl. James D. Weaver, *A Believers' Church Christology;* in: MQR 57/1983.

138 Vgl. *Die christologische Formel von Chalcedon;* in: *Kirchen- und Theologiegeschichte in Quellen*, Bd. 1, Alte Kirche, ausgew., übers. und kommentiert von A. Martin Ritter, Neukirchen-Vluyn: Neukirchener 1987[4], 221.

139 Vgl. Kraus, *Jesus Christ our Lord*, a. a. O.

Bei aller Pluralität der Aussagen (im 16. Jh. wie heute) kristallisieren sich doch gemeinsame, beschreibbare Prinzipien („implizite Axiome") heraus: (1) Die Hervorhebung der *Funktion* Jesu als Modell und Exempel. Daher die vordringliche Betonung des leiblichen Jesus, wie in den Narrationen der Evangelien überliefert. Dies führt (2) die glaubenden Nachfolger zu alternativen Formen im sozialethischen, politischen wie gemeinschaftlich-ekklesialen Leben. Hieraus darf allerdings nicht eine Unterbetonung der göttlichen Offenbarung in Jesus Christus geschlossen werden, denn Einigkeit herrscht in der Betonung des Bekenntnisses: Jesus ist Herr. Als regulatives Prinzip für eine Christologie aus täuferisch-mennonitischer Perspektive ließe sich daher formulieren: Jesus Christus, die Offenbarung der Liebe Gottes, exemplifiziert und ermöglicht das neue Leben im Reich Gottes. – Dieses Prinzip mäßigt fundamentalistische wie orthodoxe Einflüsse gleichermaßen und hält sich offen für christologische Neuformulierungen, die alternative Denkstrukturen und Definitionskategorien berücksichtigen können, ohne die immanent kritische Funktion aufzugeben.

b. Der offenbarte Wille Gottes im Leben Jesu als Norm für ethisches Handeln

Die Abhängigkeit einer Ethik aus täuferisch-mennonitischer Perspektive von der Christologie wurde bereits im vorangegangenen Abschnitt deutlich. Lässt sich aus dem regulativen Prinzip, dem impliziten Axiom für eine Christologie aus dieser Perspektive auch eine solche für die Ethik formulieren? Wiederum sollen einige Ansätze dazu aus dem 16. Jh. benannt werden, ohne Anspruch auf eine erschöpfende und umfassende Darstellung erheben zu wollen. Es genügt hier, unterschiedlich prägnante Ausformulierungen zu erfassen, die möglicherweise doch aus gemeinsamen Motiven oder „Steuerungen" erwachsen sind, dann aber zu pluraler Ausprägung gelangen.

Für Michael Sattler[140] (1489?–1527) waren in diesem Zusammenhang zwei Motive von Bedeutung: zum einen die Solidarität, zum anderen der Dualismus. Die Glaubenden verhalten sich solidarisch mit Christus, wenn sie ihr Leben hingeben, vergleichbar der Veräußerung (Kenosis) der göttlichen Natur. Die Polarität zwischen der Perfektion Christi auf der einen wie der außerhalb dieser Perfektion stehenden „Welt" auf der anderen Seite, bilden den Dualismus, der eine klare Trennung zulässt zwischen Glaubenden (zu Christus gehö-

---

140 Vgl. ANDRESEN/RITTER, *Handbuch der Dogmen- und Theologiegeschichte*, Bd. 2, 620 ff., 645, 653 (Lit.).

rig) und Nichtglaubenden (zur Welt gehörig). Teilhabe am Leib Christi kann es nur durch unbedingten Gehorsam gegenüber der Lehre Christi geben. Christus gilt als Norm für ethisches Verhalten schlechthin.

Hans Denck betont unter Ablehnung der Prädestinationslehre den individuellen, freien Willen, sowie die daraus resultierende Notwendigkeit einer freiwilligen Entscheidung zum Leben in der Nachfolge Christi. Dies geht nicht einher mit einer Verneinung der göttlichen Initiative. Erst das innere Wort Gottes ruft die freiwillige Hinwendung zu Gott hervor. Aus dieser Betonung des Gnadenaktes entwickelt Denck ein Konzept der „Gelassenheit". Ein gehorsames Leben in Solidarität mit Christus äußere sich nicht im Bemühen um die rechte Veranstaltungsform bestimmter Zeremonien, sondern in der totalen Hingabe gegenüber den Bedürfnissen des Nächsten und dem Willen Gottes durch Praktizierung der ἀγάπη. Den eigenen Bedürfnissen und dem eigenen Leiden kann mit „Gelassenheit" begegnet werden.

Das Konzept der Wehrlosigkeit und die Verweigerung der Übernahme von Staatsämtern lässt sich auf diese Vorstellungen zurückführen, die z.T. in einem Biblizismus gründen. Konrad Grebel (1498–1526)[141] formuliert als erster die konsequente praktische Folgerung der Wehrlosigkeit als Prinzip, was später Eingang in die *Schleitheimer Artikel* findet.

Zu dieser Ausführung christlicher Ethik lassen sich aber bereits unter den Täufern Gegenstimmen finden: Balthasar Hubmeier[142] (1480?–1528) betont einerseits die Notwendigkeit einer sichtbaren Manifestation christlichen Glaubens in Form der rechten Lebensweise, verneint aber andererseits die Kapazität der Glaubenden, dem Exempel Jesu vollständig zu folgen. Allein die Wirkkraft des gesandten Wortes, wie es in Christus offenbar wird, schafft Glauben und ermöglicht Nachfolge. Hubmeier rechtfertigt die Teilnahme eines Christen im Verteidigungskrieg, macht sie gar zur Pflicht, wenn der Staat dazu auffordert, unter Verwendung des paulinischen Argumentes, dass diesem solche Gewalt von Gott verliehen sei. Der Nächste müsse verteidigt und beschützt werden. Hubmeier sieht die Notwendigkeit zur individuellen Gewissensentscheidung: der Glaubende entscheidet selbst über Gerechtigkeit und Ungerechtigkeit innerhalb eines Konfliktes, um dann seine persönliche Stellung zu rechtfertigen.

Nicht unerwähnt kann in diesem Zusammenhang auch der Versuch der gewaltsamen Errichtung eines „neuen Jerusalem" in Münster (1534/35) bleiben, auch wenn gerade mennonitische Darstellungen

---

141 Vgl. HANS-JÜRGEN GOERTZ, *Konrad Grebel. Kritiker des frommen Scheins 1498–1526. Eine biographische Skizze*, Hamburg: Kümpers 1998.
142 Vgl. ebd., 622 ff. und 671 (Lit.).

der Reformationszeit diesen Teil der Täufergeschichte lange ausklammerten.[143] John Horsch definierte die Wehrlosigkeit als entscheidendes Kriterium für eine apologetische Differenzierung zwischen den „Evangelischen Täufern" (Schweizer Brüder, Mennoniten, Hutterer und Marpeck-Kreis) und einigen „Fanatischen und Revolutionären". Dieser Interpretationsversuch wurde von der Bender-Schule übernommen und weitergeführt. Guy F. Hershberger geht so weit, das Prinzip der Wehrlosigkeit als eine Lebensart zu bezeichnen, die Mennoniten von Beginn ihrer Geschichte an prägte.[144] Auch Friedmann sieht den Mittelpunkt der „impliziten" täuferischen Theologie in der Auseinandersetzung um die Zwei-Reiche-Lehre und der praktischen Konsequenz der Täufer, durch das Motiv der Wehrlosigkeit den Weg in die Separation zu wählen.

James Stayer erkannte gerade hier das forschungsgeschichtliche Problem der selektiven Methode, die Schweizer Brüder als normative Gruppierung für die gesamte Täuferbewegung zu definieren, die Wehrlosigkeit sozusagen als Differenzkriterium für „echte" und „unechte" Täufer zu erheben.[145] Vor der Formulierung der Schleitheimer Artikel ließe sich kein Konsens in der „Frage des Schwertes" erkennen, nicht einmal innerhalb der Gruppe der Schweizer Brüder. Erst danach beginne sich eine Übereinstimmung zugunsten des Gewaltverzichtes einzustellen. Folglich bleibt kritisch zu fragen, inwiefern die Verfolgungssituation diese Überzeugung erst hervortreten ließ.

Die Vielfalt der Meinungen der Täufer spiegelt sich ebenso in der gegenwärtigen Diskussion einer Ethik aus täuferisch-mennonitischer Perspektive wider. J. L. Burkholder kritisiert das Konzept der Wehrlosigkeit als Ausdruck für Agape. Diese sei für Mennoniten fast zu einem Synonym geworden für die Liebe selbst. Agape fordere aber gerade verantwortliche Teilnahme in einer sozialen Ordnung, denn nur innerhalb einer solchen Ordnung begegneten Christen ihrem Nächsten.[146] Burkholder akzeptiert eine perfektionistische Interpretation der Ethik Jesu, schließt aber daraus die Unüberbrückbarkeit zur

---

143 Auch die Weigerung der Übernahme von Staatsämtern galt längst nicht für alle Täufer. So übernahm beispielsweise Pilgram Marpeck an verschiedenen Orten Aufgaben im Auftrag des Staates. Vgl. STEPHEN B. BOYD, Pilgram Marpeck: His Life and Social Theology, Mainz: von Zabern 1992.

144 Vgl. GUY F. HERSHBERGER, War, Peace and Nonresistance. Scottdale/PA: Herald Press 1946.

145 Vgl. JAMES STAYER, Anabaptists and the Sword. Lawrence/KS: Coronado Press 1972.

146 Vgl. J. LAWRENCE BURKHOLDER, The Problem of Social Responsibility from the Perspective of the Mennonite Church. Elkhart/IN: IMS 1989 (Unrevised Dissertation from 1958). Vgl. zur Diskussion: RODNEY J. SAWATZKY and SCOTT HOLLAND (eds.), The Limits of Perfection: Conversations with J. Lawrence Burkholder, Waterloo/Ont.: Conrad Grebel College 1993.

Realität sozialer Existenz, aufgrund der Unvermeidbarkeit von Gewalt und Zwang, der Notwendigkeit zu Kompromissen in den Ambivalenzen des irdisch-geschichtlichen Daseins, sowie der unerlässlichen ethischen Forderung nach Gerechtigkeit. *Agape* müsse die Form von Gerechtigkeit annehmen, um „effektiv" zu sein. Eine bloße Ethik der Wehrlosigkeit sei eine Weigerung der Verantwortungsübernahme. Gordon D. Kaufman lehnte diese Interpretation ebenso ab wie Yoder, denn sie verneine gerade die wahre Natur christlicher Liebe.[147] Liebe bewahre nicht vor Konflikten, sondern dringe in ihr Innerstes vor, indem sie sich selbst opfere als und für Sünde, perfekt exemplifiziert im Christusereignis. Sie gebe sich selbst dem Feind. Auf diese Weise übernehme Liebe Verantwortung für die „sündige" Situation selbst, für die Sünden der Nächsten, für die Gesellschaft. Diese Verantwortung beinhalte drei Aspekte: (1) das Zeugnis der Wahrhaftigkeit und Wahrheit des Evangeliums, (2) die Akzeptanz der Integrität Anderer, die in Freiheit die Form ihrer Reaktionen darauf wählen, (3) die Pflicht zur Unterstützung Anderer in ihren Überzeugungen, auch wenn sich diese anders gestalten als die eigene. Solch eine Liebe setze sich in Beziehung zu Anderen, in deren aktueller Situation. Voraussetzung dazu sei allerdings, dass der Forderung der Liebe nach Gerechtigkeit und Erlösung Rechnung getragen werde.

Yoder erkennt in diesem Zusammenhang wiederum einen grundlegenden sektiererischen Dissens: die Weigerung, Verantwortung zu übernehmen für eine Moralstruktur einer nichtchristlichen Gesellschaft. Die fundamentale Änderung christlichen Denkens durch die Konstantinische Wende basiere nicht einfach auf der Etablierung der Staatskirche, sondern vielmehr in der Identifizierung von Kirche und Gesellschaft. Das führte zur Verantwortungsannahme der Kirche. Weder von römisch-katholischer noch von staatskirchlich-protestantischer Seite sei diese Entwicklung je in Frage gestellt worden, wohl aber von sog. „Sekten" wie den Täufern. Yoder will christliche Verantwortung innerhalb sozialer Strukturen anders interpretieren.[148] Diese basiere aber auf einer Ethik, die von einem grundsätzlich verschiedenen Geschichts- und Eschatologie-Verständnis ausgehe. Glaubende widerstehen der Versuchung, eine Gesellschaft „von oben nach unten" zu verändern, d. h. sich in eine Form der Verantwortung zu stellen, wie sie in der Kirche seit der Konstantinischen Wende hervortritt. Das Konzept der Wehrlosigkeit sei nicht gleichzusetzen mit Nichteinmischung, Passivität oder Neutralität. Es gehe vielmehr um

---

147 Vgl. GORDON D. KAUFMAN, *Nonresistance and Responsibility*, a. a. O.
148 Vgl. v. a. JOHN H. YODER, *Politics of Jesus*. 2nd rev. ed., Grand Rapids: Eerdmans 1994. Dt. Übersetzung der 1. Aufl.: *Die Politik Jesu – der Weg des Kreuzes*. Maxdorf: Agape 1981.

das „wie" der Einmischung. Das Leben Jesu wird zum direkten Vorbild: Jesus weigerte sich, Gewalt zur Verteidigung seiner eigenen Person anzuwenden, somit auch durch Gewalt das Volk Israel oder das Gesetz Gottes zu erhalten. Er trat in den Bereich der Politik, um gerade dort gänzlich gewaltlos zu bleiben.

Der historische Jesus gewinnt hier direkter als in allen anderen Ansätzen sozialpolitische Relevanz, indem eine neue Art der Existenz als präsentische Möglichkeit entdeckt wird. Drei konventionelle Möglichkeiten werden verweigert: der Rückzug in einen Quietismus, die Übernahme einer etablierten Verantwortung und der Gebrauch revolutionärer Gewalt. Nachfolge bedeute, mit Jesus auf die Seite der Machtlosen zu treten. Dies führe unweigerlich zur Konfrontation mit bestehenden Macht- und Gewaltverhältnissen, so dass politischer Aktivismus die unumgängliche Folge sei.

Soll aus den genannten Beobachtungen ein „regulatives Prinzip" für eine Ethik aus täuferisch-mennonitischer Perspektive beschrieben werden, so könnte dies lauten: Durch das offenbarende Leben und Werk Christi, wie es im Neuen Testament vielfältig überliefert ist, ist es den Glaubenden möglich, in die Nachfolge Jesu zu treten, weil das Reich Gottes angebrochen ist, in dem Christus herrscht. Sein Leben als offenbarter Wille Gottes ist die Norm für ethisches Handeln als Glieder an seinem Leib, *Agape* das moralisch Absolute. Dieses Prinzip reflektiert sowohl den täuferischen Dissens, bleibt aber gleichzeitig flexibel, um alternative Formen in Konflikten zu finden. In einer sich permanent wandelnden, pluralistischen Welt, in der auch die „mainline"-Kirchen nicht mehr mit der Gesellschaft schlechthin identifiziert werden können, ist solche ständige Neuformulierung geboten.

c. Die messianische Gemeinschaft der Versöhnten als Ort der bekennenden Nachfolge

Menno Simons nennt zwar „die wahren Zeichen, an welchen man Christi Kirche erkennen soll: (I.) Die unverfälschte, reine Lehre... (II.) Ein schriftmäßiger Gebrauch der sacramentlichen Zeichen ... (III.) Gehorsam gegen das Wort ... (IV.) Eine ungeheuchelte brüderliche Liebe ... (V.) Ein freimütiges Bekenntnis Gottes und Christi ... (VI.) Druck und Trübsal um des Herrn Wortes willen ...".[149] Dennoch kann mit Sicherheit ausgeschlossen werden, dass auch nur einer der Täufer zu Beginn der Reformationszeit mit einem systematischen, alternativen Verständnis von Kirche aufwarten konnte. Erst nachdem sich der Wi-

---

149 MENNO SIMONS, *Klare Beantwortung einer Schrift des Gellius Faber*, in: *Die vollständigen Werke Menno Simons*, 120.

derstand gegen die angestrebten radikalen Reformen des kirchenpoli-
tischen Gemeinwesens als unüberwindbar erwiesen, wurde mit dem
Modell der „Volkskirche" gebrochen und Alternativen nach urchristlichem Vorbild entwickelt. Wiederum lässt sich eine Pluralität unterschiedlicher Ausprägungen nachweisen. In Bezug auf die Ekklesiologie
kann das an dieser Stelle auf eine Auflistung einiger Elemente beschränkt bleiben, die sich bei verschiedenen Täufern an unterschiedlichen Orten oft unabhängig voneinander herauskristallisierten. Im weiteren Verlauf wird dann das Augenmerk ganz auf diesem Topos liegen,
wobei die Interdependenz zu Christologie und Ethik jeweils zu berücksichtigen sein wird. Insofern leisten diese Hinweise bereits eine Über-
leitung zu den nachfolgenden Kapiteln.

Die Kirche ist zuerst und vor allem versammelte Gemeinschaft von
Glaubenden, die aufgrund ihres persönlichen Glaubensbekenntnisses
in der Taufe den frei-willigen Beitritt bekunden und so als sichtbare
Nachfolgegemeinschaft den Leib Christi bilden. Kirche ist die Gemeinschaft der Herausgerufenen und Auserwählten, der „Haushalt
Gottes", die eschatologische Gemeinschaft. Differenziert von der
„Welt" sieht sich die „rechte Kirche" als „Dienerin der Versöhnung",
„Zeugin", „Prophetin", „Fremde" und „Durchreisende", äußerlich
sichtbar in der absoluten Priorität des Gehorsams gegenüber der göttlichen Autorität im Gegensatz zu menschlichen und irdischen „Gewalten" (so vor allem Balthasar Hubmeier[150]). Innerhalb der Gemeinde herrscht eine Beziehung der Liebe und Sorge füreinander: gegenseitige Ermahnung, Vergebung und Einigung. Die Vielfalt der Gaben
gewährt ein Bewusstsein von lokaler wie universeller Autonomie und
Vollkommenheit.

Roland Bainton sah hierin die radikalen Implikationen für den Versuch einer kompletten Restauration primitiven Christentums.[151] Primiti-
vismus erkennt er zwar als allgemeinen Charakterzug der Reformation,
doch werde diese Idee von den Täufern am konsequentesten verfolgt.
Franklin H. Littell systematisierte diese Idee und nutzte sie zur Identifikation des Täufertums schlechthin.[152] Die wahren Täufer seien die
Gruppierungen im linken Flügel der Reformation, die die rechte Kirche
nach apostolischem Muster als „Freikirche" versammelten.[153] Hans Hil-

---

150 Vgl. BALTHASAR HUBMEIER, *Schriften*. Quellen zur Geschichte der Täufer 9, hrsg.
von GUNNAR WESTIN, Gütersloh: Mohn 1962.

151 ROLAND BAINTON, *Changing Ideas and Ideals in the Sixteenth Century*, in: The Journal
of Modern History VIII, 1936.

152 Vgl. FRANKLIN H. LITTELL *The Free Church*, a. a. O. DERS., *The Anabaptist View of
the Church*, a. a. O.

153 Die Kategorie Freikirche trägt dabei drei Implikationen: (1) im Sinne von freiwilliger,
personeller Mitgliedschaft, (2) frei von Herrschaft oder Einmischung staatlicher
Macht, (3) frei von festgeschriebener kirchlicher Lehre und Liturgie.

lerbrand verneint zwar nicht die Präsenz des Restitutionsgedankens in der Täuferbewegung, bestreitet jedoch seine Gültigkeit als Definitionskriterium, da das Thema der Erneuerung der Kirche nach urchristlichem Vorbild allen reformatorischen Tendenzen gemein sei.[154]

J. L. Burkholder hebt das kongregationalistische Gemeindeverständnis der Täufer hervor.[155] Die Gemeinde werde als tatsächliche Basis und Keimzelle der Kirche verstanden, bedürfe nicht übergreifender kirchlicher oder staatlicher Autoritäten. Stärkster Beleg sei die Betonung der *Regel Christi* in Mt 18:15–20. Sie erhalte außerordentliche Beachtung als Gemeinderegel und verdeutliche den Zusammenhang von versammelter Gemeinde und Gegenwart Christi. Diese Gegenwart werde weder in den Sakramenten zuteil, noch in der Verkündigung des Wortes Gottes erfahren, sondern verwirkliche sich im ethisch-praktischen Lebensbereich. Das Sein der Gemeinde sei abhängig von der Korrespondenz zwischen Herrschaft des Hauptes und Gehorsam der Glieder. Der Wille Christi werde in der versammelten Gemeinde offenbar, d. h. die Versammlung ist der Ort, an dem das Wort Gottes wahrheitsgetreu interpretiert wird. Alle Glieder fühlten sich gleichermaßen berufen, an diesem Prozess teilzuhaben, wodurch den einzelnen Glaubenden größte Bedeutung zukomme. Die Individualität basiere im Wesen des Glaubens, die Gemeinschaft in der Realisierung von *Agape* und Mission.

Yoder schlägt eine Neudefinition des Begriffes „Restitution" vor.[156] Ein Modell der Erneuerung setze drei Bewegungen in der Geschichte voraus: (1) dass es einmal einen normativen Status von Kirche gab, (2) einen „Fall", der in einen degenerierten Status führte und (3) eine radikale Erneuerung. Dieser Erneuerungsgedanke lässt sich, so Yoder, in allen historisch orientierten Religionen nachweisen. Die Alternative der Restitution ergebe sich aus der Ortsbestimmung des Falls: dort, wo Unfehlbarkeit beansprucht würde. Restitution sei aber nicht als einmaliges Ereignis zu verstehen, sondern als kontinuierlicher Erneuerungsprozess. Die Gemeinde der Glaubenden verstehe die Erneuerung der Kirche als strukturelle Alternative, sowohl im Gegenüber zur etablierten Kirche, als auch zur Gesellschaft als ganzer. Ihr Korrektiv und ihre Norm findet sie im Neuen Testament. Diese erneuerte Kirche bezeichnet Yoder als die „messianische Gemeinschaft", weil der Weg Jesu als Weg des Menschgewordenen ethisch verbindlich ist, weil sie ihre Entstehung der in Christus geschehenen Versöhnung verdankt und darin das *Agape*-Motiv erkennt, weil sie mit dem in Christus

---

154 Vgl. HANS HILLERBRAND, *Anabaptism and History*, in: MQR 45/1971.
155 Vgl. J. LAWRENCE BURKHOLDER, *Die Gemeinde der Gläubigen*, in: GOERTZ (Hg.), *Die Mennoniten*, 53–69.
156 Vgl. JOHN H. YODER, *Anabaptism and History*. „Restitution" and the Possibility of Renewal; in: GOERTZ, *Umstrittenes Täufertum*, 244–258.

geschaffenen Heil unauflöslich verbunden ist und in der Kontinuität zu seinem messianischen Wirken steht.[157] Das neue Leben in dieser messianischen Gemeinschaft stelle die Fortsetzung der Menschwerdung Gottes dar. Die Gemeinde verkörpere die neue Ordnung des Reiches Gottes, indem jetzt schon zeichenhaft Gestalt gewinne, was Gottes Wille für die ganze Welt sei. Darin sei eine Verpflichtung gegenüber der „Welt" impliziert.

Das „regulative Prinzip" für eine Ekklesiologie aus täuferisch-mennonitischer Perspektive könnte aus den genannten Beobachtungen vorläufig so zusammengefasst werden: Die messianische Gemeinschaft von Versöhnten als Ort des praktizierten Wortes Gottes verkörpert eine radikale und kontinuierliche Neuformulierung des Lebens miteinander nach der Regel Christi. Aufgrund des Gnadenaktes in Christus lebt die Kirche in der Spannung zwischen dem „schon jetzt" und „noch nicht" des Reiches Gottes; als bekennende Gemeinde freiwillig Nachfolgender bildet sie eine nonkonforme Alternative zur herrschenden Gesellschaft.

Wenn eine Ekklesiologie aus täuferisch-mennonitischer Perspektive von diesem Prinzip gesteuert ist, steht sie in Kontinuität zu der von den Täufern des 16. Jhs. angestrebten Restitution des neutestamentlichen Modells der Urgemeinde und wird ihrem prophetischen Auftrag in der Welt gerecht, indem auch durch sie zeichenhaft das Reich Gottes sichtbar wird. Die Gestalt, die eine solche Gemeinde annehmen wird, hängt nicht zuletzt vom jeweiligen zeitlichen wie sozio-kulturellen Kontext ab.

II.3.5. Schluss und Überleitung

Bevor eine sinnvolle Auseinandersetzung mit der Ekklesiologie einer distinkten Tradition begonnen werden konnte, war die Wahrnehmung des Kontextes, in den diese Interpretation nach ihrer Selbsteinschätzung gehört, unerlässlich. Das sollte hier nach Inhalt und Methode geleistet werden. Es wurde deutlich, dass das Friedenskirchesein auch in dem Verzicht auf eine singuläre Lehrautorität ihren Ausdruck findet. Aus einer gemeinsamen, fortwährenden „Story" lassen sich allenfalls implizite Axiome destillieren, denen regulativer Charakter zueignet. Von dieser „Plattform" aus ist es nun möglich, nach dem Selbstverständnis einer friedenskirchlichen Ekklesiologie zu fragen, um den genuinen Beitrag innerhalb des ökumenischen Diskurses zu beschreiben. Gleichzeitig ist jetzt im Folgenden aber auch nach den Defiziten zu fragen sowie nach möglichen Korrektiven, die aus der ökumenischen Begegnung erwachsen.

---

157 Vgl. JOHN H. YODER, The Priestly Kingdom, a. a. O.

III. Die „messianische Gemeinschaft".
Ekklesiologische Aspekte in den Beiträgen
von John Howard Yoder

Innerhalb der friedenskirchlichen Tradition gehört John Howard Yoder unbestritten zu den wichtigsten, weil einflussreichsten Theologen des 20. Jhs.[1] Das gilt für die ökumenische Bewegung im Allgemeinen wie für die friedenskirchlichen und innermennonitischen Bezügen im Besonderen. Es lässt sich zeigen, dass der größte Teil der Selbstexplikationen dieser Tradition im Horizont der Ökumene auf Yoders Argumentationen zurückgreift, freilich in unterschiedlichen Variationen. Begründet liegt diese Wirkmacht in seinem umfangreichen Oeuvre, in dem er genuine Beiträge zu nahezu allen elementaren theologischen Topoi aus einer – nach eigenem Bekunden – dezidiert täuferisch-mennonitischen Perspektive entwickelt, auch wenn sich daraus kein geschlossenes systematisch-theologisches Werk ergibt. Yoders mehrere Jahrzehnte währendes Engagement in der weltweiten Ökumene trug erheblich zur Rezeption friedenskirchlichen Gedankengutes bei. Das bestätigen einheitlich mennonitische und nicht-mennonitische Autoren.[2]

Als Illustration mögen hier zwei Stimmen genügen: „He opened up the world of the Anabaptists, especially their hermeneutics, to the ecumenical church. One of Yoder's abiding convictions, which he wrote about and labored for, was the need for Mennonites to be in dialogue with the larger church."[3] „He offers us an Anabaptist perspective that ... forces us to retrace our historical and theological steps as we take an honest look at questions that have long been ignored – yes even suppressed – by those of us who have found it easy to marginalize the free church tradition."[4]

---

1 Vgl. MARK THIESSEN NATION, *A Comprehensive Bibliographie of the Writings of John Howard Yoder*, Goshen/IN: Mennonite Historical Society 1997. DERS., *Supplement to A Comprehensive Bibliography of the Writings of J.H. Yoder*, in: STANLEY HAUERWAS et al. (eds.), *The Wisdom of the Cross*. Essays in Honor of John Howard Yoder, Grand Rapids/MI: Eerdmans 1999, 472–491.

2 Vgl. *Essays & Tributes. John Howard Yoder 1927–1997*, CGR Spring 1998; HAUERWAS et al., *The Wisdom of the Cross*, a. a. O.

3 WILLIAM KLASSEN, *J. H. Yoder and the Ecumenical Church*; in: CGR Spring 1998, 77–78.

4 RICHARD J. MOUW im Vorwort zu JOHN H. YODER, *The Royal Priesthood*. Essays

III.1. Einleitung: Kirche des Kreuzes

Im Folgenden interessiert insbesondere Yoders Ekklesiologieverständnis. Es wird zu zeigen sein, wie er aus einer unkonventionellen Geschichtsperspektive argumentiert und besonders die Verhältnisbestimmung von Kirche und Welt darauf hin in genuiner Weise erscheint. Zentrales Axiom seines gesamten theologischen Ansatzes ist das Kreuz Christi. Kirche ist die nachfolgende Gemeinschaft Christi, die sich in ihrer ethischen Ausrichtung nicht nach einem allgemeinen Prinzip ausrichtet, sondern am gewaltfreien Weg Jesu, der der Weg des Kreuzes ist.[5] Die Nachfolge macht sie zur Kirche, denn Kirche ist selbst Teil der Botschaft des in Christus angebrochenen Reiches Gottes. Das Kreuz ist die Antwort der gefallenen Schöpfung auf die voraussetzungslose Liebe Gottes, wie sie sich im Christusgeschehen offenbart. Dieser Leidensweg ist auch den Glaubenden als Gemeinde vorgegeben, die so am Leben und Sterben Jesu partizipieren. Damit ist Kirche von der Welt unterschieden und bleibt gleichzeitig auf sie bezogen. Von hier aus erschließt sich Yoders gesamtes theologisches Koordinatensystem.[6]

Yoder bleibt in seinem methodischen Vorgehen weitgehend einheitlich. Immer wird nach einem alternativen Konzept gesucht, nachdem Defizite in den gängigen („main-stream") Traditionen aufgedeckt sind. In kreativer Weise bietet er je eine neue Interpretation, die er primär in der Traditionslinie der Täufer des 16. Jhs. und der urchristlichen Gemeindepraxis verankert sieht. Einmal ist es die Polarisierung von katholischem und protestantischem Volkskirchendenken einerseits und dem freikirchlichen, fundamentalistischen Evangelikalismus andererseits. Ein anderes Mal ist es die Gegenüberstellung von theokratischem und spiritualistischem Kirchenmodell, das ihn über diese hinausgehend zu einer Entfaltung des Believers' Church concept aus täuferisch-mennonitischer Sicht motiviert. Dies stellt eine Provokation im ökumenischen Diskurs dar, die gerade für die Diskussionen zur Ekklesiologie relevant wird.[7]

Ecclesiological and Ecumenical, ed. by MICHAEL G. CARTWRIGHT, Grand Rapids/MI: Eerdmans 1994, IX. Hier auch eine Übersicht der wichtigsten Veröffentlichungen Yoders zu Ekklesiologie und Ethik, 374–382.

5 Vgl. vor allem seine programmatische Schrift: YODER, The Politics of Jesus, a. a. O.

6 Vgl. MATTHIAS ZEINDLER, Die Kirche des Kreuzes. John H. Yoders Ekklesiologie als Modell von Kirchesein in einer pluralistischen Gesellschaft. Bisher unveröffentlichter Vortrag des J. H. Yoder Symposions, 8.–10.Sept. 2000 in Bienenberg/Schweiz.

7 „Yoder not only presents the Anabaptist position as a consistent alternative to other ecclesiologies; in doing so he argues convincingly that, because this is a consistent alternative, we can no longer work with long-standing classificatory schemes for mapping out ecclesiological positions." Mouw im Vorwort zu YODER, The Royal Priesthood, VIII.

Aufgrund dieser Einschätzung seines Gesamtwerkes und der beschriebenen Wirkungsgeschichte drängt sich eine gesonderte Darstellung auf, wenn nach dem Beitrag der historischen Friedenskirchen zu ekklesiologischen Überlegungen im Horizont der Ökumene gefragt wird. Daher soll im Folgenden Yoders ekklesiologischer Ansatz in vier Schritten nachgezeichnet werden: Kirche und Welt, die sichtbare Gemeinde, Ekklesiologie als Ethik und ökumenischer Imperativ. Vor diesem Hintergrund werden die ekklesiologischen Aussagen aus friedenskirchlicher Perspektive in ökumenischen Dialogen verständlich, die in den dann folgenden Kapiteln erörtert werden. Auch sollen in der Reflexion die Grenzen dieses Ansatzes aufgezeigt werden.

III.2. Der Interpretationsrahmen: Konstantinische Kirche versus Freikirche

Yoders gesamtes ekklesiologisches Nachdenken lässt sich auf dem Hintergrund der Verhältnisbestimmung von Kirche und Welt darstellen. Damit zeichnet er aber nicht, wie oberflächlich vermutet werden könnte, einen simplizistischen Dualismus. Sein Programm lautet: „to reconstruct the church/world distinction ecclesiologically as well as politically – by locating this distinction within particular historical moments – but without thereby cutting off dialogue between Christians and non-Christians as if ‚church‘ and ‚world‘ were monolithic categories".[8] Zum Zweiten ist Yoders Zugang zur Ekklesiologie (und Ökumene) fest verankert in seiner historischen Forschung:[9] Hier argumentiert er revisionistisch. Nicht alle Kategorien werden neu hinterfragt, aber wenn neue Zugänge zur Geschichte möglich und sinnvoll erscheinen, die bisher verborgen waren, dann müsse Geschichte neu interpretiert werden. Nichts an der Geschichte sei selbstevident.

---

8 MICHAEL G. CARTWRIGHT, *Radical Reform, Radical Chatholicity.* John Howard Yoder's Vision of the Faithful Church; in: YODER, *The Royal Priesthood*, 7.
9 Vgl. bereits seine Dissertation: JOHN H. YODER, *Täufertum und Reformation in der Schweiz I.* Die Gespräche zwischen Täufern und Reformatoren 1523–1538. Schriftenreihe des Mennonitischen Geschichtsvereins Nr. 6, Karlsruhe 1962. Vgl. auch die Kritik an diesem Ansatz, s. o. II.3.2.b.

*a. Kirche als eigentlicher Ort der Geschichte – in eschatologischer
Interpretation*

Der eigentliche Ort der Geschichte ist die Kirche: „. . . biblically the
meaning of history is carried first of all, and on behalf of all others,
by the believing community."[10] Yoder will das nicht als eine Abkehr
von der Gesellschaft, ihren moralischen Herausforderungen oder
Herrschaftsstrukturen verstehen. Auch soll dadurch nicht der Stolz
einer *In-Group* legitimiert oder gar ein Quietismus favorisiert werden,
schon gar nicht eine klerikale Theokratie. Es ergebe sich eine völlig
andere Perspektive, wenn Glaubensgemeinschaft nicht als Herrschende sondern als Dienende verstanden werde; nicht als Privilegierte
sondern als Zeichenhafte; nicht als etwas schon Erreichtes sondern
etwas zu Erreichendes im Sinne einer Verheißung. Kirche müsse zuerst
werden was sie ist, dann gewinne sie auch Einfluss auf die Welt um
sich herum. Dies denkt Yoder aber nicht als chronologische Folge,
sondern in Gleichzeitigkeit: „We speak of priority or primordiality in
terms of identity and not of sequence."[11]

Dass wir nicht länger in einer „christlichen" Welt leben, ist ein
Allgemeinplatz. Divergenzen zeigen sich aber in der theologischen
Reaktion. Yoders Vorwurf richtet sich gegen jene, die „ihren Frieden
mit der vorfindlichen Situation machen", und diese so durch ein implizites Dogma der *providentia Dei* legitimiert sehen.[12] Dahinter ver-
berge sich ein Muster, das sich durch die gesamte *main-stream*-Kir-
chengeschichtsschreibung ziehe, von der Zeit der Verfolgungen in der
Alten Kirche über das Staatskirchentum im Mittelalter und die Reformationszeit bis hinein in die Zeit der Säkularisierung. Weit entfernt
ist Yoder aber von jenen postmodernistischen Ansätzen, die verschiedene Wahrheitsansprüche gleichberechtigt nebeneinander stehen lassen wollen.

Die Zeugnisse des Neuen Testaments werden zu zentralen Ereignissen der kosmischen Geschichte erklärt.[13] In der Zeit der Kirche –
zwischen Pfingsten und Parusie – überlappen sich zwei Aeone, die
gleichzeitig nebeneinander existieren.[14] Das eine (alte) Äon weist zurück auf die Zeit vor Christus, das andere (neue) weist nach vorne
auf die Vollendung des Reiches Gottes, begonnen in der Inkarnation

---

10 JOHN H. YODER, *Why Ecclesiology is Social Ethics:* Gospel Ethics versus the Wider
   Wisdom (1980); in: YODER, *The Royal Priesthood,* 103–126, 118.
11 Ebd., 119.
12 Vgl. JOHN H. YODER, *The Otherness of the Church* (1960); in: YODER, *The Royal
   Priesthood,* 54–64, 55.
13 Yoder beruft sich hier vor allem auf Joh und Paulus.
14 Vgl. JOHN H. YODER, *Peace without Eschatolgy* (1954); in: YODER, *The Royal Priesthood,* 144–167, 143 ff. Ausführlicher hierzu vgl. YODER, *The Politics of Jesus,* a. a. O.

Gottes in Christus. Die gefallene Schöpfung steht im Widerspruch zu ihrer ursprünglichen Intention. Beide Äone finden ihre soziale Manifestation: das alte in der Welt, das neue in der Kirche, dem Leib Christi. Der Staat gehört wie alle anderen Mächte (ἐξουσίαι) zum alten Äon. Kirche sei als sichtbare Größe in Taufe, Nachfolge, Moralität und Martyrium Zeichen des neuen Äons. Trotz dieses krassen Dualismus ergibt sich eine Verbindung durch den Glauben, dass der Herr der Kirche auch Herr über die Welt ist. Erkennbar wird hier Yoders universalistisch ausgerichtete, christozentrische Perspektive, von der aus Geschichte revisioniert wird.

Yoder will diese biblischen Kategorien im Sinne einer politischen Geschichtsperspektive „von unten" interpretieren. Wenn dies die Leseweise der Verfolgten und Unterdrückten im Gegensatz zu der der Mächtigen sei, dann gehe es jetzt in erster Linie darum festzuhalten, dass gegenwärtige unterdrückerische Machtverhältnisse nicht das Letzte, sondern eben das Vorletzte seien. Die Nähe zu politischen Theologien, insbesondere befreiungstheologischen Ansätzen Lateinamerikas, ist unverkennbar.[15]

„The first word in the reaffirmation of the human dignity of the oppressed is thus to constitute in their celebrative life the coming rule of God and a new construal of the cosmos under God. To sing ‚The Lamb is worthy to receive power', as did the early communities whose hymnody is reflected in the first vision of John, is not mere poetry. It is performative proclamation. It redefines the cosmos in a way prerequisite to the moral independence that it takes to speak truth to power and to persevere in living against the stream when no reward is in sight."[16]

Die Frage nach einer Abgrenzung zu biblizistischen und fundamentalistischen Tendenzen drängt sich auf. Aber auch wenn Yoder für die Kirche den Imperativ zum Politischen gerade auf dieser Folie entwickelt, lehnt er doch eine buchstäbliche Übertragung der apokalyptischen Visionen auf gegenwärtige politische Verhältnisse ab.[17] Der veränderte Kontext einer modernen, demokratischen Gesellschaft wird bedacht, politische Instanzen gewürdigt, z. B. in ihrer begrenzenden Funktion von Gewalt oder ihrer schützenden Funktion der religiösen Freiheit. Dennoch hält Yoder dort an einer grundsätzlichen Dichotomie fest, wo Institutionen moralischen Fortschritt scheinbar behin-

---

15 Vgl. JOHN H. YODER, *Withdrawal and Diaspora: The Two Faces of Liberation*; in: DANIEL S. SCHIPANI, *Freedom and Discipleship*. Liberation Theology in an Anabaptist Perspective. Maryknoll: Orbis 1989, 76–84. Unter den Vertretern der Befreiungstheologie war John Sobrino sicherlich Yoders wichtigster Dialogpartner.
16 JOHN H. YODER, *Armaments and Eschatology*; in: Studies in Christian Ethics 1/1 1988, 53.
17 Vgl. vor allem YODER, *The Politics of Jesus*, a. a. O.

dern. Allein eine eschatologische Interpretation erlaube eine gültige
Kritik an der gegenwärtigen Situation und ermögliche verantwortli-
ches Handeln der Kirche, denn so seien Subjektivismus und Opportunismus gleichermaßen abgewehrt. Eine Apokalyptik, die in Passivität führe, sei unchristlich und unbiblisch.[18]

b. Konstantinismus als Chiffre für die „Gefangenschaft" der Kirche

In der Aufhebung der klaren Unterscheidung (nicht Trennung) von
Kirche und Welt (und Staat im Besonderen) erkennt Yoder die „konstantinische Versuchung": die Liaison der Kirche mit dem Staat. Ausgangspunkt für den ekklesiologischen und ökumenischen Ansatz ist
eine Analyse der historischen und politischen Vorgänge sowie der
Folgen der Konstantinischen Wende. Diese wird gleichsam zur Chiffre, zum Synonym für den „Verrat", die „Korruption" der Kirche.[19]
Die Kritik an der „Gefangenschaft" der Kirche[20] im Blick auf eine
bestimmte zeitgeschichtliche Situation und institutionalisierte Struktur
der Machtverhältnisse lässt sich grundsätzlich in allen Traditionen des
Protestantismus belegen. Yoder aber stellt darüber hinaus viel grundsätzlicher die Frage, wie Geschichtsschreibung zustande kommt. Zu
oft sei eine theologische Legitimation das Ziel und die Rechtfertigung
des eigenen Status die Folge gewesen. Dieser Gefahr seien die meisten
main-line Protestanten nicht entgangen. Sie blieben gefangen in den
traditionellen Argumentationsweisen und seien blind für alternative
Modelle ethischer Urteilsfindung und Begründung. Yoder schlägt dagegen vor, den Ausgangspunkt aller Geschichtsinterpretation im doxologischen Bekenntnis der Johannesapokalypse zu wählen.

Die entscheidende Veränderung mit Konstantin sei die Verschmelzung der „Zwei Reiche", der zwei sichtbaren Realitäten, als Folge der
augustinischen Theologie. All das, was vorher als Welt bezeichnet
wurde (Staat, Ökonomie, Kunst, Rhetorik, Aberglaube usw.), sei hier
„getauft" worden.[21] Da auch für Augustin die Welt allein dadurch
noch nicht „christlich" geworden sein konnte, wurde die Lehre von
der *ecclesia invisibilis* notwendig. Dadurch sei allerdings die Differenzierung zwischen Glaube und Nicht-Glaube ebenso unsichtbar gewor-

---

18 Vgl. YODER, *Peace without Eschatology*, 152. Hier wehrt Yoder auch die These Albert
   Schweitzers als exegetisch und historisch falsch ab, die eschatologische Erwartung
   der frühen Kirche sei eine Interims-Ethik und führe heute in die Verantwortungslosigkeit. Weiter dazu s. u. III.4.a.

19 Besonders in YODER, *The Otherness of the Church* (1960) und DERS., *Christ, the Hope
   of the World* (1966); in: YODER, *The Royal Priesthood*, 194–218, u. a.

20 Als Anspielung auf Luthers Schrift *De captivitate Babylonica ecclesiae Praeludium*
   1520, WA 6.

21 Vgl. YODER, *The Otherness of the Church*, 75.

den. Vordem hätten Menschen aus Erfahrung bekennen können, dass Christus Herr der Kirche sei und gegen allen Anschein auch Herr der Welt. Nun aber werde erwartet, gegen allen Anschein zu glauben, dass die gläubige Kirche existiere. Daher musste die Soteriologie der *preservatio* untergeordnet werden. Die christliche Hoffnung sei auf diese Weise von innen nach außen gekehrt worden. Da es nun keine nominellen Heiden mehr gab, war jeder Stand, jeder Beruf als christlich anzuerkennen, die heidnische *iustitia* zum Maßstab für den Inhalt christlicher Liebe erklärt.[22] Yoder ist sich der Gefahr einer Karikierung der Kirche bewusst und stellt daher ein bleibendes Bewusstsein für die Unterschiedenheit der Kirche von der Welt in allen Phasen der Kirchengeschichte fest, wie schwach auch immer ausgeprägt: das höhere moralische Bewusstsein des Klerus, der internationale Charakter der Kirchenhierarchie, die sichtbare Kirchenhierarchie gegenüber der staatlichen, die allmähliche moralische Bildung der Barbaren hin zu Monogamie und Legalität, auch Mission, Apokalyptik und Mystik seien zu berücksichtigen.[23]

Indem sich die Reformation zwischen 1522 und 1525 für einen politischen Konservatismus entschied, verwarf sie gerade die Möglichkeit den konstantinischen Kompromiss herauszufordern. Sie verkannte, dass die Phänomene, gegen die sie kämpfte, Früchte dieser Fusion waren: Papalismus, Pelagianismus, Hagiolatrie, Sakramentalismus. Hier zeige sich die Inkonsistenz der Argumentation: obwohl die Reformatoren eine Erneuerung und Reinigung des *corpus christianum* anstrebten, wurden nun auch noch jene Reste der mittelalterlichen Kirche zerstört, die noch ein Bewusstsein für die Unterschiedenheit von Kirche und Welt in sich trugen, endgültig besiegelt in der nun erfolgten Bindung an die Territorialmächte (z. B. an den Kurfürst von Sachsen, den Stadtrat von Zürich, etc.). Jetzt erst wurde ein religiös motivierter politischer Streit zwischen christlichen Völkern möglich, wie der 30jährige Krieg beweise.

Im Grunde entwickelt Yoder seine Interpretation des Konstantinismus aus einer späteren Phase des (von ihm so bezeichneten) „Neo-Konstantinismus". Dieser begann mit dem Ende der Religionskriege 1648 und dem Eintritt in eine neue Qualität der Einheit von Kirche und Staat. Kirche wurde zur Dienerin einer partikularen, dominierenden Schicht der Gesellschaft. Dies mache die Einheit von Kirche und Staat um so kritikwürdiger. Yoder analysiert sämtliche Epochen der Kirchengeschichte durch dieses Brennglas und spürt die immer gleiche Grundstruktur auf: Im „Neo-neo-Konstantinismus" „segne" die Kir-

---

22 Einen Beleg sieht Yoder z. B. darin, wenn Ambrosius Ciceros politische Ethik rezipiert, vgl. ebd.
23 Vgl. YODER, *The Otherness of the Church*, a. a. O.

che die partikulare Gesellschaft, ohne dass es überhaupt noch zur Identifikation mit ihr komme. Und die Säkularisierung stelle dann eine weitere Stufe des Konstantinismus dar: Kirche verteidige jetzt ihre Bindung an staatliche Autoritäten, indem sie argumentiere, dass durch eine absolute Trennung vom Staat der Säkularisierung weiter Vorschub geleistet werde. Und schließlich erkennt er in den Allianzen zwischen der Kirche und *einer* politischen Richtung innerhalb der Gesellschaft (z. B. den politischen Bewegungen Lateinamerikas in den 60er und 70er Jahren) die vorläufig letzte Stufe der Konstantinisierung. Die Überzeugung des Frühchristentums, dass die eigentliche Bedeutung der Geschichte in der Kirche liege, sei nun vollständig aufgegeben. Kirche sei zu einem administrativen Zweig des Staates verkommen, wie die Post oder die Armee, Kirchenrecht werde durch zivile Gerichte ausgeübt und durch die Polizei geschützt. Soziologisch und historisch sei je nach Kontext durchaus zu differenzieren, aber strukturell sei der Machtgebrauch etablierter politischer und kirchlicher Kräfte in jeder kulturellen Situation vergleichbar. Diese Struktur gelte es zu durchbrechen, damit die Kirche Kirche sein könne („Let the Church be the Church").

Gegenüber den Reformatoren räumt Yoder ein: „It cannot be said that this turn of events was desired by the Reformers. Their uniform intention was a renewal of the visible, faithful body of believers. But the forces to which they appealed for support, namely the drives toward autonomy that exist in the state and the other realms of culture, were too strong to be controlled once they had been let loose. … In the context in which the Reformers made this decision there is much that we can understand and even approve. Their faith in the Word of God, which will not return void if it but be rightly preached, and their awareness of the divine ordination of the secular order, which were their conscious points of departure, were true in themselves. But they did not succeed in bringing up for examination the Constantinian synthesis itself."[24]

Yoder erkennt, dass gegenwärtig eine Mehrheit der westlichen Christen ihre Diaspora-Situation akzeptiert, sie lehnt auch die fragwürdigen Verquickungen des „Christentums" ab. Aber dies geschehe im Lichte der Aufklärung und des politischen Pluralismus. Es stehe noch aus, den „Konstantinismus" theologisch zu reflektieren und das Vergehen zuzugeben. Wenn nach alternativen theologischen Ansätzen für eine globale Perspektive gefragt werde, dann gewinne die Unterscheidung zwischen solchen Traditionen an Bedeutung, die Konstantin abgelehnt hätten und jenen, die sich mit dem verlorengegangenen „Konstantinismus" einfach abfänden. Die Ablehnung des „Konstantinismus" ist für Yoder Bedingung der historischen Ernsthaftigkeit des Christus-Bekenntnisses.

24 Ebd., 60.

c. Das „Jeremianische Modell" als Alternative zum theokratischen und spiritualistischen Modell

Yoders Beschreibung der freikirchlichen Alternative in kirchengeschichtlichen Kategorien wird ergänzt durch eine theologiegeschichtliche Gegenüberstellung von theokratischem und spiritualistischem Ekklesiologie-Modell. Hieraus erschließt sich erst das *Believers' Church*-Modell. Diese gegenseitige Stützung gilt es in der Rezeption wahrzunehmen, um das vorzustellende Verständnis der Ekklesiologie nicht voreilig allein durch eine Kritik an der vorgetragenen (Kirchen-) Geschichtsinterpretation zu hinterfragen. Die kritische Würdigung von Yoders ekklesiologischem Ansatz kann erst nach Wahrnehmung der unterschiedlichen Zugänge sinnvoll erfolgen.

Yoder baut eine dreifache Typologie auf und folgt damit der Analyse von Franklin H. Littel (in der Folge von Ernst Troeltsch).[25] Der Unterschied zum theokratischen und spiritualistischen Modell wird aus zwei Perspektiven entfaltet: der hermeneutischen und der ekklesiologischen. Das theokratische Modell (hier mit der puritanischen Tradition identifiziert) führt aufgrund des Bestrebens, die bestehende gesellschaftliche Situation zu sanktionieren, zu deren nachträglichen theologischen Legitimation.[26] Dann sei aber keine differenzierte kirchliche Sozialethik mehr möglich, da der Ort, an dem sich die Geschichte Gottes ereignet, die Gesellschaft als Ganze ist. Das sei die Logik des „theokratischen Humanismus", wie Yoder ihn bei Zwingli (unter Rückgriff auf Erasmus) und Calvin zu erkennen glaubt. Das spiritualistische Modell (identifiziert mit der pietistischen Tradition) argumentiert dagegen individualistisch. Die Entäußerung und die Suche nach Innerlichkeit des Glaubens lässt den Blick ganz auf die Einzelnen gerichtet sein, kollektives Heil wird nicht gedacht. Auch hier bleibe in der Folge eine differenzierte Sozialethik unmöglich, da der Ort der Geschichte Gottes nun in die Seele des Einzelnen verlegt sei (in der Reformationszeit so z. B. bei Caspar Schwenckfeld zu beobachten). Die „etablierte" Kirche, gegen die dieses Modell eigentlich reagieren wollte, bleibe dabei unhinterfragt.[27]

---

25 YODER gründet seine Aussagen hier auf die Interpretation von GEORGE H. WILLIAMS, *Spiritual and Anabaptist Writers*, The Library of Christian Classics, Vol. 25, Philadelphia: Westminster 1957.

26 Dies könne an dem bekannten Argument illustriert werden: es gebe keine Gesellschaft ohne Machtstrukturen, daher sei es besser, diese Macht von Christen ausgeübt zu wissen.

27 Yoder gesteht die großen sozialen Verdienste von Spener oder Francke zu, die er ebenso zu den Vertretern dieses Modells rechnet, fragt aber nach dem bleibenden Wert, wenn die tiefere Realität unerkannt bliebe. Vgl. JOHN H. YODER, *A People in the World* (1969); in: YODER, *The Royal Priesthood*, 66–101, 71.

Diesem stellt Yoder das Modell der *Believers' Church* entgegen, das keine Synthese (im Hegel'schen Sinne) aus den vorgenannten bildet. Es ist kein Vermittlungsmodell zwischen den beiden anderen, sondern steht in Opposition zu diesen. Ausgangspunkt der Argumentation bleibt: Kirche ist der primäre Ort der Geschichte. Die Betonung liegt auf der Notwendigkeit der Sichtbarkeit des Volkes Gottes in der Welt. Mit dem spiritualistischen Modell lehnt es die „Kälte" und den Formalismus des offiziellen Staatskirchentums ab. Dies geschieht durch die Entwicklung von alternativen Formen, „... that are according to Scripture and that are expressive of the character of the disciple's fellowship".[28] Mit dem theokratischen Modell lehnt es den Individualismus ab und das elitäre Selbstbewusstsein der Spiritualisten. Aber es favorisiert nicht das undifferenzierte *corpus christianum*, sondern „... the covenant fellowship enjoyed with others who have pledged themselves to following the same Lord." Ziel ist letztlich die Restitution eines frühchristlichen Gemeinschafts-Modells, wie es bereits im 16. Jh. von einigen der Täufer angestrebt worden ist.[29]

Yoder nennt dieses Modell später unter Bezug auf Jer 29 das „*Jeremianische*".[30] Darin kommt die gleichzeitige Distanz und Bezogenheit von Kirche und Welt zum Ausdruck. Hier wird die Exilsituation Israels als Modell für die Positionierung der Kirche gegenüber der Welt angenommen: im fremden Kontext bewahren die Exulanten dennoch ihre Identität, auch wenn sie auf Priester und Tempel verzichten. Dabei bleiben sie nicht selbstbezogen und isoliert, sondern stehen in Beziehung zu der sie umgebenden Gesellschaft, motiviert durch die Überzeugung, dass Gott der Gott der ganzen Schöpfung ist, also auch der fremden und gottfeindlichen Gesellschaft. Gerade dieser Glaube an die universale Herrschaft Gottes mache es möglich, im ständigen Dialog zu stehen, ohne dass man sich auf eine gemeinsame theoretische Grundlage geeinigt haben müsse. Dadurch werde Babylon noch nicht Israel, die Gesellschaft noch nicht christlich. Aber klar sei auch, dass Gott nicht weltlos werde. Daraus ergebe sich für die Kirche eine Freiheit zum Zeugnis, aber auch die Unmöglichkeit, sich von der Gesellschaft abzuwenden. Schließlich sei das gelebte Zeugnis ihr letztgültiger Zweck.

---

28 Ebd., 72.
29 Yoder beruft sich hier vor allem auf zwei Täufer des 16. Jhs.: Pilgram Marpeck und Michael Sattler. Auch Marpeck argumentierte gegen Schwenkfeld und gegen die reformierte Staatskirche, dass Kirche sichtbar sein müsse, s. o. II.3. Sattlers Position wird vor allem im *Schleitheimer Bekenntnis* (1527) erkennbar; er gilt als Hauptautor dieser Artikel.
30 YODER, *See how they go with their Face to the Sun*; in: JOHN H. YODER, *For the Nations*. Essays Public and Evangelical, Grand Rapids/MI: Eerdmans 1997, 51–78. Vgl. bes. Jer 29,4. Anders bei STANLEY HAUERWAS, *Against the Nations*. War and Survival in a Liberal Society, Minneapolis et al. 1983.

d. Individuelle Gnadenerfahrung als Synonym für die gemeinschaftli-
che Berufung zur „königlichen Priesterschaft"

Das individualisierte Verständnis des spiritualistischen Modells
führt Yoder auch auf das Missverstehen des reformatorischen *sola*
gratia zurück: die lutherische Lehre sei zu simplizistisch mit der
paulinischen identifiziert worden. Luther hätte – unter Ablehnung
der mittelalterlichen Kulturreligion und vergleichbar der Ablehnung
des „Kultur-Pharisäismus" durch Paulus – das *pro me* des versöhnten Sünders gesetzt. In dieser Interpretation erkennt Yoder den
Grund für die Nachordnung jedes sozialen Gedankens gegenüber
dem Dogma.

„That God is gracious *to me* is the good news that Zinzendorf, Wesley,
Kierkegaard, and today Rudolf Bultmann and Billy Graham (in their very
different ways) have derived from Luther and have labored to keep unclouded
by any effort to derive from it (or to base upon it) a social program or any
other human work. To safeguard the pure gratuitousness of grace, any binding correlation with human goals or achievements must be studiously kept in
second place."[31]

Yoder kritisiert, dass von Luther bis Bultmann immer wieder die
Korrelation zwischen Evangelium und dem subjektiven Bewusstsein
von Schuld und Vergebung hervorgehoben worden sei. Wieder zu
gewinnen sei eine Exegese, die Paulus nicht in dieser Weise „zum
Lutheraner mache", sondern die Dimension der Gemeinschaft in dem
gesamten Handeln Gottes in der biblischen *Story* erkenne.[32] So identifiziert Yoder in den paulinischen Schriften (v. a. Gal und Röm) –
und eben nicht nur in der Verkündigung Jesu vom nahenden Gottesreich – ein Potenzial zur gesellschaftlichen Erneuerung.
   Die zwölf Jünger gelten als Nukleus für eine völlig neue Qualität
der Gemeinschaft. Gott beruft sich ein Volk, im Alten wie im Neuen
Testament. Die individuelle Erfahrung der Gnade und die Berufung
zu einer königlichen Priesterschaft werden zu Synonymen (Apk 5,9 f.
und 1 Petr 2,9–10). Das Niederreißen des Zaunes zwischen Juden und
Heiden sei weder einfach Ergebnis der Versöhnung des Individuums
mit Gott, noch sei es eine „ad-hoc-Organisation" zur Unterstützung
und Verbreitung der Gewissheit individueller Versöhnung.[33] Heil ist

---

31 YODER, *A People in the World*, 73.
32 Als Quellen dieser Interpretation dienen Yoder MARKUS BARTH, *Jews and Gentiles:
   the Social Character of Justification in Paul*; in: Journal of Ecumenical Studies V,
   Spring 1968: 241–67; HANS WERNER BARTSCH: *Die historische Situation des Römerbriefes*, Communio Viatorum VIII, Winter 1965: 199–208. Vgl. hierzu aber auch die
   vielen weiteren Schriften von Markus Barth zum Thema.
33 YODER, *A People in the World*, 74.

radikal sozial zu verstehen, Soteriologie wird im Kontext der Ekklesiologie entworfen, nicht umgekehrt.[34]

Es überrascht, dass Yoder einerseits die rein individualistische Interpretation des *sola gratia* so radikal verurteilen kann und gleichsam konsequent für ein kollektives Heilsverständnis plädiert, andererseits aber Israel nicht als Teil der neuen Gemeinschaft thematisiert. Dies müsste sich bei solcher Exegese geradezu aufdrängen (vgl. Eph 2). Zu fragen ist daher zum einen, ob diese Interpretation der lutherischen Gnadenlehre nicht zu kurz greift, zum anderen ob hier nicht der kritisierte methodische Zugang einfach wiederholt wird, indem wiederum selektiv mit biblischen Zeugnissen verfahren wird, um zu einer biblisch begründeten Interpretation und Legitimierung des vorgefassten Modells zu gelangen.

Evangelium heißt für Yoder zuerst die Schaffung einer *neuen* menschlichen Gemeinschaft. Wenn mit Kirche das religiöse „Establishment" gemeint sei, dann werde die Aussage, Gott habe eine neue menschliche Gemeinschaft geschaffen, obsolet. Vielmehr widerspreche dieses Wunder der neuen Gemeinschaft gerade einer Identifizierung mit der vorfindlichen Gesellschaft, auf zweifache Weise: es wendet sich (1) gegen eine „Absegnung" der bestehenden gesellschaftlichen Einheit und ihren Strukturen und (2) gegen die Exklusivität dieser Gemeinschaft, die sich gegen eine feindliche Klasse, einen anderen Stamm, ein Volk oder eine Nation abgrenzt. Letzteres verdeutlicht: Yoder kann nicht einfach der Entwurf eines sektiererischen Modells vorgeworfen werden, denn die von der Gesellschaft sanktionierten Grenzen haben für die neue Gemeinschaft gerade keine trennende Funktion mehr. Die Durchlässigkeit der Ränder ist elementarer Bestandteil der *Believers' Church* (oder des Jeremianischen Modells). Zu fragen bleibt freilich andererseits nach der theologischen Begründung für die scharfe Grenzziehung zwischen Kirche und Nicht-Kirche. Das wird im Folgenden zu berücksichtigen sein.

---

34 Traditionellerweise wird die Ekklesiologie im Rahmen der Dogmatik unter den *media salutis* verhandelt.

III.3. Notae ecclesiae: congregatio visibilis versus ecclesia invisibilis

a. Biblischer Realismus: lokale Gemeinde als hermeneutische Gemeinschaft

Yoder lehnt eine systematische Theologie ab, die sich als Methodologie einer rein theoretischen oder auf einer Meta-Ebene geführten Diskussion versteht. Sein Bestreben ist nicht in erster Linie, die einzelnen, tradierten Loci in einem logischen Verhältnis zueinander darzustellen, um sie dann als allgemein gültig zu erklären. Referenzpunkt ist immer zuerst das Leben der Gemeinde in ihrem lokalen Kontext. „The life of the community is prior to all possible theological distillations".[35] Für Yoder gibt es keinen „theologisch neutralen" Boden.

Dies gilt auch im Blick auf das Schriftverständnis. Die Schrift hat keine Bedeutung *per se* in dem Sinne, dass sie eine Ekklesiologie bereit hielte, die es nur zu entdecken gelte.[36] Vielmehr sei die Bibel ekklesiologisch vermittelt, gewinne ihre Bedeutung und werde verstanden im Kontext der Kirche als versammelte Gemeinde, die so zur „hermeneutischen Gemeinschaft" wird. Die glaubende Gemeinschaft hat dank der Historiker, Poeten und Propheten nacherzählend imaginär Anteil an der vergangenen Geschichte. Sie gewinnt die Vergangenheit wieder als ihre eigene *Story* und kann das ganz Originelle ihres eigenen Kontextes so als etwas essentiell Identisches mit dem sehen, was Glaube vordem war.[37] Hiermit schließt sich Yoder bewusst dem Verständnis eines „Biblischen Realismus" (Hendrikus Berkhof) und einer „Zweiten Naivität" (Paul Ricoeur) an.

„To speak from the Bible apart from the people reading it and apart from the specific questions that those people reading need to answer is to do violence to the very purpose for which we have been given the Holy Scriptures. There is no such thing as an isolated word of the Bible carrying meaning in itself. It has meaning only when it is read by someone and then only when that reader and the society in which he or she lives can understand the issue to which it speaks".[38]

---

35 JOHN H. YODER, *Walk and Word:* the Alternatives to Methodologism; in: NANCEY MURPHEY, MARK NATION, STANLEY HAUERWAS (eds.), *Theology without Foundations:* Religious Practice and the Future of Theological Truth, Nashville/TN: Abingdon 1995, 77–90, 82. Vgl. hierzu auch die anderen Beiträge in diesem Band.

36 Vgl. JOHN H. YODER, *The Priestly Kingdom:* Social Ethics as Gospel. Notre Dame: University of Notre Dame Press 1984, 117.

37 „... the believing community today participates imaginatively, narratively, in the past history as her own history, thanks to her historians, but also thanks to her poets and prophets". YODER, *Armaments and Eschatology,* 51.

38 JOHN H. YODER, *Binding and Loosing* (1967); in: Yoder, *The Royal Priesthood,* 325–358, 353.

Es ist unverkennbar, welch zentrale Funktion der lokalen, versammelten Gemeinde dadurch für die Hermeneutik zukommt. Sie bildet den Kontext zur Erhebung eines Axioms friedenskirchlicher Ekklesiologie.

b. Kritik an CA VII – als Exempel einer simplizistischen Schematisierung

Yoder vollzieht eine weitere Abgrenzung zum *main-line*-Protestantismus, explizit den lutherischen *notae ecclesiae*, wie sie in der *Confessio Augustana* (CA) dargestellt sind: Kirche ist dort, „bei welchen das Evangelium rein gepredigt und die heiligen Sakrament lauts des Evangelii gereicht werden"[39]. Diese Formulierung lässt, das gesteht Yoder zu, einen breiten Auslegungsspielraum zu, augenscheinlich durch die adverbialen Näherbestimmungen „rein" und „lauts des Evangelii". Daher seien sie nicht falsch, es lägen hierin aber keine Differenzkriterien im strengeren Sinne vor, auch wenn sie im ökumenischen Gespräch als solche eingebracht würden.[40] Yoders Kritik setzt bei der Perspektivität an: Bezugspunkt der Gültigkeit ist nicht die Gemeinde, sondern deren übergeordnete Struktur. Beide Kriterien sind auf die rechte Verwaltung gerichtet, nicht auf die versammelte Gemeinde selbst. Yoder berücksichtigt, dass die Kirchen der reformierten Tradition zwar ein drittes Kriterium eingeführt hätten, die Nachfolge, dies sei aber eher abstrakt geblieben und richte sich zu stark auf das moralische Verhalten der einzelnen Mitglieder.

„How many persons are present, in what attitude they are listening, what they understand, how they respond to what they have heard, to what they commit themselves, how they relate to one another, and with what orientation they return to the week's activities is not part of the touchstone definition of the church. We thus have criteria that apply to recognizing the legitimacy of a magisterial superstructure but not to identifying a Christian community."[41]

Hier ist einzuwenden, dass Yoders Kritik deshalb zu kurz greift, weil die Formulierung in CA VII nicht vollständig rezipiert ist. Ein grundsätzliches Problem Yoders Methodik soll hier exemplarisch demonstriert werden: in der oftmals zu oberflächlichen Rezeption der genannten Quellen liegt die Gefahr, diese in ihrer verkürzten Darstellung auf eine Negativfolie zu reduzieren, die dann auf eine Abgrenzungsfunktion zum eigenen Konzept reduziert wird. Genauer heißt es in CA VII: „Es wird auch gelehrt, daß alle Zeit musse eine heilige christliche Kirche sein und bleiben, welche ist *die Versammlung aller Gläubigen, bei welchen* das Evangelium rein gepredigt und die heiligen

---

39 CA; in: BSLK, 31–137, VII. Von der Kirche, 61.
40 S. u. V. 3. (mennonitisch-lutherischer Dialog).
41 YODER, *A People in the World*, 76.

Sakrament lauts des Evangelii gereicht werden ...“[42]. Man kann schwerlich leugnen, dass Kirche demnach auch in dieser Definition zunächst als „Versammlung aller Gläubigen" im Blick ist. Damit aber wäre Yoders Kritik in seiner Hauptstoßrichtung bereits geschwächt. Es kann weiter argumentiert werden, dass es im Folgenden um die Qualifizierung dieser Versammlung gehe. Und auch wenn die Perspektive, insofern ist Yoder Recht zu geben, nicht die des Empfangens, sondern des Spendens ist, so bleibt dennoch zu berücksichtigen, dass hier allenfalls implizit von einer „magisterial superstructure" die Rede ist. Die vorliegende Definition zur Verkündigung des reinen Wortes und das Teilen der Sakramente dem Evangelium gemäß widerspricht an sich noch nicht einem freikirchlichen Modell.

Zum Zweiten muss eingewendet werden, dass die Intention des Gesamttextes auch hier zu berücksichtigen ist, will man seine Einzelaussagen nicht überfordern. Eigentlich geht es an dieser Stelle der CA um die Frage der Einheit der Kirche, wenn CA VII beginnt:

„Es wird auch gelehrt, dass alle Zeit musse ein heilige christliche Kirche sein und bleiben,..." und dann fortfährt: „... Denn dies ist genug zu wahrer Einheit der christlichen Kirchen, dass da einträchtiglich nach reinem Verstand das Evangelium gepredigt und die Sakramente dem göttlichen Wort gemäß gereicht werden. Und ist nicht not zur wahren Einigkeit der christlichen Kirche, dass allenthalben gleichformige Zeremonien, von den Menschen eingesetzt, gehalten werden, wie Paulus zun Ephesern am 4.: ‚Ein Leib, ein Geist wie ihr berufen seid zu einerlei Hoffnung eures Berufs; ein Herr, ein Glaub, ein Tauf'.“[43]

Nimmt man diese Aussagerichtung zur Kenntnis, dann wird deutlich, dass gerade die von Yoder kritisierte Perspektive abgewehrt werden soll. Der Text der CA richtet sich gegen die mittelalterliche Kirche, die in der Tat stärker vom Klerus als von den Laien, stärker vom Amt als von der versammelten Gemeinde her definiert ist.

Dennoch soll die Frage Yoders nach der Perspektivität nicht als abgeschlossen betrachtet werden, greift er doch damit ein Element freikirchlicher Ekklesiologie auf, das für alle reformatorischen Kirchen von höchster Bedeutung bleibt und hier erneute Aufmerksamkeit gewinnt. Festzustellen ist aber, dass Yoders durchgängige Typisierung von *Konstantinische Kirche versus Freikirche* – in welcher Begrifflichkeit dies auch jeweils dargestellt ist – allzu schematisch ist, womöglich die Würdigung des Einzeltextes, seine Intention und seinen Entstehungskontext nicht berücksichtigt.

42 CA VII in BSLK, 61. (Hervorhebungen durch FE).
43 Ebd. Vgl. Eph 4:4.5.

c. Kirche ist Kerygma: Partikularität, Kommunalität, Freiwilligkeit,
Unabhängigkeit und Egalität als Merkmale

Yoder wendet sich auch gegen eine rein soziologische Interpretation
der Kirche im Sinne Ernst Troeltschs mit folgender Begründung: (1)
Die Debatte um Trennung zwischen Kirche und Staat war niemals
eine eigenständige, sondern immer eingebettet in distinkte Vorstellungen des Konzeptes christlicher Nachfolge und christlicher Gemeinschaft.[44] (2) Ließe sich die Freikirche allein aufgrund ihrer Trennung
vom Staat beschreiben, dann bedeute dies die Anerkennung eben jenes
Kriteriums, das gerade in Frage gestellt ist. Bereits die Täufer des
16. Jhs. hätten verneint, dass die Strukturen einer Gesellschaftsordnung ein geeignetes Medium seien, um Kirche dem Willen Gottes
gemäß zu beschreiben.[45]

Yoders ekklesiologische Argumentationsgänge sind immer im Kontext der Tradition einer radikalen Reformation gedacht. Den von
George H. Williams und Roland Bainton geprägten Begriff der *Free
Church*[46] nutzt er zunächst als Abgrenzung zu den Kirchen der *„magisterial reformation"*. D. F. Durnbaugh u. a. meinten, eine fortlaufende
Linie der „radikalen Reformation" durch die Jahrhunderte zu erkennen: die Täufer im 16. Jh., die separatistischen Puritaner im 17. Jh.,
lutherische Pietisten und wesleyanische Methodisten im 18. Jh., Disciples of Christ in den USA im 19. Jh., bis hin zu Vertretern der
Bekennenden Kirche Deutschlands und Pfingstlerische Kirchen in Lateinamerika im 20. Jh. All diese seien dem *„Believers' Church Pattern"*
gefolgt. Dieser Interpretation schließt sich Yoder an:

„With careful discernment we would probably find the same pattern recurring
in every critical period of renewal, whether it be the Bohemian Brethren
between Utraquists and the solitary of Peter Chelcicky, or Alexander Mack
between the radical and the churchly Pietists, or George Fox between Crom-
well and the Ranters."[47]

Aufgrund dieser geschichtlichen Kategorisierung meint Yoder aber,
dass diese Traditionslinie nicht einfach zu interpretieren sei als Er-

---

44 Hier ist zu fragen, ob es sich zumindest historisch nicht genau anders verhalten hat.
   War nicht die Trennung von der „Staatskirche" letztlich die Geburtsstunde der
   Freikirche im 16. Jh. und wurde nicht die theologische Legitimation erst als Folge
   entwickelt? Diese Diskussion kann hier nur angedeutet werden, s. o. II.3.4.c.
45 „The church will be most effective where it abandons effectiveness and intelligence
   for the foolish weakness of the cross in which are the wisdom and the power of
   God. The church will be most deeply and lastingly responsible for those in the valley
   of the shadow if it is the city set on the hill. The true church is the *free* church."
   YODER, *The Otherness of the Church*, 64.
46 S. o. II.1.
47 Vgl. bes. YODER, *A People in the World*, 71.

gebnis der Spannung einer Bipolarität, sondern sie bilde eine dritte Alternative, gleichberechtigt neben den anderen. Dieses Interpretationsmuster verfolgt er konsequent.

Im Unterschied zu anderen Vertretern solcher Interpretationen verknüpft Yoder die Berufung der Kirche eng mit dieser Geschichte.[48] Kirche ist nicht einfach Trägerin einer bestimmten Botschaft, sondern eine Gemeinschaft von Männern und Frauen, die dadurch in eine neue Sozialordnung berufen sind: dies erst gibt Geschichte einen Sinn.[49] Und so wird Kirche als alternative Sozialordnung selbst zur missionarischen Botschaft (s. u. III.3.d. *notae missionis*), Kirche *ist* Kerygma.

Vor diesem Hintergrund wird das Verständnis der Freikirche entfaltet: (1) Ihr Schwerpunkt ist die partikulare, historische und daher jüdische Qualität und Substanz neutestamentlichen Glaubens an Jesus Christus. (2) Sie schließt die kommunale und kulturelle Dimension des Lebensstils im Glauben (Entscheidungsfindungen, Ökonomie) als religiöse Themen ein, anstatt sie nur periphär zu berücksichtigen, der Spiritualität und dem Dogma vorgeordnet. (3) Sie insistiert auf die Freiwilligkeit der Mitgliedschaft in der sichtbaren Kirche, gewöhnlich durch die Taufe der ihren Glauben persönlich Bekennenden zum Ausdruck gebracht. (4) Sie lehnt die Unterstützung, Verteidigung und Kontrolle der Kirche durch öffentliche Institutionen (staatliche Regierungsorgane) ab. (5) Sie relativiert jede hierarchische Dimension der Kirche, um ein Maximum an Freiheit und Ganzheit in der lokalen Gemeinde zu erreichen. Zusammenfassend nennt Yoder als Merkmale der Kirche Partikularität, Kommunalität, Freiwilligkeit, Unabhängigkeit und Egalität.

In dieser Beschreibung eines freikirchlichen Konzeptes sind spezifische Verständnisse von Schrift, Eschatologie, bestimmte ethische Urteile und ein spezifisches Sakramentsverständnis bereits angedeutet. Dies gilt es zu eruieren, wenn eine *theologische* Beschreibung mit dem Begriff der Freikirche angestrebt ist und nicht nur eine institutionell-strukturelle.

d. Notae ecclesiae als notae missionis: Diakonia, Koinonia, Martyria

Wenn Kirche nicht unterschieden werde von der Gesellschaft, dann könne es sinnvollerweise auch keine Mission geben. Das Sein der Kirche liegt in ihrer Außenwirkung begründet und gleichzeitig bewahrt Mission die Kirche vor sektiererischer Abgrenzung. In dieser

---

48 Ebd.
49 So die Interpretation Yoders zu Eph 2–3.

Aussagenfolge kann Yoder die *notae ecclesiae* streng genommen auch als *„notae missionis"* bezeichnen.[50]

In der ökumenischen Diskussion fand Yoder Bestätigung für diese Überlegungen: Willem A. Visser't Hooft nannte drei Funktionen der Kirche[51]: Zeugnis (μαρτυρία), Dienst (διακονία) und Gemeinschaft (κοινωνία). Stephen Neill nannte andere:[52] missionarische Tätigkeit, Leiden und die Mobilität der Pilger. Damit werden zumindest zwei Dimensionen der Ekklesiologie erreicht, die Yoder vordem in anderen Konfessionen nicht zu erkennen meinte: (1) Kirche zuerst als eine Gemeinschaft von Menschen zu verstehen, die nach der Beziehung und dem Verhalten dieser Menschen fragt; und (2) eine Beschreibung, die die Beziehung der Kirche zur Welt berücksichtigt, die Mission der Kirche deutet. Dies trifft, so Yoder, die Aussageabsicht der Täufer des 16. Jhs.: „What these two senior statesmen of the modern ecumenical movement are saying was said in the sixteenth century by Menno Simons".[53] Dieser fügte zu den traditionellen lutherischen „Zeichen" (die er anders auslegte als Luther) vier weitere hinzu: (a) Heiligkeit, (b) brüderliche Liebe, (c) uneingeschränktes Zeugnis, (d) Leiden.[54] Somit werden auch hier, wenn auch in anderer Auslegung, Diakonia, Koinonia und Martyria als Kennzeichen (*notae ecclesiae externae*) der Kirche genannt.

Yoder grenzt dieses Verständnis der missionarischen Kirche wiederum gleichermaßen zum Pietismus wie zum Staatskirchentum ab: im Pietismus stagnierte Mission bald aufgrund fehlender Außenwirkung (vgl. 2) und es sei nicht viel mehr als eine gemeinschaftliche Introspektion geblieben. Das Staatskirchentum bejahe zwar Mission, aber ohne die Errichtung einer genuinen, indigenen Gemeinschaft (vgl. 1) gereiche dies zum Paternalismus und mache so die entfremdenden Elemente des Sakramentalismus und des Klerikalismus um so deutlicher, wenn diese in fremde Gesellschaften exportiert wurden.

Im Folgenden soll kurz entfaltet werden, inwiefern die vorgeschlagenen *notae externae* die geforderten Kriterien der authentischen Gemeinschaftsbildung und der Außenrelation erfüllen:

Heiligkeit (Diakonia)

„Since we are not the lord of history there will be times when the only thing we can do is to speak and the only word we can speak is the word clothed

---

50 Vgl. hier wie im Folgenden vor allem YODER, *A People in the World*, a. a. O.
51 Vgl. WILLEM A. VISSER'T HOOFT, *The Pressure of Our Common Calling*, London: SCM 1959, bes. 28.
52 Vgl. STEPHEN NEILL, *The Unfinished Task*, London: Edinburgh House Press, Lutterworth 1957, 19 f.
53 YODER, *A People in the World*, 77.
54 Vgl. Klare Beantwortung einer Schrift des Gelius Faber, a. a. O.

in deed, a word that can command attention from no one and that can coerce no one."[55]

Wieder setzt Yoders Argumentation bei der Ethik ein: Der Kontext, in dem ethische Entscheidungen getroffen werden, stelle sich im theokratischen wie im spiritualistischen Modell gleichermaßen aus der Perspektive der „Herrschenden" und der Frage nach dem „Funktionieren" der Gesellschaft. Yoder kritisiert, dass der ethische Imperativ sich dann nicht als das „positive word of the covenant of God" erweise.[56] Dies stehe konträr zur neutestamentlichen Ethik, die ein gänzlich anderes Paradigma einführe: die Sicht der Unterprivilegierten, der Frau, des Kindes, der Sklaven. Die Heiligkeit der Kirche ergibt sich dann aus der Differenz der Perspektive wie in der alternativen Gemeinschaftsqualität, die auch als Unterscheidung zur herrschenden Stimme der Gesellschaft dient.[57] Zwar ist Kirche ganz und gar *in* der Welt, aber nicht *von* der Welt. Ihre Heiligkeit ergibt sich aus einem anderen Bezugsrahmen, einem neuen Paradigma. Die ethische Nonkonformität der Christen wird zum unerlässlichen Kriterium ihrer Sichtbarkeit, Ethik ist Mission im Sinne einer „neuen Weltlichkeit".

Verantwortungsübernahme in Politik, Wirtschaft, Universität wird nicht abgelehnt, doch Yoder glaubt zu erkennen, dass diese Funktionen traditionellerweise darauf abzielen, Herrschaft auszuüben. Das veranlasse aber die gleichen Personen, in der Verantwortungsübernahme gegen eine spezifisch christliche Ethik zu argumentieren (z. B. gegen Pazifismus, obwohl zugegeben werde, dass dies die Haltung Jesu und der Apostel gewesen sei) und für eine Sozialethik, die sich aus der natürlichen Ordnung ergebe und auf Prinzipien der allgemeinen Vernunft basiere.

Geschwisterliche Liebe (Koinonia)

Voraussetzung zur geschwisterlichen Liebe ist in der Frei-Kirche das Freiwilligkeitsprinzip, denn gegenseitige Liebe könne nicht erzwungen werden. Die Lösung von Konflikten soll nach der „Gemeinderegel" erfolgen.[58] Den Bruder, die Schwester in seiner, ihrer Sündhaftigkeit zu belassen sei gerade nicht als Ausdruck dieser Liebe zu verstehen, sondern bedeute Verantwortungslosigkeit. Auch die Sakramente werden in diesem Deutungsrahmen verstanden. Entscheidend ist nicht

---

55 JOHN H. YODER, *Body Politics*. Five Practices of the Christian Community before the Watching World, Nashville/TN: Decipleship Recources 1993 (repr. 1997), 204.

56 YODER, *A People in the World*, 80.

57 „The alternative to all of this is the biblical demand that holiness is the separateness of a called *people* and the distinctiveness of their social existence." Ebd.

58 S. o. II.3.4.c. Es ist interessant festzuhalten, dass Kirchenzucht für Menno Simons nicht zu den *notae* gehörte, wohl aber für Calvin.

ihre rechtmäßige Verwaltung, sondern dass sie auch tatsächlich das sind, was sie bedeuten: Teilhabe und Teilnahme. Heiligkeit und geschwisterliche Liebe zielen auf Gemeinschaftsbildung und deren Erhalt.

Zu fragen ist hier nach einer tragfähigen theologischen Begründung des angestrebten Gemeinschaftsmodells, wenn es nicht nur aus der Notwendigkeit ethischer Implikationen abgeleitet werden soll.

Zeugnis (Martyria)

Das Konzept eines missionarischen Zeugnisses sieht Yoder strukturell als nicht vereinbar mit der soziologischen und politischen Stellung einer „etablierten" Kirche. Der Kern missionarischer Aktivität sei das Zeugnisgeben ohne jeden Kompromiss im Sinne einer beständigen Opposition. Das mache die prophetische Stimme der Kirche aus. Für die einen (Pietismus) ziele Mission auf die individuelle Bekehrung, der Locus der Mission sind dann die Hörer. Die anderen („Staatskirchentum") zielten auf soziale Veränderung, der Locus ist die Veränderung selbst. Beides lehnt Yoder unter Berufung auf Menno Simons ab:

„Menno would have addressed to both the criticism that the ,witness' was being deluted by opposition: on the one hand by withdrawing from a direct challenge to the orders of society and on the other by setting goals in terms of what the authorities can reasonably be asked to do".[59]

Die Außenwirkung der Kirche ergibt sich aus ihrer Andersartigkeit, die gleichsam ihre Zeugniskraft ausmacht.

Leidensbereitschaft (Nachfolge)

Ohne Teilhabe am Leidensweg Christi könne auch keine Teilhabe am Herrsein Christi beansprucht werden. Das sei die Nachfolge des „königlichen Priestertums" (*„royal priesthood"*). Die Konformität zum Weg Jesu kann bis zum Kreuz führen; das ist die elementare Erfahrung der wahren Kirche. Wieder nutzt Yoder seine Typologie zur Klärung des freikirchlich-friedenskirchlichen Modells. Im spiritualistischen Modell (Yoder verweist auf mittelalterliche Mystik, Thomas Müntzer und Zinzendorf) werde das Kreuz zur inneren Erfahrung: das Innere des Menschen kämpft mit Zweifeln oder mit Stolz bis es gebrochen wird und so eine innere Haltung der „Gelassenheit" entsteht, die schließlich zur mystischen Vision führt. Wenn aber das Leiden zum Instrument der inneren Erleuchtung werde, unterliege es der Gefahr einer Glorifizierung. Im theokrati-

---

59 YODER, *A People in the World*, 86.

schen Modell hingegen hieße „das Kreuz auf sich zu nehmen", an einer relativen Schwierigkeit zu tragen, einer unheilbaren Krankheit gleich. Dies stelle aber mehr oder weniger die Situation dar, in der man sich befinde, unabhängig von der Frage des eigenen Verschuldens. In keinem Fall enthalte dies einen ethischen Anspruch oder eine moralische Verpflichtung, führe dagegen zur Akzeptanz des *status quo*, da letztlich Gott als Verursacher dieser Situation gesehen wird. Das „Kreuztragen" dürfe demnach erwartet werden. Anders im *Believers' Church*-Modell: Leid ist hier vornehmlich verstanden als Folge, die sich aus der Loyalität zum Weg Jesu ergibt und durch die Nonkonformität zur Welt hervorgerufen wird. Yoder geht so weit zu behaupten, dass sich hieraus gar eine Partizipation an dem „character of the saving work of Christ" ergebe[60]. Dennoch wird das Leid weder herbeigesehnt, noch angenommen als etwas, das Gott vorherbestimmt hat. Letztlich erweise sich aber in der Bereitschaft des „Kreuztragens" die Glaubwürdigkeit der Kirche.

Es ist offensichtlich, wie stark Yoder die Gegenpositionen auch hier stigmatisiert und sie keineswegs in ihrer begründenden Argumentation wahrnimmt. Zu fragen ist daher, inwiefern hier tatsächlich ein alternativer Zugang gegeben ist. Wird Leiden nicht auch hier in letzter Konsequenz zum Instrument stilisiert, dass zum rechten Kirche-Sein führt? Different ist, dass sich dieses Leiden aus einem unterschiedenen Lebensstil ergibt. Die Gefahr der Leidensrechtfertigung ist aber hier ebenso gegeben.

Es ist nicht einsichtig, warum Yoder diese vierte *nota* einführt, ist sie doch eigentlich im Zeugnischarakter (Martyria) enthalten und könnte sich organisch aus dieser ergeben. Die Vermutung drängt sich auf, hier an die *notae* Menno Simons' anschließen zu wollen. Diesen lag aber im Kontext der Täuferverfolgung des 16. Jhs. ein anderer Erfahrungshorizont zugrunde. Das weist auf eine Idealisierung des „linken Flügels der Reformation" zur Legitimierung der eigenen Position. Diese Methodik soll später (s. u. III.6.) weiter diskutiert werden.

Kirche wird bei Yoder weniger „an sich" in ihrer ekklesialen Existenz definiert, aus der sich eine normative Beschreibung entwickeln ließe. Eher zeigen sich idealisierte, deskriptive Formulierungen. Yoder verzichtet scheinbar bewusst auf die Entfaltung eines ekklesiologischen Dogmas, will eher die Mission im Kirchesein gesichert sehen: Kirche *ist* Mission. Hierin liegt das unterscheidend andere dieses Zugangs zur Ekklesiologie im Ganzen. Daraus erklärt sich, dass an keiner Stelle Differenzierungen vorgenommen werden zwischen Attributen und Kennzeichen, auch nicht zwischen konstitutiven und nichtkonsti-

---

60 Ebd., 88.

tutiven *notae externae*. Die Differenz zu anderen Positionen zeigt sich auch in der Methode, wie hier ekklesiologische Aussagen entfaltet werden. Das soll im Weiteren beobachtet werden.

III.4. Ekklesiologie als Ethik: ecclesia viatorum

Wir sahen, dass Yoders ekklesiologische Überlegungen bei der Erwählung der neuen Bundesgemeinschaft einsetzen, die frei(willig) auf den Ruf Gottes antwortet. Diese neue Gemeinschaft ist die sichtbare Kirche der Glaubenden, die das Lieben dem Herrschen vorzieht, das Erleiden dem Leidzufügen, die soziale Schranken überwindet, anstatt sie in der eigenen Gemeinschaft fortzuführen. Kirche ist nicht Instrument der guten Nachricht, sondern sie stellt diese selbst dar. Dies sollte sich als Alternative erweisen zum strukturell vergleichbaren theokratischen wie zum spiritualistischen Modell.[61] Um die Ekklesialität von Kirche zu beschreiben, sucht Yoder nicht nach ontologischen Kategorien. Immer antwortet er auf die Frage nach dem Wesen der Kirche mit „Praktiken" oder „Funktionen" der *ecclesia*. So entsteht ein Bild von der Kirche im Werden, die sich in dogmatischer Begrifflichkeit nicht fassen lässt, sondern sich je und je in ihrer Partikularität definiert, die nicht in ihrer Institutionalisierung oder im Amt sichtbar wird, sondern immer als Koinonia, die *per definitionem* niemals nach außen abgeschlossen sein kann und dennoch klar different bleibt. Dieser Ansatz führt Yoder zu einer „messianischen Ethik" in einer doxologischen Vision von Geschichte.

a. Die messianische Ethik der Nonkonformität

Yoders Kritik an den ekklesiologischen Ansätzen der „konstantinischen Kirchen" ist nicht ohne seinen Entwurf einer messianischen Ethik zu verstehen.[62] Kirche soll auf den Anspruch verzichten, die Welt, in der sie existiert, zu kontrollieren (vgl. Heb 12,1–3). Kirche übt niemals Herrschaft aus in der Geschichte, sondern Christus, der κύριος. Im Namen Gottes kann sie aber zur Welt sprechen als ethisch Urteilende, ohne diese zu „taufen". Die „Effizienz" kirchlichen Handelns liegt in ihrer Zeichenhaftigkeit. Ihre Verantwortung ist prophetisch, weil ihre Hoffnung messianisch ist, so lautet die These Yoders.

---

61 „The context of the covenant community represents a radical alternative to both the theocratic and the spiritualist views of historical movement." Ebd., 94.
62 Vgl. hier besonders JOHN H. YODER, *Sacrament as Social Process*, in: Theology Today, April 1991. DERS., *Body Politics*. Five Practices of the Christian Community before the Watching World, Nashville/TN: Decipleship Recources 1993 (repr. 1997).

„... the church's responsibility to and for the world is first and always to be the church." ... „We must first of all confess ... that the meaning of history lies ... in the calling together ‚for God's saints from every tribe and language and people and nation‘, a ‚people of his own who are zealous for good deeds‘."[63]

Das Bewusstsein für die sichtbare Unterschiedenheit und Realität zwischen Welt und Kirche führt Yoder zu zwei „skandalösen" Erkenntnissen: (1) christliche Ethik ist in erster Linie eine Ethik *für Christen*! (2) In der Gesellschaft gibt es Funktionen, die diese für notwendig hält, an der sich Christen aber nicht notwendigerweise beteiligen. Yoder plädiert für eine *„evangelical nonconformity"*[64] und sucht sich gleichzeitig gegen den Vorwurf der Propagierung eines Perfektionismus oder eines Legalismus zu wehren. Seit Augustin herrsche implizit die Meinung vor, christliche Ethik sei auf die ganze Menschheit applizierbar. Dies finde schließlich seine Zuspitzung in Kants kategorischem Imperativ. Erstes Kriterium eines ethischen Ideals werde dann seine Generalisierbarkeit. Das aber bedeute, man erwarte von allen Gehorsam und Selbstlosigkeit. In der „puritanischen Alternative" gewinne dies aber erst durch Glaube und Vergebung tatsächlich an Bedeutung, während in der „mittelalterlichen Alternative" die Ansprüche soweit minimiert würden, dass Glaube und Vergebung gar keine Rolle mehr spielten. Dieses Dilemma sieht Yoder als Folge der Weigerung, die Realität der Welt anzuerkennen.

Yoder beruft sich in diesen Überlegungen auf Karl Barths Ausführungen zum Kirchenrecht.[65] Barth sei der einzige *„mainline"*-Theolo-

---

63 YODER, *The Otherness of the Church*, 61.
64 Anhand verschiedener Beispiele aus der Kirchengeschichte illustriert Yoder, inwiefern solche Nonkonformität zu unterschiedlichen Zeiten und Kontexten zur Erneuerung der Kirche führten: die Christianisierung des germanischen Europa im Mittelalter sei nicht von der Staatskirche, sondern von den Orden ausgegangen, die durch Freiwilligkeitsprinzip, Nachfolge und Mobilität gekennzeichnet waren (i. e. charakteristische Merkmale freikirchlicher Ekklesiologie); im England des 18. Jhs. war es die Wesleyanische Erneuerungsbewegung und nicht die etablierte anglikanische Kirche; der „moralische Ton" innerhalb der deutschen Gesellschaft nach dem 2. Weltkrieg sei nicht aus einer staatlich-liierten Kirche oder einem kirchlich-liierten Staat erwachsen, sondern aus dem Bekenntnis der *Barmer Theologischen Erklärung* (a. a. O.).
65 Vgl. BARTH, KD IV/2, dort diskutiert im Kontext der Lehre von der Versöhnung: § 67 *Der Heilige Geist und die Erbauung der christlichen Gemeinde*, 4. *Die Ordnung der Gemeinde*. „Es würde nicht ratsam sein, die Begründung des Kirchenrechtes von einem anderen als eben dem *christologisch*-ekklesiologischen Begriff der *Gemeinde* her unternehmen zu wollen. Sie ist, indem Jesus Christus ist: der Herr der menschlichen Gemeinschaft der Heiligen, das Haupt dieses seines Leibes, der seine eigene irdisch-geschichtliche Existenzform ist – oder umgekehrt formuliert: Sie ist die menschliche Gemeinschaft der Heiligen, in welcher als in seinem Leibe, als in seiner irdisch-geschichtlichen Existenzform, Er das Haupt und der Herr ist. Zweierlei

ge, der an den Anfang seiner Ethik als Differenzkriterium zwischen öffentlicher Gemeinschaft und Kirche als irdisch-geschichtlicher Existenzform die Anerkennung der Herrschaft Christi stelle. Daher könne Barth auch – im Troeltsch'schen Sinne – als „sektiererisch" bezeichnet werden[66], wenn damit die Qualität des Bewusstseins einer distinkten Sozialität bezeichnet sei. Barth identifizierte mit seiner Unterscheidung von Christengemeinde und Bürgergemeinde ein strukturelles Problem, das auch die freikirchliche Perspektive kennzeichnet. Der Dualismus von Bekennen und Nicht-Bekennen ist nach Yoder der einzig notwendige zur Entwicklung einer kirchlichen Sozialethik, nicht die Unterscheidung von religiös und profan, ekklesial und öffentlich, spirituell und materiell, auch nicht die Differenzierung zwischen verschiedenen Bereichen, Ebenen oder Dimensionen. Denn das Bekenntnis ist zugleich ekklesialer und öffentlicher, säkularer und profaner Akt, von Individuen wie Gemeinschaften ausgehend, intern und in der Beziehung zu anderen von Bedeutung. Jede Sozialethik müsste begründet sein in der Beispielhaftigkeit der Kirche als Vorgeschmack, Modell, Botin des Reiches Gottes.[67]

In dieser Antizipation liegt das Messianische begründet: Eschatologie ist für Yoder die entscheidende Größe zur Abwehr der „konstantinischen Häresie", die sich mit dem Staat, der Nation oder einer anderen Partikularität verbündet. Dagegen steht das christozentrische Bekenntnis: Christus ist Haupt der Kirche und κύριος der Geschichte, deren eigentlicher Verlauf in der Kirche sichtbar werden will.

> Desiderien zur Begründung des Kirchenrechtes können nämlich nur von diesem Begriff der Gemeinde her erfüllt werden: es kann (1) nur von ihm her gezeigt werden, dass und warum nach *Ordnung* und also nach einer bestimmten Form, nach Gesetz und Recht im Leben der christlichen Gemeinde überhaupt *gefragt* werden muss, dass und wie geordnete und ungeordnete (wir könnten, indem wir an unseren größeren Zusammenhang denken, auch sagen: geheiligte und ungeheiligte) Gemeinde sich unterscheiden müssen. Und es kann (2) nur von ihm her gezeigt werden, nach welcher *besonderen* Ordnung und Form, nach welchem *eigentümlichen* Gesetz und Recht zu fragen ist, wenn das im Blick auf die *christliche* Gemeinde, die als solche mit keiner anderen menschlichen Gemeinschaft zu verwechseln ist, geschehen soll." KD IV/2, 768 f.

66 Vgl. weiter zur Auseinandersetzung mit Karl Barth: JOHN H. YODER, *Karl Barth: How his Mind kept Changing;* in: *How Karl Barth Changed my Mind,* DONALD MCKIM (Hg.), Grand Rapids/MI: Eerdmans 1986, 166–71.

67 „... the access to social ethics should consist in the exemplarity of the church as fortaste/model/herald of the kingdom"; in: YODER, *Why Ecclesiology is Social Ethics,* 106.

b. Fünf Praktiken der Kirche

Ekklesiologie ist Sozialethik! In dieser Spitzenaussage gipfeln Yoders Überlegungen zur Sozialethik der Kirche. Ethik ist als Explikation der politischen und doxologischen Gemeinschaft zu entfalten. Und er nennt fünf Praktiken der Kirche, die sie in ihrem internen wie externen Verhalten beschreibt:[68]

1) Die geschwisterliche Ermahnung: In mehreren Schriften verweist Yoder auf die „Regel Christi" (Mt 18, „Binden und Lösen") als exemplifizierte Lebensweise, die zur Versöhnung durch Vergebung führt, mit dem Ziel der Wiedereingliederung einer Person in die Gemeinschaft.

2) Die Universalität der Charismen: da in dem einen Leib jede/r bestimmte Charismen besitzt, ist dies gleichsam das Ende jeder Herrschaftsordnung und führt zur Gleichberechtigung ohne Uniformierung.[69]

3) Die Freiheit des Geistes in der Versammlung: die Funktion des Geistes ist die Initiierung eines sozialen Prozesses, durch den es zur Entscheidungsfindung im offenen Dialog und durch Konsensbildung kommt.[70]

4) Das Brotbrechen: Das Teilen des Brotes ist ein Akt sozialer Ökonomie. Yoder plädiert für eine sakramentale Sicht, die nicht nur zeichenhaft verstanden ist im Sinne der symbolischen Deutung, lehnt aber gleichzeitig ein sakramentalistisches Verständnis im Sinne der Transsubstantiation ab. Was dargestellt ist, geschieht tatsächlich: Teilen und Teilwerden einer Gemeinschaft, personal, partikular und dezentral.

5) Die Einsetzung zu einer neuen Gemeinschaft: Die Taufe als Einsetzungsritus transzendiert alle vormaligen Identitäten (Gal 3,28, Eph 2, 2Kor 5). In dieser neuen Gemeinschaft sind soziale Differenzen relativiert, ohne dass sie geleugnet werden. Ihr diskriminierender Einfluss wird zurückgewiesen.

---

68 Vgl. JOHN H. YODER, Sacrament as Social Process: Christ the Transformer of Culture (1986); in: YODER, Royal Priesthood, 360–373.

69 Vgl. hierzu auch J. H. YODER, Binding and Loosing (1967); in: YODER, The Royal Priesthood, 323–358. Ausdrücklich erwähnt wird die Überwindung des Patriarchalismus.

70 Vgl. hierzu auch JOHN H. YODER, Hermeneutics of Peoplehood; in: YODER, The Priestly Kingdom, 15–36. Es fällt auf, dass hier die Bewegung des Geistes als Moment von Gottesdienst und Liturgie fehlt.

c. Der narrative Charakter und die Partikularität

Die Kohärenz des Selbstverständnisses der Kirche ergibt sich bei Yoder nicht deduktiv, sondern narrativ. Das Sein der Kirche erwächst aus ihrer Verwirklichung, nicht aus einem ontologischen Interpretament.[71] Die neutestamentlichen *Stories* sprechen zur jeweiligen Situation der Kirche nicht unmittelbar, sondern in Narration. Der sich daraus ergebende narrative Charakter der Kirche impliziert zunächst die Anerkennung der eigenen Partikularität. – Wieder wehrt sich Yoder gegen ein Christen*tum*, das diese Partikularität leugnet und der „konstantinischen Versuchung" erliegt, in der die Ethik vom Evangelium getrennt wird, um sie für die gesamte Gesellschaft lebbar zu machen. Dies führe in einen unangemessenen Inklusivismus. Im Staatsprotestantismus sei die häufigste Begründung hierfür in der Interpretation des „Standes" oder der „Berufung" (Yoder zielt in seiner Kritik auf Luther, Calvin, Brunner, Bonhoeffer), im Katholizismus dienten Natur und Vernunft als Argumentationsebene. Explizit grenzt Yoder sich damit aber auch gegen die einflussreiche Typologie H. Richard Niebuhrs ab.[72]

Yoders Kritik an Niebuhr ist elementar: Es gehe nicht darum, in klar differenzierten Typologien nach der richtigen Relation zu fragen, sondern „... it must be recognized that this fundamental Christ/culture polarity, and typology of possible ethical standards which he builds upon it, are at bottom unfair to history and unfruitful for ethics. The reason for this is the assumption that culture ‚as such', i. e. as distinct from Christ, is a tangible reality patient of being related consistently to ‚Christ' in one of the five typical ways ...".[73]

Als bekennende, liturgisch feiernde Gemeinschaft akzeptiert die Kirche ihre Partikularität, und darin eben auch die Partikularität des Judeseins Jesu.[74] Daher bleibt sie unberührt von Verifikationen oder Falsifikationen, die auf Kriterien außerhalb ihrer selbst basieren. Relativierung erfolgt allein durch die Narration der Jesus-*Story*. Hinzu kommt für Yoder in diesem Gedankengang die Partikularität der Abraham-*Story*. Weder bei Ökumenikern, noch bei Evangelikalen sei dieses Eingeständnis der Partikularität ausreichend berücksichtigt worden, kritisiert Yoder, obwohl sie doch die Grundlage jeder Kontextualität biete. Innere Voraussetzung der Partikularität ist der Erwählungsgedanke.[75] Gemeint ist nicht eine Erwählung zum Heil, son-

---

71 Ebd., 110
72 Vgl. H. Richard Niebuhr, *Christ and Culture*. New York: Harper & Row 1951.
73 Yoder, *The Otherness of the Church*, 61.
74 Yoder, *Why Ecclesiology is Social Ethics*, 106.
75 Ebd. Vgl. auch Ritschl, *Logik der Theologie*, II.A. Die Wirklichkeit der Erwählung, 159 ff., s. o. I.1.a.

dern die Erzählung der *Story* Gottes, in der Menschen mehr erwählt
waren als andere (Abraham, Jesus).

Als Korrektiv gegen die Gefahr des Provinzialismus sieht Yoder
zum einen den missionarischen Auftrag. Die *Story* müsse ihrem Wesen
nach mitgeteilt werden (s. o. III.3.d. *notae missionis*), zum anderen den
Inhalt dieser Ethik selbst: er verbiete sowohl die Applikation der
eigenen Identität auf das Fremde, als auch die Vorenthaltung dieses
Inhaltes im Sinne eines Privilegs. Die Würde des Anderen sei immer
schon inkludiert.

Yoder propagiert somit eine *ecclesia viatorum*, permanent fragmentarisch, *semper reformanda*, weil narrativ im Charakter. „The story of
the life of the church is constantly redefined in the encounter of
principle and place, of identity and situation."[76] Sozialethik sei immer
situativ, denn die Sozio-logik der glaubenden Gemeinschaft liege in
der Weigerung, Prinzip und Kontext zu trennen.[77] Gegen eine reine
Situationsethik argumentiert Yoder aber ebenso mit dem Argument
der narrativen Qualität kirchlichen Handelns, die es ermöglicht, sowohl die Situation, als auch die Anbindung an die Erinnerung der
gemeinsamen *Story* zu berücksichtigen.

„The narrative quality of the church's doing ethics provides both that the
decision shall always be in the situation and that the moment of decision
shall never be isolated but rather finds itself oriented and, in fact, driven
along by the momentum of the memories of the communal story".[78]

Unter Berufung auf Joh 14–16 (programmatisch), Apg (anekdoten-
haft) und 1Kor 14 (prozedural) verweist Yoder auf den Heiligen Geist
als Garanten für Kontinuität und Authentizität. Neben den christologisch ausgeweiteten Argumentationen im Blick auf die Ethik ist dies
einer der wenigen Hinweise auf eine pneumatologische Erweiterung
in der ansonsten christozentrischen Begründung der Ekklesiologie,
ohne dass diese tatsächlich entwickelt würde.

d. Doxologisches Leben

„The life of the church's character is doxological". Die frühchristlichen
Doxologien müssten verstanden werden als *„performative utterances"*,
Ausdruck des umfassenden Bekenntnisses des Herrseins Jesu Christi,
politisch wie ekklesiologisch. Das aber bedeute nicht nur, die Ehre

---

76 YODER, *Why Ecclesiology is Social Ethics*, 121.
77 „Social ethics is always in the situation, always choosing among situationally defined
   options, always unfolding an identity inherited from the community's previous story",
   ebd.
78 Ebd., 122.

Gottes verbal anzuerkennen, sondern diese auch zu feiern. Eingebettet ist dies in einen Lebensprozess, der doxologisch angemessen beschrieben werden kann. „To see history doxologically demands and enables that we appropriate especially/specifically those modes of witness which explode the limits that our own systems impose on our capacity to be illuminated and led."[79] Geschichte doxologisch zu reflektieren heißt für Yoder, historische Ereignisse vergangener Jahrhunderte nach dem Kriterium des Fortschritts, bzw. Rückschlages der „Herrschaft des Lammes" zu qualifizieren. Hier werde eine Alternative erkennbar zu Fatalismus (Gott als Initiator aller Ereignisse) und Patriarchalismus (alle Ereignisse werden als schöpfungs- oder naturgegeben hingenommen), die beide immer eine Form von Apartheid darstellten.

Geschichte doxologisch zu sehen heißt weiter, die offensichtliche Ambivalenz jüdischer Erfahrung im Gebrauch von Herrschaft und Majestät ernst zu nehmen. Diese kritische Reflexion sieht Yoder vor allem in der Traditionslinie der königsfeindlichen Texte der Hebräischen Bibel verankert. Also trennt nicht diese Sicht die frühen Christen von der Synagoge, sondern die Miteinbeziehung der Heiden, der Fürsten und Mächte unter die Jurisdiktion des „Königtum des Lammes".[80]

Wiederum durch positive Aufnahme der apokalyptischen Literatur (wie vordem bei der Interpretation der Kirche-Welt Dichotomie) verweigert Yoder den Zugang zu einer christlichen Ethik als autonome Disziplin neben der Ekklesiologie.

III.5. Der Ökumenische Imperativ:
ecclesia particularis et universalis

Obwohl die Anfänge der ökumenischen Bewegung im 19. Jh. auch auf Impulse pietistischer und freikirchlicher Tradition zurückgehen, war die freikirchliche *Position*[81] in der Ökumene nicht deutlich vernehmbar

---

79 JOHN H. YODER, *To serve our God and to Rule the World* (1988), in: YODER, *The Royal Priesthood*, 128–140, 129. Yoder stützt sich hier auf die exegetischen Untersuchungen von Ernst Käsemann und den eschatologischen Entwurf Jürgen Moltmanns, sowie befreiungstheologische Ansätze, vgl. vor allem JÜRGEN MOLTMANN, *Theologie der Hoffnung.* Untersuchungen zur Begründung und zu den Konsequenzen einer christlichen Eschatologie, München: Kaiser 1964, 12. Aufl. 1985.

80 „To ‚rule the world' in fellowship with the living Lamb will sometimes mean humbly building a grassroots culture, with Jeremiah. Sometimes (as with Joseph and Daniel) it will mean helping the pagan king solve one problem at a time. Sometimes (again with Daniel and his friends) it will mean disobeying the King's imperative idolatry ..." YODER, *To serve our God and to Rule the World*, 135.

81 Dazu zählt Yoder hier die Schweizer Brüder, Hutterer, Taufgesinnte des 16. Jhs., Kongregationalisten, Baptisten, Quäker und viele neuere Kirchen des 18. und 19. Jhs. in Nordamerika.

zu hören. Yoder benennt verschiedene Gründe: Zum einen gibt es in dieser Tradition ein nur geringes Interesse an dogmatischer und institutioneller Fixierung. Zum anderen ist diese Position in der vergleichenden Darstellung zu anderen Konfessionen sperrig: es gibt keine heiligen Gebäude, keine bindenden Bekenntnisschriften, keine ungebrochene Sukzession, o. ä. Auch hätten es diese Denominationen selbst versäumt, ihre Position angemessen zu artikulieren. Aktiv sind sie vor allem in der Missionsbewegung geworden, da es hier weniger auf den dogmatischen Diskurs ankam, dieser sogar eher als hinderlich angesehen wurde im Bestreben um Kontextualisierung der christlichen Botschaft. Hier genügte die einfache Tradierung der *Story*.

Dieses Defizit will Yoder ausgleichen. Seine Vision von der Kirche lässt sich nicht trennen von seinem ökumenischen Engagement.[82] Zentrales Anliegen ist sein Bemühen um die Glaubwürdigkeit der Kirche, die in der apostolischen Praxis der Nachfolge begründet liegt. Dies müsse die anderen Denominationen daran erinnern, dass dogmatisch ausgerichtete Diskussionen auch die Bereitschaft voraussetzten, Fragen der moralischen Unzulänglichkeit wahrzunehmen.[83] Dabei werde nicht – und das ist der vielfältig vorgetragene Vorwurf – die Zeichnung eines realitätsfernen Idealbildes von Kirche anvisiert. Vielmehr stellt sich als ständige Herausforderung an die Ekklesiologie die fortdauernde Suche nach Einklang zwischen Wesen und Botschaft der Kirche. Das ist der friedenskirchliche Ansatz, in dem sich Yoder selbst verortet sieht.

Zu beobachten ist, wie er an den ökumenischen Gesprächspartnern seine eigene Argumentationen entwickelt. Der Beitrag Yoders zur ökumenischen Bewegung ist vor allem im Rahmen des Engagements des Internationalen Versöhnungsbundes (IFOR) und der Historischen Friedenskirchen im Allgemeinen zu sehen.[84] Das Friedenszeugnis im Horizont der Ökumene findet seinen Ausdruck in der konsistenten Argumentation, die Einheit der Kirche sei Gabe des Heiligen Geistes, wodurch die Verwirklichung von Gottes *Schalom* erst ermöglicht werde. So erinnert Yoder die Ökumene daran, (1) was die christliche Gemeinschaft eigentlich ist: „an agency of peacemaking in ways often underestimated"[85] und (2) dass der gesamte konziliare Prozess der Ökumene einer erneuerten Vision bedarf.[86] Gleichzeitig erinnert er

---

82 Vgl. CARTWRIGHT, *Radical Reform, Radical Chatholicity*, a. a. O.
83 In diesem Zusammenhang fordert Yoder Rechenschaft über den Gebrauch der Näherbezeichnungen von „reformiert" oder „katholisch".
84 S. u. IV, bes. IV.2.–IV.4.
85 CARTWRIGHT, *Radical Reform, Radical Catholicity*, 3.
86 Vgl. JOHN H. YODER, Art. *Peace*; in: *Dictionary of the Ecumenical Movement*, ed. by NICHOLAS LOSSKY, JOSE MIGUEZ BONINO et al. (eds.), Geneva: WCC Publications 1991, 786–89.

die Friedenskirchen an ihren bleibenden Auftrag innerhalb der Gemeinschaft der Kirchen.

„If then the free churches were to return to ecumenical conversation with a sense of mission and a spirit of hope, they might find themselves in lodgings not of their own conception but not on alien ground: our fathers were here."[87]

a. Kritik an der Methodik in der Ökumene aus friedenskirchlicher Perspektive

Yoder wirft dem „Staatskirchentum" in der Frage der Einheit sehr allgemein Unfähigkeit vor und verweist auf Entwicklungen bereits innerhalb der Alten Kirche, in der Donatisten, Arianer, Nestorianer nicht integriert werden konnten. Die Reformation habe diese Tendenz durch die Bindung an die jeweiligen regionalen Obrigkeiten noch verstärkt.[88] Yoder fragt gar provozierend, ob hierin nicht das eigentliche Differenzkriterium gefunden werden müsse für eine sinnvolle Unterscheidung zwischen Sekte und Kirche, denn die Einheit der Kirche gründe ja gerade in diesem universalen Glauben:

„If, with the New Testament, we understand the unity of the church as a universal bond of faith, we can understand that the real sectarianism, in the biblical sense of unchristian dicisiveness, was the formation of churches bound to the state and identified with the nation. And on the other hand, some so-called ‚sects', notably the sixteenth-century Anabaptists, the seventeenth-century Quakers, the eighteenth-century Moravians, and the nineteenth-century Open Brethren, were by their freedom from such ties, by their mobility and their missionary concern, by their preference of simple biblical piety and obedient faith to creedal orthodoxy, the veritable proponents of ecumenical Christianity."[89]

Yoder sah (1968) in der Ökumene, insbesondere in der institutionalisierten Form des Ökumenischen Rates der Kirchen, einen zu starken Ausdruck des „Staatskirchentums".[90] Die Trennung der Kirchen werde

---

87 JOHN H. YODER, The Free Church Ecumenical Style (1968); in: YODER, The Royal Priesthood, 232–241, 240. Diese These bereits schon früher in: DERS., The Ecumenical Movement and the Faithful Church, Scottdale: Herald Press 1958. Yoder hatte in seiner Dissertation die Gespräche zwischen Reformatoren und Täufern untersucht, vgl. Anm. 9.

88 Als Beispiel führt Yoder auch hier die Lehre vom gerechten Krieg an, die der Einheit klar widerspreche, denn das ungelöste Dilemma bestünde nun darin, dass Christen gegen Christen Krieg führen könnten. Vgl. JOHN H. YODER, The Nature of the Unity we Seek: A Historic Free Church View (1957); in: YODER, The Royal Priesthood, 222–230, 227.

89 YODER, Peace without Eschatology, 156.

90 Vgl. im Folgenden vor allem YODER, The Free Church Ecumenical Style, 231 ff.

hier zuerst im Sinne der getrennten Verwaltungsstrukturen interpretiert. In den Einheitsbestrebungen seien dann neuerliche Strukturen für Verkündigung und Verwaltung der Sakramente entstanden. Außerdem seien die Strukturen der Kirchen so weit entfernt von der gegenwärtigen gesellschaftlichen Realität, dass letztlich weder eine Trennung noch ein Zusammengehen einen entscheidenden Unterschied machen würde, denn die wahren Trennungen verliefen nicht entlang der Denominationslinien, sondern mitten durch diese hindurch: „The real divisions in the churches are between rich and poor, between liberal and conservative, between races, between east and west."[91] Daher müsse die Suche nach der Einheit der Kirchen analog zu der Suche nach der Einheit innerhalb jeder Konfession gesehen werden. Zur Überwindung *dieser* Trennungen lohne sich allerdings jede ökumenische Versöhnungsinitiative.

Bereits 1957 wirft Yoder der ökumenischen Bewegung vor, bis dato nicht wirklich zum Dialog gekommen zu sein, sondern lediglich zur gegenseitigen Information. Dies führe aber nicht zu Konvergenzen, sondern zur ständigen Kristallisierung bleibender Differenzen.[92] Man sei sich zwar näher gekommen, aber ohne dass irgendeine Veränderung notwendig geworden wäre. Und komme es tatsächlich zu Konsensen, dann würden Unterschiede nivelliert, institutionelle Kunstgebilde entstünden. Einheit als Ergebnis von Konsensbemühungen bezichtigt er denn auch der Werkgerechtigkeit, denn das hieße letztlich, die Wahrheit des Evangeliums durch menschliche Anstrengung verifizieren zu wollen.[93] Womöglich könnten sich die *„main-stream"*-Denominationen der „Mitte" zwar auf diese Weise zusammenschließen, ließen dann aber die „Ränder", Fundamentalisten auf der einen, Orthodoxe auf der anderen Seite außen vor. Diese wären dadurch isolierter als zuvor.

Anstatt ihre historischen Positionen wiederholt darzustellen, sollten die Kirchen der Ökumene gemeinsam in „seelsorgerlicher" Verantwortung über ihre wachsenden Ränder nachdenken.[94] Wenn mit bi- und multilateralen Dialogen das Gespräch zwischen verschiedenen Kirchenverwaltungen gemeint sei, wären Freikirchen im Grunde schon ausgeschlossen. Die Traditionen, die aus Überzeugung ein zentrales Episkopat und eine schriftliche Fixierung von Bekenntnissen ablehnten, seien in einem Dialogprozess, der ekklesiale Identität gerade auf diese Kompo-

---

91 Ebd., 234.
92 „... it does not lead toward agreement but, in fact, to crystallizing fundamental differences." YODER, *The Nature of the Unity we Seek*, 223.
93 Vgl. JOHN H. YODER, *The Imperative of Christian Unity* (1983); in: YODER, *The Royal Priesthood*, 290–299.
94 Vgl. JOHN H. YODER, *A ‚Free Church' Perspective on Baptism, Eucharist and Ministry* (1984); in: YODER, *The Royal Priesthood*, 277–288.

nenten stützt, im Nachteil.[95] Yoder gesteht allerdings zu, dass ein echtes Dilemma der Ökumene und des alternativen freikirchlichen, kongregationalistischen Ansatzes darin bestehe, dass der Dialog realistischerweise nicht zwischen den Tausenden von Gemeinden stattfinden könne.[96]

Ein weiteres Dilemma für die Freikirchen in der Ökumene ist das Medium ökumenischer Debatten: blieben diese in erster Linie auf theologische Diskurse fixiert, für dessen Verstehen eine universitäre Ausbildung Voraussetzung sei, dann wäre das nicht der Kontext, in dem diese Tradition ihr Bekenntnis normativ zum Ausdruck bringen könnte.[97] Würde also von anderen Traditionen beispielsweise gefragt, ob Priester ordnungsgemäß ordiniert seien oder die Sakramente recht verwaltet, dann sei in vergleichbarer Weise aus Sicht der *Believers' Church* zu fragen: sind die anderen, wenn sie doch nur die Säuglingstaufe haben, tatsächlich Christen? Diese Frage sei dann ebenso legitim wie die nach Bekenntnissen und rechtmäßiger Ordination.

Yoder erwartet nicht, dass die ökumenische Methodik sich der freikirchlichen Sicht anpasst, er will vielmehr die gänzlich differente Perspektive illustrieren.[98] Dies ist auch Hinweis auf die mangelhafte Klassifizierung von kirchentrennenden Fragen in der Ökumene.

Die Kriterien für eine notwendige echte Konversation, die weder bestehende Differenzen verhärtet noch einfach nivelliert, sind für Yoder: (1) die Einigung auf einen gemeinsamen Referenzpunkt („objektives Kriterium") und (2) die Bereitschaft, die eigene Lehre zu verändern, wenn der Nachweis für die Richtigkeit einer anderen Position erbracht ist („subjektives Kriterium"). Damit wendet sich Yoder auch gegen einen undifferenzierten Pluralismus, dem er Verzicht auf die Wahrheitsfrage vorwirft. Nicht Kompromiss, sondern Versöhnung ist das angemessene Ziel der Ökumene, wenn die Wahrheitsfrage und auch die Frage der Buße nicht ausgeblendet werden sollen. Yoder definiert Pluralismus als „Verschiedenheit ohne Einheit", in der letztlich die Identitäten verkommen müssen.

Daraus lässt sich schließen, dass Yoder für die Ökumene das angestammte Modell der „versöhnten Verschiedenheit" favorisiert. Seine Kritik weist berechtigterweise auf markante Herausforderungen ökumenischer Methodik und Hermeneutik, doch sind diese in ihrer Prob-

---

95 Vgl. ebd., 279.
96 Vgl. JOHN H. YODER, *Another ‚Free Church' Perspective on Baptist Ecumenism* (1980); in: YODER, *The Royal Priesthood*, 263–276, 265.
97 „Thus it is unavoidably the case that those with a prior definition of the church as local, visible fellowship will have difficulty finding room to act out their convictions within the conciliar movements. They are always meeting in a context defined on someone else's terms." Ebd., 267.
98 Ebd.

lematik m. E. weitaus komplexer, als Yoder sie darstellt. Drei Anfragen mögen an dieser Stelle genügen, um dies zu verdeutlichen:
(1) Wie kann es in divergierenden Lehrfragen (mit je absolutem Wahrheitsanspruch) überhaupt zu Einigungen kommen, in denen der Respekt voreinander gewahrt bleibt? Wie sieht der friedenskirchliche Vorschlag hierzu aus? Sind die bekannten Modelle von Kompromiss, Konsens und Konvergenz ausreichend?[99] (2) Ist das Wahrheitsverständnis in den Konfessionen vergleichbar? Kann es nicht gleichzeitig verschiedene „Wahrheiten" in der Lehre geben, wenn diese Lehren letztlich unterschiedliche Summierungen aus den gleichen biblischen Stories darstellen?[100] Und daraus ergibt sich (3) die Frage nach den Möglichkeiten von Entwicklungen und Optimierungen im Bereich der Lehre. Innerhalb des ökumenischen Spektrums fällt es der freikirchlichen Tradition in ihrem narrativen, partikularen Selbstverständnis sicherlich am leichtesten, Lehre ständig weiter zu entwickeln, da dies bereits Teil ihres Selbstverständnisses ist.[101] Kann dies aber von Traditionen, z. B. der orthodoxen oder der römisch-katholischen, mit völlig anderem Lehrverständnis, auch erwartet werden?

b. Einheit in ethischer Verpflichtung

Bereits 1957 formuliert Yoder einen „Ökumenischen Imperativ", der sich in seinem gesamten Opus niederschlägt.[102] Dieser Imperativ ist theologisch begründet: „The unity of Christians is a *theological* imperative first of all in the sense that its reasons arise out of the basic truth commitments of the gospel and the church's intrinsic mission."[103] Die Einheit ergibt sich aus dem christologischen Bekenntnis und der Berufung der Kirche zum Zeugnis: Zum einen erkennt auch Yoder die Einheit von Vater und Sohn im hohepriesterlichen Gebet (Joh 17) als Modell christlicher Einheit, damit die Welt glaube; zum anderen in der Begründung einer neuen Gemeinschaft aus Juden und Christen

99 Vgl. BRANDNER, *Einheit*, a. a. O., bes. Teil III: Methodologie des Einheitsdiskurses – Sprachformen der Einheit.
100 Vgl. DIETRICH RITSCHL, Art. *Lehre*; in: TRE Bd. 20, 608–621.
101 Vgl. zum Gesamten z. B. die Diskussionen um die *Gemeinsame Erklärung zur Rechtfertigungslehre* zwischen Lutherischem Weltbund und der Römisch-katholischen Kirche; in: Texte aus der VELKD, Nr. 87, Hannover, Juni 1999 (Alle offiziellen Dokumente vom Lutherischen Weltbund und Vatikan). Vgl. auch BERND JOCHEN HILBERATH u. WOLFHART PANNENBERG (Hgg.), *Zukunft der Ökumene*. Regensburg: Verlag Friedrich Pustet 1999. Vgl. auch die Beiträge in ÖR 48/1999.
102 Vgl. YODER, *The Nature of the Unity we Seek*, 221 ff. DERS., *The Imperative of Christian Unity*, 289.
103 YODER, *The Imperative of Christian Unity*, 291.

(Eph 2–3). Beide Modelle werden allerdings nicht näher auf ihre Implikationen und Begründungsmöglichkeiten hin entfaltet.

Entfaltung findet der Einheitsgedanke dagegen hinsichtlich der Ethik: „Unity in ethical commitment was for the apostolic church no less central than the unity in faith and worship".[104] Das primäre Ziel liegt in der gemeinsamen Verpflichtung zur Nachfolge. Verzichte man darauf, dann werde aus dem spirituellen Einheitsbekenntnis eine ethische Farce. Pluralismus in ethischen Fragen lehnt Yoder ab, da dieser weder die Einheit sichtbar mache, noch den Einfluss der Kirche auf die Welt verstärken könne.[105] Yoder denkt die Einheit der Kirche primär als Einheit in ethischer Verpflichtung (*commitment*).

c. Christozentrismus in der congregatio als hermeneutische Autorität

Eine entscheidende Frage in der Ökumene ist die nach Autorität. Wenn die römisch-katholische Tradition die Institution als letzte Autorität betrachte, dann könne sie im Grunde mit niemandem in einen echten Dialog treten. Das gleiche Problem stelle sich im Grunde auch für den *main-line*-Protestantismus, der zwar auf eine jahrhundertelange doktrinäre und institutionelle Evolution blicke, letztlich aber ebenso unfähig zum Dialog bleibe, weil er als Unterschied zur römisch-katholischen Tradition lediglich den Zeitpunkt in der Kirchengeschichte anders wähle, an dem Dogma und Institution festgeschrieben würden.

Yoders Alternative in der Autoritätsfrage hebt die Herrschaft Christi hervor, als das alle anderen Autoritäten relativierende und korrigierende Axiom. Damit sieht er sich durchaus in der ökumenischen Bewegung verortet, beruft sich auf die Erfahrungen der Bekennenden Kirche, mit Karl Barth und Visser't Hooft als Vertreter gegen die Natürliche Theologie (wiederum auch gegen H. Richard Niebuhr[106]). Alle konkurrierenden Offenbarungsträger werden abgelehnt, selbst Offenbarungsansprüche, die sich auf das Wirken des Heiligen Geistes berufen (worin er einen Missbrauch von Montanus im 2. Jh. bis hin zu gegenwärtigen Vertretern einer Situationsethik sieht). Christus ist der alleinige Referenzpunkt „... as he is made known through Scripture to the congregation of those who seek to know him and his will."[107]

---

104 YODER, *The Nature of the Unity we Seek*, 228.
105 Nur in den frühen Schriften lehnte Yoder es ab, als Ziel der Kirche eine Einflussnahme auf die Gesellschaft anzuerkennen. Hier lässt sich eine deutliche Entwicklung erkennen hin zum „Jeremianischen Modell", s. o. III.2.c.
106 Vgl. H. RICHARD NIEBUHR, *Christ and Culture*, a. a. O. DERS., *The Trinity and the Unity of the Church*; in: Theology Today, Oct. 1946.
107 YODER, *The Nature of the Unity we Seek*, 225.

Die Gemeinde als der Leib Christi ist auch hier als die hermeneutische Gemeinschaft gedacht (s. o. III.3.a.). So soll zum einen vermieden werden, dass einer partikularen historischen Entwicklung in der Kirchengeschichte absolute Bedeutung für alle weiteren zukommt, zum anderen eine biblizistische Auslegung der Schrift.

Der *radikale* Christozentrismus birgt für Yoder nicht das Problem des Triumphalismus. Gerade weil das christliche Bekenntnis zu Christus nicht radikal genug war in der Anerkennung der partikularen Existenz Jesu, sondern universalistisch gedeutet wurde, konnte es zur Fehldeutung eines Triumphalismus kommen. Hier wie auch an anderen Stellen zeigt sich deutlich, dass Yoder stärker eine „Jesuologie" assoziiert, wenn er von Christozentrismus spricht. Es ist dann zu fragen, wie sich solche Aussagen zu der in anderen Zusammenhängen herausgearbeiteten universalistischen Christologie verhalten. In der doxologischen Geschichtsdeutung wurde der Universalismus geradezu zum konstitutiven Element von Yoders christologischem Entwurf. Die Partikularität vertritt er immer dort, wo der Lokalität der Kirche – in Analogie zur Inkarnation – absolute Priorität eingeräumt werden soll. Dies ist nur zu verstehen auf dem Hintergrund der Überzeugung, dass Kirche in ihrer partikularen Existenz Trägerin der universalen Wahrheit des Auferstandenen Christus ist und diese im Dialog und in der Nachfolge bezeugt.

Wieder sucht Yoder den Weg zwischen Staatskirchentum und Fundamentalismus (bzw. Evangelikalismus) und deutet durch seine Kritik auf ein echtes ökumenisches Problem, nimmt aber nicht wirklich die Komplexität der Begründungsstrukturen in den anderen Traditionen wahr, die ihre Ekklesiologien ebenso auf die neutestamentlichen Zeugnisse stützen. Die von ihm genannten Vertreter (Barth, Visser't Hooft, u. a.) verorten sich ja selbst in den Traditionen der *main-line* Kirchen. In Yoders stark vereinfachten Schematisierungen finden die von ihm genannten Pluralismen und Differenzen *innerhalb* jeder singulären Tradition noch keinen Niederschlag und sind daher in ihrer Überzeugungskraft eingeschränkt. Schließlich drängt sich die kritische Frage auf: Ist die lokale hermeneutische Gemeinschaft nicht ebenso in der Gefahr – und vielleicht in noch stärkerem Maße wie die kirchlichen Lehrtraditionen, die Christus-Botschaft *nicht* sachgemäß auszulegen? Welches Korrektiv kann eingeführt werden, wenn die Kontinuität dieser Gemeinschaft mit anderen lokalen Gemeinden in der Gegenwart und Vergangenheit weder in Form eines gemeinsam anerkannten Amtes, einer Sukzession, noch eines gemeinsamen Bekenntnisses oder einer synodalen Struktur gesucht wird, bzw. nur durch das Wirken des Heiligen Geistes gegeben scheint, dessen Begründungskraft zuvor aber gerade eingeschränkt wurde?

Yoder ist dann bestrebt, die „spirituelle Autorität" doch wieder hervorzuheben. Sähe jede Tradition die Autorität der Schrift durch die Linse des eigenen Bekenntnisses, bleibe der Kanon aufgrund des selektiven Zugangs als Ganzer unsichtbar. Die *Believers' Church* aber will „no other creed but the Bible" als letzte Autorität anerkennen.[108] Er wehrt sich gegen den Vorwurf, dies sei naiv oder bedeute gar die Leugnung der hermeneutischen Aufgabe: Nur so könne (1) die Annahme eines Kanons im Kanon und (2) die Normativität einer postkanonischen Entwicklung abgewehrt werden. Dies bedeute freilich keine Leugnung der erkenntnismäßigen Entwicklung im Ganzen, verneine aber die Priorität einer selektiven Interpretation gegenüber der Normativität der Inkarnation. Dies sei die „most ecumenical position possible".[109]

Die Frage bleibt unbeantwortet, wie und ob ein nichtselektiver Zugang zum Inkarnationsgeschehen überhaupt möglich ist. Zu vermuten ist, dass Yoder die *congregatio* wiederum als hermeneutische Gemeinschaft in versöhnter Verschiedenheit genügt. Letztlich muss er dann aber auch unterschiedliche, wenn nicht gar divergierende Auslegungen akzeptieren, kann ihnen lediglich ihren Absolutheitsanspruch absprechen. Hierin muss aber gerade die Chance einer ökumenischen Theologie erkannt werden, die Selektionen aufzudecken und sich gegenseitig, soweit möglich, ergänzen und korrigieren zu lassen.

d. Radikale Lokalität und Katholizität

Die Stoßrichtung von Yoders Kritik am „Konstantinismus" ist nicht etwa die fortschreitende Säkularisierung, sondern tatsächlich der stetig wachsende Verlust an Katholizität der Kirche.[110] Zu Beginn der Kirchengeschichte bezog sich die Katholizität noch auf den „ganzen bewohnten Erdkreis" (οἰκουμένη)[111]. Im Laufe der Kirchengeschichte sei dieser Bezug bis in die Gegenwart fortlaufend eingeschränkt worden und in der fortschreitenden Fragmentierung der Gesellschaften schließlich nur noch auf einzelne Parteien oder moralische „Eliten" bezogen worden. Die Vision der Katholizität ging dabei verloren. War die mittelalterliche Kirche zumindest noch eine unabhängige Institution, so schrumpfte das kritische Potenzial der Kirche gegenüber den „Mächten" immer weiter. „Denominational pluralism, which ascribes to the individual his or her own choice of churches, completes the

---

108 Vgl. YODER, *The Free Church Ecumenical Style*, a. a. O.
109 Ebd., 238.
110 YODER, *Christ, the Hope of the World*, 201.
111 Vgl. PETER NEUNER, *Ökumenische Theologie. Die Suche nach der Einheit christlicher Kirchen*, Darmstadt: Wiss. Buchgesellschaft 1997, A. Begriffsgeschichte und ökumenische Motivation, 1 ff.

destruction of the notion of objective moral authority as born by an institution."[112]

Der Kongregationalismus dagegen, welcher Brethren, Quäker, Mennoniten, Disciples, Congregationalists, Baptisten u. a. verbinde, verneine eine kirchliche Realität außerhalb des gegebenen lokalen Kontextes. Diese Traditionen halten nach Yoder ein Potenzial für eine andere Art der Ökumene bereit. Gemeinsam stellen diese Traditionen fest:

„The centrality of the congregation dictates a specific believers' church style of ecumenical relations. This is not the spiritualized concept of a purely invisible unity. Nor need it be denied that councils, boards, conventions, associations, and synods may have any ecclesiological significance. The importance that congregationalism has for these other agencies means rather that their authority is that of ‚congregational' character, procedures, and unity of conviction which is given them as they meet. They cannot authoritatively bind over local congregations which meet more frequently, whose members know one another better, and whose responsibilities are for the total life of their members."[113]

Somit favorisiert Yoder einen kongregationalistischen Charakter der Ökumene und versucht dennoch, übergeordneten Strukturen ihren ekklesialen Charakter nicht abzusprechen. Ökumenische Begegnungen sollten den gleichen Charakter haben wie lokale, gekennzeichnet durch Offenheit, Wahrhaftigkeit und Verbindlichkeit. Die lokale Gemeinde ist nicht die einzige und exklusive Realität von Kirche, aber der Charakter der lokalen Versammlung ist die primäre Gestalt von Kirche.[114] Ökumenischen Begegnungen kommt damit größte Bedeutung zu, wenn ihre Ekklesialität sich durch das Ereignis ergibt. Kirche ist, wo immer sie sich ereignet:

„The need would be to find ways – and they must be new ways – to formulate our forebears' claim that all over-arching or connectional structures are provisional and derivative ... so that the separateness of Christians that is a scandal to the world is not first the separateness of those agencies. Let congregationalism again be an affirmation instead of a demurrer, and a whole new universe of ecumenical agenda would open up, in which precisely the ‚free churches' should be most at their ease."[115]

---

112 YODER, Christ, the Hope of the World, 201.

113 JAMES L. GARRETT (ed.), The Concept of the Believers' Church, Scottdale: Herald Press 1969, 318 f.

114 „The local congregation is not, as with the chain stores, a local branch of a distant administration: it is rather like an independent grocery store, the client of a great number of producers and suppliers." YODER, The Free Church Ecumenical Style, 236.

115 YODER, Another ‚Free Church' Perspective on Baptist Ecumenism, 274. An anderer Stelle ähnlich: „We could argue further that the congregationalism of the believers' church provides an alternative definition of the ‚unity we seek', more real than the

Die Einheit im Gottesdienst ergab sich aus der Primärstellung der lokalen Versammlung. Das gilt nun auch für ökumenische Begegnung.[116] So wird jedes Treffen der Kirche ein Gottesdienst:

„The immense preoccupation of the conciliar movement with the inter-communion as a problem of the mutual relationships of church governments is meaningless from the free church perspective: yet, the alternative is not to make nothing of worship but rather to move trustingly into the reality of communion whenever one gathers in the name of Christ. Common worship as defined by the high catholic traditions is possible only as the result of hierarchical unification: common worship understood as the fulfillment of the promise of the presence of the Spirit wherever two or three gather in the name of Christ is possible whenever we will it."[117]

Die Katholizität dieser Einheit ergibt sich demnach nicht durch ein einheitsstiftendes Amt, eine Sukzession, ein einheitliches Dogma oder eine institutionelle Struktur, sondern liegt im prozeduralen Charakter des Kircheseins und -werdens begründet.[118] Katholizität kann nicht durch einen bestimmten Akt vollzogen werden. Sie stellt sich ein durch einen fortwährenden Kommunikationsprozess.[119] Yoder zieht daher den Begriff der „Katholizität" dem der „Einheit" vor, da dieser einen größeren Deutungsrahmen zulässt. Auf der Suche nach Katholizität müsse noch nicht genau beschrieben werden, wie sie aussehe. „In sum: there is no way to locate the unity we seek before the process of seeking together".[120]

   Schließlich wendet sich Yoder auch kritisch gegen die eigene Tradition, die dahin tendiere, die lokale Gemeinde allein als „Kirche" zu bezeichnen. Das Konzept der lokalen Autonomie sei aber dann missverstanden, wenn dies eine Leugnung der gegenseitigen Verantwortung zwischen Gemeinden und Christen verschiedener Denominationen be-

---

spiritualist ‚spiritual unity' of like-minded believers and yet more realistic than the theocratic vision of a nationwide merger of polity structures. We could demonstrate from history how much of the original momentum of the modern ecumenical movement came from the way the ‚mainstream' church structures were bypassed by voluntaristic groupings like the Evangelical Alliance and the Student Volunteer Movement." YODER, A People in the World, 101.

116 S. o. III.3.

117 YODER, The Free Church Ecumenical Style, 241.

118 „It is not as if liturgy or works of love were less characteristic of catholic faith than is discerning dialogue ...". JOHN H. YODER, Catholicity in Search of Location (1990); in: YODER, The Royal Priesthood, 301–320, 319 f.

119 „Neither the study of unity nor the search for patterns of unity seems to have successfully overcome the Constantinian presupposition that we all disclaim in theory ...". Yoder bezieht sich hier auf José Míguez Bonino, vgl. JOHN H. YODER, Christian Unity in Search of Locality; in: Journal of Ecumenical Studies 6/2, Spring 1969, 185–199.

120 YODER, Catholicity in Search of Location, 311.

deute. Zu fragen bleibt, wie diese Verantwortung verpflichtend wird. Außerdem ist nicht zu leugnen, dass auch kongregationalistisch strukturierte Kirchen gewisse, wenn auch weniger ausgeprägte, institutionelle Formen ausbilden, wenn sie auf Dauer angelegt sein wollen. Dies muss so sein, wenn nicht, einer rein charismatischen Bewegung gleich, jede Generation sich als erste empfinden will (gegen das *story*-Konzept).

e. Als ecclesia defectibilis im interreligiösen Dialog

Für die Klärung der Möglichkeiten der Kirche zum interreligiösen Dialog dient Yoder wiederum die Schablone „Konstantinismus vs. Freikirche" und führt ihn zu alternativen, unkonventionellen Positionen. Er kritisiert zunächst:[121] Im interreligiösen Dialog wird weithin darauf abgezielt, die *main-stream*-Vertreter jeder Religion miteinander ins Gespräch zu bringen und in diesen die jeweilige theologische „Elite". Die Perspektivität lasse sich an den Themenstellungen erkennen, z. B. der soteriologischen Position des *„extra ecclesiam nulla salus"* (in seiner ursprünglichen Intention gegen ein individualisiertes Glaubensverständnis gerichtet) oder auch der Wahrheitsfrage im Allgemeinen. Yoder schlägt vor, nicht vom *Establishment* auszugehen, sondern von der Opposition zu diesem. Die Aufmerksamkeit für die partikulare, historische und daher jüdische Qualität und Substanz neutestamentlichen Glaubens an Jesus Christus werde dann sichtbar, und damit die Opposition des radikalen Monotheismus gegen Aberglaube und Idolatrie; auch der missionarische Eifer, der aus der Überzeugung erwachse, dass ein neues messianisches Zeitalter anbreche; der Mut, als Minderheit in einer feindlichen Umgebung zu stehen, der letztlich die Destruktion der religiösen Homogenität einer Kultur mit sich bringe; die Ablehnung von Gewalt, basierend auf dem Vertrauen allein in den Schutz Gottes und die holistische Einschließung der gemeinschaftlichen und kulturellen Dimensionen des *„way of life"* innerhalb des Glaubens (Entscheidungsfindungsprozesse z. B. in ökonomischen Fragen) würden so als religiöse Themen präsent, nicht abgedrängt in den Bereich des Dogmas oder der Spiritualität; ebenso die Ablehnung staatlicher Unterstützung, Verteidigung und Kontrolle der Kirche, schließlich die Relativierung hierarchischer Elemente in der Kirche zugunsten von mehr Freiheit und Ganzheit in der lokalen gemeindlichen Gemeinschaft. So könnte ein gänzlich anderes Verständnis des

---

121 Vgl. zum Folgenden vor allem JOHN H. YODER, *The Disavowal of Constantine:* An Alternative Perspective on Interfaith Dialogue (1976); in: YODER, *The Royal Priesthood*, 242–261.

Ortes der Kirche und damit der theologischen Themenstellung sichtbar werden. Es solle im interreligiösen Dialog niemals um die Verteidigung der mediterran-europäischen Kultur und Religiosität gehen.
Dies will Yoder weder als einen Rückzug in ein Ghetto verstanden
wissen, noch als eine kritiklose Akzeptanz des Pluralismus. Kirche ist
nicht außerhalb von Kultur existent. Um zu einem differenzierteren
Verständnis zu gelangen, unterscheidet er Weisen der Verhältnisbestimmung: (a) Inkulturation, (b) Paganisierung, (c) Sanktionierung
der Paganisierung durch Gewalt. Einzig das Modell der Inkulturation
bilde kein Hindernis im interreligiösen Dialog, wenn es nicht mit den
anderen Ebenen vermischt werde.
Diese Position, das gesteht Yoder zu, ist „intrinsically unfinished".[122] Unabgeschlossenheit ist nach Yoder aber, wie wir sahen,
ein Charakterzug freikirchlicher Ekklesiologie. Es liegt demnach in
der Natur der Sache, dass sich kein konsistentes Modell des Anti-
Konstantinismus entwickeln lässt.[123] Vorläufigkeit und Fragmentartig-
keit sind viel mehr Programm. Dadurch könne das Element der Buße
mit in das interreligiöse Gespräch eingebracht werden.[124] Seit Konstantin wurde dagegen die Indefektibilität der Kirche verteidigt. Dies
verhindere die echte μετάνοια der Kirche.
Zum einen wird die Radikalität der Freikirche in Bezug auf das
semper reformanda auch hier virulent. Zum Anderen betont Yoder die
Fehlbarkeit der Kirche, die den interreligiösen Dialog entscheidend
beeinflussen müsste. Die fortlaufende Selbstkritik ist Teil der christlichen Botschaft selbst. Befreiungstheologien hätten dies erkannt und
für eine alternative Geschichtsschreibung und Theologie plädiert.
An erster Stelle müsse die Würde des Gesprächspartners und die
Solidarität mit ihm stehen, nicht ein Wahrheitsanspruch in Bezug auf
eigene Ideen und Erfahrungen. Dass dies bei Yoder nicht Relativismus bedeuten kann, geht aus dem Gesagten bereits hervor. Die
Zeugnishaftigkeit der Existenz der Kirche ist auch hier das zentrale
Axiom.

„The alternative to hierarchical definition is local definition. The alternative
to ritual, dogma, and *Weltanschauung* as preferred content for dialogue is
the language of the normal gathering for worship and business."[125]

---

122 YODER, *How Karl Barth's Mind kept Changing*, 171.
123 „The profetic denunciation of paganization must always be missionary and ad hoc;
   it will be in language as local and as timely as the abuses it critiques." YODER, *The
   Disavowal of Constantine*, 250.
124 Yoder vergleicht dies mit der „community repentance" atl. Zeremonien bei Josua
   oder Esra.
125 YODER, *The Disavowal of Constantine*, 253.

III.6. Kritische Würdigung

Yoders Ansatz lässt sich in Differenz zu den *main-stream*-Ekklesiologien und in seiner Radikalität zunächst in einem treffenden Selbstzeugnis zusammenfassen:

„The position suggested here may seem to gather together the dangers of several ecclesiastical scarecrows. It gives more authority to the church than does Rome, trusts more to the Holy than does Pentecostalism, has more respect for the individual than humanism, makes moral standards more binding than puritanism, is more open to the given situation than the ‚new morality‘".[126]

Es konnte gezeigt werden, wie Yoder konsequent ontologische Aussagen im Blick auf die Definition von Kirche verweigert. Immer setzt er bei „Praktiken" oder „Funktionen" von Kirche an. Das entspricht seinem gesamten Ansatz, ekklesiologische Aussagen nicht getrennt von ethischen Überzeugungen zu entwickeln: Ekklesiologie ist Sozialethik. Daher werden weder die konstitutiven Attribute der Kirche thematisiert, noch wird differenziert zwischen Kennzeichen und Merkmalen der Kirche.

Für Yoder gibt es keinen neutralen Boden. Alles theologische Reflektieren beginnt und findet statt im Kontext des Lebens der nachfolgenden Gemeinschaft, Kirche ist Mission. Dies wirft sogleich mehrere Fragen im Blick auf die Ekklesiologie und die Ökumene auf: Welches Korrektiv kann für die Einzelgemeinde im kongregationalistischen Verständnis eingeführt werden? Wie bildet sich Kontinuität heraus in einer so autonomen und institutionskritischen Haltung? Welchen Grad an Verbindlichkeit in gegenseitiger Verantwortung kann es geben?

Die Kontrastierung von Kirche und Welt bedeutet nicht notwendig, Kirche immer nur im Gegensatz zur herrschenden Kultur zu sehen, auch nicht, dass sie apolitisch ist, wie das „Jeremianische Modell" zeigt. Kirche verkörpert (*embodies*) die alternative kulturelle Option und bildet in dem ihr eigenen Modellcharakter eine alternative Vision, die gleichsam die Basis für gesellschaftliches Engagement und Mission darstellt.[127] Wenn Yoder behauptet, das Eigentliche der Geschichte liege in der glaubenden Gemeinschaft, nicht im generellen Strom der Gesellschaft, dann sucht er sich gleichzeitig immer wieder gegen die Klassifizierung des Sektiererischen im Sinne Troeltschs (die Kirche,

---

126 YODER, *Binding and Loosing*, 325.
127 Vgl. YODER, *Body Politics*, IX. Auch: JOHN H. YODER, *How H. Richard Niebuhr Reasons*: A Critique of Christ and Culture; in: J. H. YODER, D. YEAGER, G. STASSEN (eds.), *Authentic Transformation: A New Vision of Christ and Culture*, Nashville: Abingdon 1994, 75.

die sich aus der Gesellschaft zurückzieht) und Niebuhrs (*Christ against culture*) zu wehren.[128] Die in früheren Texten noch deutliche Abgrenzung einer christlichen Ethik zur säkularen wird in seinen späteren Schriften dahingehend modifiziert, christliche Ethik jetzt auch für Nichtchristen applizierbar zu halten, ohne aber die entscheidende Differenz im Bekenntnis der Kirche aufzugeben. Die Axiome des Yoder'schen Ansatzes bleiben aber unverändert:[129] (1) Die erste Verantwortung der Kirche ist es, in der Nachfolge zu leben, wie in der historischen Person Jesus exemplarisch dargestellt. (2) Fundamentale Elemente dieser Liebes-Ethik sind Vergebung, Dienstbereitschaft, Gewaltlosigkeit – und stehen somit im Widerspruch zu den dominanten Werten der nicht-christlichen Gesellschaft: die Notwendigkeit der Machtausübung, der Gewalt, der Rache. (3) Die soziale Verantwortung der Christen besteht nicht darin, für diese gesellschaftliche Ordnung einzustehen, um Geschichte an ein gutes Ende zu bringen. (4) Das Evangelium liefert kein Vorbild für die gerechte und gute Gesellschaft, daher ist jede Identifizierung des Evangeliums mit irgendeiner politischen Richtung Idolatrie. (5) Die christliche Hoffnung in der Geschichte ist auf das erlösende Werk Christi in der Welt gerichtet, allein darauf soll sich Kirche verlassen.

Die Kontrastierung geschieht durchweg mithilfe der als Chiffren benutzten Begriffe „*Konstantinismus*" und „*Believer's Church*". Nicht nur die historische oder politische Dimension einer Differenz ist damit angezeigt, sondern auch eine methodologische. Die Akzeptanz der Partikularität des christlichen Glaubens ist die Voraussetzung zum wahren Kirchesein, weil sie die Basis ihrer Unabhängigkeit darstellt.[130] Aber Yoder ist deswegen weder undefinierter Relativismus einerseits, noch Fundamentalismus andererseits vorzuwerfen, denn er erkennt immer die Notwendigkeit und Möglichkeit zur fortwährenden Kommunikation zwischen verschiedenen „Kulturen". „The free church vision has nothing to fear from authentic pluralism. Pluralism is the enemy of the established and ‚realist' visions. It is the ally of Anabaptists and Jews."[131]

---

128 Auch und gerade in seinen letzten Veröffentlichungen wehrt sich Yoder noch einmal gegen den Vorwurf des sektiererischen Geistes: „The essays in this collection are intentionally devoted to demonstrating the wrongness of that characterization of my stance". YODER, *For the Nations*, Introduction. Auch in YODER, *Authentic Transformation*, a. a. O.

129 Vgl. DUANE K. FRIESEN, *Toward a Theology of Culture*: A Dialogue with John Howard Yoder and Gordon Kaufman; in: CGR Spring 1998, 39–64.

130 „Yoder could be described as a postmodern before postmodernism was in vogue, in its acceptance of relativity and that all human beings are shaped by their own historical particularity from which they cannot escape." Ebd., 48.

131 JOHN H. YODER, *The Jewishness of the Free Church Vision*, Third Lecture in the Bethel/Earlham Series, presented in Richmond 30 April 1985 (unveröffentlicht), 13.

Allerdings wird diese Position sich im Blick auf die biblische Hermeneutik, in der es scheinbar nur *eine* richtige Lesart der Texte gibt und nur *eine* singuläre Weise, danach zu leben, den Vorwurf des Fundamentalismus und damit auch des Sektiererischen weiterhin gefallen lassen müssen. Dieser Eindruck erhärtet sich dadurch, dass die angezeigten und immer wiederkehrenden Polarisierungen und Schematisierungen stark simplifiziert sind. Die Stärke und das Verdienst liegt sicherlich in der schonungslosen Offenlegung großer Gefahrenherde innerhalb traditioneller Ansätze zur Ekklesiologie. Dieser Herausforderung sollten sich die anderen Traditionen stellen. Aber die Argumentation für eine Alternative wird dadurch nicht überzeugender, indem auf die komplexen Begründungsstrukturen der *main-line*-Konfessionen als in sich plurale Größen verzichtet wird. Selten werden die karikierten Darstellungen der Ernsthaftigkeit und Vielfältigkeit theologischer Argumentationen gerecht. Wo Yoder dies berücksichtigt, da werden die auftretenden innerkonfessionellen Erneuerungsphänomene für die *free-church*-Perspektive undifferenziert und verallgemeinert vereinnahmt (z. B. die Bekennende Kirche in Deutschland).

Zwar lässt das Motiv des Leidens als eine der *notae ecclesiae* tatsächlich ein alternatives Begründungsmuster vermuten, doch wird damit wiederum ein neues Problem sichtbar: wenn das Leidensmotiv als Merkmal der Ekklesialität dazu dient, die Wahrheit der eigenen Position zu belegen im Sinne der Aussage „nur die verfolgte Kirche ist die wahre Kirche", dann ist zum einen diese Aussage nicht mehr plausibel, wenn sie unabhängig vom jeweiligen gesellschaftlichen und kulturellen Kontext erfolgt, zum anderen macht eine solche Aussage die eigene Position resistent gegen jede Kritik, die ihr von außen angetragen wird. Denn solche Kritik kann stets interpretiert werden als Illustration für das Unverständnis „der Welt", um dann als Beleg für die Richtigkeit der sichtbaren und verfolgten Kirche zu dienen. Am Ende erreicht gar das Leiden *per se* eine Legitimation. Dies kann Yoder kaum verhindern, wenn er das Motiv des Leidens kritiklos und undifferenziert aus den von Menno Simons vorgeschlagenen *notae ecclesiae* übernimmt, die in einem völlig anderen geschichtlichen Kontext zu sehen sind. Auch hier wird der Verdacht des Sektiererischen weiter zu hören sein, auch wenn Yoder selbst es gelingt, diesen Begriff kräftig zu relativieren.

Durch eine stärkere Differenzierung des Leidensmotivs könnten aber auch Schwächen und Versagen *innerhalb* der Gemeinschaft der Gläubigen theologisch reflektiert werden. Bei Yoder scheint es Ambivalenzen nur außerhalb der Gemeinde zu geben. Menschliche Verwundbarkeit, Unsicherheit und Unentschlossenheit angesichts konkurrierender Interpretationsmuster – in der Zeit des Pluralismus stärker denn je – kommen nicht vor, die Ambivalenzen des Bösen als interne Herausforderungen an Botschaft und Wesen der Kirche werden als Fragestellung eines internen Problems schlicht außer Acht gelassen.[132] Muss die Dialektik von Glaube und Zweifel in der Spannung von Glaube und Erfahrung nicht stärker thematisiert werden, gerade in der Kirche? Dazu kommt es bei Yoder nicht. So bleibt der Vorwurf der Deskription eines perfektionistischen Idealsbildes von Kirche bestehen.

Die schematisierte Sicht spiegelt sich auch in der fehlenden theologischen Reflexion des Verhältnisses von Kirche und Israel wider. Gerade in den ekklesiologischen Überlegungen dürfen diese aber nicht fehlen, wenn dem Vorwurf einer nicht haltbaren Substitutionstheorie gewehrt werden soll. Yoder rekurriert auf dieses Thema nur dort, wo es ihm um den Nachweis der Partikularität in der Inkarnation geht. Dann wird gar das Judesein Jesu betont, ohne es tatsächlich in seinen ekklesiologischen Implikationen zu thematisieren.

In einer seiner späten Vorlesungen („The Jewishness of the Free Church Vision"[133]) hat Yoder diese Thematik aufgegriffen, ohne sie theologisch zu entfalten.[134] Eine Reihe von Parallelisierungen phänomenologischer Beobachtungen des Judentums im Verhältnis zur freikirchlichen Tradition wird dort aufgelistet, ausgehend von der These, das Christentum sei an sich zunächst eine „freikirchliche" Erneuerungsbewegung innerhalb des Judentums gewesen.[135] Der Verlust des „Jüdi-

---

132 Dagegen hat vor allem J. L. Burkholder argumentiert. Vgl. BURKHOLDER, *The Problem of Social Responsibility*, a. a. O., SAWATZKY/HOLLAND, *The Limits of Perfection*, a. a. O.

133 YODER, *The Jewishness of the Free Church Vision*, a. a. O.

134 Vgl. dazu auch A. JAMES REIMER, *Theological Orthodoxy and Jewish Christianity. A Personal Tribute to John Howard Yoder*; in: HAUERWAS (ed.), *The Wisdom of the Cross*, 430–448.

135 Yoder stellt Analogien zwischen der jüdischen und der mennonitischen Tradition fest: (1) Beide sähen Gottes Wirken in Korrelation zu historischen Entwicklungen und interpretierten dies eher als Kritik denn als „Heiligung" gegenwärtiger Verhältnisse. (2) Die sich daraus ergebende Erwartung, dass Gott auch weiterhin aktiv in die Geschichte eingreife in partikularen, identifizierbaren Ereignissen. (3) Für beide sei es weder überraschend noch enttäuschend, dass ihre Position von der Mehrheit nicht geteilt werde. (4) Soziale Identität, sowie Erneuerung der eigenen Tradition werden allein von der Präsenz der Schrift inmitten dieser Gemeinschaft erwartet – im Unterschied zu Klerus, Ritual, Dogma oder irgendeiner anderen diese Schrift interpretierenden Autorität. (5) Die Ernsthaftigkeit der Bereitschaft zu einer distinkten ethischen Verpflichtung. (6) Die geographische Entwicklung: jedes Land konnte zur Heimat werden und gleichzeitig blieben sie Fremde in jedem Kontext (bei den Täufern, bzw. Mennoniten kam diese „Exilsituation" zwar oft freiwillig zustande, aber ebenso häufig sei das Motiv die Suche nach freier Religionsausübung und die Befreiung von der Militärpflicht gewesen). (7) Oft wurden sie als brauchbare Untertanen angesehen, was ihnen einerseits Privilegien verschaffte, andererseits aber auch die Ablehnung der ansässigen Bevölkerung. (8) Die gegenwärtige Identitätskrise ergibt sich in beiden Fällen aus dem Spannungsverhältnis innerhalb einer Gemeinschaft, die gleichermaßen auf Abstammung wie auf Abweichung zurückblickt. („Is

schen" sei aber wiederum das Werk frühkirchlicher Apologetik in ihrem Bemühen, den jüdischen Glauben für heidnische Führungseliten annehmbar zu machen, wodurch der Glaube zum ahistorischen moralischen Monotheismus verkommen sei, ohne die Partikularität des jüdischen Volkes länger zu berücksichtigen. Yoder geht so weit zu behaupten, das Schisma zwischen Kirche und Synagoge hätte vermieden werden können, wäre die Kirche in der Intention der zur Entfaltung kommenden Herrschaft Gottes der Interpretation Jesu und der des Paulus gefolgt: die Friedenstiftung zwischen Juden und Heiden.

Yoder wehrt sich gegen den Vorwurf der Vereinnahmung des jüdischen Volkes, will vielmehr verstanden werden als jemand, der entdeckt habe, selbst von der biblischen Story – aus Gnade – „adoptiert" worden zu sein, die bei Abraham ihren Anfang nimmt. Die Interpretation der jüdischen Geschichte sei ein Test „par excellence" für unser Geschichtsverständnis, gerade weil eine singuläre, zentrale Autorität für die Perspektive einer solchen Interpretation abgelehnt werde. – Es fehlt die ekklesiologische Reflexion der bleibenden Erwählung des Volkes Israel.

Theologischer Referenzpunkt aller Überlegungen bleibt das zentrale Motiv der Königsherrschaft Christi. Hierin schlägt sich der starke und bleibende Einfluss (seines Lehrers) Karl Barths nieder. Zu fragen ist aber, warum Yoder gerade diesen Sprachgebrauch so stark favorisiert. Muss er nicht das Motiv des Christokrators gerade kritisieren als ein Bild, das mit Assoziationen wie Machtausübung, Zwang und Gewalt verknüpft ist? Zwar ist diese Herrschaft konterkariert in der Demonstration des Machtverzichts durch das Kreuzesgeschehen; und deshalb ist es die Herrschaft des „Lammes" – dies wird ausgeführt, wenn es um die Begründung einer Liebesethik und des Gewaltverzichtes geht. Doch wenn die entscheidende Motivation für den Lebensvollzug der nachfolgenden Kirche letztlich wieder auf einem siegreichen Herrschaftsmotiv ruht, dann bleibt dieser Ansatz gefangen in einer Metaphorik der Kategorien von Oben und Unten, Siegern und Verlierern, die gerade kontrastiert werden soll. Zu fragen ist, warum pneumatologische Begründungsmuster hier nicht ergänzend hinzu treten: Der lebensschaffende, -erhaltende und -bejahende Geist Christi, der nicht „regiert", sondern der der glaubenden Gemeinschaft geschenkt ist und diese stärkt als die Kraft, aus der die Gemeinde eine gewaltfreie und herrschaftsrelativierende – weil von jeder Herrschaftsstruktur befreite – Alternative lebt, und aus der ihr Tröstung zuwächst[136], jener Geist, der das Ereignis Kirche schafft.

this a community of believing response to transcend authority? Or is it an extended family which celebrates its unity as a divine gift?").

136 Ähnlich kritisiert auch Gordon D. Kaufman Yoder: nicht dafür, dass er Jesus als Modell radikaler Nachfolge darstellt, sondern dass er dies vermischt mit den „hea-

Im Folgenden wird zu beobachten sein, wie dialogfähig diese Position im ökumenischen Gespräch tatsächlich ist, bzw. welche Korrektiv-Möglichkeiten sich aus der Begegnung in der Ökumene für die so formulierte friedenskirchliche Position ergeben. Dabei ist zu berücksichtigen, dass Yoders Entwurf nicht undifferenziert als „die Stimme der Historischen Friedenskirchen" betrachtet werden kann. Gleichzeitig wird aber deutlich, in welcher Weise er maßgeblichen Anteil an der Artikulation dieser Position hat. Im ökumenischen Diskurs ist sie unverzichtbar, weil sie eine radikale Kritik gegenüber jeder Inkulturation des Evangeliums bereit hält und gleichzeitig ein Modell zur Kontextualisierung darstellt, das sich ausschließlich in der lokalen Gemeinschaft verwirklichen lässt, die dennoch katholisch (d. h. ökumenisch) bleibt und in der das Wesen der Kirche nie getrennt von ihrem Handeln definiert werden kann. Auf diese Weise gelingt eine genuine Verknüpfung von Ekklesiologie und Ethik, die in ökumenischen Diskursen noch nicht erschöpfend rezipiert worden ist. So bleibt die vorgetragene radikale Kritik und ekklesiologische wie ökumenische Alternative ein „Stachel im Fleisch" jener Traditionen, die in der Gefahr stehen, sichtbare Nachfolge der Kirche als zweit- oder drittrangige Fragen systematischer Theologie zu betrachten.

Yoder hat die friedenskirchliche Position in solch kreativer, neutestamentlich fundierter und argumentativer Weise erschlossen, dass gesagt werden kann: die Ökumene verdankt ihm die Gesprächsfähigkeit der friedenskirchlichen Position.[137] Und die Friedenskirchen verdanken ihm die theologisch-argumentative und exegetische Entfaltung eines ihrer identitätsstiftenden Axiome: Gewaltfreiheit als Ausdruck ihrer Ekklesialität.

---

vy-handed metaphors of heteronomy – of human obedience to divine lordship – and that he doesn't seem to realize that these involve quiet different understandings of human existence, well-being, and fullfillment. It need not be the case that it is ‚The Rule of God' (which) is the basic category ... and that Christian morality must be understood primarily in terms of the sovereign ‚lordship' of Christ ..." Vgl. Gordon D. Kaufman in CGR Spring 1986, 77–80.

137 Vgl. die breite internationale Rezeption seines Ansatzes in der ekklesiologischen und sozialethischen Diskussion, vor allem auch durch STANLEY HAUERWAS, z. B. in *Selig sind die Friedfertigen*. Ein Entwurf christlicher Ethik, hrsg. u. eingeleitet von REINHARD HÜTTER, Neukirchen-Vluyn: Neukirchener 1995 (dt. Übersetzung von *The Peaceable Kingdom*, A primer in Christian Ethics, Notre Dame/IN: University of Notre Dame 1986). DERS., *Christians among Virtues*, Notre Dame/IN: University of Notre Dame 1997. Vgl. weiter zur Auseinandersetzung zwischen Hauerwas und Vertretern der Mennoniten die verschiedenen Beiträge in *Dialogue with Stanley Hauerwas*, CGR Spring 1995, 133–173.

IV. Die Stimme der Historischen Friedenskirchen in der ökumenischen Bewegung (Ökumenischer Rat der Kirchen)

Konnte in den vorangegangenen Kapiteln deutlich gemacht werden, welche Kategorisierungsmöglichkeiten sich nach Inhalten und Methode aus den Selbstzeugnissen der Historischen Friedenskirchen (insbesondere der Mennoniten) anbieten, so soll im nächsten Schritt das ekklesiologische Profil weiter herausgearbeitet werden. Dies geschieht anhand der Dokumente, die in Auseinandersetzung mit anderen Konfessionen der ökumenischen Bewegung erwachsen sind, sowohl in multilateralen Begegnungen, wie sie sich im Kontext des Ökumenischen Rates der Kirchen ergeben, als auch in bilateralen Dialogen (s. u. V.), die nicht auf die Ekklesiologie allein beschränkt bleiben. So entsteht ein weiter vervollständigtes Bild einer Konfession, deren ekklesiologische Explikationen wie Implikationen hier interessieren. Dieses methodische Vorgehen der Analyse von Begegnungen im ökumenischen Kontext bietet sich an, denn nirgends wird die Identität einer (kirchlichen) Gemeinschaft greifbarer als in der Auseinandersetzung – und damit Abgrenzung – zu anderen. Die Darstellung folgt der impliziten These, dass gerade diese *non-credal, non-hierarchical* und streng kongregationalistisch strukturierte Kirche erst in der Begegnung mit anderen Konfessionen die Veranlassung sieht , sich ihrer eigenen Identität zu vergewissern und sie zumindest in Ansätzen darzustellen. Die folgende analysierende Darstellung kann gleichzeitig als Illustration der These dienen: Durch die Ökumene wird das genuine konfessionelle Profil und Bekenntnis nicht relativiert, sondern extrapoliert.

IV.1. Sektiererisch und Ökumenisch

a. Verursacher von Spaltungen und Triebkraft ökumenischer Initiativen

Um einer Darstellung der Historischen Friedenskirchen auch nur annähernd gerecht werden zu wollen, ist es auch hier wiederum notwendig, zunächst das Selbstverständnis als Freikirche mit zu bedenken. Das kann nur in der gebotenen Kürze geschehen, erscheint aber hilfreich im Blick auf die Kategorisierung in unterschiedliche Konfessionsfamilien.

Die Geschichte der Freikirchen ist eine Geschichte der Abspaltungen und Trennungen. Nirgendwo sonst gibt es so viele verschiedene Gruppierungen, auch innerhalb der einzelnen Denominationen, wie bei den Freikirchen. Dies hat seine Ursache vordergründig in der problematischen kategorialen Zusammenfassung[1], ist aber damit allein noch nicht hinreichend erklärt. Strukturelle und inhaltliche Vorgaben treten hinzu: in manchen Fällen die Ablehnung eines einheitsstiftenden Amtes, in anderen Fällen das Fehlen einer verbindlichen Bekenntnisschrift, sicherlich auch der radikale Kongregationalismus mancher Gruppierungen. Hinzu kommen weitere, in der theologischen Konzeption verankerte Überzeugungen: Die fortwährende Offenbarung Gottes in der Geschichte, meist in einem heilsgeschichtlichen Konzept vorgestellt, scheint – stärker als in anderen Konfessionen – zu immer neuen Aufbrüchen zu ermuntern und leichter zu Brüchen mit überkommenen Traditionen zu führen. Der Heilige Geist offenbart je und je neu die in der Schrift und nicht etwa in der Tradition enthaltene Wahrheit. Schon die jeweiligen damit korrelierenden Anfänge dieser Denominationen sind größtenteils auf diese Überzeugungen zurückzuführen. Denn ursprünglich verstanden sich alle Freikirchen als Erneuerungsbewegungen innerhalb der etablierten Kirchen, trennten sich aber dann von diesen und bildeten eigene Konfessionen, wenn die Durchsetzung von Reformen nicht gelang. Dies prägt das freikirchliche „Bewusstsein" – wenn es denn so etwas gibt – sowie die theologische Lehrbildung.

Vor diesem Hintergrund kann D.F. Durnbaugh viele separatistische, gleichzeitig aber auch ökumenische „Daten" aufzählen und zeigen, wie gerade die *Believers' Church* einen der „Flügel des Haus (-halt)es Gottes bewohnt".[2] Belege für die Ökumenizität erkennt Durnbaugh in vielfältiger Hinsicht: (1) Im Restitutionsgedanken findet sich ein universaler Anspruch. (2) Die Haltung gegenüber Nicht-Christen ist bezeichnend: Täufer des 16.Jhs. gerieten gerade dort in Konflikt mit der Obrigkeit, wo sie sich weigerten, gegen Menschen anderen Glaubens (die Türken) in den Krieg zu ziehen. (3) Die Wahl der gegenseitigen Anrede verdeutlicht die Offenheit, wenn sie sich einfach als „Brüder", „Freunde" oder „Christen" adressieren.[3] (4) Frü-

---

1 S. o. II.1., bes. II.1.b.
2 Vgl. DURNBAUGH, *The Believers' Church*, a. a. O. Vgl. auch die kurze Zusammenfassung von D. F. DURNBAUGH und CH. W. BROCKWELL Jr., *The Historic Peace Churches: From Sectarian Origins to Ecumenical Witness*; in: MARLIN E. MILLER und BARBARA NELSON GINGERICH (eds.), *The Church's Peace Witness*. Grand Rapids/MI: Eerdmans 1994, 182–195.
3 Die heute gebräuchlichen Namensgebungen wurden oft erst später von ihnen selbst akzeptiert (z. B. *Mennoniten* oder *Methodisten*).

he Wegbereiter der neuzeitlichen ökumenischen Bewegung hat es gerade in diesen Kirchen gegeben, z. B. Comenius oder Zinzendorf (aus einem pietistisch geprägten Luthertum stammend wird er später zum Brüderbischof ordiniert). (5) Bereits in der Frühzeit der modernen ökumenischen Bewegung, insbesondere der Missionsbewegung des 19. Jhs., waren diese Denominationen stark vertreten. (6) Ökumenische Organisationen sind in besonderer Weise auch aus diesen Erneuerungsbewegungen hervorgegangen: Bereits 1805 machte William Carey (Indien) den Versuch, ein internationales Treffen von Christen aller Denominationen einzuberufen. Hierin wird ein Vorläufer des *Internationalen Missionsrates* gesehen.[4] Die *Evangelische Allianz*[5] (1846) und die *World Student Christian Federation* (1895) fanden Anregung und rege Beteiligung durch die Freikirchen.[6] In weiteren ökumenischen Gründungen ist die „Handschrift" der Believers' Church unverkennbar:[7] *Young Men's Christian Association* und *Young Women's Christian Association*, *World Alliance For Promoting International Friendship Through The Churches*[8], *International Fellowship of Reconciliation*[9].

Allerdings beklagte Durnbaugh 1968: „Because in recent decades the ecumenical movement has tended to be dominated by those confessions which place primary emphasis upon a morphological unity, the contribution of the Believers' Churches to the ecumenical story has not been fully recognized."[10]

---

4 Gemeinsame Herausforderungen in der Missionsarbeit sollten erörtert werden, regelmäßige Treffen dann im Abstand von je zehn Jahren folgen. Dieser Plan konnte aufgrund des Widerstandes der Missionsgesellschaften in Europa nicht realisiert werden. Erst 100 Jahre später kam es in Edinburgh (1910) zur Gründung des Internationalen Missionsrates.

5 Vgl. zu den ökumenischen Organisationen die betreffenden Artikel in: *Dictionary of the Ecumenical Movement*, LOSSKY/BONINO et al. (eds.), a. a. O.

6 Unter den Gründern z. B. John R. Mott, der sich erst nach einer Bekehrungserfahrung in der evangelikalen Bewegung zum christlichen Glauben bekannte. Er diente der WSCF 33 Jahre lang als Generalsekretär. Aus dieser Bewegung rekrutierte der ÖRK in seiner Gründungsphase immerhin 4/5 seiner Führungspersönlichkeiten. Mott war Vorsitzender der Weltmissionskonferenz 1910 in Edinburgh, u. v. m. Vgl. C. H. HOPKINS, *John R. Mott* 1865-1955: A Biography. Geneva: WCC 1979.

7 Vgl. DURNBAUGH, *The Believers' Church*, 283 ff.

8 Die Friedenskonferenzen in Den Haag 1899 und 1907 beauftragten den Quäker J. Allen Baker und den Anglikaner W. H. Dickinson, friedliche Beziehungen zwischen den Kirchen in England und Deutschland zu fördern, die schließlich 1914 zur Gründung führten.

9 1914 durch den Quäker Henry Hodkin und den Lutheraner Friedrich Siegmund-Schultze begonnen, 1919 Gründung des *IFOR*. Vgl. auch FRIEDRICH SIEGMUND-SCHULTZE, *Friedenskirche, Kaffeeklappe und die ökumenische Vision*. Texte 1919–1969. Hg. von WOLFGANG GRÜNBERG. München: Kaiser 1990.

10 DURNBAUGH, *The Believers' Church*, 289.

b. Die Selbstbeschränkung auf ethische Positionen

Im ökumenischen Kontext, besonders aber im institutionalisierten Rahmen des Ökumenischen Rates der Kirchen, wurden unter den Freikirchen die *Historic Peace Churches* aufgrund ihres gemeinsamen Friedenszeugnisses immer wieder gesondert und als Einheit wahrgenommen. Auch sie brachten ihre genuine Stimme in den ökumenischen Diskurs von Anfang an ein, sei es in gemeinsamen Studienprojekten oder eigenen Beiträgen, vor allem in Verbindung mit dem Internationalen Versöhnungsbund (*IFOR*). Nicht immer führte dieses Engagement auch notwendig zur Mitgliedschaft im ÖRK. Auch die Verbindlichkeit der Beiträge gegenüber der eigenen Konfession war höchst unterschiedlich. Manchmal gelang Einzelpersonen das Einbringen der friedenskirchlichen Tradition (ohne offizielle Autorisierung, allein im Bewusstsein der Vertretung dieser Tradition), dann auch als Teilorganisationen eines bestimmten Gemeindeverbandes, aber auch explizit als eigenständige (Mitglieds-) Kirchen des ÖRK.[11]

Die Auseinandersetzungen um Krieg und Frieden (bzw. eng verwandte Fragestellungen, wie die Kriegsdienstverweigerung) stand meist im Vordergrund.[12] Die sog. „Puidoux-Konferenzen" (1955–1973, benannt nach dem Ort des ersten Treffens) bilden eine Reihe von Auseinandersetzungen zu ethischen und damit verbundenen ekklesiologischen Fragestellungen, die die Historischen Friedenskirchen gegenüber den anderen Konfessionen als eine gesonderte Größe erscheinen lassen (s. u. IV.3.). Diese Konferenzen hatten vor allem auf die ökumenisch-theologischen und ethischen Diskussionen im deutschen Kontext der Nachkriegszeit weitreichenden Einfluss. Auch die im gleichen Jahr begonnene ÖRK-Studie zu „Kirche und nukleare Bedrohung" wurde maßgeblich durch Beiträge aus diesen Traditionen bestimmt (v. a. durch den Internationalen Versöhnungsbund).[13]

---

11 Vgl. den kurzen Überblick in DURNBAUGH/BROCKWELL, *The Historic Peace Churches*, a. a. O. Einen sehr knappen, leider unvollständigen Überblick des mennonitischen Engagements versucht J. R. BURKHOLDER, *Mennonites in Ecuemnical Dialogue on Peace and Justice*. Mennonite Central Committee, Occasional Papers No.7, 1988.

12 Einen Überblick über diese Diskussion in der ökumenischen Bewegung gibt LIENEMANN, *Frieden*, a. a. O. Hier wird auch die Rolle der Historischen Friedenskirchen berücksichtigt, bes. 123–131. Vgl. auch HERBERT FRÖHLICH u. a., *Alles wirkliche Leben ist Begegnung*. Ökumenische Shalom-Dienste fordern Kirchen heraus. Anstöße zur Friedensarbeit 8, Hildesheim u. a.: Georg Olms 1991. Zur Einschätzung der Rolle der Friedenskirche vgl. bes. 11–16.

13 *Christians and the Prevention of War in an Atomic Age*: A Theological Discussion, Geneva: WCC 1955. Der Zentralausschuss distanzierte sich allerdings später von den Ergebnissen dieser Studie, die einen pazifistischen Aufruf enthielt. Vgl. zum Folgenden auch ANS VAN DER BENT, *Commitment to God's World*. A Concise Critical Survey of Ecumenical Thought. Geneva: WCC 1995, bes. WCC meetings and In-

In den verschiedenen Vollversammlungen des ÖRK war die Stimme der Historischen Friedenskirchen hörbar vertreten. Die Vollversammlung in New Delhi 1961 forderte eine Beratung zwischen Pazifisten und Nicht-Pazifisten, zu der es allerdings erst 1968 kommen sollte. In Uppsala 1968 verabschiedete die vierte Vollversammlung eine Resolution, die eine Studie zu gewaltfreien Methoden forderte, an der sich die Friedenskirchen dann umfangreich beteiligten (Cardiff, Wales 1972)[14]. In Nairobi 1975 gab es erstmals ein *„Program to combat militarism"*.[15] In Vancouver 1983 stand der Beginn des Konziliaren Prozesses für Gerechtigkeit, Frieden und Bewahrung der Schöpfung ganz im Zentrum der Beratungen[16], der in der Weltkonvokation in Seoul 1990 seinen vorläufigen Höhepunkt erreichte und an dem sich VertreterInnen der Historischen Friedenskirchen umfangreich und auf verschiedenen Ebenen beteiligten.[17] In Canberra 1991 wurde diese Themenkonstellation in die laufende Arbeitsstruktur des ÖRK integriert. Und schließlich beschloss die Vollversammlung in Harare 1998 auf Antrag aus den Reihen der Historischen Friedenskirchen eine „Dekade zur Überwindung von Gewalt (2001–2010)" als eines der übergreifenden Themen für die Zukunft des ÖRK.[18]

Sahen sich die Historischen Friedenskirchen immer dann zu eigenen Beiträgen veranlasst, wenn es um Auseinandersetzungen zu einer Friedenstheologie oder Friedenspositionen ging, so lässt sich be-

ternational Gatherings 1924–1991, 232 ff. (Lit.).

14 Violence, Nonviolence and the Struggle for Social Justice. A Statement commended by the WCC Central Committee, 1973. Diese fand zehn Jahre später eine Fortsetzung in der sog. Corrymeela Consultation: Violence, Nonviolence and Civil Conflict. Beide in der gleichnamigen Schrift des ÖRK, Genf 1983.

15 In Deutschland ging aus diesem Impuls die Gründung der Friedensinitiative „Ohne Rüstung leben" hervor.

16 S. u. I.2.3.a.

17 Vgl. die verschiedenen Stellungnahmen der Historischen Friedenskirchen im Laufe des Konziliaren Prozesses, vor allem Stuttgart 1988 und Basel 1989 (Minderheitenvotum); in: WILFRIED WARNECK: *Friedenskirchliche Existenz im Konziliaren Prozess.* Anstöße zur Friedensarbeit 5, Hildesheim u. a.: Georg Olms 1990, 238–253. Diese Zeugnisse werden hier nicht separat vorgestellt, da sie für unsere, auf die ekklesiologische Fragestellung konzentrierte Arbeit, keinen weitergehenden Erkenntnisgewinn bereithalten.

18 Vgl. *Gemeinsam auf dem Weg,* 243 und 268. Vgl. hierzu auch die Beiträge in ÖR 49/2000, Heft 4: *Dekade zur Überwindung von Gewalt.* MARGOT KÄSSMANN, *Gewalt überwinden.* Eine Dekade des Ökumenischen Rates der Kirchen, Hannover: LVH 2000. FERNANDO ENNS, *Impuls zur Gegenbewegung: eine ökumenische Dekade. Das* ÖRK-Programm zur Überwindung von Gewalt vor und nach Harare; in: ÖR 48/1999, 167–175. DERS., *Auf dem Weg zu einer Kultur des Friedens.* Die ökumenische Dekade zur Überwindung von Gewalt; in: Una Sancta 55/2000, 131–143. Vgl. auch JUDY ZIMMERMANN-HERR and BOB HERR (eds.), *Transforming Violence.* Linking Local and Global Peacemaking, Scottdale/PA: Herald Press, 1998.

obachten, dass Beiträge dieser Traditionen zu anderen Themen nahezu völlig fehlen. Hier liegt sicherlich eines der Defizite vergangener Jahrzehnte. Zum einen beschränkte sich das Interesse der anderen Kirchen an der friedenskirchlichen Tradition auf diese pazifistische Position, zum anderen ließen sie selbst sich darauf reduzieren und beteiligten sich nur selten im größeren Umfang an anderen Studien.[19] Die Gleichzeitigkeit von sektiererischen wie ökumenischen Tendenzen zeigt sich auch hierin.

Im Folgenden soll daher der Versuch unternommen werden, aus den jeweiligen Schichten theologischer Begründungen zu ethischen Positionen die implizit oder explizit vorhandene Ekklesiologie herauszuarbeiten. Exemplarisch sollen dazu die profiliertesten Gesprächsbeiträge näher dargestellt und kritisch beleuchtet werden.[20] So mag sich zeigen, worin ein potenzieller Beitrag dieser Tradition zu den ekklesiologischen Diskussionen im Horizont der Ökumene liegen könnte, bzw. an welchen Stellen sie eine Korrektur durch den ökumenischen Diskurs erfahren.

IV.2. Die Ökumenische Bewegung im Schatten des II. Weltkrieges: Der Ökumenische Rat der Kirchen fragt nach dem Zeugnis der Friedenskirche

1949 forderte der damalige Generalsekretär des Ökumenischen Rates der Kirchen Visser't Hooft, in der Nacharbeit zur ersten Vollversammlung des ÖRK in Amsterdam (1948), die Historischen Friedenskirchen und den IFOR auf, der weltweiten Gemeinschaft der Kirchen die Argumentation für eine pazifistische Position zu erläutern. 1951 kam die Antwort in der Erklärung *War is Contrary to the Will of God*, bzw. 1953 *Peace is the Will of God*.[21] Der einschlägige Satz der Grün-

---

19 Eine Ausnahme bildet der Lima-Prozess, s. u. IV.5.
20 Eine Auflistung der Begegnungen und Konferenzen findet sich in JOHN H. YODER, *40 Years of Ecumenical Theological Dialogue*. Efforts on Justice and Peace Issues by the Fellowship of Reconciliation and the „Historic Peace Churches". A Chronology; in: *A Declaration on Peace. In God's People the World's Renewal Has Begun. A Contribution to Ecumenical Dialogue* sponsored by Church of the Brethren, Fellowship of Reconciliation, Mennonite Central Committee, Friends General Conference. D. GWYN, G. HUNSINGER, E. F. ROOP, J. H. YODER (eds.), Scottdale: Herald Press 1991, 93 ff. Vgl. auch SIEGMUND-SCHULTZE, *Friedenskirche, Kaffeeklappe und die ökumenische Vision*, a. a. O. Einen guten Überblick bietet auch die Einleitung zu DONALD F. DURNBAUGH (ed.), *On Earth Peace*, Discussions on War / Peace Issues between Friends, Mennonites, Brethren and European Churches 1935–1975. Elgin/IL: The Brethren Press 1978, 17 ff.
21 *Peace is the Will of God.* By Historic Peace Churches, International Fellowship of

dungsversammlung des Ökumenischen Rates der Kirchen von 1948 war damit aufgegriffen,[22] die in der Reflexion der Vorgänge des II. Weltkrieges nach den theologischen Implikationen von Krieg und Frieden und der Rolle der Kirchen fragte.

Ein Fortsetzungsausschuss aus Repräsentanten der Gesellschaft der Freunde/Quäker, Mennoniten, Church of the Brethren und des IFOR war von nun an kontinuierlich tätig. Die Erklärung enthielt allerdings zunächst vier separate Stellungnahmen der beteiligten Gruppen, mit einer gemeinsam formulierten Einleitung. Das führte zu einer geteilten Reaktion auf Seiten der Verantwortlichen im ÖRK. Wie sollte von der Gemeinschaft der Kirchen ein eindeutiges und unmissverständliches Friedenszeugnis erwartet werden können, wenn nicht einmal die Friedenskirchen mit einer Stimme zu sprechen vermochten? Daraufhin wurde eine zweite, gemeinsame Stellungnahme vorbereitet (Niederlande 1952): „This conference recognizes that the challenge (to produce a unified statement) of the World Council of Churches is an opportunity which should not be lost ...".[23] Daraus resultierte das 1953er Dokument.

IV.2.1. Die Antwort: Gottes Wille ist Frieden (1953)

Da diese Erklärung in ihrer Anlage ganz elementar argumentiert und die konventionellen Vorwürfe gegen einen theologisch begründeten Pazifismus zu entkräften sucht, stellt sie eine geeignete Einführung in die Argumentationsweise der Historischen Friedenskirchen dar. Des Weiteren ist hier zu beobachten, wie auf die Anfrage der ökumenischen Gemeinschaft hin erst ein gemeinsames Zeugnis der Historischen Friedenskirchen möglich wird und so zu einer Präzisierung der eigenen, theologisch begründeten Position führt. Hier soll in erster Linie nach ihren ekklesiologischen Prämissen gefragt werden.

Angeknüpft wird an die Aussage der Amsterdamer Gründungsversammlung, „Krieg soll nach Gottes Willen nicht sein"[24], die in direktem Bezug zum allgemeinen, christozentrischen Bekenntnis zu verstehen ist, sowie an die weiter zurückliegende Oxford-Konferenz für Praktisches Christentum (1937), auf der das klare Bekenntnis gegen jeden Krieg an die Ekklesiologie gebunden wurde: Die universale Kirche muss die Verdammung des Krieges verkünden, bedingungslos

---

Reconciliation Committee, Geneva, Oct. 1953; in: *A Declaration on Peace*, Appendix A, 53–78.

22 Vgl. Bericht der Sektion IV; in: *Amsterdamer Dokumente*. Berichte und Reden auf der Weltkirchenkonferenz in Amsterdam 1948, FOCKO LÜPSEN (Hg.), Evangelische Welt, Beiheft 1, 57–62.

23 Zitiert in *Peace is the Will of God*, 54.

24 S. Anm. 22.

und uneingeschränkt, da die *una sancta*, die universale christliche Gemeinschaft, jede weltliche soziale Trennung transzendiert.[25] Die Historischen Friedenskirchen brachten ihre völlige Übereinstimmung mit Oxford und Amsterdam zum Ausdruck, da diese Argumente eben die Basis seien, auf denen sie selbst das Kriegführen grundsätzlich ablehnten: das christozentrische Bekenntnis und die Transzendierung jeder säkularen Größe durch die Gemeinschaft der Kirche.

In einem zweiten Teil wird der Versuch unternommen, die gängigen Argumente gegen einen christlich begründeten Pazifismus zu widerlegen, wie im Weiteren dargestellt ist.

a. Transzendierende Gemeinschaft versus natürliche soziale Bindungen

Folgender schöpfungstheologisch begründeter Argumentation wird widersprochen: Auch wenn von einer grundsätzlichen Einheit der Menschheit ausgegangen werden kann, so entspricht es doch der Schöpfungsordnung, dass sich menschliches Leben in kleineren sozialen Einheiten ereignet. Da die Interessen dieser Einheiten gegeneinander stehen können, sind Konflikte unvermeidlich, in denen das Recht zur Selbstverteidigung zugestanden werden muss, das sich aus der Loyalität zur eigenen Gruppe ergibt. – Dagegen wird die grundsätzliche, rhetorische Frage gestellt: „Is *agape* intended in the final analysis to transcend all other impulses of social cohesion?"[26] Im Neuen Testament werde erkennbar, dass Christus die vorläufige Ethik natürlicher Gemeinschaften der „perfekten" Ethik christlicher Gemeinschaften unterordne, die Feindschaft der natürlichen Gemeinschaft in Kauf nehmend.[27] Krieg, selbst wenn er sich gegen eine Aggression oder Unterdrückung richte, zerstöre nicht nur menschliches Leben, sondern immer auch die geistigen und moralischen Werte, die er eigentlich verteidigen wolle. Hier wird einer *christlichen* Ethik der Kirche absoluter Vorrang eingeräumt gegenüber aller säkular oder natürlich begründeten Urteilsbildung. Die Frage, ob dies nicht zwangsläufig in einen Perfektionismus einer kleinen, elitären Gruppe münden müsse, der gerade so die Kraft zur Transzendierung genommen sei, kann diese Position nicht wirklich treffen, da sie ja gerade den exemplarischen Zeugnischarakter der Kirche unabhängig von ihrer Größe hervorhebt gegenüber jeder „vernünftigen" Spekulation über die Effizienz.[28]

---

25 Vgl. *Kirche und Welt in ökumenischer Sicht.* Bericht der Weltkirchenkonferenz von Oxford über Kirche, Volk und Staat. Forschungsabteilung des Ökumenischen Rates für Praktisches Christentum (Hg.), Genf 1938.
26 *Peace is the Will of God,* 57.
27 Es wird verwiesen auf Mt 10,34–37.12,48–50; Lk 6,32.
28 Weiteres dazu s. u. unter IV.2.1.d.

b. Gemeinde der Glaubenden versus corpus christianum

Es wird kritisiert, „die Kirche" (sc. die etablierten Großkirchen) glaube nach wie vor, auf der Basis des mittelalterlichen *corpus christianum* eine Verantwortung zu tragen für die Erhaltung der einheitlichen Ordnung von universalem Reich und universaler Kirche, anstatt mit der politischen und sozialen Ordnung des *status quo* zu brechen.[29] Als Beleg dafür wird die Bereitschaft der Kirchen angesehen, die Durchsetzung nationaler Interessen des Staates durch militärische Aktionen zu sanktionieren. Im Grunde greift die Erklärung hier die Fragen von Oxford auf und sucht sie zu verstärken. Erkennbar wird eine grundlegend andere Verhältnisbestimmung von Kirche und Staat: Kirche ist als Gemeinde der Glaubenden Kontrastgesellschaft.

c. Die Unmöglichkeit des Nichtschuldigwerdens versus „Gerechter Krieg"

Gegen das augustinisch-thomistische Verständnis der Lehre vom *Gerechten Krieg*, die auf einer *theologia naturalis* basiert (Kriterien sind: *iusta causa, recta intentio, legitima potestas, ultima ratio*), wird argumentiert, sie stütze sich letztlich auf menschliche Vernunft, die im Widerspruch zur offenbarten Wahrheit stehen könne.[30] Diese Lehre unterscheide in der göttlichen Fügung nicht zwischen *providentia* und Gnade, bzw. Erlösung. Da der Staat für das Allgemeinwohl verantwortlich ist und der Krieg seiner Verteidigung gilt, wird Krieg im politischen Sinne als gerecht angesehen, implizierend, seine Ausübung sei dann nicht Sünde. Dagegen wendet sich die Erklärung: Es sei nicht legitim, Röm 13 in diesem Sinne auszulegen.

Zwei Argumente lassen sich ausmachen. Die angemahnte Unterscheidung zwischen *providentia* und Gnade weist auf einen strengen Dualismus zwischen Kirche und Welt und deutet auf ein Gottesverständnis im Sinne des *Deus absconditus*. Denn wie sollte das anders zu deuten sein, als dass Gott in seiner Herrlichkeit in manchen Situationen das Verderben zulässt, womöglich sogar mit hervorruft (*pro-*

---

29 Auch hierauf war die Oxford-Konferenz bereits explizit eingegangen und hatte bekannt, dieses Problem bisher nicht klar genug benannt zu haben. Vgl. *Kirche und Welt in ökumenischer Sicht,* 200.

30 Vgl. zur Lehre vom Gerechten Krieg: THOMAS VON AQUIN, *Summa Theologica;* in: Die deutsche Thomas-Ausgabe. Vollst. dt.-lat. Ausgabe der „Summa Theologiae", Salzburg u. a. 1933 ff., II., Frage 40: „Vom Kriege". Dazu GERHARD BEESTERMÖLLER, *Thomas von Aquin und der gerechte Krieg.* Friedensethik im theologischen Kontext des Summa Theologiae, Köln: Bachem 1990. HUBER/REUTER, *Friedensethik,* bes. I.2.3 Die umstrittene Universalität des Friedens, 59–65 (Lit.). LIENEMANN, *Frieden,* 33–37.

videntia), dem man sich deshalb nicht entgegenstellen sollte; und in anderen Fällen seine Gnade erweist, wobei die Erwartung erkennbar ist, dass dies die (wahre) Kirche treffe. Es ist zu prüfen, inwiefern dieses Gottesverständnis dem Zeugnis der Gewaltfreiheit entspricht, bzw. widerspricht. Das zweite Argument richtet sich gegen die Möglichkeit des Nichtschuldigwerdens im Sinne eines Rechtfertigungsversuches der Sünde. Undiskutiert bleibt allerdings die *Un*möglichkeit, nicht schuldig zu werden als Argument für die Anwendung von Gewalt zum Schutz Anderer.

d. Kirche und Welt versus consilia und praecepta

Weiterhin wendet sich die Erklärung gegen die Unterscheidung zwischen Klerus und Laien, die bereits sehr früh in der Theologiegeschichte zu einer dualistischen Ethik der *consilia* und *praecepta* geführt hat, gegen die sich auch die Reformation dann richtete. Dennoch blieben die meisten Reformatoren eben diesen Denkkategorien des Mittelalters verhaftet, wenn die Dichotomie in der Ethik von der sozialen Gemeinschaft in die Innerlichkeit der einzelnen Christen verlagert wurde. Damit stellen sich die Historischen Friedenskirchen gegen die lutherische *Zwei-Reiche-Lehre*. Die „pacifist churches" hätten seit dem 16. Jh. dafür plädiert, diese Dichotomie zwischen *Christen und Nicht-Christen*, zwischen *Gemeinde und Welt* zu erkennen.[31] Damit wird aber keinesfalls eine Spezialethik für eine kleine Gruppe vertreten, die stellvertretend dieses Bewusstsein für die Christenheit als ganze am Leben erhalten soll. Das ist ja gerade der Vorwurf gegen und die Abgrenzung zu einer monastischen Ethik.

Hier erfolgt demnach eine weitere Klärung, wie die Dualität von Gemeinde und Welt zu interpretieren ist und gleichzeitig ein elitärer Stellvertretungsanspruch abgewehrt wird: Kirche hat einen *prophetischen* Auftrag. Da nicht weiter expliziert wird, in welcher Weise dieser sich äußert, ist zu vermuten, dass auch hier der exemplarische Zeugnischarakter im Lebensvollzug der Gemeinde gegenüber der „Welt" gemeint ist. Somit wird auf den Stellvertretungsanspruch verzichtet, weil der Dualismus innerhalb der Kirche nicht erkannt wird.

e. Vorwurf der „billigen Gnade" versus Vorwurf des Legalismus

Auf den Vorwurf des Legalismus, der immer auch die mögliche Infragestellung des reformatorischen Rechtfertigungsverständnisses enthält, wird zunächst präzisiert, dass diese Gefahr dann bestünde,

---

31 *Peace is the Will of God,* 62.

wenn sich die pazifistische Position in einer simplen Verweigerungs-
haltung erschöpfte. Dann ergebe sich die benannte Gefahr aber
prinzipiell für jede christliche Ethik. Der Vorwurf selbst basiere auf
zwei Missverständnissen: (1) Dass die Rechtfertigung *sola fide* von
absoluten, gesetzlichen Normen befreit. Dies führt zu der Überzeugung, dass ein Verhalten, welches in einem Fall als Sünde erkannt
wird, im anderen Falle nicht notwendig so bezeichnet wird. Die
Historischen Friedenskirchen halten dagegen daran fest, dass der
Mensch vor Gott immer für seine Werke verantwortlich bleibt, seien
sie gut oder böse. (2) Das Missverständnis, der Pazifismus solle im
Sinne der Werkgerechtigkeit an die Stelle der Gnade gesetzt werden.
Die Erklärung macht deutlich, dass mit der gleichen Schärfe zu
bekennen sei: Rechtfertigung ist die Tür zur Nachfolge und bewuss-
tes Sündigen „nullifies the efficacy of grace for us".[32] In der Über-
schrift dieses Abschnittes spiegelt sich der Vorwurf wider gegen ein
„antinominian concept of grace".[33]

Zu fragen ist dann aber, wie die Unterscheidung zwischen Gnade
und *Wirksamkeit* der Gnade zu bewerten ist. Und bedeutet *to nullify*
„zunichte machen" oder ist dies zu verstehen im Sinne einer „Ungül-
tigkeits*erklärung*".[34] Im ersten Fall wäre der Vorwurf der Werkgerechtigkeit berechtigt, im zweiten Falle nicht, denn der Mensch kann dann
die Ungültigkeit zwar erklären, die Rechtfertigung *sola gratia* aber
nicht tatsächlich aufheben. Aus dem Zusammenhang legt sich letzteres
Verständnis nahe.

Damit ist eines der zentralen Konfliktfelder umrissen, womöglich
aber auch eines der größten Missverständnisse zwischen der Position
der Historischen Friedenskirchen und den anderen reformatorischen
Kirchen.[35] Klärungsbedarf ist angezeigt: Das Verneinen der Verantwortung für die eigenen Werke ist trotz Rechtfertigung *sola gratia* bei
den *main-line*-Reformatoren so nicht zu finden. Es lässt sich aber
beobachten, wie es zu diesen beiderseitigen Missverständnissen kommen konnte: Die Hervorhebung der paulinischen Rechtfertigungslehre, z. B. durch Lutheraner, hat gerade in der Auseinandersetzung mit
der römisch-katholischen Tradition ihren „Sitz im Leben". In der
Ablehnung der Kirche als Heilsanstalt entdeckte die lutherische Reformation die zentrale evangelische Wahrheit von der Rechtfertigung
allein aus Gnade neu. Von den Täufern des 16. Jhs. wird diese wiederum einseitig rezipiert und ruft in der Folge eine Gegenbewegung

---

32 Ebd., 64. Als ntl. Belegstellen werden angeführt: Röm 6,1–2 und Hebr 10,26.
33 Ebd., 62.
34 Beide Übersetzungen sind denkbar, vgl. Langenscheidts Taschenwörterbuch Eng-
   lisch-Deutsch.
35 S. u. V.

hervor, aus Furcht vor der Negierung der Notwendigkeit guter Werke und als Warnung vor einer „billigen Gnade"[36]. Lutheraner erkannten darin nun wiederum eine erneute Gefahr der Werkgerechtigkeit und wehrten sich verständlicherweise auch dagegen.[37] Es kann aber gezeigt werden, dass weder Lutheraner die Notwendigkeit der guten Werke leugneten[38], noch die Täufer die reformatorische Rechtfertigungslehre gänzlich verwarfen, sondern sie mit der Heiligung verknüpften.[39] Im Folgenden wird zu zeigen sein, wie diese Problematik in allen Auseinandersetzungen in je veränderten Variationen wiederkehrt.

f. Leidensbereitschaft versus das Argument des geringeren Übels

Gegen die Behauptung, Krieg könne als das geringere Übel notwendig sein, wird entgegnet, dass Vergleiche nur bei auch tatsächlich vergleich*baren* Sachverhalten angestellt werden könnten. Das Argument des geringeren Übels stelle aber niemals das wahre Bild einer kriegführenden Partei dar. Immer seien mehrere Interessen miteinander

---

36 Vgl. z. B. den Brief des Grebelkreises an Thomas Müntzer, eines der ersten schriftlichen Zeugnisse der Täufer: „... genauso will auch heute jedermann durch geheuchelten Glauben selig werden, ohne Früchte des Glaubens, ohne Taufe der Versuchung und Erprobung, ohne Liebe und Hoffnung, ohne rechte christliche Gebräuche, will stecken bleiben in all dem alten Wesen der eigenen Laster ... In solchem Irrtum sind auch wir befangen gewesen, solange wir Zuhörer der evangelischen Predigt waren, die an diesem allen schuld sind ..." *Brief von Conrad Grebel und seinen Brüdern an Thomas Müntzer* (1524); in: FAST (Hg.), *Der linke Flügel der Reformation*, 12–27. Vgl. auch MELCHIOR HOFFMANs „*Rechtfertigmachung*": „... Darum kann der Glaube nicht gerecht machen, wenn er keine Frucht trägt: ... Diejenigen, die ihn allerdings nicht kennen wollen, sagt Christus, werde solcher Glaube nicht rechtfertigen, auch diejenigen nicht, die sagen: Herr, wann haben wir dich gesehen und dir nicht gedient? Diese Menschen haben auch geglaubt, aber ihr Glaube war vergebens ... Das heißt, das Wort Gottes hören und bewahren: Das Reich Gottes zu suchen und seine Gerechtigkeit, denn aus diesen Worten kommt die Gerechtmachung, wie Christus spricht, auch der heilige Paulus. Und das ist gewiss wahr, wo die Kraft und die wahrhaftigen Werke der Gerechtigkeit nicht sind, da ist auch keine Gerechtmachung, wie der Apostel S. Jakob spricht"; in: GOERTZ, *Die Täufer*, 185–186.
37 „... Den Unsern wird mit Unwahrheit aufgelegt, dass sie gute Werke verbieten ..."; CA XX, Vom Glauben und guten Werken; in: BSLK, 75–83.
38 „... Deshalb ist diese Lehre vom Glauben nicht zu schelten, daß sie gute Werke verbiete, sondern vielmehr zu ruhmen, daß sie lehre, gute Werke zu tun, und Hilf anbiete, wie man zu guten Werken kummen muge. Dann außer dem Glauben und außerhalb Christo ist menschliche Natur und Vermugen viel zu schwach, gute Werk zu tun, Gott anzurufen, Geduld zu haben im Leiden, den Nächsten lieben, befohlene Ämter fleißig auszurichten, gehorsam zu sein, bose Lust zu meiden etc. Solche hohe und rechte Werk mugen nicht geschehen ohn die Hilf Christi, wie er selbs spricht Joh 15: ,Ohn mich kunnt ihr nichts tun'." CA XX; in: BSLK, 81.
39 Vgl. hierzu GOERTZ, *Die Täufer*, 67–75: *Besserung des Lebens*. Goertz führt verschiedene Stimmen der Täufer an und vergleicht sie mit dem lutherischen Verständnis.

verknüpft. Im Grunde ist dies eine nochmalige Thematisierung der Lehre vom Gerechten Krieg, die die Frage nach den Kriterien stellt. Es liege keine moralische Bedeutung in der Aussage, dass ein Übel, welches jemand hervorrufe, größer oder geringer sei als ein Übel, das erlitten werde. Auch wenn die Voraussage richtig sein kann, kommt ihr doch keinerlei moralische Rechtfertigung zu. Vermeidung von Leid wird hier als Kriterium abgelehnt. Stattdessen sei der Kirche in der Nachfolge Jesu bewusst, dass sie Leiden erwarten müsse.[40] Der Leidensweg Jesu ist auch der Weg der Kirche.

Zu fragen ist, ob ein solcher Standpunkt, der aus der Perspektive der verfolgten Kirche der Täufer des 16. Jhs. (z. T. auch in den folgenden Jahrhunderten, u. a. aufgrund des prinzipiellen Gewaltverzichts) im Kontext demokratischer Gesellschaften des 21. Jhs. mit rechtlich garantierter, freier Religionsausübung in dieser Konsequenz nachvollziehbar ist und überzeugen kann. Im Extremfall kann dies zur Rechtfertigung des Leides führen, das anderen zugefügt wird. Ist *Pazifismus für andere* moralisch zu rechtfertigen?[41] Die Erklärung scheint diese Frage im Blick zu haben: Um moralische Signifikanz zu erreichen, müsse die Argumentation des geringeren Übels gerade jenes Übel in Betracht ziehen, das *Andere* dabei erfahren. Das Leid, das Feinden zugefügt werde, müsse geringer sein, als das Leid, das von Freunden abgewendet würde. Die Differenz liegt also in der Perspektive, die das Leid *des Anderen* ebenso stark bewertet, wie das des Freundes. In diesem Sinne will die Leidensbereitschaft verstanden werden.

Im Grunde zielt die hier vorgetragene Position aber viel grundsätzlicher auf Ablehnung des Abwägens: Wie auch immer argumentiert werde (qualitativ oder quantitativ), man gehe stets davon aus, dass der sich am Krieg Beteiligende zwar Böses hervorrufe, dass aber derjenige, der dies nicht tue, das größere Übel verursache. Gegen den Versuch der moralischen Rechtfertigung dieser Aussage zielt der eigentliche Vorwurf der Erklärung.

Die dahinterliegende Argumentationsebene ist wiederum in der grundsätzlich differenten Ekklesiologie zu finden: Kirche ist die Schar der Herausgerufenen, die in der Nachfolge (bis ans Kreuz) sichtbarer Leib Christi ist. Dies steht im Gegensatz zu jeder Vorstellung einer *ecclesia invisibilis.* Vor diesem Hintergrund ist auch die folgende Ausführung zu verstehen: Die Einsicht in die Unvermeidbarkeit des Schuldigwerdens aus der Oxford-Erklärung, die als Wiedergabe einer Haltung der Mehrheit der Christen vorgestellt wird, mache nicht das absolut Gute zur ethischen Norm, sondern das relativ Beste. Diese

---

40 „The avoidance of suffering is no criterion of good: on the contrary, we are warned, as disciples of Jesus, to expect suffering ...".
41 Vgl. LIENEMANN, *Frieden*, 200 ff.

Argumentationsweise liege aber auf einer völlig anderen Ebene als jene von Christus verkündete. Mit Hilfe der Kreuzestheologie wird der Weg des Leidens Christi als der Weg der Nachfolge beschrieben. Leidensbereitschaft wird zum zentralen Motiv christlicher Lebensführung und Merkmal der Kirche.[42] Nicht die Lehre, sondern das Leben der Kirche, die Ethik der Christen ist der Kirche wesenseigen, gebunden an das zentrale Ereignis der Kreuzigung.

Gegen das Argument, auch im Töten könne sich noch die Liebe zum anderen erweisen, wird mit Röm 13,10 („Die Liebe tut dem Nächsten nichts Böses ...") argumentiert: dies sei für das Opfer nicht unterscheidbar. Die so geäußerte „Liebe" werde wiederum Hass und Gewalt hervorrufen.

Durch diese Argumentation zeichnet sich auch die Perspektive ab. Die Erklärung deckt nicht nur Missverständnisse auf – dies war zu diesem Zeitpunkt sicherlich geboten – sondern offenbart ebenso, wo ihrerseits Vorurteile und Missverständnisse gegenüber den anderen Kirchen liegen. Gänzlich fehlt noch eine positive Entwicklung des Gedankens der aktiven Gewaltfreiheit zur alternativen Konfliktlösung, obwohl dies im Dokument selbst indirekt angemahnt wird.[43] Auch das wird zunächst auf dem Hintergrund der Erfahrungen des nur einige Jahre zurückliegenden II. Weltkrieges zu verstehen sein, in dem es rückblickend vor allem um die kritische Auseinandersetzung mit der Frage nach der Widerstandskraft und der Möglichkeit zur Verweigerung durch die Kirchen im Kriegsfall gehen musste. Methodisch liegt die Schwäche der Argumentation darin, dass sie die Gegenposition nicht an ihren stärksten Stellen aufsucht, sondern ausschließlich an den Gefahrenstellen und möglichen Missinterpretationen.

g. Zusammenfassung: Die universale Kirche als Repräsentantin des neuen Äons

Im dritten Teil der Erklärung wird die eigene Position stärker profiliert, unter Aufnahme des Gebotes zur Nächstenliebe (Joh 15,12) und der Amsterdamer Formulierung: „war is incompatible with the teaching and example of Christ."[44] Die oben genannten Argumente (a.–f.) sollen hier im Blick auf die Ekklesiologie Entfaltung finden:

Die Gebote Jesu (bes. Bergpredigt) sind in ihrem Charakter deklarativ wie imperativ interpretiert. Sie bezeichnen die „natürliche" Lebensführung der Christen. Dennoch blieben Christen fehlerhaft, in den Ambivalenzen dieser Welt stehend. Die entscheidende Differenz

---

42 S. u. III.4.6.
43 S. u. IV.2.1.e.
44 Vgl. *Amsterdamer Dokumente*, a. a. O.

wird in den Status der Zugehörigkeit verlagert: Christen gehören
bereits zum neuen Äon und sind damit unausweichlich in ein Spannungsverhältnis gestellt. Der Glaube an die erlösende Liebe und der
absolute Gehorsam gegenüber dem Willen Gottes bis ans Kreuz ist
der Weg der Nachfolge in eschatologischer Präsenz. Das aber ist nicht
Verdienst oder Werk des Menschen, sondern die Liebe Gottes, die
ihn dazu erst befähigt. So wird der Vorwurf der Werkgerechtigkeit
zu entkräften gesucht. Dies führt nicht zu einem individualistischen,
privaten Glauben, denn Christen stehen immer schon in einer universalen Gemeinschaft der Kirche: „the universal community established
by Christ in which his Spirit must reign and his will must be done,
and from which must go out into all society the saving and healing
ministry of the gospel".[45]

Gegenüber jenen, die zum alten Äon gehören, wird ein missionarischer Ansatz propagiert. Und nochmals an die Oxford-Konferenz
anknüpfend: Kirche als die alle sozialen Beziehungen transzendierende
Größe lebt nicht nur im neuen Äon, sondern manifestiert diesen auch.
Das ist ihre Berufung und als solche ist sie befreit von allen „bösen
Mächten", zum Dienst der Versöhnung. Hält sie fest an den Methoden des alten Äons (Gewalt), „durchkreuzt" („thwart") sie die Erlösung, denn Gerechtigkeit könne nicht aus Ungerechtigkeit erwachsen.

Es wird deutlich, wie die Ambivalenzen, in denen Christen stehen,
nicht auf das Leben der Einzelnen bezogen werden. Die Spannung ist
in den Dualismus von Kirche und Welt verlagert. Die Ambivalenz
innerhalb der Kirche ist scheinbar aufgehoben und damit aber auch
einer weiteren theologischen Reflexion entzogen. Setzt man die Stiftung der Kirche durch Christus und den Heiligen Geist voraus, kann
sicherlich gesagt werden, sie manifestiere auch den neuen Äon. Gemeint kann aber nicht sein, sie tue dies durch ihr Verhalten, sondern
in ihrem Sein als in Christus vorgegebene und auf ihn zulaufende
Gemeinschaft.

Hinzu tritt das „ökumenische Argument": Die Beteiligung an einem
Krieg ist die Verneinung der Einheit des Leibes Christi. Kirche ist
weder provinzial noch national, sondern universal verstanden. Somit
muss jeder Krieg, an dem Christen sich auf beiden Seiten beteiligen,
zu einem „Bürgerkrieg" innerhalb der Kirche führen. Dies wird als
größere Infragestellung der Einheit der Kirche gewertet als das Uneinssein der Konfessionen in der Lehre oder im Gottesdienst.[46] Die

---

45 „Is not this state of affairs where Christian kills Christian an even grater break of
  ecumenical fellowship than the deplorable confessional differences that have rent
  our unity?" *A Declaration on Peace,* 69.
46 Vgl. ebd., 70. Die Frage, wie sich dieses Argument im Blick auf unterschiedliche
  Religionen verhält, wird hier nicht expliziert.

Einheit der Kirche basiert somit für die Historischen Friedenskirchen nicht primär auf einer Einheit in der Lehre und des Gottesdienstes, sondern in der Ethik.

Noch einmal wird auf dieser Argumentationsgrundlage das Verhältnis von Kirche und Staat reflektiert: Die Funktion des Staates als verantwortliche Kraft, die Ordnung in der Gesellschaft aufrecht zu erhalten, wird mit Röm 13 bekräftigt. Relativierung erfahre diese Aussage aber durch die im gleichen Text bestätigte Position, dass keine Macht bestehe außer die von Gott verliehene. Dem Staat hafte weder mystische noch metaphysische Qualität an, er sei keine letztgültige Quelle der Gerechtigkeit. Daher sei alle von Gott verliehene Macht provisorisch. Mit Apk wird auf die möglichen Deformationen des Staates hingewiesen. Auch die atl. Kriege entsprächen nicht dem ursprünglichen Willen Gottes, vielmehr stellten sie das Gericht über das ungehorsame Volk dar. Die Entwicklung der erlösenden Offenbarung in Christus aber zeige: Der neue Bund in Christus ist die Überwindung dieses alten Äons und Beginn einer neuen Heilsökonomie. Es sei zu unterscheiden zwischen *providentia*, in der auch Gewalt ihren Ort in der unerlösten Gesellschaft habe und *redemptio*, durch die der Mensch in eine neue Einheit mit Gott geführt werde, eine neue *creatio*, die der Sünde gestorben ist (2Kor 5,17; Röm 6,1-2). Da dies „ein für alle mal" geschehen sei, könne der Staat niemals höhere Autorität beanspruchen als Gott selbst. Das Kriegführen gehöre zum alten Äon, sei Teil der pervertierten Natur des Menschen vor der Erlösung. Die Wurzel des Bösen liege letztlich in der Natur des Menschen und sei daher nicht mit physischen Waffen zu bekämpfen.

Daher seien alle Anstrengungen ökonomischer wie politischer Art, einen Krieg zu verhindern sekundär, wenn nicht erkannt würde, dass die gute Nachricht von der Erlösung reale Bedeutung habe für internationale Konflikte. Insofern ist das primäre Ziel der Kirche nicht die Kriegsverhütung mit säkularen Mitteln, sondern liegt auf einer anderen Ebene:

„Unless the church, trusting the power of God in whose hand the destinies of nations lie, is willing to ‚fall into the ground and die', to renounce war absolutely, whatever sacrifice of freedoms, advantages, or possessions this might entail, even to the point of counselling a nation not to resist foreign conquest and occupation, she can give no prophetic message for the world of nations."[47] Oxford scheint diesen Gedankengang zu unterstützen: „the first duty of the church, and its greatest service to the world, is that it be in very deed the church."

Damit ist aber nur aus friedenskirchlicher Perspektive qualitativ schon das gleiche gesagt, denn Oxford lässt - im Gegensatz zu der

47 Ebd., 74.

Erklärung der Historischen Friedenskirchen – offen, was es in der jeweiligen Situation bedeuten mag, tatsächlich und immer zuerst Kirche zu sein. Die Historischen Friedenskirchen argumentieren hier fundamentalistisch. Die gängigen Gegenargumente werden im Dokument selbst erwähnt: Negativismus, Flucht vor der Verantwortung, Verrat gar. Aber hierin komme eben die „vernünftige" Diagnose und das Abwägen der Mittel zum Ausdruck.

Das kurze Schlusskapitel der Erklärung fasst noch einmal diese Ablehnung einer teleologischen wie auch utilitaristischen Ethik zusammen, unter Hinweis auf 1Kor 1,25: „Denn die Torheit Gottes ist weiser, als die Menschen sind, und die Schwachheit Gottes ist stärker, als die Menschen sind."

IV.2.2. Die Reaktion: Gottes Wille ist Frieden und Gerechtigkeit (1955) – und die Verkennung der theologischen Prämissen

Die offizielle Reaktion der nicht-pazifistischen Position ist eine Erklärung von Bischof Angus Dun und Reinhold Niebuhr: God Wills Both Justice and Peace, 1955.[48] Auch Niels H. Söe (Kopenhagen) reagierte stellvertretend.[49] Die strenge Kritik setzt sich allein mit den Schlussfolgerungen eines absoluten Pazifismus auseinander, nicht aber mit den christologischen und ekklesiologischen Prämissen. So wird die Kritik nicht wirklich der Argumentation der Historischen Friedenskirchen gerecht.

Stärkstes Gegenargument von Dun/Niebuhr ist die Verknüpfung des Liebesgebotes mit der Forderung nach Gerechtigkeit. Im Liebesgebot verbinden sich zwei Dimensionen: die vertikale Dimension der perfekten, sich selbst opfernden Liebe und die horizontale Dimension der Sorge für alle Menschen, die soziale Gerechtigkeit impliziert. Der Vorwurf gegenüber der pazifistischen Position lautet dann: Dort werde der Versuch unternommen, eine einseitige Individualethik der vertikalen Dimension auf das Kollektiv zu übertragen. Die entscheidende Frage bleibe, inwiefern das Leid Anderer hinnehmbar sei. Die Antwort könne nicht in der einfachen Forderung nach Gewaltfreiheit liegen, sondern müsse die Entwicklung einer Sozialethik provozieren. Wenn Frieden höher eingestuft werde als Gerechtigkeit, dann stelle dies eine inadäquate Interpretation des christlichen Liebesgebotes dar und führe in die soziale Verantwortungslosigkeit: „Justice is an instrument of love in a sinful society".[50] Gerechtigkeit sei primäres Ziel (vgl. Jes 32,17).

---

48 God Wills Both Justice and Peace; in: DURNBAUGH, On Earth Peace, 100 ff.
49 Vgl. NIELS H. SÖE, War and the Commandment of Love; in: EcRev 6/1954, 254–261.
50 God wills both Justice and Peace, 102.

In der Erklärung der Historischen Friedenskirchen sei Gewaltfreiheit als ein Entkommen aus der Sündhaftigkeit propagiert, ungeachtet aller (horizontaler) Konsequenzen. Gerade die Folgenabschätzung sei aber Grundlage jeder ethisch-moralischen Entscheidung. Wenn dem Staat die Aufgabe der Erhaltung der Ordnung zugebilligt werde, so müsse dies auch in Konfliktsituationen gelten, in denen Gerechtigkeit nur mit der Ausübung von Gewalt garantiert werden könne. Letztlich bleibe es eine individuelle Gewissensentscheidung.[51]

Erkennbar ist, dass diese Position den Versuch ablehnt, die ethische Entscheidungskompetenz christlicher Nachfolge in das Kollektiv zu legen. Die Argumentation von Dun/Niebuhr führt deshalb in eine Individualethik, die den einzelnen Glaubenden in ethischen Fragen über die Gemeinschaft der Kirche stellt. Dies überrascht nicht, sondern korrespondiert mit der Auffassung, die Ambivalenzen „dieser Welt" innerhalb der Person zu verhandeln. Noch nicht beantwortet ist damit, wie die Spannung auch ekklesiologisch zu reflektieren ist (ist die Zwei-Reiche-Lehre vorausgesetzt?). Diesen Defizit-Vorwurf erheben die Historischen Friedenskirchen in ihrer Gegenreaktion.

Begreift man aber die (ekklesiologischen) Prämissen des Gedankenganges nicht, muss die Kritik am pazifistischen Argument der Historischen Friedenskirchen zu kurz greifen. Die kritischen Anfragen müssten m. E. lauten: Führt die Position der Historischen Friedenskirchen zwangsläufig in einen moralischen Absolutismus, untermauert durch ein in sich geschlossenes Argumentationsnetz, dass deshalb unhinterfragbar wird, weil die Ursache für alles, was geschieht, letztlich im Handeln Gottes selbst gesehen wird? Der Allmächtige lenkt die Geschicke im alten (heilige Kriege sind dann denkbar) wie im neuen Äon. Erscheint daher eine handlungsleitende Folgenabschätzung für Christen sinnlos? Das Böse ist anthropologisch reduziert. Wenn das Böse nur im Individuum erkannt wird, dann müsste hiermit auch eine individuell ausgerichtete Soteriologie korrespondieren. Das aber stellt andererseits wieder die ausschließliche Entfaltung einer Gemeinschaftsethik in Frage. Weiterführend ist zu fragen, wie Versöhnung aus friedenskirchlicher Perspektive in seinen unterschiedlichen Dimensionen verstanden werden soll.[52]

---

51 Vgl. zur Auseinandersetzung um die Rolle des Gewissens in ethischen Fragen HUBER/REUTER, *Friedensethik*, bes. Kap. III. Verantwortung für die Zukunft des Friedens (Theologische Perspektiven und ethische Grundlagen). Hier auch die Differenzierung von individuellen Gewissensentscheidungen und sozialem Verantwortungsbewusstsein, 248 ff.
52 Vgl. z. B. die Weiterführung des Konziliaren Prozesses zu JPIC unter dieser Themenstellung in Europa: *Versöhnung: Gabe Gottes und Quelle neuen Lebens*. Texte –

Schließlich wäre die Verortung der Kirche ganz im neuen Äon zu hinterfragen. Inwiefern kann sie dann noch Teil haben an den tatsächlichen Ambivalenzen der Welt? Die fehlende Unterscheidung zwischen geglaubter und erfahrener Kirche (weil darin bereits eine Korruption der Kirche gesehen wird) führt dazu, dass das Versagen und die Schuld der empirischen Kirche nicht mehr theologisch reflektiert wird. Die Ablehnung dieser Differenzierungskategorie blendet diese Spannung schlicht aus. Damit wird aber in Kauf genommen, dass diese entscheidende ekklesiologische Frage nach dem Verhältnis von geglaubter und erfahrener Kirche unbeantwortet bleibt. Kirche in ihrer Schwäche und ihrem Versagen zu reflektieren ist aber gerade dann geboten, wenn dem Vorwurf der „billigen Gnade" gewehrt werden soll. In einem Ansatz von eschatologischer Antizipation würde die Spannung, in der Kirche selbst lebt, deutlicher: Kirche lebt in der Welt, aber nicht von ihr, sie hat *in der Welt* Teil an der Wirklichkeit des Reiches Gottes.

Das „ökumenische Argument", von Dun/Niebuhr nicht entkräftet, ist nicht völlig stringent durchgeführt und relativiert somit die fundamentalistisch anmutende Argumentationsweise. Wenn einerseits die ekklesiologische Vorstellung vom *corpus permixtum* abgelehnt und die Existenz eines *corpus christianum* für eine pervertierte Form der Kirche gehalten wird, dann ist die Vorstellung, dass Christen gegen Christen Gewalt anwenden, überhaupt nicht denkbar. Folgt man der Argumentation der Historischen Friedenskirchen *stricte dictu*, dann disqualifizieren sich Christen in ihrem Christsein, sobald sie Krieg führen. Die Überzeugung von der transzendierenden Wirkung der ökumenischen Gemeinschaft in der universalen Kirche zeigt aber, dass die Friedenskirchen die anderen Konfessionen als Teile der einen, universalen Kirche anerkennen, auch wenn in diesen alternative ethische Entscheidungen denkbar sind.

Die Auseinandersetzung war bis dahin auf der Ebene der Spitzensätze der Ethik verlaufen und vermochte daher lediglich die Positionen gegenüber zu stellen. Die eigentliche Diskussion ist aber in den jeweiligen theologischen Prämissen und ekklesiologischen Argumentationszusammenhängen zu führen, weil sie erst in diesem Horizont ihre jeweilige Überzeugungskraft entfalten können und in ihren absolut scheinenden Aussagen relativiert werden. Das hatten Dun und Niebuhr nicht erkannt und die Historischen Friedenskirchen bis dahin zu wenig profiliert.

Impulse – Konkretionen. Zur Zweiten Europäischen Ökumenischen Versammlung Graz, zus.gest. u. hg. von PETER KARNER, Innsbruck: Tyrolia 1997.

IV.2.3. Die Gegenreaktion: Gott richtet Frieden und
Gerechtigkeit auf (1955 und 1958) – und die Notwendigkeit
des ekklesiologischen Ansatzes

Nach der Publikation der Dun/Niebuhr Reaktion wurde Paul Peachey von den Historischen Friedenskirchen und dem IFOR beauf-
tragt, eine Gegen-Reaktion zu formulieren: *God establishes Both Peace*
and Justice, 1958.[53] Die Argumentation der Dun/Niebuhr–Position
wird aufgenommen und zu widerlegen gesucht. Auch Peachey meint,
die Position der Historischen Friedenskirchen sei missverstanden,
wenn die Argumente für eine pazifistische Ausrichtung isoliert von
der korrelierenden Ekklesiologie kritisiert würden. Er fordert zu demonstrieren, wie die alternative, nicht-pazifistische Sicht Ausdruck
des Willens Gottes sein könne. Es genüge nicht, die Komplexität der
Situation zu beschreiben und mit der Forderung der individuellen
Gewissensentscheidung zu enden. Dies stelle eine Verabsolutierung
der Individualethik dar und negiere die soziale Dimension christlicher
Existenz. Entscheidendes Motiv sei gerade, dass die „Gliedschaft am
Leib Christi" alle Zugehörigkeiten zu anderen sozialen Gruppen tran-
szendiere. Die Historischen Friedenskirchen fragen nach der glaubwürdigen Erfüllung der distinkten Berufung der Kirche. So wird deutlich: Die christlich motivierte pazifistische Haltung erwächst nicht aus
einer individuellen Ethik, sondern aus der distinkten Ekklesiologie
und ist nicht von dieser zu trennen.

Dem Vorwurf, die Priorität des Gerechtigkeitsgedankens sei vernachlässigt, wird mit einer Differenzierung des Begriffes begegnet.
Anstatt – wie bei Dun/Niebuhr – die sich aus verschiedenen Geset-
zesforderungen ergebenden Ambivalenzen nach individuellem Ermes-
sen abzuwägen, soll jedes menschliche Recht an Gottes Gerechtigkeit
gemessen werden. Peachey beruft sich auf die atl. Unterscheidung von
צְדָקָה und מִשְׁפָּט: „In Biblical usuage, the *tsedeq* of God is differentiated
from and, at the same time, related to the *mishpat* of men."[54] צְדָקָה
ist an das erlösende Handeln Gottes gebunden und erfüllt eine normative Funktion für alles menschliche Recht. Sie erwächst aus Gottes
חֶסֶד (= Liebe und Gnade). Dies ist wiederum zu unterscheiden von
der späteren *iustitia*–Vorstellung. Im NT kulminiert die Gerechtigkeit
Gottes in Jesus Christus, der selbst die צְדָקָה ist. Das Medium der
Vermittlung zwischen צְדָקָה und מִשְׁפָּט ist der Bund („... the covenant
community was to be the center from which all nations could learn
of His justice and redemption")[55]. Wie auch immer das Verhältnis des

---

53 *God Establishes both Peace and Justice*; In: Durnbaugh, *On Earth Peace,* 108 ff.
54 Ebd., 113.
55 Ebd.

Neuen zum Alten Bund interpretiert wird, die distinkte Unterscheidung von der sie umgebenden Gesellschaft haben Israel und Kirche gemeinsam. Und deshalb steht vor jeder individuellen ethischen Entscheidung die Identifizierung mit dieser bestimmten sozialen Größe. Wenn die Kirche aber der „Leib Christi" ist, dann ist sie somit der kollektive Ausdruck der erlösenden und aufopfernden *agape* ihres Hauptes. Auch ohne Kirche ist es möglich, bestimmte Werte und Gesetze aus Liebe zum Nächsten einzuhalten (vgl. *lex talionis* im AT), aber „Christ, in the new age He has initiated, creates the true human community rooted in agape and within ordinary ,social justice' is transcended by a higher impulse."[56]

In der Bergpredigt werde das *lex talionis* durch die neue Dynamik der Gemeinschaft transzendiert. Damit sei Kirche nicht erhaben über jede säkulare Kritik, auch die Historischen Friedenskirchen nicht. Aber sie gäben mit dieser Erklärung der Bitte an die anderen Mitchristen Ausdruck, nach einem tieferen und „teureren" Gehorsam zu streben (*„costly obedience")*.[57] Das führe nicht in einen Antinomismus, sondern weise auf den transformierenden Charakter des Evangeliums (vgl. Röm 6,2).[58]

Peachey sieht durchaus, dass sich jedes menschliche Leben gleichzeitig in verschiedenen sozialen Gruppen ereignet. Im Blick auf den Vorwurf der Verantwortungsverweigerung sei aber zu fragen, welcher sozialen Größe Priorität zukomme (z. B. Kirche oder Nation?) und gegenüber wem und für was Christen verantwortlich seien. Dass menschliches Leben in einer sündigen Welt stattfinde, dürfe nicht zum Argument für ein Verharren in Sündhaftigkeit werden. Den Historischen Friedenskirchen, deren Geschichte in den vergangenen Jahrhunderten vorrangig durch eine Leidens- und Verfolgungssituation gekennzeichnet war, könne sicherlich nicht der Vorwurf einer zu optimistischen Weltsicht gemacht werden. Sie gründeten ihre Hoffnung aber in den Möglichkeiten göttlicher Gerechtigkeit, der die Kirche zuerst Verantwortung schulde.

Damit ist der Dualismus Kirche – Welt erneut in aller Schärfe konstatiert. „God is Lord over Church and World"[59] stellt ein klares Bekenntnis zum Konzept der „Königsherrschaft Christi" dar, offen-

---

56 Ebd., 114.
57 Ebd., 115. Vgl. die Aufnahme dieses Begriffes in dem sehr viel späteren Studienprozess des ÖRK, s. o. I.2.3.b.
58 Auf die Gefahren einer religiös-fundamentalistischen Gesellschaftsstruktur muss Peachey nicht eingehen, denn das Recht des (säkularen) Staates auf Erhaltung der Ordnung ist damit nicht tangiert.
59 Vgl. Anspielung auf die gleichnamige Studie des ÖRK zu dieser Zeit. *God Establishes both Peace and Justice*, 119.

sichtlich in Kontrastierung zur Zwei-Reiche-Lehre interpretiert. Der Wille Gottes zielt auf Kirche und Welt, auch wenn die Welt dies nicht erkennt. Andernfalls müsste man davon ausgehen, dass Gottes Wille verschieden ist für die unterschiedlichen Be-Reiche.[60]

Ein weiterer Dualismus auf anderer Ebene ist der von „sollen" und „sein": In jedem christlich geprägten Jahrhundert wurde neu mit dieser Frage gerungen, und die Antworten reichten von monastischen Lebenspraktiken, über die Zwei-Reiche-Lehre Luthers und Calvins Individualisierung des Konfliktes, bis hin zu puritanischen Ideen, schließlich der Typisierung von Ethik der Kirche und Ethik der Sekte (Weber/Troeltsch). Heute, so Peachey, präsentiere sich das Problem als die Frage nach einer Ethik der primären und der sekundären Gruppe, zwischen dem Ideal aufopfernder Liebe und der „sozial möglichen" Ethik der Gerechtigkeit. Der bereits im NT sich abzeichnende Dualismus sei unausweichlich und spiegele letztlich nur eine Differenzierung in diejenigen, die Gottes Volk in Christus sind und diejenigen, die es eben nicht sind. Das bedeute nicht, dass Christen sich nicht als Staatsbürger identifizieren könnten, aber sie gehörten zuerst zur „ersten Gesellschaft" (Kirche) und schuldeten dem „Herrscher" dieser Gesellschaft erste Loyalität, Jesus Christus.

Erstmals wird hier der simple Dual von Kirche und Welt in der Ekklesiologie der Historischen Friedenskirchen weiter ausdifferenziert. Kirche ist auch als die real existierende Größe im Blick, der Mensch gleichzeitig Teil dieser wie anderer sozialer Größen. Damit ist eine Voraussetzung geschaffen, die im Zeitalter des Pluralismus und der Fragmentierung von Gesellschaften zunehmend Relevanz gewinnt. Durch die Differenzierung des Gerechtigkeits-Begriffes kann Peachey zeigen, dass die Kritiker eines christlichen Pazifismus die Begründungsstruktur und weit reichende Argumentationsweise von Repräsentanten der Historischen Friedenskirchen nicht verstanden haben. Wie überzeugungskräftig seine Argumentation ist, soll hier noch nicht abschließend beurteilt werden. Erkennbar ist aber bereits jetzt eine deutlichere Profilierung der Position durch den ökumenischen Diskurs.

---

60 „It is not true, that all men are in only one society, or in societies of only one kind, and that God has two wills for them in their various relations with each other." Ebd., 121.

IV.3. Die Herrschaft Christi über Kirche und Welt: Die Puidoux-Konferenzen (1955–1973)

Die sog. „Puidoux – Konferenzen" können als Wiederaufnahme der Gespräche zwischen Kirchen des *linken Flügels der Reformation* und den „Territorialkirchen" interpretiert werden, die durch Verfolgung und gegenseitige Verurteilungen für Jahrhunderte unterbrochen gewesen waren.[61] Die Initiative für die erste dieser Konferenzen erwuchs aus einem gemeinsamen Treffen des „Fortsetzungsausschusses" der Historischen Friedenskirchen mit einigen Vertretern der Genfer Ökumene (1955).[62] Eine direkte, vielleicht bisher intensivste Begegnungsreihe zwischen Vertretern der friedenskirchlichen Tradition und denen der *„main-line churches"* begann und entfaltete sich zunächst im Rahmen von vier großen Konferenzen (Puidoux/CH 1955, Iserlohn/D 1957, Bièvres/F 1960, Oud Poulgeest/NL 1962). Lose Verbindungen bestanden auch zur Prager Christlichen Friedenskonferenz (CFK), die allerdings ohne nennenswerten Einfluss von Seiten der Historischen Friedenskirchen blieb.[63]

Besonders im deutschsprachigen Kontext sollten diese Konferenzen beträchtlichen Einfluss gewinnen auf die friedensethische Diskussion. In einer Zeit der restaurativen Tendenzen innerhalb der Evangelischen Kirche in Deutschland (EKD) fanden vor allem Personen der früheren Bekennenden Kirche hier eine wichtige Gesprächsebene.[64] Auf Seiten der Historischen Friedenskirchen ist John H. Yoder wohl als der bedeutendste hervorgegangen, aber auch Jean Lasserre und Paul Peachey.[65] Die für die weiteren sozialethischen und ekklesiologischen Diskussionen so einflussreiche Konferenz des ÖRK zu *„Kirche und Gesellschaft"* (Genf 1966)[66], die den Begriff „verantwortliche Gesell-

---

61 Vgl. DURNBAUGH, *On Earth Peace*, 21. Zu dieser Auseinandersetzung auch: GERTA SCHARFFENORTH u. WOLFGANG HUBER (Hgg.), *Neue Bibliographie zur Friedensforschung*, Studien zur Friedensforschung 12, Stuttgart u. München: Klett 1973, bes. 271–275. Zu danken ist Ulrich Duchrow für die Überlassung von wichtigem Material zu diesen Gesprächsprozessen.

62 Robert Bilheimer, Paul Albrecht und Philip Potter.

63 Zur Interpretation der gesamten Geschichte der CFK vgl. GERHARD LINDEMANN, *Sauerteig im Kreis des gesamtchristlichen Ökumene*: Das Verhältnis zwischen der Christlichen Friedenskonferenz und dem Ökumenischen Rat der Kirche; in: GERHARD BESIER, ARMIN BOYENS, GERHARD LINDEMANN, *Nationaler Protestantismus und Ökumenische Bewegung*. Kirchliches Handeln im Kalten Krieg (1945–1990), Zeitgeschichtliche Forschungen 3, Berlin: Duncker & Humblot 1999, 653–932. (Lit.). Einen sehr knappen Überblick verschafft auch LIENEMANN, *Frieden*, 143–145.

64 z. B. Martin Niemöller, später Ernst Wolf, Hans-Werner Bartsch, u. a. m.

65 Yoder war zu Beginn der Gespräche noch Doktorand in Basel. Lasserre war ein Freund Bonhoeffers und langjähriger Leiter des französischen Zweiges des IFOR.

66 Vgl. Appell an die Kirchen der Welt. Dokumente der Weltkonferenz für *Kirche und*

schaft" prägte, kann auch als Weiterführung vieler der hier begonnen Gespräche interpretiert werden. Während der Vollversammlung in Uppsala 1968, auf der eigentlich Martin Luther King Jr. das Hauptreferat halten sollte, verstärkt sich die Tendenz, dass für die Einheit in der ökumenischen Gemeinschaft die Orthopraxie neben der Orthodoxie als gleichrangig einzuschätzen ist.[67]

IV.3.1. Mittlere Axiome: der Versuch einer Interimsethik – Puidoux I: Das Verhältnis von Kirche und Staat (1955)

Das Resumé der Konferenz zeigt ein hohes Maß an Übereinstimmung. Nach den Vorträgen von Ernst Wolf zu einer Revision der Zwei-Reiche-Lehre Luthers und von Götz Harbsmeier mit Thesen zur Relevanz von Schrift und Kirche für die Verantwortung des Einzelnen, war das nicht zwingend zu erwarten gewesen. Diese formulierten einen klaren Einspruch gegen absolut gefasste ethische Sätze, denn der Auftrag der Kirche in der Welt sei die Verantwortungsübernahme, die nicht in einer biblizistischen Übertragung von Bibelstellen auf die jeweilige Situation zu erreichen sei. Lasserre und Yoder trugen die Position der Historischen Friedenskirchen vor: zum einen über „Das Gute in Röm 13,4" (εἰς ἀγαθόν), in der das katholische, das traditionell protestantische, das calvinistische und das sektiererische Modell des Verhältnisses von Staat und Kirche abgelehnt würden. 1Petr 2,13 (κτίσει) wird zur Begründung der Relativierung politischer Autoritäten (ἐξουσίαι) hinzugezogen; zum Zweiten Yoders „Theologische Basis des christlichen Zeugnisses gegenüber dem Staat".[68] Anhand des Modells der zwei konzentrischen Kreise von Oscar Cullmann (der innere die Kirche, der äußere die Gesellschaft) wird eine Alternative aufgezeigt, in welcher Weise Kirche und Gesellschaft unter der Herrschaft Christi zueinander zu stehen kommen.

Gemeinsame Basis der Historischen Friedenskirchen und „Großkirchen" bleibt auch hier das Bekenntnis zu Christus als Herrn der Kirche und Welt. Ziel des Handelns Gottes durch das Reich seines Sohnes ist die Aufrichtung des „Leibes Christi". Der Sinn aller Geschichte liege daher „im erlösenden Werk der Kirche"[69]: Die Verkündigung dieser Wahrheit, verkörpert in dem Ruf zur Versöhnung. Die Einheit der

---

Gesellschaft, hg. v. ÖRK, dt. Ausgabe von HANFRIED KRÜGER, Stuttgart/Berlin 1967.

67 Vgl. das einflussreiche Referat von VISSER'T HOOFT, *Der Auftrag der ökumenischen Bewegung*, a. a. O.

68 Alle Vorträge dieser Konferenz finden sich in DURNBAUGH, *On Earth Peace*, 123–143.

69 „redemptive work of the church"; ebd., 143.

Kirche wird im eschatologischen Sieg Gottes über die Welt verortet, woraus andererseits ebenso der vorläufige Charakter des Staates folgt. Aus der Schrift ergeben sich Hinweise zur Unterscheidung der Autoritäten, konditioniert durch Hinweise auf das „Nein" der Welt und das „Ja" der Kirche zur Herrschaft Christi über Kirche und Welt. Für die christliche Ethik bedeutet dies: es gibt nur ein unteilbares Gutes, nicht verschiedene Bereiche mit differenten Entscheidungskriterien. Die Spannung zwischen Kirche und Welt sei daher nicht statischer Art, sondern resultiere aus der Freiheit des Menschen, sich dem „Nein" oder dem „Ja" anzuschließen. Gottes Gebote sind dann mittelbar.

Dennoch wird gemeinsam gesagt: „War is always sin"[70], Kriegführen sei nicht zu rechtfertigen. Mithilfe des Modells der *Mittleren Axiome* (i. e. „Normen des gesellschaftlichen und politischen Handelns, für die sich keine eindeutige biblische Begründung angeben lässt"[71]) wird erklärt, wie die Kirche in der Lage ist, das politische Geschehen zu kritisieren. Die *Mittleren Axiome* erlauben relative Urteile, ohne dass sie für die christliche Nachfolge determinierende Wirkung haben. Die Verantwortung der Kirche für Gerechtigkeit und Frieden ergibt sich aus der Inkarnation, Gottes versöhnender Initiative. Dies kommt zum Ausdruck in der Gemeinschaft der Kirche selbst, ihrem aufopfernden Dienst, in der Förderung von Verständnis, ihren Bemühungen zur Transformation ungerechter Strukturen und in der Weigerung, sich an Kriegen zu beteiligen. – Ein gemeinsames Bekenntnis zum Versagen der (erfahrenen) Kirche schließt sich an: Kirche sei in der Vergangenheit diesem Auftrag nicht immer gerecht geworden. In der gemeinsamen Frage nach der Verantwortung der Kirche werde aber die Einheit der Kirche neu erfahren, trotz der unterschiedlichen ekklesiologischen Traditionen und theologischen Konzeptionen.

Das Konzept der *Mittleren Axiome*, das in keinem der Vorträge angesprochen wurde, scheint in den Diskussionen zur Konvergenz geführt zu haben. Der Ausdruck stammt ursprünglich von Joseph H. Oldham und bezeichnet „Richtlinien für das Handeln der Christen in bestimmten politischen Situationen, denen auch Nichtchristen als ‚moral convictions' beipflichten können. Sie sind nicht *direkt* ableitbar aus übergeordneten christlichen Prinzipien, harmonieren aber mit ihnen, sind auch konkreter als sie, wenn auch nicht so konkret wie direkte Handlungsanweisungen bzw. Programme. Sie nehmen folglich einen ‚mittleren Platz' ein."[72] Ziel ist es, Christen und Kirchen eine Orien-

---

70 Ebd., 144.
71 Def. nach HAUCK/SCHWINGE, *Theologisches Fach- und Fremdwörterbuch*, 134.
72 DIETRICH RITSCHL, Art. *Mittlere Axiome*; in: EKL³, Bd. 3, 497 (Lit.). Vgl. auch JOSE MIGUEZ-BONINO, Art. *Middle Axioms*; in: *Dictionary of the Ecumenical Movement*, 675.

tierungshilfe zu geben in ihrer konkreten Situation, ohne in legalistische Normativität oder ekklesiale Kasuistik zu verfallen. Die Suche nach Kriterien ergab sich aus der Infragestellung von Naturrecht und Schöpfungsordnung als angemessene Basis für eine Sozialethik. Auch motivierte die Krise des Idealismus im *Social Gospel* und der Reich-Gottes-Vorstellung zu diesem Modell. Die Zeichen der Zeit seien je und je wahrzunehmen. Die Oxford-Konferenz hatte das Konzept der *Mittleren Axiome* übernommen als Vermittlungsversuch zwischen einer fundamentalistisch verstandenen Liebesethik und der individuellen Gewissensentscheidung.[73]

Damit verständigt sich Puidoux I auf die Entwicklung einer Interimsethik für die Kirche in ihrer je konkreten Situation und eröffnet für die ökumenische Diskussion einen Weg der Konvergenz.

IV.3.2. Participatio statt imitatio – Puidoux II: Nachfolge als Zeugnis der Einheit in Christus (1957)

Zur zweiten großen Puidoux-Konferenz lud die Evangelische Landeskirche in Westfalen ein, über 70 Personen aus verschiedenen Teilen der Welt. Festigte die erste Konferenz das gemeinsame Bekenntnis zur Herrschaft Christi über Kirche und Welt, so fragte man in Iserlohn weiter nach Inhalt und Implikationen dieses Zeugnisses, sowohl im Blick auf die Nachfolge (Kirche) als auch die menschliche Gerechtigkeit (Gesellschaft). Die Auseinandersetzung fand mit besonderer Referenz zu Dietrich Bonhoeffers Entwurf zur Nachfolge und Karl Barths Verständnis eines christlichen Pazifismus statt. Dieses Treffen ist nicht hoch genug zu bewerten, denn hier gelang zum ersten Mal ein Austausch in derartiger theologischer Differenzierung zwischen Vertretern der Staatskirchen und der Historischen Friedenskirchen. Die abschließende Erklärung („Report to the Landeskirchen"[74]) bestätigt dieses Urteil. In drei Punkten konnte ein „clear agreement"[75] erzielt werden:

1) „Jesus Christ, the incarnated, crucified and living one, is the Lord over church *and* state". Dies ist die Wiederholung des Ergebnisses von Puidoux I.
2) Christus ruft in die Nachfolge. „Discipleship is therefore not to be understood as imitation (*imitatio*) but as participation (*participatio*), that is, in it justification and sanctification exist side by side. Thus legalism as well as arbitrariness are eliminated".[76] In der Formu-

---

73 Vgl. ebd.
74 *Report to the Landeskirchen*; in: Durnbaugh, *On Earth Peace*, 183 f.
75 Ebd, 184.
76 Ernst Wolf hatte in seinem Vortrag darauf hingewiesen, dass das Fehlen einer christlichen Nachfolgeethik in der lutherischen Tradition auf der Furcht vor Lega-

lierung als *participatio* liegt der Schlüssel zur Abwehr des Vorwurfs der Werkgerechtigkeit, bei gleichzeitigem Feststellen der Zusammengehörigkeit von Rechtfertigung und Heiligung.

3) Um Christi Willen können Christen dann nicht im Kriegsdienst verharren, „but will have to serve life in simple obedience".

Auch wenn die Schlussfolgerung der Kriegs(dienst)verweigerung scheinbar eindeutig bleibt, wird doch sichtbar, in welcher Weise die ökumenische Begegnung als Korrektiv wirkt für eine der Gefahr des Legalismus ausgesetzten Position der Historischen Friedenskirchen. Die weitestgehende Übereinstimmung in der christlich begründeten pazifistischen Position erklärt sich auch aus der zeitgeschichtlichen Situation: in der Gefahr eines möglichen atomaren Krieges erkennen die Teilnehmenden (auch der „Landeskirchen") die Notwendigkeit, die Rolle der Kirche im Blick auf die Fragen von Krieg und Frieden zu überdenken. Aus dem eigenen bisherigen Verhalten, der Lehre und der Verkündigung der Kirche seit der konstantinischen Wende, so der Abschlussbericht, sei im Blick auf diese neu zu stellenden Fragen wenig Hilfe zu erwarten. Hier könnten die Historischen Friedenskirchen den anderen Konfessionen aufgrund ihrer leidvollen Geschichtserfahrung helfen. Weitere Dialoge sollten daher folgen.

Peachey stellt in seinem Beitrag[77] wieder den Zusammenhang mit der Ekklesiologie heraus. Es gehe um die „Essenz" dessen, was das Christsein ausmache. Die Sichtbarkeit der Urgemeinde ist Leitbild für die Notwendigkeit der Sichtbarkeit der gegenwärtigen Kirche, ohne dass behauptet wird, dass diese ohne Sünde lebt. Theoretische Abstraktionen seien kein ausreichender Ersatz für die lebendige Gemeinde. Wo keine wahre (sichtbare) Kirche sei, verkomme sie zur bloßen „Heilsanstalt". Gehorsam gegenüber dem Willen Gottes ist jedem christlichen Gewissen in gleichem Maße aufgetragen. Dies führt die Kirche zur sichtbaren Gemeinschaft des Gehorsams und wirft ein neues Licht auf die ökumenische Frage, denn die eigentliche Herausforderung für die Gemeinschaft der Kirchen besteht dann nicht mehr im divergierenden Kirchenrecht oder dem Sakramentsverständnis, sondern: „... whether we place ourselves together and concretely under the living lordship of Christ".[78]

lismus und der Unmittelbarkeit der Übertragung eines jesuanischen Lebensmodells auf das Leben der Christen beruhe. Bonhoeffer bilde die große Ausnahme. Vgl. ERNST WOLF, *Discipleship as Witness to the Unity in Christ as Seen by the Reformers*, in: ebd., 147 ff. Das Gegenreferat hielt PAUL PEACHEY, *Discipleship as Witness to the Unity of Christ as Seen by the Dissenters*; in: ebd., 153 ff.

77 Ebd.
78 Ebd., 159.

Gegenüber der römisch-katholischen Tradition, deren Hauptanliegen die Sichtbarmachung des Erlösungswerkes Christi sei, wird eingeräumt, dass dies zwar legitim sei, doch könne die Sichtbarkeit nicht vom Leben in Glauben und Gehorsam abstrahiert werden. Kirche kann in ihrer institutionellen Existenzform niemals getrennt von einer nachfolgenden Gemeinschaft als sakramentales System interpretiert werden. – Die Überzeugung der protestantischen Tradition von der *ecclesia invisibilis* deutet auf die Tatsache, dass die konstitutive Macht nicht in menschlichen Bemühungen oder Institutionalisierungen zu finden ist, sondern im Wirken des Heiligen Geistes. Auch diese Unsichtbarkeit, so Peachey, sei niemals isoliert zu interpretieren von der sichtbaren Nachfolge.

Peachey räumt zwar die Gefahren des Legalismus und des Literalismus ein, doch zeige sich in der Betonung der Kirche als sich ständig erneuernder Nachfolgegemeinschaft der Versuch, die Situationsethik auf eine Gemeinschaft zu applizieren, als Alternative zu einer Zweckethik einerseits und einer Inspirationsethik andererseits. Nur so könnten die Pole zusammengehalten werden von Gottes unveränderlichem Willen für die Welt und die sich ändernden Situationen in der Geschichte der Menschen. Somit wird die Notwendigkeit zur Kontextualisierung der Nachfolgeethik in der Gemeinschaft erkannt und stellt sich einem naiven, fundamentalistisch argumentierenden Pazifismus in den eigenen Reihen der Historischen Friedenskirchen entgegen. Geglaubte und erfahrene Kirche werden unterschieden, aber nicht getrennt. Diese Korrektur gegenüber früheren Erklärungen ist bezeichnend für den ökumenischen Diskussionsgang.

IV.3.3. Deontologisierung des Staates und eschatologische Antizipation der Kirche – Puidoux III: Die Herrschaft Christi über Kirche und Welt (1960)

Über achtzig Teilnehmende zählte die dritte Puidoux-Konferenz. Und obwohl sich das Gespräch zwischen europäischen Kirchenführern und Repräsentanten der Historischen Friedenskirchen auch hier vorrangig auf das Verhältnis von Kirche und Staat konzentrierte, bzw. auf die Einflussmöglichkeiten der Kirche gegenüber der Gesellschaft, erhielt es nun durch die Anwesenheit kirchenleitender Persönlichkeiten aus osteuropäischen Ländern eine andere Gewichtung.[79] Durch die Erfahrungsbeiträge aus kommunistischen Ländern erfuhr die Haltung der

---

79 Anwesend waren u. a. Josef L. Hromádka und Jan Milic Lochman (führende Vertreter in der CFK), der lutherische Erzbischof Kiivit von Tallin, der Baptist Karev und der orthodoxe Theologe Parijskij aus Leningrad.

Historischen Friedenskirchen Unterstützung, machten diese doch deutlich, dass eine kirchliche Position der kritischen Distanz zum Staat nicht notwendig bedeute, sich aus dem gesellschaftlichen Geschehen herauszuhalten.

Als Zusammenfassung aller drei bisherigen Konferenzen wurde ausdrücklich der Wille erklärt: (1) Zur Erneuerung der seit dreieinhalb Jahrhunderten unterlassenen Dialoge zwischen den Freikirchen und den „established Churches" in Europa. (2) Zur Berücksichtigung des pazifistischen Zeugnisses im Kontext der gegenwärtigen theologischen Gespräche in Europa. (3) Zur Notwendigkeit der Rezeption wachsender Friedensliteratur in Kirche und Gesellschaft, die engagierten „first-rate scholars" zugänglich gemacht werden sollte.

Die Beiträge konzentrierten sich auf die Frage der Autorität, die dem Staat nach Röm 13 zukommt.[80] Sowohl Wolf, als auch Yoder suchten – auf ganz unterschiedliche Weise – durch eine Deontologisierung des Staates und seiner Autorität für die Glieder der Kirche jeden Versuch der absoluten Gehorsamsforderung zu relativieren. Yoder machte deutlich, dass sich aus dem Bekenntnis zur Herrschaft Christi auch über den Staat keine natürliche konstitutionelle Gründung ableiten ließe. Das Bekenntnis intendiere vielmehr die Akzeptanz eines gegebenen Systems, auch wenn dieses eine Art des Nicht-Glaubens verkörpere. Dies gelte vor dem Hintergrund der Verteidigung einer weitaus problematischeren Unordnung. Der Gründung eines Staates kommt demnach keinerlei theologische Qualität zu. Dem Staat eine Autorität unabhängig von Christus zuzuschreiben würde bedeuten, ihm Offenbarungsqualität beizumessen. Dies aber widerspreche gerade dem alleinigen Herrschaftsanspruch Christi.

Warren F. Groff (Church of the Brethren) geht dagegen von der doppelten Bürgerschaft des Christen in der Welt und im Reich Christi (*participatio*) aus und knüpft somit direkt an die lutherische Zwei-Reiche-Lehre an. In Christus falle aber das Sein als Geschöpf, das Stehen im Bund und das Versöhntsein zusammen. Auch als Bürger der Welt erkennen Christen demnach die Gebote des nicht-Tötens an. Die Einsicht in die eigene Endlichkeit und die Verstrickung in Sünde in Bezug auf das Gesetz führe zur Buße. Gleichzeitig lebten Christen aber in dem Glauben, dass die Mächte und Gewalten hinter dem Gesetz letztlich Jesus Christus unterworfen seien. Die Heilstat Christi befreie nicht nur vom Gesetz, sondern führe gleichzeitig in ein Leben gehorsamer Nachfolge, das den Respekt vor dem Leben mit ein-

---

80 Vgl. JOACHIM BECKMANN: *Die politische Verantwortung der Kirche*; ERNST WOLF: *Beobachtungen zu Röm 13*; WARREN GROFF: *The Meaning of the Sixth Commandment for the Christian and the Statesman*; JOHN H. YODER: *Von göttlicher und menschlicher Gerechtigkeit.*

schließt. Somit seien sich Christen der Komplexität der Weltwirklichkeit bewusst. Dennoch bleibe die Normativität z. B. des sechsten Gebotes („Du sollst nicht töten") auch dann erhalten, wenn Christen dem Staat dienten. Dieses Verhalten gründe in der eschatologischen Zuversicht der letztendlichen Durchsetzung des Reiches Gottes.

Die Eschatologie erhält so eine Schlüsselfunktion in der ekklesiologischen Perspektive der Historischen Friedenskirchen als Korrektiv gegen ein die Ambivalenzen der Welt verkennendes, zu simples Herrschaftsbekenntnis zu Christus.

IV.3.4. Individuelle oder Gemeinschafts-Ethik? – Puidoux IV: Die Quellen christlicher Sozialethik (1962)

In der letzten großen Puidoux-Konferenz lieferten die Vertreter nichtpazifistisch orientierter Traditionen den Großteil der Beiträge, während den Vertretern der Historischen Friedenskirchen Gelegenheit geboten wurde, darauf zu reagieren. Nach dieser Konferenz wurden die Treffen sehr viel kleiner, mit nahezu gleichbleibenden Besetzungen. Die Hoffnung lag von da an in der Vertiefung der theologischen Auseinandersetzung.

Übereinstimmung herrschte weiter in der Überzeugung, dass es zur Aufgabe der Kirche gehöre, Frieden zu verkünden und Krieg als Sünde zu verurteilen. Die erneuerte Diskussion entzündete sich aber an der Frage, inwiefern Kirche von ihren Gliedern die individuelle Kriegsdienstverweigerung fordern könne.[81] Hendrik van Oyen wiederholte im Grunde die Argumentation von Dun/Niebuhr: Christen bleiben immer in der dialektischen Beziehung von Gesellschaft und Evangelium gefangen und müssen es daher der individuellen Entscheidung der Einzelnen überlassen, wie jeweils zu handeln ist. Yoder klagt dagegen ein, dass Christen dennoch eine primäre Verpflichtung aufgrund der Zugehörigkeit zur christlichen Gemeinschaft zukomme.[82]

Damit verweist er auf eine grundsätzlich verschiedene Kommunikationsstruktur innerhalb der christlichen Gemeinschaft. Von Einzelnen kann nichts gefordert werden, aber aus der Verpflichtung innerhalb dieser Gemeinschaft, die durch eine geschwisterliche Struktur definiert ist, ergeben sich Prioritäten. Damit war auch dieser Gesprächsgang wieder auf die Ekklesiologie gerichtet. Daran schließt Laserre an: er fasst noch einmal die Position der Historischen Frie-

---

81 Vgl. den kleinen Gesprächsausschnitt zwischen H. van Oyen und J. H. Yoder; in: DURNBAUGH, On Earth Peace, 229 f.

82 „In a worldly way we cannot demand anything of anyone, but *the structure of Christian fellowship* calls for prior commitment of individuals to whom we speak as brethren." Ebd. (Hervorhebung FE).

denskirchen in Bezug auf die christliche Sozialethik thesenartig zusammen und nutzt die Frage nach der Bedingung der Möglichkeit einer Beteiligung von Christen an Kriegen als Testkriterium.[83] Dabei ist vorausgesetzt, dass individuelle und kollektive Ethik aus neutestamentlicher Sicht nicht zu trennen sind:

1) Der christliche Gehorsam gründet in Dankbarkeit. Heiligung des Lebens ist die Antwort auf die Rechtfertigung. So wird Dankbarkeit zum Inhalt und Kriterium christlicher Nachfolge. In Bezug auf die gegebene Situation sei zu fragen, inwiefern das Handeln eines Soldaten Ausdruck der Dankbarkeit sein könne, bzw. ob es nicht eher Ausdruck von Blasphemie sei.

2) Christliche Ethik ist eine Gemeinschaftsethik. Die Gemeinschaft besteht in der vertikalen Gott-Mensch Beziehung wie in der horizontalen Mensch-Mensch Beziehung. Diese Ebenen sind voneinander nicht zu trennen. Das Verhalten des Soldaten sei ein Verstoß gegen den Nächsten. Auch wenn der Nächste die Gemeinschaft breche, bleibe das Verhältnis an sich in dieser Weise bestehen. Laserre nimmt Bezug auf die Gebote der Bergpredigt.

3) Christliche Ethik ist eine Zeugnisethik von der Botschaft der Vergebung aus Gnade. Das Verhalten des Soldaten könne unmöglich zum Zeugnis dieser Gnade werden.

4) Christliche Ethik gründet im lebendigen Wort Gottes. Dies bedeutet: jede Art des Legalismus oder Moralismus sowie der System-Bildung ist eine Karikatur („rediculous caricature") christlicher Ethik. Jede Situations-, Verantwortungs- oder Geschichtsethik steht gleichsam in der Gefahr, der Lebendigkeit des Wortes zu widersprechen.

5) Christliche Ethik ist eine Siegesethik. Es gibt keine christliche Ethik ohne das Zeugnis von der Auferstehung Christi. Laserre kontrastiert den Fatalismus jener Siege, die eine Armee verfolge.

6) Christliche Ethik ist eine Hoffnungsethik. Im Licht der eschatologischen Hoffnung finden alle anderen Werte und Institutionen ihre Relativierung. Das Töten von Leben, sei es in Form von Todesstrafe oder auf dem Schlachtfeld, widerspreche dieser Relativierung, denn es ginge von der Absolutsetzung des Staates aus, in dessen Namen dies geschehe.

7) Christliche Ethik ist eine Liebesethik, auf die Liebe Gottes antwortend. Vorbild ist die Zuwendung Jesu zu den Ausgestoßenen der Gesellschaft. Wie kann Kirche eine Kriegsethik unterstützen und gleichzeitig mit der Verkündigung dieses Evangeliums fortfahren, fragt Lasserre.

83 Ebd., 269 ff.

Deutlich wird wiederum die unterschiedliche Perspektive der Argumentation: Eine christliche Sozialethik wird aus der Sicht der nachfolgenden Gemeinschaft entwickelt, die ihre Kriterien direkt aus dem Leben Jesu zu beziehen sucht. Die Frage, wie der einzelne Christ in einer Situation entscheiden soll, stellt sich im Kontext der geschwisterlichen Gemeinschaft und hat dort ihre primäre Verortung. Die Gesellschaft ist dann immer schon das Gegenüber. So wird der Rollenkonflikt des Einzelnen, den die Zwei-Reiche-Lehre voraussetzt, (scheinbar) aufgelöst.

Es zeigt sich, dass hier die Interpretation und Terminologie in den Kategorien des Siegens und Verlierens eine wichtige Ergänzung erfahren durch die Einbeziehung der Gemeinschaftsmetaphorik. Daraus eröffnen sich aber im Grunde auch andere Möglichkeiten der Begründung, als die bisher verwendete Herrschafts- und Kampfessymbolik des Christokrators. Es wird zu prüfen sein, inwiefern eine trinitarische Gründung diesen Aspekt der Gemeinschaftsethik ergänzend, bzw. alternativ begründen könnte. – Das war in den Puidoux-Konferenzen noch nicht im Blick.

IV.3.5. Zusammenfassung: Konvergenzen, bleibende Differenzen und die notwendige Zusammenschau von Ekklesiologie und Ethik. Die Folgekonferenzen (bis 1973)

Nach der Serie der großen Puidoux-Konferenzen entschloss man sich 1965, in einer kleineren Arbeitsgruppe mit der Intensivierung der Gespräche fortzufahren. Dies geschah in enger Verbindung zur 1948 eingerichteten Forschungsstätte der Evangelischen Studiengemeinschaft (FEST), sowie der Theologischen Fakultät der Universität Heidelberg.[84] Nahezu jährliche Gespräche folgten (bis 1973) zwischen Vertretern der Studienkommission und der vormaligen Puidoux-Konferenzen. Die Studiengruppe konzentrierte sich auf eine dreifache Aufgabe:

1) Die Frage nach der christologischen Gründung der Ethik.
2) Die Bedeutung des lutherischen Verständnisses der Rechtfertigungslehre für die Ethik (beide als Desiderata aus den vorangegangenen Gesprächen identifiziert).
3) Die Frage nach einer Ethik in der technisch-naturwissenschaftlich orientierten Welt (als Forschungsprojekt der FEST).

Die Fragen blieben insgesamt ausgerichtet auf das Verhältnis von Prinzip und Situation.

---

84 VertreterInnen waren hier H.-E. Tödt, Ilse Tödt, G. Scharffenorth, U. Duchrow, G. Howe.

Die folgenden Beobachtungen lehnen sich stark an die zusammenfassende Einschätzung von Heinold Fast (Vertreter der Mennoniten) an, der den Gesprächsprozess bis 1969 auszuwerten versuchte.[85] Fast illustriert anhand einer typischen Dialogsituation, warum auch am Ende dieser Reihe von Gesprächen die Frage letztlich unbeantwortet blieb, ob die fundamentalen Differenzen nun identifiziert worden seien oder ob und in welcher Richtung sich Möglichkeiten einer weiterführenden Diskussion ergäben:

Lochman hatte mit seinem Beitrag über den *Einfluss historischer Ereignisse auf ethische Entscheidungen* (Puidoux IV) die Diskussion über Prinzip und Situation eröffnet. Nach Yoders Antwort konnte man sich darauf verständigen, dass für Christen jedes historische Ereignis aus der Perspektive des Evangeliums einzuschätzen sei, ohne gleichzeitig zu behaupten, dass jedes dieser Ereignisse dem Willen Gottes entspreche.[86] Nachdem allerdings ein anderer Vertreter der Historischen Friedenskirchen in Anwendung dieser Übereinstimmung behauptete, Kriegführen sei aus eben diesem Grund für Christen für immer auszuschließen, relativierten andere Gesprächsteilnehmer sofort den soeben festgestellten Konsens sowohl in seiner theologischen Gründung, als auch in der ethischen Folgerung und argumentierten wiederum streng aus dem Kontext der gegebenen Situation heraus.

Zur Fokussierung der Differenzen führte Heinz-Eduard Tödt den Begriff der *„transition"* (Übertragung) in die Diskussion ein und machte somit endlich auf das hermeneutische Problem aufmerksam. Fast identifiziert verschiedene „Zäsuren", an denen das Problem der *transition* in seinen unterschiedlichen Interpretationen deutlich wird. Dies ermöglicht gleichsam die Zusammenfassung der Konvergenzen, der bleibenden Differenzen und der offenen Fragen:

1) Die lutherische Kritik einer direkten „Übertragung" jesuanischer Forderungen auf die gegebene Situation, *imitatio*. Die Historischen Friedenskirchen lehnen dies nun ebenso ab und plädierten für eine Interpretation im Sinnen der *participatio*.

2) Die pazifistische Kritik gegenüber einer lutherischen Verantwortungsethik, die in manchen Punkten die Verbindung von Christologie und Ethik leugnet und zu einer reinen Situationsethik tendiert. Die Lutheraner konnten deutlich machen, dass sie sich darin missverstanden fühlten. Die Frage bleibt, *wie* die Verbindung von Christologie und Ethik zu beschreiben ist.

---

85 Vgl. HEINOLD FAST, *Puidoux 1955–1969:* Report of a Dialogue about the Theological Foundation of a Christian Peace Witness, 1969; in: DURNBAUGH, *On Earth Peace*, 320 ff.

86 Als Beispiel wird die Oktoberrevolution angeführt, die nicht notwendig als Erlösungswerk anzusehen sei.

3) Lutheraner erklären ihre Interpretation der Verbindung von Christologie und Ethik auf der Grundlage einer Unterscheidung von „Jesuologie" und Christologie. Nicht das Leben des Jesus von Nazareth, wohl aber Kreuz und Auferstehung determinieren die Ethik: das Kreuz, als Zeichen der Ohnmächtigkeit Gottes in der Welt, korrespondiert mit dem Auftrag der Menschen, die Welt zu gestalten. In der Auferstehung liegt die Bevollmächtigung der Christen zur Verantwortungsübernahme. Medien der „Übertragung" sind das Wirken des Heiligen Geistes, das Bewusstsein, die Vernunft. Hier bleibt die Frage, in welchem Maße Christus noch zur Norm werden kann, den Inhalt der „Übertragung" tatsächlich noch konstituiert, wenn das Leben Jesu derart getrennt hiervon betrachtet wird.

4) Eine andere Interpretation der Unterscheidung von Jesuologie und Christologie ergibt sich, wenn die Christologie so formuliert wird, dass die Jesuologie darin enthalten ist und somit das Evangelium in die jeweilige Situation mit hineingenommen wird. Dadurch wird die Situation zum Ort der Differenzierung zwischen dem Handeln *für mich* und dem *für andere*. Dem entsprechen zwei verschiedene Weisen christlicher Liebe, das *opus proprium* und das *opus alienum*. Dadurch wird keine fremde Norm eingeführt, sondern das eine Evangelium auf unterschiedliche Weisen der Liebe bezogen. Die Einheit ist dadurch gegeben, dass das den Menschen als *opus alienum* erscheinende Werk vor Gott (*coram Deo*) zum *opus proprium* wird. – Eine solche Ethik versucht sich abzuheben von der (mittelalterlichen) Ethik unterschiedlicher Normen. Für die Historischen Friedenskirchen bleibt die Frage, worin das Differenzkriterium von *für mich* und *für andere* zu finden ist und woher das *opus alienum* seinen Inhalt bezieht.[87]

5) Eine christologisch orientierte Eschatologie versteht die gegebene Situation im Horizont der Errettung aller durch Christus. Auch die vorletzten Ziele sind dadurch determiniert. Dies eröffnet eine Möglichkeit, Ziele des Handelns christologisch zu gründen, ohne in die primitive, direkte „Übertragung" von Christus auf die gegebene Situation zu verfallen.[88]

6) Ist christliche Ethik in erster Linie eine Individualethik oder eine Ethik für die Kirche, die aus diesen Individuen besteht? – Das Individuum befindet darüber, ob ein *opus alienum* oder ein *opus proprium* gefragt ist. Auch im Mittelalter war es der Einzelne, der zu entscheiden hatte zwischen einem Leben im Gehorsam gegen-

---

87 Fast bezieht dies auf die konkrete Situation der nuklearen Bedrohung und versucht zu zeigen, inwiefern historische Ereignisse diesen Ausmaßes die klare Unterscheidung durchbrechen können, vgl. FAST, *Puidoux 1955–1969*, 326.
88 Allerdings waren sich die Vertreter der Historischen Friedenskirchen in Interpretation wie Ausführung dieses Ansatzes keineswegs einig. Vgl. ebd., 327.

über den Fürsten oder gegenüber den Geboten. Die Kirche bot eine Legitimation unterschiedlicher Entscheidungen an, entweder innerhalb des *corpus christianum* oder in einem komplementären Verständnis. In der „täuferischen Tradition" hingegen ist die Bedeutung der Kirche (im Sinne der lokalen Gemeinde) für ethische Entscheidungen sehr viel direkter. Diese wird im Gegensatz zur „Welt" verstanden, die andere Kriterien anwendet, die sie wiederum aus differenten Entscheidungsquellen herleitet. Die gegebene Situation kann daher aus christlicher Sicht niemals anders als christologisch *und* ekklesiologisch interpretiert werden. – Unklar bleibt für Lutheraner, inwiefern bei dieser Dualität die Verantwortung der Kirche für die Welt so stark betont werden kann.[89]

„It became apparent that essential differences depended upon a different type of church concept, that the ethical questions could not be considered without discussion of ecclesiology"[90], so das abschließende Resümee bei Fast. Dieser zusammenfassenden Einschätzung ist m. E. zu folgen. Die unterschiedlichen Ansätze einer christlichen Sozialethik erschließen sich erst in der Zusammenschau der, in ihren Begründungen stark ineinander verschränkten theologischen Topoi. Der Ekklesiologie kommt dabei Priorität zu, weil sie den Kontext allen Nachdenkens aus dieser Perspektive thematisiert. Die Testfrage ist dann: soll eine Ethik für den Einzelnen entwickelt werden, der als Teil der (Volks-) Kirche gesehen wird, die eine Vielfalt von ganz unterschiedlichen, womöglich gar divergierenden Handlungsmodellen legitimieren kann? Oder aber wird der Einzelne zuerst als Teil einer Gemeinschaft gesehen, die sich aufgrund ihres gemeinsamen Bekenntnisses auf gewisse Handlungsmodelle verständigt hat? Zu fragen ist dann, wie innerhalb dieser Gemeinschaft unterschiedliche Nachfolgemodelle dennoch denkbar bleiben. Erhalten gewisse ethische Forderungen (explizit der Gewaltverzicht) konstitutiven oder beschreibenden Charakter für die Gemeinschaft (Kennzeichen oder Merkmale der Kirche)? Die in den Puidoux-Konferenzen dargestellte Position der Historischen Friedenskirchen lässt beide Deutungsoptionen zu.

Insgesamt lässt sich beobachten, dass die Positionen konvergieren, sich aber auch bleibende Divergenzen zeigen und der ökumenische Dialog zur gegenseitigen Profilierung und Optimierung der Argumentationen führte.

---

89 Die Position der Quäker schien hier leichter verständlich, wenn sie das Wirken des Heiligen Geistes an die Stelle der Gemeinde setzten. Daraus ergibt sich eine Haltung des Dienens und Missionierens. Quäker und Mennoniten versuchten allerdings deutlich zu machen, dass sie das gleiche *meinen*, nur unterschiedliche Sprachen verwenden.

90 FAST, *Puidoux*, 320.

IV.4. Eine erneuerte Friedenserklärung (1991): Verkörperung und Verkündigung der Versöhnung in Jesus Christus

Rund 30 Jahre nach der letzten der großen Puidoux-Konferenzen melden sich die Historischen Friedenskirchen (zusammen mit der IFOR) erneut zu Wort. Gerichtet ist dies an die weltweite ökumenische Gemeinschaft („the entire church in its fullest sense – all who claim to be Christian"[91]) und kann somit als weiteres Zeugnis ökumenischer Dialogbereitschaft dieser Konfessionen gewertet werden. Sie beanspruchen keinen Alleinvertretungsanspruch des christlichen Pazifismus, sondern meinen, eine wachsende Bereitschaft zur Problematisierung der Herausforderungen von Krieg und Frieden in den anderen Traditionen festzustellen: die Überzeugung, dass Friedenstiften integraler Bestandteil christlicher Nachfolge darstellt. Wurde in früheren Positionsbeschreibungen verstärkt auf die traditionellen konfessionellen Unterschiede zurückgegriffen, so wird hier ein biblisch-theologischer Zugang versucht. Die Historischen Friedenskirchen und die IFOR wollen ihr Friedenszeugnis gründen in „their experience of Christ, their Christian practice, and their ongoing theological reflection".[92] Daher ist dieses Dokument nicht einfach ein weiterer Beitrag aus der konfessionellen Perspektive, sondern: „It is rather stated in the terms of a biblical vision common to all Christian communions".[93] Ausgehend vom Anspruch einer gemeinsamen Grundlage aller christlichen Konfessionen in den biblischen Zeugnissen soll die Position hergeleitet werden. Insofern ist es angezeigt, auch diese neuere Erklärung in seiner theologischen Argumentationsstruktur zu untersuchen und auf seine ekklesiologischen Implikationen hin zu befragen.

Das Dokument der *Church of the Brethren*, des *Mennonite Central Committee*[94] und der *Friends General Conference* entstand in den USA.

---

91 *Preface* zu *A Declaration on Peace,* 9.

92 Ebd., 8.

93 Ebd., 9.

94 International vertretenes Mennonitisches Hilfswerk der Mennoniten-Gemeinden in Nordamerika, in dem nahezu alle mennonitischen Gemeindeverbände mitarbeiten und insofern wohl repräsentativstes Organ dieser Denomination. Es ist bezeichnend, dass sich gerade in einer diakonisch ausgerichteten Einrichtung die unterschiedlichsten Ausprägungen dieser Denomination vereinen lassen, nicht in einer lehr- oder bekenntnisgemäß legitimierten Kirchenleitung. Das *Selbstverständnis des MCC*: „... MCC möchte Gottes Liebe weitergeben, indem dieser Liebe verpflichtete Frauen und Männer mit Menschen zusammen arbeiten, die an Armut leiden, unter Konflikt, Unterdrückung und Naturkatastrophen. MCC dient als ein Kanal des Austausches zwischen Kirchen und Gemeinschaften rund um die Welt, in der Hoffnung, dass wir gemeinsam wachsen mögen und verändert werden. MCC sucht Frieden, Gerechtigkeit und Würde aller Menschen, indem wir unsere Erfahrungen und Mittel teilen. Die Vision von MCC ist inspiriert durch einen barmherzigen Gott, der uns

Es kann nicht als offizielle Verlautbarung im kirchlich-juristischen Sinne verstanden werden, da es kein offizielles, autorisiertes Lehramt gibt, vergleichbar dem anderer Konfessionen oder Weltbünde.

Bezeichnend ist die Systematik der vier Hauptteile, in denen nach verschiedenen *Funktionen* von Kirche systematisiert wird: *The Priestly Role, The Prophetic People, The Discerning People, The Royal Servant People.* Damit ist bereits die zugrunde liegende Hermeneutik angedeutet: aus den Funktionen der Kirche ergeben sich erst Rückschlüsse auf ihr Wesen.

Die Funktionen des Priesters, des Propheten, des Weisen und des Herrschers werden auf das Zeugnis und Wesen der Kirche bezogen.[95] Das Vorgehen folgt in jedem Kapitel der gleichen Methodik: ausgehend von dem atl. Bedeutungsursprung soll gezeigt werden, in welcher Weise diese Funktionen in Christus ganz anders und ein für allemal verwirklicht sind, um daraus direkte Ableitungen für die Ekklesiologie zu ziehen. Aus jeder der Funktionen ergibt sich: Eine Partizipation an Kriegen – auch für einen guten Zweck und in bester Absicht geführt – kann es nur unter Leugnung einer dieser Funktionen geben. Und, in der *Conclusion* des Dokuments noch radikaler ausgedrückt: damit widerspricht die Kirche ihrer eigenen Natur und Mission.[96] In der Erfüllung ihrer Funktionen wird sie dagegen zum „sacrament of salvation for the world".[97] Wird der Kirche damit eine Heilsmittlerschaft zugerechnet, die diese Position in die Nähe des römisch-katholischen Ekklesiologieverständnisses rücken lässt?

Die Einleitung beginnt, im Stil eines Katechismus, mit der rhetorischen Frage: „Is loyalty to Jesus Christ compatible with participation in war?" Antwort: „We believe that it is not."[98] In heilsgeschichtlicher Konzeption, von der Schöpfung über den Fall bis hin zum Heilsgeschehen in Jesus Christus wird erkannt: Gottes Wille ist *Schalom* für die Schöpfung. Die Kirche, diese alles auf den Kopf stellenden („topsy-turvy") Gemeinschaft, in die Heiden zusammen mit den Nachkommen Abrahams und Sarahs aufgenommen sind, ist der Leib Christi; und dieses ist das entscheidende Faktum zur Herbeiführung von Frieden und Versöhnung. Die sprechenden biblischen Bilder werden aneinandergereiht (die Stadt auf dem Berge, Zeichen, Vorgeschmack einer eschato-

---

ruft, barmherzige Menschen zu sein. Wir sind eine inter-mennonitische Dienstorganisation, die der biblischen Vision verpflichtet ist, wonach Gott will, dass allen Menschen geholfen werde, dass die ganze Schöpfung geheilt werde und dass alles versöhnt werde in Jesus Christus."

95 Bereits im Vokabular dieser Überschriften wird die „Handschrift" J. H. Yoders deutlich, s. o. III., bes. III.4.
96 Vgl. *Conclusion* zu *A Declaration on Peace,* 51 f.
97 Ebd., 52.
98 *Introduction* zu *A Declaration on Peace,* ebd., 11.

logisch verwandelten Welt, usw.). Dies zu sein ist Kirche herausgerufen aus der Welt, nicht weil sie das schon aus sich selbst heraus sein könnte, sondern sie ist es durch die Gnade Gottes. Hier wird das reformatorische *sola gratia* erkennbar, dass auf das Leben der Kirche als soziale Größe bezogen wird: Kirche verkörpert selbst und verkündigt in ihrem Lebensvollzug die Versöhnung in Jesus Christus. Es wird eingeräumt, dass dies nur bruchstückhaft und vorläufig geschehen könne. Dennoch sei die Transformierung der Welt eine *kollektive Berufung*, die der ganzen Kirche zueigne. So wird der Vorwurf des elitären Bewusstseins oder singulären Erwähltseins zu entkräften gesucht.

Auffällig ist das Fehlen einer klärenden Differenzierung zu Israel. Dies sollte erwartet werden können bei einer Erklärung, die einen biblisch-theologischen Ansatz wählt und ein ekklesiologisches Argument ankündigt, um eine ethische Aussage zu formulieren. Der Begriff des Gottesvolkes wird ohne Einschränkung auf die Kirche Jesu Christi bezogen, in der Juden und Heiden zusammengeführt sind.[99] Damit zeichnet sich aber auch wieder die fehlende Differenzierung zwischen erfahrener und geglaubter Kirche ab, da sonst zumindest das Problem (die „offene Wunde") benannt sein müsste.

Die auftretenden exegetischen Probleme können hier nicht im Einzelnen diskutiert werden, der Blick bleibt auf die Aussageergebnisse für die Ekklesiologie gerichtet.

a. Die priesterliche Funktion: antwortendes Opfer und Doxologie

Die im AT etablierte Funktion des Priesters wird – neben anderen – vor allem in der Mediation zwischen Gott und Mensch und dann zwischen Mensch und Mensch erkannt. Diese Interpretation wird hier auf das Priesteramt Jesu Christi übertragen. In der Einzigartigkeit, Zentralität sowie im Mysterium des Kreuzes liege aber gleichzeitig eine absolute Transformation dieser Funktion: Das Heiligtum ist nicht mehr irdisch, sondern himmlisch; der Mediator ist nicht mehr rein menschlich, sondern frei von Sünde; das Opfer ist nicht mehr ein Fremdes, sondern der Priester selbst. Durch dieses objektive Geschehen ist die Macht der Sünde gebrochen. Dies ist das Zeichen der göttlichen Liebe und Gerechtigkeit, die sich von aller irdischen unterscheidet. Sünde ist nach wie vor als solche erkennbar, aber der Sünder bleiben diesem Sein nicht überlassen. Die Gnade der leidenden Liebe befreit von der Sünde. Darin komme eine fundamentale Umkehrung aller bisher gültigen Erklärungs- und Verhaltensmuster zum Ausdruck.

---

99 Z. B. „In this statement we seek to lift up a vision of the people of God, the body of Christ, incarnated in its fullest stature". Ebd., 14.

Aus diesem Heilsgeschehen ergibt sich für die Kirche eine Funktion des Priestertums in Form der *imitatio*. Sie ist antwortendes Opfer der Liebe und Doxologie zugleich. Die Glieder der Kirche leben in der völligen Hingabe zu Christus, indem sie seinem Weg nachfolgen.[100] Daraus ergibt sich die absolute Loyalität zu Christus als oberste Autorität für die Kirche, die alle anderen relativiert. Auch wenn das Kreuzesgeschehen unterschiedlich interpretiert würde (kultisch, politisch oder forensisch), die Kirche sei dadurch zur Gewaltfreiheit und zum Friedenstiften berufen.

Die Abhängigkeit der Ekklesiologie von der Christologie wird hier in einer Weise verdeutlicht, die die Kirche tatsächlich als *Christus prolongatus* erscheinen lässt. Der Bezug zur Christologie im Sinne der *participatio*, wie er in den Puidoux-Konferenzen schon erkannt worden war[101], ist hier scheinbar wieder aufgegeben. Kritisch ist zu fragen, wie das Verhältnis der Einmaligkeit des Heilsgeschehens am Kreuz zu den Werken der Kirche dann verstanden werden soll. Wird die Kirche in eine derart geradlinige Verbindung zum Weg Christi ans Kreuz gestellt, dann muss das auf einen Perfektionismus im ethischen Handeln hinauslaufen, zu Lasten der befreienden Gnade des Heilsgeschehens. Das Postulat „Kirche für andere" scheint auf Kosten des *pro me* expliziert zu werden. Diese Beziehung müsste aber gerade erklärt werden, um den Eindruck eines absoluten moralischen Anspruches für die Kirche zu vermeiden, der kaum Platz zu lassen scheint für die Fehlbarkeit der Kirche.[102] Dies aber kommt der Vorstellung einer Heilsmittlerschaft der Kirche sehr nahe.

b. Die prophetische Funktion: das Leben der Kirche ist Kerygma

Der atl. Prophet ist Instrument der Begegnung zwischen Volk und Gott, sein Werk die Verkündigung der Präsenz des Höchsten. Gottes kommendes Reich werde hier bereits verkündet, sei gekennzeichnet durch שָׁלוֹם, מִשְׁפָּט, צְדָקָה, חֶסֶד und רחם. In diesem Sinne sei Jesus als der Christus Gottes Prophet. Deutlich wird die Erfüllung dieser Verheißungen durch die Ausgießung des Heiligen Geistes an Pfingsten (mit direktem Bezug auf Mose und Joel, vgl. Apg 2). Und die Kirche sei von da an selbst – in ihrem Sein – die Verkündigung des Reiches Gottes. Die neue Qualität der Gemeinschaft finde ihren

---

100 Mehrere Belege werden angeführt: Phil 1,29.3,7–11; Mt 5,11; 1Kor 4,12–13; 1Petr 4,13–14.
101 S. o. IV.3.2.
102 Gerade der seelsorgerliche Aspekt in der priesterlichen Funktion böte eine ergänzende Klärungshilfe.

Ausdruck in der Gemeinschaft von Juden und Heiden in dem einen Leib.[103]

Gottes „Plan" durch die Zeiten komme hierin zum Vorschein. Das Leben der Kirche *ist Kerygma*: in der Solidarität mit den Unterdrückten, in der Veränderung der Sozialstrukturen. Dadurch gerate die Kirche aber immer in Konflikt mit den „natürlichen Herrschern". Die Versuchung der Kirche liege im politischen Pragmatismus, der Selbst-Machbarkeit dieser Veränderungen, wodurch das Geschehen am Kreuz in Frage gestellt werde, denn Gott würde dann „gezwungen", das Heil für die Welt *trotz* der Kirche und nicht *durch* sie zu etablieren. Damit sucht die Erklärung den Eindruck einer Heilsmittlerschaft der Kirche zu korrigieren. In ihrer prophetischen Funktion ist sie Instrument, nicht selbst Urheberin der Verwirklichung des Reiches Gottes. Erst daraus erwächst der Kirche die Aufgabe, ein kohärentes Zeugnis Gottes in der Welt zu sein.

Das heilsgeschichtliche Motiv tritt hier am stärksten hervor. Gott ist Herrscher und Lenker der Geschichte, die Kirche sein Instrument, das er aber in seiner Allmächtigkeit nicht wirklich braucht. Damit ist zwar die Rolle der Kirche zunächst relativiert, aber das dabei entwickelte Gottesbild bleibt den Kategorien der „weltlichen" Herrschaft verhaftet. Gott könne bewirken, das auch Leid hervorrufende Ereignisse letztlich einem göttlichen Zweck in der Geschichte dienten. Wenn Gottes Liebe sich aber primär in der Leidensbereitschaft Christi am Kreuz ausdrückt, müsste dann nicht auch Gott selbst in dieser Kategorie, nämlich einer gänzlich anderen Machtausübung zu beschreiben sein? – Vor allem Theologien nach dem Holocaust und feministisch-theologische Ansätze haben auf diese Problematik vermehrt aufmerksam gemacht.[104]

c. Die weisheitliche Funktion: Einheit von Kirche und Welt

Die atl. Weisheitstradition wird darauf hin untersucht, inwiefern sie dem Verständnis des Weisheitslehrers Christus und dann der Ekklesiologie der Friedenskirche vorausläuft. Die theologischen Wurzeln israelitischer Weisheit liegen in den Interpretationsversuchen, Gottes Schöpfungsordnung zu begreifen. Hier werde bereits aufgrund des

---

103 Bezug auf Gal 3 und Kol 3.
104 Vgl. z. B. bei HANS JONAS, *Der Gottesbegriff nach Auschwitz.* Eine jüdische Stimme, Frankfurt/M: Suhrkamp tb 1516, 1987. Aus den umfangreichen feministisch-theologischen Beiträgen sei hier stellvertretend genannt: DORIS STRAHM u. REGULA STROBEL (Hgg.), *Vom Verlangen nach Heilwerden.* Christologie in feministisch-theologischer Sicht. Fribourg/Luzern: Edition Exodus 1991. *Kompendium Feministische Bibelauslegung,* hg. von LUISE SCHOTTROFF u. MARIE-THERES WACKER, Gütersloh: Kaiser/Gütersloher Verlagshaus 1999².

Tun-Ergehen-Zusammenhangs Gewalt als Torheit abgelehnt.[105] Die Krise der Weisheit ergab sich nicht aus der Infragestellung dieser Einsicht, sondern wird als ein Phänomen erklärt, das bei jenen Weisheitslehrern auftrete, die sich nicht prinzipiell offen hielten für die Zukunft, und deren Lehre sich dann als irrelevant erweise, wenn ein neues Handeln Gottes frühere Interpretationen in Frage stelle. Elemente dieses sicherlich stark verkürzten Blickes auf die atl. Weisheitstradition werden im NT z. B. in den Seligpreisungen wiedererkannt. Der Tun-Ergehen-Zusammenhang werde auch hier sichtbar und sei nicht rein apokalyptisch zu deuten.

Christus ist das inkarnierte Wort der Weisheit Gottes. Allein hierdurch würden andere befähigt, ebenso Träger dieser Weisheit zu sein, die das „Volk Gottes" in Opposition zur Weisheit der Welt stelle. Dennoch führe diese Kontrastierung nicht in die Isolation, sondern ließe durchaus Raum für Anknüpfungspunkte zu anderen Wertesystemen, die Grenzen der eigenen Glaubenstradition überschreitend. Die Suche nach Verbündeten dieser Weisheit gebe Zeugnis von der Einheit der existierenden Welt. Von der Einheit der Schöpfung aus gedacht mache es keinen Sinn, Kultur gegen Kultur zu setzen. Die Feindesliebe ist der Eckstein des Zeugnisses letztgültiger Transzendierung und Immanenz des Schöpfers und Erlösers. Göttliche Weisheit ist demnach in allem. Deshalb stehen Christen, die nicht nach dieser Weisheit leben (z. B. wenn sie Krieg führen) im Widerspruch zur Einheit der Welt. Der Schöpfergeist ist aber der gleiche wie auch der Geist Christi, wie der Geist des Kreuzes. Daher beginne der Durchbruch dieser Weisheit „von unten", an der Basis.

Der Dual von Kirche und Welt wird hier insofern aufgebrochen, als nun die Einheit der Welt schöpfungstheologisch begründet wird. Dadurch erscheint die Welt nicht mehr im Gegenüber, der Kooperationsgedanke mit der Welt wird möglich. Hier lässt sich gegenüber früheren Erklärungen eine neue Entwicklung erkennen. Diese Einheit der Schöpfung ermutigt zur eigenen Grenzüberschreitung, denn in der Schöpfungsordnung ist die Weisheit der Feindesliebe bereits eingeschrieben.

Zu fragen bleibt, ob nicht gerade die atl. Traditionslinie der „Krise der Weisheit"[106] sich als Motivation anböte, um die Ambivalenzen der Kirche in der Welt und innerhalb der Kirche zu thematisieren. Hier bietet sich ein kritisches Bewährungsfeld für die angewandte Methode.

---

105 Vgl. vor allem Prov.
106 Vgl. Hiob; zu „Krise der Weisheit" HANS HEINRICH SCHMID, *Wesen und Geschichte der Weisheit*. Eine Untersuchung zur altorientalischen und israelitischen Weisheitsliteratur, Berlin: Töpelmann 1966. BREVARD S. CHILDS, *Introduction to the Old Testament as Scripture*, London: SCM 1983.

d. Die messianische Funktion: Macht in Knechtsgestalt

Schließlich wird an die königliche Tradition angeknüpft und an die verschiedenen, auch königsfeindlichen Texte[107] erinnert. Israel rezipierte die Königstradition nie in der gleichen Weise wie die altorientalischen Nachbarn, denn auch in den königsfreundlichen Texten werden die Amtsträger kritisiert.[108] In der messianischen Erwartung wird klar kontrastiert: eine königliche Figur, die *messias, ben* und *'ebed* zugleich ist, für *mishpat* und *sedaqah* sorgt.[109] In der ntl. Übertragung der messianischen Titel auf Jesus liege eine bewusste Aufnahme dieser Erwartung. Die Ablehnung Jesu gegenüber jeder aus Gewaltausübung resultierenden Souveränität zwinge allerdings dazu das Verständnis der königlichen Funktion zu transformieren: königliche Macht zeigt sich in der Knechtsgestalt der Liebe, leidensbereit bis zum Kreuzestod.[110] Auch in dieser Funktion wird Christus Vorbild für die nachfolgende Kirche.

Der Versuchung der Kirche sich der weltlichen Macht zu bedienen („since the time of the Emperor Constantine"[111]) stehe die „Wolke von Zeugen" (Hebr 12,1) gegenüber, die die Auferstehung Christi als Offenbarung letztgültiger Autorität im „Himmel wie auf Erden" erkenne. Diese „Wolke von Zeugen" sei die wahre Kirche. Dennoch nehme „the royal servant people" die Ambivalenzen der königlichen Identität Jesu wahr, sichtbar ausgedrückt in der Metapher der Dornenkrone. Diese verwundbare Dynamik („vulnerable dynamic") eigne auch der Kirche in ihrer ganzen Existenz zu. Das Reich Gottes sei eingesetzt in „noncoercive decentralized form".[112] Gerade in ihrer Partikularität werde diese Form relevant für die menschlichen Lebensbedingungen in Geschichte, Kultur und Politik. Daher biete sich der Kirche keine andere Möglichkeit als involviert zu sein in allen gesellschaftlichen Bezügen. Sie müsse Zweckbündnisse eingehen, lehne aber jede Form des „righteous crusade or holy war" ab („whether defending democracy from the right or just revolution from the left").[113] Sie erkennt hierin die Parallele zu den jesuanischen Versuchungsgeschichten (Lk 4). Ein gerechter Krieg könne daher bestenfalls einen „Platztausch" bewirken zwischen Unterdrücker und Unterdrückten, Aggressoren und Opfern. Auch wenn die Kirche dem Staat Untertan bliebe (Röm 13), werde die Solidarität mit den Opfern immer wieder zu zivilem Ungehorsam führen. Eingeführt wird

107 z. B. Ri 9; Sam 8.
108 Vgl. 1Kön 18; Jer 27.
109 So z. B. in Ps 72; Jes 9.
110 Vgl. 1Petr 2,23–24.
111 *A Declaration on Peace,* 45.
112 Ebd., 46.
113 Ebd., 47.

an dieser Stelle der Begriff der „Wahrheit", die letztlich im „Sieg" der Auferstehung liege. Vom Bezeugen dieser Wahrheit sei auch das Handeln der Kirche bestimmt.

Hier kommen die Ambivalenzen in den Blick, denen Kirche sich gegenüber sieht. Das Inkarnationsgeschehen wird zum Motiv des gesellschaftlichen Engagements, qualifiziert durch die messianische Funktion. Damit ist dem sektiererischen Vorwurf begegnet. Nicht thematisiert werden aber die Ambivalenzen *innerhalb* der Kirche. Die auf Dauer angelegte Institutionalisierung der Kirche, die in Spannung steht zu der hier beschriebenen geglaubten Kirche, bleibt somit der theologischen Reflexion entzogen.

e. Bleibende hermeneutische und ekklesiologische Fragen

Entwicklungen gegenüber früheren Erklärungen sind vor allem in der ökumenischen Weitung erkennbar: Die Begründung für eine friedenskirchliche Position wird nicht mehr im Gegenüber zu den „konstantinischen Kirchen" gesucht, sondern in den gemeinsamen biblischen Zeugnissen. Aufgrund der schöpfungstheologisch begründeten Einheit von Kirche und Welt werden jetzt Kooperationsmöglichkeiten entdeckt und schließlich der Auftrag zum gesellschaftlichen Engagement im Inkarnationsgeschehen begründet. Isolationistische und sektiererische Tendenzen dieser Traditionen sind damit relativiert. Die Ökumene (im Sinne des ganzen bewohnten Erdkreises) ist der Ort, in dem Kirche *Kerygma* des Reiches Gottes ist.

Durch die Nachfolge (vornehmlich in Form der Gewaltfreiheit) wird sie selbst zur Trägerin der „Dornenkrone". Die Funktionen ergänzen sich gegenseitig und thematisieren je eine neue Perspektive zur Beschreibung des Wesens und Zeugnisses der Kirche. Durch die fehlende Differenzierung von geglaubter Wahrheit und erfahrener Wirklichkeit kann aber die Fehlbarkeit der Kirche nicht in die theologische Reflexion mit einfließen. Dadurch entsteht zuweilen der Eindruck, der Kirche eigne selbst Heilsmittlerschaft zu. Dieser Eindruck verstärkt sich durch die Wiederaufnahme des Motivs der *imitatio*, so dass Kirche nahezu als *Christus prolongatus* erscheint. Die Differenzierungsversuche der Puidoux-Konferenzen waren an dieser Stelle bereits weiter fortgeschritten. Der Grund könnte darin liegen, dass hier kein Dialog vorliegt, der gegenseitige Präzisierungen unausweichlich macht, sondern von einem einseitigen Gesprächsbeitrag auszugehen ist.[114] Elementare Kategorien von Vergebung und Versöhnung, Gnade und Sünde tauchen nur am Rande auf, werden aber nicht wirklich in den Argumentationsgängen

114 S. o. IV.3.2.

thematisiert. Andere biblische Motive, wie die Diasporaexistenz Israels, böten sich als Rückbindung an die biblische *Story* an. Auch eine umfangreichere Berücksichtigung der fortdauernden Erwählung Israels würde einer Selbstüberschätzung der Kirche entgegenwirken.[115] Schließlich müssten pneumatologische und trinitarische Überlegungen den strengen Christozentrismus ergänzen und die Argumentationsebene erweitern helfen, um auf die benannten Fragen in ihrer Komplexität kohärent zu antworten.[116]

Festzustellen ist, dass eine christliche Ethik im Allgemeinen und Gewaltfreiheit im Speziellen in dieser kirchlichen Tradition und theologischen Argumentation zur Beschreibung des Wesens der Kirche untrennbar hinzu gehört, weil sie die Kirche des Gekreuzigten und Auferstandenen ist. Mehr noch, die Frage nach der Funktion wird zur primären Perspektive. Wie kann aber ein von der Situation abgelöster moralischer Absolutheitsanspruch als Folge eines selektiven, bzw. biblizistischen Vorgehens verhindert werden? Die Ableitungsfunktion der Kontextualität und Partikularität im Inkarnationsmotiv wurde im Dokument angedeutet, ohne sie aber im Blick hierauf tatsächlich zu entfalten.[117]

Die Erklärung will biblisch fundierte und begründbare Argumente für die Position der Friedenskirche liefern. Damit ist aber auch ihre größte Gefahr benannt: um dem Anschein einer *Eisegese* zu wehren, müsste sie Rechenschaft ablegen über die zugrunde liegende Hermeneutik.

IV.5. Ekklesiologische Implikationen des Verständnisses von Taufe, Eucharistie und Amt: Die Reaktion auf die Konvergenzerklärungen von Lima

Die meisten Dialogbeiträge der Historischen Friedenskirchen zur weltweiten ökumenischen Gemeinschaft beschränken sich, wie bisher gezeigt werden konnte, auf die Selbstexplikation als Friedenskirche und die damit vertretene ethische Position. Die Gründe dafür liegen auf der Hand: zum Einen begegnet hier das vordergründige Interesse der Ökumene gegenüber diesen Denominationen. Zum Zweiten bildet sich dadurch eine eigene Identität heraus und ermöglicht Abgrenzung gegenüber anderen Konfessionen. In anderen Lehrfragen lassen sich die Historischen Friedenskirchen scheinbar unter die gängigen Kon-

115 S. o. II.1.
116 S. o. II.3.
117 S. o. II.2.

fessionsfamilien subsumieren, je nach Perspektive der Fragestellung: als Freikirchen oder als reformatorische Kirchen. Zum Dritten lässt sich daraus aber auch die Vermutung ableiten, dass in der friedensethischen Position ein implizites Axiom für eine Ekklesiologie aus täuferisch-mennonitischer Perspektive zu finden ist.

Die Reaktionen auf die Konvergenzerklärungen von Lima[118] zeigen jedoch, wie stark auch Aussagen zu Taufe, Eucharistie und Amt in den Horizont einer Ekklesiologie aus friedenskirchlicher Perspektive eingebettet sind.[119] Daher sollen sie hier gesonderte Beachtung finden. Welche ekklesiologischen Implikationen sind in der Reaktion auf die Konvergenzerklärungen von Lima identifizierbar? Die Vermutung ist, dass sich die bisher erfassten ekklesiologischen Aspekte primär ethisch ausgerichteter Positionsbeschreibungen anhand dieser Aussagen ergänzen lassen.

Allerdings ist hier wieder eine Fokussierung geboten: Wir sahen, dass die Historischen Friedenskirchen vor allem aufgrund des Differenzkriteriums des christlich begründeten pazifistischen Motivs zusammengesehen werden. In Bezug auf die hier zur Diskussion stehenden Topoi ist das nicht möglich. Zu unterschiedlich sind die Entstehungskontexte und theologiegeschichtlichen Entwicklungen, die z. T. völlig divergierende Auffassungen zutage treten lassen.[120] Wieder werden die Grenzen konfessioneller Kategorisierungen deutlich.[121] Daher soll auch in dieser Darstellung eine Konzentration auf die täuferisch-mennonitische Tradition gewahrt bleiben.[122] Anhand der Reaktionen der niederländischen (*Algemene Doopsgezinde Societeit*, ADS) und der deutschen Mennoniten (*Vereinigung der Deutschen Mennonitengemeinden*, VDM), beide Gründungsmitgliedskirchen des ÖRK, soll diese Beobachtung durchgeführt werden. Reaktionen auf das Lima-Dokument liegen auch von Quäkern und der Church of the Brethren vor.[123]

---

118 Vgl. *Taufe, Eucharistie und Amt*, a. a. O. Hier zitiert nach *Dokumente wachsender Übereinstimmung*, a. a. O. Weitere Lit. s. o. I.2.2.

119 Vgl. auch YODER, A ‚*Free Church*‘ *Perspective on BEM*, a. a. O. und DERS., *Another* ‚*Free Church*‘ *Perspective on Baptist Ecumenism*, a. a. O.

120 Vgl. z. B. die völlige Ablehnung kirchlicher Sakramente im Sinne des Ritus sowie spezieller Ämter bei den Quäkern, während Mennoniten gerade in Bezug auf die Taufe eine dezidierte und eigenständige Auffassung entwickelten. Auch ein (mehr oder weniger) eigenständiges Abendmahls- und Amtsverständnis entwickelte sich seit den Anfängen des 16. Jhs.

121 S. o. II.1.e.

122 In einer vergleichenden Konfessionskunde müssten dann die Unterschiede zwischen Church of the Brethren, Mennoniten und Quäkern in Bezug auf Tauf-, Abendmahls- und Amtsverständnis geklärt werden, sofern dies vorhanden sind.

123 Vgl. *Quakers of Netherlands*; in: *Churches Respond to BEM. Official Responses to the „Baptism, Eucharist and Ministry“ Text*, Vol. III, MAX THURIAN (ed.), F&O Paper 135, Geneva: WCC 1987, 297–299. *Canadian Yearly Meeting of the Religious Society of Friends*; in: ebd., 300–302. *Religious Society of Friends (Quakers) in Great*

a. Inkompatibilität in ekklesiologischen Voraussetzungen

Kein „abschließendes Wort" und keine „kirchenamtlich verbindliche Erklärung" ist zu erwarten.[124] Eher ein „Diskussionsbeitrag" der auch innerhalb der eigenen Konfession nicht beanspruchen kann, die gemeinsame Stellungnahme aller Mennoniten zu sein.[125] Bereits die Einladung der Kommission für F&O stellt die radikal kongregationalistisch verfassten Mennonitengemeinden vor die Notwendigkeit der Klärung. Der Bitte, den Text „auf der höchsten hierfür zuständigen Ebene der Autorität" zu prüfen und eine Stellungnahme abzugeben, kann nur entsprochen werden, indem die Gemeinden selbst als Interpretationsorte hervortreten, denn die „Vorstellung von einer höchsten Autorität kennen wir in unseren Gemeinden nicht. Das Denken in den Kategorien von oben und unten ist unserer Auffassung nach der christlichen Gemeinde wesensfremd".[126]

Daher überrascht der Vorwurf nicht, die Konvergenzerklärungen selbst seien bereits von einer bestimmten konfessionellen Perspektive determiniert: Eine zu starke Betonung liege auf den Traditionen der Kirchen im Gegensatz zur Schrift. Tatsächlich gehe aber jeder Erneuerungsprozess der Kirche von der Schrift aus und jede Tradition müsse demgegenüber korrigierbar bleiben. Die Lima-Erklärung öffne aber keine ausreichende Möglichkeit zur selbstkritischen ekklesiologischen Betrachtung. Schließlich stehe jede kirchliche Tradition in der Gefahr jener Verfehlungen, die aus Sicht der Mennoniten nicht nur Sakramentsverwaltung und Amt betreffen, sondern ebenso im ethischen Bereich liegen können („Menschlichkeit, Solidarität mit den Armen, Gerechtigkeit, Verhältnis zu den Mächtigen"). Somit wird die Perspektive deutlich: Sollen Aussagen über die Qualität der Gemein-

---

Britain; in: *Churches Respond to BEM*, Vol. IV, F&O Paper 137, 214–229. *Church of the Brethren (USA)*; in: *Churches Respond to BEM*, Vol. VI, F&O Paper 144, Geneva: WCC 1988, 104–114.

124 Vgl. VEREINIGUNG DER DEUTSCHEN MENNONITENGEMEINDEN, *Stellungnahme zu den Konvergenzerklärungen* über Taufe, Eucharistie und Amt der Kommission für Glauben und Kirchenverfassung des Ökumenischen Rates der Kirchen, Lima 1982; in: Brücke, Mennonitisches Gemeindeblatt, Arbeitsgemeinschaft Mennonitischer Gemeinden (Hg.), 2/1986. Englische Übersetzung in: *United German Mennonite Congregations;* in: Churches Respond to BEM, Vol. VI, F&O Paper 144, Geneva: WCC 1988, 123–129.

125 *General Mennonite Society,* Netherlands (Allgemene Doopsgezinde Societeit); in: Churches Respond to BEM, Vol. III, 289–296.

126 *Stellungnahme zu den Konvergenzerklärungen,* Grundsätzliche Erklärung, 2 (unter Hinweis auf Mt 23,8). Es wird darauf verwiesen, dass die fachspezifische Sprache der Lima-Erklärungen allerdings verhindere, dass die Gemeinden hierüber qualifiziert diskutieren könnten, so dass letztlich eine Gruppe mennonitischer Theologen die Stellungnahme vorbereitete.

schaft innerhalb einer Kirche, bzw. zwischen den Kirchen gemacht werden, so sind ethische Fragen als gleichrangig zu berücksichtigen zu den im Lima-Dokument vorgetragenen zentralen Lehrmeinungen über Taufe, Eucharistie und Amt. Damit wird eine differenzierte Wertigkeit zwischen Fragen nach dem Wesen und Fragen des Zeugnisses abgelehnt. Kirchentrennenden Charakter können beide haben:

„... we realize that in our days there may be more important angles from which to promote the quality of the community of the uniting church. We would like to mention in particular the ecclesiological concept of the ‚church of the poor'. We consider the struggle for the quality of the community of the congregation both within each church and between different churches to be essential precondition for a fruitful discussion of themes such as are introduced in these statements".[127]

Die niederländischen Mennoniten verweisen gar auf die Priorität der Fragen von Frieden und Gerechtigkeit hinsichtlich der Suche nach der Einheit der Kirchen.[128] Als pragmatisches Argument dient die Erfahrungsebene der lokalen Gemeinde: Glieder verschiedener Konfessionen feiern zusammen Abendmahl, ohne Rücksicht auf dogmatische Lehrdifferenzen. Sie warteten offensichtlich nicht auf einen Konsens in diesbezüglichen Lehrfragen. Diese Beobachtung findet ihre Erklärung in der geschichtlichen Entwicklung: Differenzen in Lehrfragen, die einst zu Schismen der Kirche geführt haben, konnten deshalb diese Auswirkung erzielen, weil sie einst deutliche sozio-politische Implikationen in sich bargen.[129] Daher erscheine es heute künstlich, die sich unterschiedlich herausgebildeten Lehren losgelöst vom historischen und sozio-kulturellen Kontext darstellen oder beraten zu wollen.

b. Übereinstimmung im Willen zur Einheit und die Frage nach dem Einheitsverständnis

Solidarisch erklären sich Mennoniten in der Suche nach der sichtbaren Einheit der Kirche Christi zunächst durchaus mit Hilfe der Konvergenz: „Wir spüren darin das ernste und verantwortungsvolle Bemühen, den Kirchen auf dem Weg zu einer weiteren Annäherung voranzuhelfen und die Vision einer sichtbaren Einheit der ganzen Kirche zu erneuern."[130] Allerdings sei Einheit nicht „machbar", sondern im Ver-

---

127 *General Mennonite Society,* 296.
128 Ebd., 290.
129 Z. B. die Auseinandersetzung im 16. Jh. zur Kindertaufe, und damit verbunden die Zugehörigkeit zum corpus christianum.
130 *Stellungnahme zu den Konvergenzerklärungen,* Grundsätzliche Erklärung, 1.

söhnungswerk Christi vorgegeben. Wahre Kirche, bzw. Gemeinde sei „Symbol" der durch das Erlösungswerk Christi geschaffenen Versöhnung, Befreiung und Hoffnung.

In diesem Sinne argumentieren vor allem die niederländischen Mennoniten: „... we believe in the unity of the church to be found in and to be dependent on the work of the God and Father of Jesus Christ. It is he who, according to the scriptures, is engaged in liberating humankind from the division and dissent resulting from its rebellion against him by gathering people into his congregation which is to be a symbol of reconciliation, liberation and hope in this sinfully divided world."[131]

Die unterschiedlichen, legitimen Auslegungen und Lebensformen der verschiedenen Kirchen stellten allerdings das hier implizierte Einheitsmodell in Frage. Offenheit und Ehrlichkeit werden angemahnt, eine stärkere Berücksichtigung der tatsächlichen Vielfalt gefordert. „Auf welche Einheit zielt die Konvergenzerklärung von Lima, wenn das Denken in autoritativen kirchlichen Strukturen eine so große Rolle spielt und wenn der Tradition einiger Kirchen so viel Dignität zuerkannt werden kann?"[132] Die Frage scheint berechtigt, wo in diesem Modell streng kongregationalistisch verfasste Traditionen ihren Ort finden können, die außerdem in Bezug auf Abendmahl und Taufe eine sakramentalistische Interpretation ablehnen. Aus den angemahnten Defiziten müsste sich eine primäre Option für das Modell der Konziliaren Gemeinschaft ergeben, während die niederländischen Mennoniten überraschenderweise das Modell der *Uniting Churches* favorisieren.[133] Auch ein Modell der *Gemeinschaft in Gegensätzen*[134] bietet sich aus den vorgetragenen Überzeugungen an, denn die Ablehnung kirchlicher Hierarchien einerseits und die kongregationalistische Verfasstheit andererseits deuten auf ein plurales Gemeinschaftsverständnis. Das Problem wird als Frage an die Kommission zurückverwiesen: „Zu welcher Einheit möchte die Kommission ... die Mitgliedskirchen des ÖRK bewegen?"[135]

---

131 *General Mennonite Society*, 289.
132 *Stellungnahme zu den Konvergenzerklärungen*, Grundsätzliche Erklärung, 4.
133 Vgl. MEYER, *Ökumenische Zielvorstellungen*, 139–141. RITSCHL, *Ökumenische Theologie*, 63–66.
134 Vgl. ERICH GELDBACH, *Ökumene in Gegensätzen*. Bensheimer Hefte 66. Göttingen: Vandenhoeck & Ruprecht 1987.
135 *Stellungnahme zu den Konvergenzerklärungen*, Amt, 2.

c. Taufe als Bekenntnis zur Nachfolge und Motivation zur Einheit der Kirche

Die Erklärung der niederländischen Mennoniten zur Taufe beginnt mit einer Interpretation im sozialen Horizont: Durch die Taufe ist die Person „neue Kreatur" und gehört damit zur Gemeinde Christi.[136] Als solche wird sie von den anderen anerkannt und wird ihnen gegenüber verantwortlich. Diese Erneuerung ist nicht an die Taufhandlung gebunden, sondern gründet letztlich in der Geisttaufe[137], die durch Handauflegung symbolisiert wird. Der Heilige Geist wirkt die individuelle „Bekehrung", die Gemeinde bringt die soziale Dimension zum Ausdruck, die diesem Handeln Gottes folgt. In dieser Weise will man die in Lima erklärte *incorporatio* verstehen. Taufe nach mennonitischem Verständnis ist menschliches Bekenntnis und persönliche Antwort auf das Handeln Gottes. Sie könne daher nicht aufgrund eines „korporativen Glaubens" der Kirche hin vollzogen werden (gegen die Säuglingstaufe).

Der enge Bezug von Glaube und Taufe, wie er in der Konvergenzerklärung dargelegt ist, wird begrüßt. Das Leben in der Nachfolge findet in der Erwachsenentaufe seine entsprechende Form, wobei dem Missverständnis der Forderung nach einer Glaubensleistung als Voraussetzung zum Empfang der Taufe deutlich widersprochen wird. Damit soll der Anstoß anderer Kirchen an der mennonitischen (täuferischen) Taufpraxis entkräftet werden, „... die Taufe ginge in menschliches Handeln auf."[138] Ungetaufte Kinder und Unmündige seien nicht vom Heil Gottes ausgeschlossen. In einer *Kindersegnung* würden gerade diejenigen Elemente der Kindertaufe aufgenommen, die theologisch begründbar und wertvoll seien: die „Dankbarkeit für das Kind, die Bitte um Gottes Segen, die Verpflichtung der Eltern, Familie und Gemeinde zur Fürsorge".[139] Mennoniten hielten allerdings die Glaubenstaufe für die einzige biblisch begründbare Form der Taufe.[140] Dass die Kirche an diesem Punkt gespalten ist, sei im Blick auf

---

136 Vgl. zur Taufdiskussion im ökumenischen Horizont GELDBACH, *Taufe*. Zum mennonitischen Taufverständnis 60 ff. und 155 ff.

137 In dieser Argumentation bezieht sich die Erklärung explizit auf Menno Simons und Karl Barth, vgl. *General Mennonite Society*, 290.

138 *Stellungnahme zu den Konvergenzerklärungen*, Taufe, 2.

139 In der Erklärung der ADS wird diese Praxis so erläutert: „... parents who themselves are members of the congregation thank God during public worship for the birth of their child, dedicate it to him and pray for guidance in the raising of the child, so that at a certain moment it will make its own commitment to the congregation." *General Mennonite Society*, 291.

140 Vgl. hierzu die innerprotestantische Diskussion zwischen Joachim Jeremias und Kurt Aland, in der bereits alle exegetischen Argumente ausgetauscht sind. Vgl. JOACHIM JEREMIAS, *Die Kindertaufe in den ersten vier Jahrhunderten*, Göttingen: Vandenhoeck

die Qualität dieser Gemeinschaft eine inakzeptable Situation, in der einzig der weitere Dialog helfen könne. Für Befürworter der Kindertaufe sei es nicht schwer einzusehen, dass sie auch die Erwachsenentaufe anerkennen sollten, denn diese werde ja in den Konvergenzerklärungen exegetisch hinreichend begründet.[141] Umgekehrt könne aber von den „täuferischen" Kirchen nicht erwartet werden, die Kindertaufe in gleicher Weise anzuerkennen, denn hierzu gäbe es nicht die entsprechenden exegetischen Grundlagen. Die Frage stellt sich, mit welchem Ziel der Dialog dann geführt werden kann. Aus der Argumentationsweise geht hervor, dass es wieder um das Verhältnis von Schrift und Tradition gehen müsste, wenn denn Einigkeit im exegetischen Befund besteht.

Lokale wie universale Aspekte von Kirche kommen für Mennoniten auch im Taufverständnis zum Ausdruck.[142] Die Einheit mit Christus durch die Taufe habe direkte Implikationen für die Einheit der Kirchen (Eph 4,4–6).[143] Aus der Einheit in der Taufe ergibt sich die Aufforderung zur Überwindung der Trennungen und Sichtbarmachung der bestehenden Gemeinschaft. Taufe wird so Motivationsgrund zur Einheit, nicht Ergebnis einer zuvor zu erzielenden Konvergenz. Wenn gesagt wird, die Einheit in der Taufe (*baptismal unity*) sollte um des christlichen Zeugnisses willen erreicht werden, dann kann damit nur die gegenseitige Anerkennung der Taufe gemeint sein, die jetzt schon eine ist. Aus Sorge um die Qualität der Gemeinschaft in der Kirche werde diese Anerkennung bisher verweigert, obwohl zuzugestehen sei, dass die Erwachsenentaufe an sich noch keine Garantie für die Qualität und Authentizität der Gemeinschaft biete. Somit ist die Herausforderung gegenseitiger Anerkennung auch selbstkritisch als „ernsthafte Anfrage" an die eigene Tradition zu verstehen.

Übereinstimmungen herrschen in der Überzeugung der Einmaligkeit und Unwiederholbarkeit der Taufe. Allerdings wird das Argument der Konvergenzerklärung abgelehnt, dass hierin auch die sakramen-

---

& Ruprecht 1958. KURT ALAND, *Die Säuglingstaufe im Neuen Testament und in der alten Kirche*. Eine Antwort an J. Jeremias, Theol. Existenz heute 86, München: Kaiser: 1961. DERS., *Taufe und Kindertaufe*, Gütersloh: Gerd Mohn 1971. Aktuelle Zusammentragung der Argumente z. B. in: JOCHEN VOLLMER, *Ist die Taufe von Unmündigen schriftgemäß?*, in: Evangelische Theologie (zit. EvTh) 5-98, 332–350.

141 Vgl. *Taufe, Eucharistie und Amt*, 549 ff.

142 „Wir teilen die Überzeugung, dass die Taufe in enger Beziehung sowohl zur Gemeinde am Ort als auch zur weltweiten Kirche Jesu Christi gesehen werden muss"; *Stellungnahme zu den Konvergenzerklärungen*, Taufe, 1.

143 „When baptismal unity is realized in one holy, catholic, apostolic Church, a genuine Christian witness can be made to the healing and reconciling love of God. Therefore, our one baptism into Christ constitutes a call to the churches to overcome their divisions and visibly manifest their fellowship"; *General Mennonite Society*, 291.

tale Identität der Kirchen begründet liege, da dies wiederum ein sakramentales Verständnis der Taufe voraussetzt. Die Taufe verleiht aber keinen *character indelebilis*. „Gottes Handeln in der Taufe ist auf unsere Antwort im Glauben und unsere Nachfolge hin angelegt".[144] In der Friedenskirche findet die Antwort der Glaubenden ihren sichtbaren Ausdruck in der Nachfolgeethik. Individuelles Bekenntnis und Gemeinschaft der Glaubenden sind in der Taufe untrennbar aneinander gebunden und finden ihren gemeinsamen Referenzpunkt in der Nachfolgeethik. Das Taufverständnis korreliert so mit einer Ekklesiologie aus mennonitischer Perspektive. Dies scheint aber eine Vorstellung der Kirche als *corpus permixtum* unmöglich zu machen.

d. Einheitsstiftendes Abendmahl als inhaltliche Zentrierung der grenzüberschreitenden Friedenskirche

Auch hier soll vornehmlich nach dem ekklesiologischen Interpretationsrahmen gefragt werden. Die ADS bekräftigt als einen zentralen Aspekt mennonitischen Abendmahlverständnisses die Bewahrung der Einheit („keeping oneness")[145] und die Teilnahme an der neuen Gemeinschaft in der Gemeinde (Gal 3,27 ff.). Der Gemeinschaftsaspekt bildet den Interpretationsschwerpunkt, und die Eucharistie kann auch als Bekenntnisakt der Gemeinde zum „Friedefürst" interpretiert werden, die in der Feier den Willen zur Einheit bezeugt. Das setzt die Bereitschaft der Glieder voraus, Hindernisse der Getrenntheit zu überwinden. Durch das „versöhnende und befreiende Werk" Christi ist die Gemeinde ihrerseits bevollmächtigt, die messianische Praxis der Friedensstifter zu erfüllen. So findet die Friedenskirche in der Abendmahlsfeier ihre inhaltliche Zentrierung.

Daraus folgt aber, dass die Abendmahlsgemeinschaft nicht exklusiv im Sinne des Ausschlusses anderer Konfessionen verstanden werden kann. Vielmehr impliziert dieses Verständnisses die Einladung an alle, die die „Gemeinschaft des Herrn" teilen wollen. Und gleichzeitig ist sie ein Bekenntnis der Einzelnen zur Bereitschaft der gegenseitigen Verantwortungsübernahme.[146] Einerseits setzt die Eucharistiefeier demnach die (geglaubte) Gemeinschaft bereits voraus, andererseits erfährt die Qualität der Gemeinschaft durch jede Feier des Abendmahles insofern Stärkung, als Trennungen in ihrem Vollzug überwunden werden können. Darin unterscheidet sich die kirchliche Gemeinschaft von anderen. Hierin liege die wahre seelsorgerliche Funktion

---

144 *Stellungnahme zu den Konvergenzerklärungen*, Taufe, 5.
145 *General Mennonite Society*, 292.
146 Es wird eingeräumt, dass diese Bereitschaft in den real existierenden Gemeinden oft fehlt. Der Individualismus westlicher Kultur stelle ein Hindernis dar.

252 Die Stimme in der ökumenischen Bewegung

der Eucharistie begründet. Die universale Kirche kommt als Friedenskirche in den Blick und insofern wird implizit das Friedenskirche-Sein
zum ekklesiologischen Wesensmerkmal der in der Eucharistie zentrierten Einheit der Kirche. Indirekt erhält sie gleichzeitig abgrenzende
Funktion, nicht im konfessionellen Sinne, sondern gegenüber der
„Welt".

„This implies that the congregation forms the specific part of the world that
by virtue of God's conciliating and liberating work does not have to resign
itself to being divided, but may consider itself empowered to resist division
with all its strength and to distinguish itself from the world as a community
of peace, a peace church."[147]

Aus dieser nicht-sakramentalen Interpretation müssen sich notwendig
Anfragen an die Formulierungen der Konvergenzerklärung ergeben,
denn die implizierte Realpräsenz Christi wird dort in eben diesem
Sinne gedeutet.[148] Aber die Gegenwart Christi ist hier keineswegs
singulär erfahrbar, sondern vergleichbar der Präsenz in der Wortverkündigung. In der Folge kann das Abendmahl auch nicht als (einziger)
„zentraler Akt des Gottesdienstes der Kirche" gesehen werden.[149]
    Ziel aller Kirchen müsse die Wiedergewinnung der gemeinschafts-
fördernden Stärkung der Eucharistie sein. Hierin biete sich die Lösung
der ökumenischen Frage der Interkommunion an.[150] Die in Christus
vorgegebene Einheit dürfe nicht durch mangelnde dogmatische Übereinstimmungen zu einer Trennung in der Abendmahlsfeier führen.
Schließlich geschehe die Eucharistie auf Christi Einladung hin. Dieses
Argument wird auch zur Ablehnung der Bindung an das ordinierte
Amt angeführt.[151] „Jedes getaufte und von der Gemeinde beauftragte
Gemeindeglied kann die Leitung einer Abendmahlsfeier übernehmen".[152] Die Überzeugung des Priestertums aller Gläubigen ist auch
in der Eucharistie konsequent durchgeführt.
    In der Erklärung der VDM wird die Lima-Erklärung aber ebenso als
„Bereicherung" des eigenen Abendmahlsverständnisses gewürdigt: Zum

---

147 *General Mennonite Society*, 292.
148 Vgl. *Taufe, Eucharistie und Amt*, 558.
149 Ebd.
150 „If we should recover this real community we feel that intercommunion shall no
    longer be a problem. This is confirmed in all those places at the base where members
    of different churches know themselves to be united into a true community in a
    shared service for the Lord and consequently have no reservations about this kind
    of communion celebrated and enforced around the Lord's Supper." *General Men-
    nonite Society*, 294.
151 Vgl. *Taufe, Eucharistie und Amt*, 566. Allerdings findet sich dort lediglich die Aussage:
    „In den meisten Kirchen wird dieser Vorsitz durch einen ordinierten Amtsträger
    zum Ausdruck gebracht ..."
152 *Stellungnahme zu den Konvergenzerklärungen*, Abendmahl, 3.

einen treten die Aspekte der Freude und des Dankes in Mennonitengemeinden zu oft in den Hintergrund, weil die Prüfung der individuellen
Würdigkeit zu stark betont werde. Zum anderen finde der eschatologische Aspekt bisher in Mennonitengemeinden keine ausreichende Wertschätzung. Gewarnt wird allerdings vor einer „triumphalistischen Überbetonung des Heils und der Kirche, die es vermittelt." Das Kreuz sei
dann „zu sehr in einer Beschreibung von Heilsgeschichte nivelliert, die
mit der Schöpfung einsetzt und sich in der Kirche fortsetzt".[153] Ein
heilsgeschichtlicher Interpretationsrahmen, in dem Kirche als Heilsmitt-
lerin fungiert, wird damit abgelehnt. Dies steht nicht nur im Gegensatz
zu den Erklärungen von Lima, sondern richtet sich auch kritisch gegen
Aussagen der eigenen Tradition.[154] Ferner dürfe bei aller Würdigung der
eschatologischen Interpretation über die erlebte Wirklichkeit nicht hin-
weggetäuscht werden. „Wir sind verpflichtet, auf diese Abendmahlswirk-
lichkeit und ihre Bedingungen (soziale, politische und ökonomische
Gerechtigkeit, § 20) hinzuarbeiten."[155]

Hier ist Kirche sichtbar als real existierende (erfahrene) Gemeinde
und nicht nur als die idealisierte (geglaubte), wie in der Mehrzahl
anderer Dokumente friedenskirchlicher Tradition. Doch die Spannung
wird nicht reflektiert. Der Argumentationsgang mündet letztlich wieder in ethische Affirmationen.

Erkennbar bleibt die starke Hervorhebung des Gemeinschaftsaspektes, der allerdings nicht überall so erfahren wird, sowie die explizite Öffnung zum ökumenischen Dialog. Dies schließt auch die Bereitschaft zur Aneignung vernachlässigter Aspekte in der Eucharistiefeier durch die friedenskirchliche Tradition ein.

e. Die kritische Funktion der Apostolizität: Verkündigung Christi als Konstitutivum der Einheit

Übereinstimmungen mit den Konvergenzerklärungen zum Amtsverständnis lassen sich lediglich in sehr generellen Formulierungen finden:
es gibt auch in dieser Tradition „besondere Dienste", „Beauftragungen"
und „besondere Funktionsträger". Deutlichen Widerspruch ruft aber die
Auffassung hervor, das Amt sei „konstitutiv" für das Leben und Zeugnis
der Kirche. Jede autoritative Ausgestaltung des Amtes gegenüber den
Laien wird kategorisch abgelehnt. In diesem Zusammenhang wird speziell auf das ungleiche Verhältnis der Geschlechter Bezug genommen.[156]

---

153 Ebd., 1.
154 Vgl. z. B. die Aussagen in *A Declaration on Peace*, u. a. m.
155 *Stellungnahme zu den Konvergenzerklärungen*, Abendmahl, 2.
156 „Auch die Rolle der Frauen im Volk Gottes ist unbefriedigend beschrieben." vgl.
    Stellungnahme zu den Konvergenzerklärungen, Amt, 1. (Bezug auf *Taufe, Eucharistie*

„Die Formulierung des Textes ..., wonach sie (sic. die Amtsträger) ‚Repräsentanten Jesu Christi' gegenüber der Gemeinschaft seien, erscheint uns überzogen."[157] Das ganze „Volk Gottes" ist berufen.

Hier wird erstmals das Bewusstsein deutlich für die Verwurzelung dieses Begriffes in der jüdischen Tradition. Nehme die Kirche diese Bezeichnung für sich in Anspruch, so müsse sie ihre eigene Verwurzelung im Volk Israel mitbedenken.[158] Dies ist einer der wenigen Belege für die Berücksichtigung des Verhältnisses von Israel und Kirche in ekklesiologischen Überlegungen friedenskirchlicher Tradition.

Klarer Widerspruch entfaltet sich auch im Blick auf die Auslegung der apostolischen Sukzession und die damit verbundene Frage der Kontinuität. Diese könne allein im Evangelium gegeben sein: „Auch uns liegt daran, die Kontinuität in der Kirche Jesu Christi zu beschreiben. Diese liegt der Erfahrung unserer Kirche zufolge im Evangelium selbst, wie es in der Schrift bezeugt wird: ... Obwohl wir in unserer Kirche die apostolische Sukzession nicht kennen, haben wir Anteil am Glauben an Gott, an der Nachfolge als Glieder am Leib Christi."[159]

Differenzierter ist die Erklärung der ADS, in der die Kontinuität apostolischer Tradition gerade darin erkannt wird, eine kritische Funktion gegenüber der apostolischen Sukzession auszuüben. Das bedeute aber, dass diese nicht immer mit dem Amt zusammenfallen müsse.[160] Es sei wichtiger, das wahre und authentische Zeugnis der gesamten Gemeinde zu bewahren, in Bezug auf ihre Verkündigung und ihre Lebensgestaltung. Dies schließe ein pluriformes und funktionales Konzept von Diensten mit ein. Die wahre apostolische Sukzession erweist sich im Zeugnis (Ethik) und der Gestaltung der Kirche (Ekklesiologie).

Die Vorstellung, dass die Einheit der Kirche von ordinierten Ämtern in apostolischer Sukzession abhängig ist, sei unzulässig („inadmissable"). Das Bischofsamt als Zentrum der Einheit der ganzen Gemeinschaft zu sehen, sei eine postkonstantinische Entwicklung. Diese Lehre werde demnach dem prophetischen und charismatischen Charakter des Bi-

---

und Amt, § 18, 573). Vgl. auch *General Mennonite Society*, 294: „In accordance with the New Testament witness the royal and prophetic priesthood of all who have been baptized should be stressed, in which no difference need be made between man and woman."

157 *Stellungnahme zu den Konvergenzerklärungen*, Grundsätzliche Erklärung, 2.
158 Vgl. *General Mennonite Society*, 294: „... for the christian church to call itself ‚God's people' it needs to consider itself to be ‚grafted and having come to share the same root and sap as the olive' (Rom 11:17–18), i. e. God's people Israel."
159 *Stellungnahme zu den Konvergenzerklärungen*, Amt, 1.
160 „The continuity of the apostolic tradition, insofar as it implies the organic unity with the apostolic proclamation, is considered to have a critical function in relation to the apostolic succession of the ministry according to Mennonite ideas and does not have to coincide with this ministry"; *General Mennonite Society*, 295.

schofsamtes gerade nicht gerecht. Der historische und kontextuelle Charakter der Entwicklung des Amtsverständnisses erlaube auch keine exklusive Feststellung des dreifachen Amtes (Bischof, Presbyter, Diakon). Die Einheit der Kirche ist konstituiert in der Verkündigung Christi, die prinzipiell Aufgabe jedes Gemeindegliedes sei, besiegelt in Taufe und Abendmahl. Damit sind Taufe und Abendmahl im Gegensatz zum Amt als *konstitutive notae externae* (Kennzeichen) benannt.

Die westlichen Kirchen hätten bereits zu lange ihr Verständnis des Wortes Gottes mit dem apostolischen Glauben identifiziert und diesen dann der restlichen Welt aufgedrängt, ohne wahrzunehmen, wie sehr dieser vom eigenen Kontext geprägt war. – Auch wenn die Richtigkeit dieses Hinweises auf die Kontextualität jeder Lehre unbestritten ist, so ist doch zu fragen, ob die Argumentation hier stringent durchgeführt ist. Denn den „apostolischen Glauben" mit westlichem Imperialismus gleichzusetzen, stellt die vorherigen Versuche, den Begriff der Apostolizität alternativ aus friedenskirchlicher Perspektive zu füllen wieder in Frage.

EXKURS: Friedenszeugnis als essentieller Ausdruck des apostolischen Glaubens – in der Auseinandersetzung um das Nicaeno-Constantinopolitanum in Nordamerika (1990–1995)

Hilfreich im Blick auf die Interpretation der Apostolizität aus friedenskirchlicher Perspektive ist der ökumenische Diskussionsprozess zum Glaubensbekenntnis von Nicäa-Konstantinopel (381).[161] Der Fokus mehrerer Konsultationen (1990–1995) zwischen dem Nationalen Kirchenrat in Nordamerika (NCCCUSA) und den Historischen Friedenskirchen war das Verhältnis von Friedenstiften als Element des apostolischen Glaubens und dem Streben nach der Einheit der Kirche. Zur Beurteilung der Apostolizität werden innerhalb der mennonitischen Tradition Kriterien des Lebensvollzugs der Kirche herangezogen.[162] Da aber in den Bekenntnissen ethische Festlegungen eher selten zu finden

---

161 S. o. I.2.2. Vgl. *Gemeinsam den einen Glauben bekennen*, a. a. O. Englische Originalfassung: *Confessing One Faith*. An Ecumenical Explication of the Apostolic Faith as it is Confessed in the Nicene-Constantinopolitan Creed (381). F&O Paper 153, Geneva: WCC 1991. In Deutschland beteiligten sich Mennoniten an der Erarbeitung einer ökumenischen Studie zum NC, vgl. DÖSTA, *Wir glauben – wir bekennen – wir erwarten*, a. a. O.

162 Vgl. THOMAS N. FINGER, *The Way to Nicea: Some Reflections from a Mennonite Perspective*; in: Journal of Ecumenical Studies, 24:2/1987, 212–231. Vgl. auch BEN C. OLLENBURGER, *Mennonite Theology*. A Conversation around the Creeds; in: MQR 66/1992, 57–89.

sind, fordern Mennoniten zur Interpretation des NC auch den Entstehungsprozess mit zu berücksichtigen, der schließlich zur Festlegung der Formulierung führte. Außerdem sei zu fragen, was in dieses Bekenntnis *nicht* aufgenommen wurde; und schließlich, welche ekklesialen und sozialen Funktionen dem Bekenntnis zugeschrieben wurden.

In diesem Sinne fragt Thomas Finger zurecht, warum die für die frühe Kirche so bedeutsamen Themen wie Nachfolge, Pneumatologie und Martyrium im NC ausgelassen wurden. Welche sozio-politische Rolle spielte Kaiser Konstantin in der Entstehung des Bekenntnisses? Auch Marlin Miller plädiert für die Berücksichtigung der Entstehungsgeschichte und fragt nach den Ursachen der Entwicklung vom Zeugnis der Gewaltfreiheit in der Kirche des 2. Jhs. bis hin zur Akzeptanz der Gewaltanwendung im 5. Jh.[163] War diese Veränderung bereits vor der Bekenntnisbildung abgeschlossen oder kam sie erst mit ihr in Gang? Inwiefern unterstützte die Christologie des NC diese Entwicklung? Sollte womöglich durch das NC die Apostolizität der Kirche beschränkt werden auf bestimmte dogmatische Sätze und sollten gleichsam bestimmte Verhaltensmuster keine Erwähnung finden, die ursprünglich integraler Bestandteil apostolischen Glaubens waren? Und schließlich: welche theologischen und ethischen Konsequenzen wären aus dieser Entwicklung zu ziehen?

John H. Yoder beruft sich auf die ntl. Zeugnisse und die Tradition der ersten Jahrhunderte, wenn er in dieser Entwicklung gar eine Umkehrung des apostolischen Glaubens zu erkennen glaubt.[164] James D. Weaver warnt aus diesem Grund die *Believers' Church* davor, sich dem Bekenntnis der *Konstantinischen Kirche* kritiklos anzuschließen.[165] Anstatt von den Taten Jesu zu sprechen fänden sich hier lediglich ontologische Aussagen zur Christologie. Dadurch werde aber die Christologie von Ethik und Ekklesiologie getrennt. Die Bekenntnissprache verdränge die ursprünglich biblisch-narrative. Eine biblisch gegründete, „*story-based*" Christologie könne aber auf die fundamentale Kategorie des Lebens Jesu nicht verzichten.

Dieser Interpretation widerspricht aber Thomas Finger. Er weist anhand vor-nizänischer, patristischer Zeugnisse (v. a. Ignatius von Antiochia, Justin Martyr und Irenaeus) Entwicklungslinien nach, die zeigen,

---

163 Vgl. MARLIN E. MILLER, *Toward Acknowledging Together* the Apostolic Character of the Church's Peace Witness; in: MILLER/GINGERICH, *The Church's Peace Witness,* 196–205.

164 S. o. III.2.a. und b.

165 Vgl. JAMES D. WEAVER, *Christus Victor, Ecclesiology and Christology,* in: MQR 68/1994, 277–290. DERS., *Some Theological Implications of Christus Victor,* in: MQR 70/1994, 483–499. „The Constantinian church ... developed the Christological statements that separated ethics from Christology and abandoned living like Jesus as an inherent aspect of what it means to ,go Christian". Ebd., 498.

dass ontologisch formulierte Christologien nicht notwendigerweise eine Trennung von Ethik und Ekklesiologie nach sich zogen.[166] Die bereits im NT einsetzenden Bekenntnisformulierungen (v. a. in Apg) boten dazu die Vorlage und etablierten sich lange vor der konstantinischen Wende, fanden im NC lediglich ihre Kulmination. Auch die scharfe Trennung zu narrativen Konkretionen sei so nicht nachweisbar. Daher empfiehlt Finger der *Believers' Church*, sich von den altkirchlichen Bekenntnissen nicht abzugrenzen, sondern diese eher als unvollständig zu interpretieren. Das in ihnen enthaltene kritische Potenzial gegen doketische wie gnostische Lehren, sowie gegen den Arianismus sei zu würdigen. In dem Bekenntnis zu Christus als wahrem Mensch und wahrem Gott werde ihm letzte Autorität über Kirche und Staat zugeschrieben und enthalte so gerade eine Kritik gegen Konstantin. Damit erhalte auch die jesuanische Ethik höchste Wertschätzung.

In der Reevaluierung patristischer Zeugnisse wird ein bisher nicht erkanntes Potenzial entdeckt, das die Position der *Believers' Church* scheinbar unterstützt, zumal sich Justin oder Irenaeus noch – lange vor Konstantin – eine unterdrückte und verfolgte Kirche der Gegenkultur zur herrschenden Gesellschaft vorstellten. Die Verbindung von doktrinärer und spiritueller Sprache, die ethische und soziale Implikationen enthält, kann eine gegenwärtige Theologie aus friedenskirchlicher Perspektive inspirieren.

Gemeinsam ist den mennonitischen Stimmen in diesem ökumenischen Gesprächsgang die Forderung nach prinzipieller Offenheit. Sie folgen nicht einer durch die Konfession bereits festgelegten Interpretation altkirchlicher Bekenntnisbildung und Apostolizität. Dies sei Voraussetzung für einen fruchtbaren ökumenischen Dialog und wird von den Dialogpartnern ebenso erwartet. Die Zeugnisse der Kirche vor dem NC müssten berücksichtigt werden, die Position der Historischen Friedenskirchen und jener Christen mit ähnlichen Auffassungen in anderen Konfessionen sei gleichberechtigt zu den anderen Traditionen zu hören. Bis heute unterlägen die Historischen Friedenskirchen der Versuchung, ihre Vision des kirchlichen Friedenszeugnisses eher als eine konfessionelle Eigenart zu verstehen und darzustellen, anstatt zu begreifen, dass dies ein Vermächtnis des *gemeinsamen* Glaubens darstelle.[167] Fehlende ökumenische Auseinandersetzungen und gemeinsame Korrekturen unter den Historischen Friedenskirchen hätten diese Tendenz unterstützt. Die anderen Kirchen hätten hingegen verkannt,

---

166 Vgl. THOMAS N. FINGER, *Christus Victor and the Creeds:* Some Historical Considerations; in: MQR 74/1998, 31–51.
167 Vgl. MILLER, *Toward Acknowledging Together*, a. a. O. Vgl. zu diesen Überlegungen auch MARLIN E. MILLER, *Theology for the Church.* Ed. by RICHARD A. KAUFFMAN and GAYLE GERBER KOONTZ (eds.), Elkhart/IN: IMS 1997.

dass im Friedenszeugnis auch die Fragen der Glaubwürdigkeit und die der Einheit berührt seien. Miller fordert deshalb, gemeinsam verantwortete Kriterien für die Bewertung des apostolischen Charakters eines kirchlichen Friedenszeugnisses zu entwickeln.

Der Abschlussbericht der gemeinsamen Konsultationen über „die Fragmentierung der Kirche und ihre Einheit im Friedenstiften" zeigt:[168] Das gemeinsame Friedenszeugnis der Kirchen ist ein Schritt auf dem Weg zur Einheit im gemeinsamen Bekenntnis des apostolischen Glaubens in der Gegenwart. Die vorausgegangenen Untersuchungen boten die notwendigen historischen[169] wie biblischen[170] Grundlagen für diese Erkenntnis. Der Weg über die gemeinsame Exegese in der zweiten Konsultation hatte gezeigt, dass unterschiedliche Interpretationen vor allem dadurch zustande kommen, weil das Verhältnis zwischen konfessioneller und „wissenschaftlicher" Lesart unterschiedlich bewertet werde und auf eine differente Hermeneutik zurückzuführen sei. Diese Konsultation empfahl daher als weiteren Schritt nach verschiedenen Identitäten zu fragen: der primären Identität der Nachfolger Christi, den Gliedern in einer transnationalen Kirche und der Identität als Bürger einer partikularen Nation. Für die „non-Historic Peace Churches" ist zu klären, ob die pazifistische Position mit dem apostolischen Glauben vereinbar ist und inwiefern diese kirchentrennenden Charakter besitzt. Die „Historic Peace Churches" sollten klären, ob Kirchen, die sowohl die pazifistische Position als auch die christliche Partizipation im Krieg unter bestimmten Bedingungen akzeptierten, im Einklang oder im Gegensatz zum apostolischen Glauben handeln.

Die Trennungen in der Kirche widersprechen dem Friedenszeugnis der Christen wie der Kirche als „living presence of the Prince of Peace", bekräftigte auch die dritte Konsultation. Daher ist die Bewegung zur Einheit schon Zeichen der Berufung zum Friedenstiften. Die Erklärung fasst zusammen: „Peacemaking is now acknowledged by all as an essential element of the apostolic faith."[171] Das Friedens-

---

168 NATIONAL COUNCIL OF CHURCHES OF CHRIST IN THE USA, *The Fragmentation of the Church and its Unity in Peacemaking*, October 27, 1995. Eine leicht gekürzte Fassung findet sich in EcRev 48/1996, Ecumenical Chronicle, 122–124.

169 Vgl. MARK HEIM, *Faith to Creed*, Grand Rapids/MI: Eerdmans, 1991. Hier werden die einzelnen konfessionellen Traditionen vorgestellt, vgl. darin v. a. JAMES A. REIMER, *Trinitarian Orthodoxy, Constantinism and Theology from a Radical Protestant Perspective*, 129–161. Vgl. zum theologischen Ansatz Reimers auch DERS., *Biblical and Systematic Theology as Functional Specialities*. Their Distinction and Relation; in: BEN C. OLLENBURGER (ed.), *So Wide a Sea*. Essays on Biblical and Systematic Theology. Text-Reader Series 4, Elkhart/IN: IMS 1991, 37–58.

170 Vgl. MILLER and GINGERICH (eds.), *The Church's Peace Witness*, a. a. O.

171 *The Fragmentation of the Church and Its Unity in Peacemaking*, § 6.

zeugnis ist Teil des gemeinsamen Glaubensbekenntnisses der Apostel. Christlichen Traditionen, die in der Geschichte eine kirchliche Beteiligung an der Regierung des Staates ablehnten, besonders im Hinblick auf die gewaltsame Verteidigung, taten nicht weniger als den Glauben der Apostel zu bewahren.[172] Für diese Traditionen steht die Beteiligung anderer Christen an Gewalt und Krieg dem gemeinsamen Bekenntnis des Glaubens im Wege. Daher ist die Trennung in dieser Frage von gleicher Tragweite wie die Unterschiede in Kirchenverfassung, Sakraments- und Glaubensverständnis. – Hier ist von den anderen Konfessionen die Reduktion der Historischen Friedenskirchen auf die sozialethische Position erstmals in einem ökumenischen Gesprächsprozess aufgegeben und das Friedenszeugnis als zentrales Axiom der Theologie insgesamt im Blick. Die ekklesiologische Klärung bleibt freilich als Desiderat stehen: ein gemeinsames ekklesiologisches Verständnis, dass die Unterschiede in der Glaubwürdigkeit des kirchlichen Friedenszeugnisses berücksichtige, sei zu entwickeln.

IV.6. Zusammenfassung und Ausblick: Friedensethik als zentrales Axiom der Ekklesiologie in christozentrischer Begründung – und die Frage nach möglichen Ergänzungen

Aus den Reaktionen einer der Historischen Friedenskirchen auf die Konvergenzerklärungen von Lima wurde deutlich, dass das Verständnis von Taufe, Eucharistie und Amt nicht losgelöst vom ekklesiologischen Kontext zu verstehen ist. Auch wenn hier keine vollständige, kohärente, systematische Ekklesiologie zu erkennen ist,[173] lässt sich die ekklesiologische Perspektive durch diese Untersuchung folgendermaßen ergänzen:

Die Betonung der Taufe als Bekenntnis zur sichtbaren Nachfolge in der Friedenskirche eröffnet die individuelle Möglichkeit einer menschlichen Antwort auf Gottes vorauslaufendes Handeln, die im Horizont der nachfolgenden Gemeinde zur gegenseitigen Verantwortung führt. Die Feier der Eucharistie ist das kollektive Bekenntnis zum „Friedefürst", der selbst einlädt. Daraus ergibt sich die grenzüberschreitende Wirkung der Feier und die Konstitution der Einheit in der kirchlichen Gemeinschaft, einer Gemeinschaft des Friedenstiftens. Dadurch ist auch das Amtsverständnis determiniert: Nicht Repräsentation Christi, sondern Partizipation der gesamten Gemeinde am Reich Gottes lässt, auf-

---

172 *Consultation on the Apostolic Faith and the Church's Peace Witness*. A Summary Statement; in: MILLER/GINGERICH, *The Church's Peace Witness*, 209.
173 S. o. II.3.4. und III.

grund der Charismen, verschiedene Ämterausbildungen zu, die nicht der Hierarchiebildung dienen dürfen. Die Ausbildung der Ämter wird in ihren historischen Entwicklungen relativiert. Die Apostolizität der Kirche ist daher unabhängig vom Amt beschreibbar, Kontinuität verleiht ihr die Botschaft des Evangeliums selbst, vor allem auch in der Tradierung des Friedenszeugnisses, das so zum essentiellen Ausdruck des apostolischen Glaubens wird. Hier lässt sich am deutlichsten beobachten, wie die Friedenskirche das Merkmal der Gewaltfreiheit direkt aus einem der Attribute der Kirche ableitet. Apostolizität ist demnach (selbst-) kritisches Element der Ekklesiologie.

Der Erfahrungshorizont der Gemeinde ist der Ort theologischer Aussagen zu Taufe, Eucharistie und Amt. Er bildet den Interpretationsrahmen einer erfahrungsbezogenen Hermeneutik in dieser Tradition. Dass sich daraus eine große Nähe zwischen ethischen und dogmatischen Aussagen ergibt, ist auch aufgrund dieses Sachverhalts nachvollziehbar. Die Spannung zwischen geglaubter und erfahrener Gemeinde wird dadurch zwar sichtbar, aber nicht reflektiert.

Die systematisch-theologischen Begründungen beschränken sich auf eine strenge Christozentrik: Das Leben Jesu (Nachfolge), Kreuz (Gewaltfreiheit und Leidensbereitschaft) und Auferstehung (Herrschaft Christi als einzige und relativierende Autorität) sind die zentralen Axiome. Da der Gemeinschaftsaspekt im Grunde aber der durchgehende Referenzpunkt im Tauf- (Verantwortung und Nachfolge), Eucharistie- (Einheit und Gemeinschaft als Friedenskirche) und Amtsverständnis (Priestertum aller Gläubigen ohne Hierarchien) bildet, ist zu fragen, inwiefern die christozentrische Argumentation ergänzt werden könnte, um diesen Aspekt friedenskirchlicher Ekklesiologie auch stärker *theologisch* zu begründen. Konkret wird zu fragen sein, inwiefern die trinitarisch begründete Koinonia-Vorstellung der ökumenischen Diskussionen hier eine hilfreiche Ergänzung bereitstellt. Dies scheint sich auch aus den Modifizierungen der friedenskirchlichen Argumentation im Laufe der Puidoux-Konferenzen zu ergeben: Wenn in der christlichen Ethik der entscheidende hermeneutische Schritt der „Übertragung" von Christus zur Kirche in der *participatio* erkannt wird, dann könnte eine trinitarische Vorstellung der einander gegenseitigen Partizipierenden drei Personen aneinander (z. B. perichoretisch gedacht) ein geeigneter Anknüpfungspunkt sein, um die soziale Dimension friedenskirchlicher Ekklesiologie zu stärken. Dies könnte u. U. auch ein komplexeres Verständnis von Versöhnung ermöglichen, dass in einer friedenskirchlichen Ekklesiologie nicht fehlen dürfte. Es öffnen sich damit neue, vielversprechende Möglichkeiten des ökumenischen Dialogs mit dieser Tradition, die nicht mehr auf eine einzelne Position in der Ethik reduziert bleibt, weder von den anderen Konfessionen, noch in ihrer Selbstdarstellung.

V. Die Historische Friedenskirche (Mennoniten) in bilateralen Dialogen

Konnte im vorangegangenen Kapitel gezeigt werden, mit welchen Gesprächsbeiträgen sich die Historischen Friedenskirchen in die Diskussionsprozesse des Ökumenischen Rates der Kirchen einbrachten, so soll im Folgenden der Blick auf die bilateralen Dialoge gerichtet werden. Hier wird das ekklesiologische Profil umfassender zum Ausdruck kommen müssen, denn die Fragerichtung ist nicht von vorn herein auf besondere, wenn auch zentrale ethische Positionen verengt, sondern es wird die Identität der Konfession insgesamt darzustellen sein. Darüber hinaus können die Aussagen in offiziellen Gesprächen repräsentativen Charakter beanspruchen, da hier mit der „Autorität" der Gemeinschaft gesprochen wird[1], so dass sich aus den verschiedenen Dialogen ein Mosaik von ekklesiologischen Aussagen ergibt, das in dieser Gemeinschaft angemessen verankert ist. Die Darstellung des Gesamtgefüges theologischer Aussagen aus der Perspektive der Friedenskirche als eigenständige konfessionelle Identität steht im ökumenischen Diskurs noch aus.

Die Komplexität des Untersuchungsgegenstandes verlangt nach Eingrenzung. Zum Einen soll wieder eine Konzentration auf die mennonitische Konfession erfolgen. Zum Anderen sollen die bilateralen Dialoge, die Mennoniten bisher auf nationaler wie internationaler Ebene führten, im Blick auf ekklesiologische Aspekte der mennonitischen Tradition dargestellt und reflektiert werden. Zum Dritten werden Beschreibungen verkürzt oder vermieden, die bereits in vorhergehenden Kapiteln ausreichend Beachtung fanden. Insofern kann diese Darstellung nicht beanspruchen, eine umfassende Rezeption der bilateralen Dialoge zu bieten. Aus den Divergenzen und Konvergenzen mag sich der genuine ekklesiologische Beitrag im Horizont der Ökumene vervollständigen lassen und Defizite einer Ekklesiologie aus friedenskirchlicher Perspektive deutlicher identifiziert werden.

---

1 Je nach Dialog auf unterschiedlicher Ebene, vgl. die Dialoge im Einzelnen.

V.I. Mennonitisch-Baptistischer Dialog

a. Der Gesprächskontext

Am Anfang der bilateralen Gespräche zwischen der *Baptist World Alliance* (BWA) und der *Mennonite World Conference* (MWC)[2] stand die Entdeckung, dass die ursprünglichen theologischen Gespräche zwischen Baptisten und Mennoniten bereits im Jahre 1630 zu einem Ende gekommen waren.[3] Ziel dieses neuen, von 1989 bis 1992 geführten Dialogs war nicht eine Kirchenvereinigung, sondern das Gespräch sollte wieder aufgenommen werden, um die jeweilige Geschichte und Theologie zum Ziele eines besseren gegenseitigen Verständnisses darzustellen, verbunden mit der Hoffnung, neue Bereiche der Übereinstimmung festzustellen. Konvergenzen oder gar Konsense sollten bei zwei Kirchenverbänden, die sich auf gemeinsame Wurzeln in der Täuferbewegung des 16. Jhs. berufen, nicht überraschen: „We hold so much in common theologically, for example: a high view of the Church as gathered community, a love for the Scriptures, a keen sense of the importance of liberty of conscience, a strong belief in the importance of the separation of Church and State".[4]

Für beide ist Kirche zunächst und vor allem die Versammlung der Glaubenden, die freiwillige Gemeinschaft in klarer Trennung zum

---

2 Aus dem aktuellen Selbstverständnis der MWC *Die Mennonitische Weltkonferenz stellt sich vor,* Straßburg 2000, vgl. auch http://www.mwc-cmm.org: „Die Mennonitische Weltkonferenz (MWK) ist eine internationale Gemeinschaft christlicher Kirchen und Gemeinden, die ihre Wurzeln in der radikalen Reformation zu Beginn des 16. Jhs. in Europa haben, genauer in der Täuferbewegung. Heute gehören mehr als eine Million Gläubige zu dieser Glaubensfamilie; mindestens 55 % davon leben in Afrika, Asien und Lateinamerika. Die MWK repräsentiert 84 nationale Verbände der Mennoniten und Brüder-in-Christo aus 50 Ländern aller fünf Kontinente. Die wichtigste Aufgabe der MWK ist es, einen ‚Raum' zu schaffen, in dem ihre Mitglieder Gemeinschaft, Zusammengehörigkeit, Solidarität und gegenseitige Verantwortung erfahren können. Die MWK möchte als eine Art ‚globale Gemeinde' dienen. Wir glauben daran, dass die Gemeinde Jesu Christi ein weltweiter Leib ist, in dem Menschen unterschiedlicher Kulturen und Nationen ‚nicht länger Fremdlinge ... sondern Gottes Hausgenossen ... sind' (Eph 2,19)."

3 „basically, our ancestors just stopped writing to each other!" Mennonite World Conference and Baptist World Alliance: *Baptist-Mennonite Theological Conversations* (1989–1992), Final Report (ohne Orts- und Jahresangabe), 6.

4 NOEL VOSE (Präsident der BWA) im Vorwort zu *Baptist-Mennonite Theological Conversations,* 2. Baptisten und Mennoniten praktizieren die Glaubenstaufe (Erwachsenentaufe) als Zeichen der freien Antwort des Menschen auf Gottes freie Gnade und Vergebung in Christus. Die Taufe wird als Übernahme der Kirchenmitgliedschaft und Verpflichtung zu einem Leben in der Nachfolge angesehen. Das Abendmahl ist in beiden Traditionen in erster Linie Zeichen und Symbol des Leidens und Sterbens Jesu, sodann Ausdruck der Vereinigung (*unio*) mit Christus und unter den Glaubenden (*communio*).

Staat. Konsequenterweise sind beide kongregationalistisch strukturiert und lassen sich gemeinsam in die beschriebenen Kategorien als
Freikirche, als *Believers' Church* und auch als *non-credal-church* zusammenfassen.[5] Somit bietet die Ekklesiologie in diesem Dialog an-
scheinend eine gemeinsame Plattform für mögliche weitere Konvergenzen. Divergenzen und Konvergenzen werden aber nicht durch
Erforschung gemeinsamer historischer Quellen hergeleitet, was sich
auf den ersten Blick als Dialogzugang anzubieten scheint.[6] Ausgangspunkt ist die gegenwärtige Gestalt jeder der beiden Denominationen. Ihr wird entsprechend einer Ekklesiologie der lokalen Gemeinden und der versammelten Gemeinschaft als hermeneutische
Größe höchste Aufmerksamkeit zukommen. Dafür spricht außerdem
der theologische Ansatz der *non-credal-churches*, Aussagen je und je
in Auseinandersetzung mit der gegebenen Situation herauszubilden
und veränderbar zu halten.

*b. Gemeinschaftsaspekt und Gewaltlosigkeit als leitende Axiome:
Orthopraxie*

Entsprechend dieser Vorgabe sollten in einem ersten Treffen die für
die jeweilige Denomination wichtigsten *Werte* benannt werden. Von
Mennoniten wird genannt: „*community*, mutual aid, discipline, service,
love, peace, justice, *global church*, discipleship, suffering."[7] In der
Aufzählung der baptistischen „Werte" erscheinen Themen, die durchaus auch aus täuferisch-mennonitischer Perspektive Erwähnung finden
könnten: „religious liberty, freedom (of conscience/of interpretation),
soul liberty, believer's baptism, *autonomy of the local church*, witness,
evangelism, *separation of church and state, believers' church*."[8]

Mennoniten nennen als erstes *Gemeinschaft* (und die davon abhängi-
gen Ausdrucksformen) und *Nachfolge*, auch die Dimension der *weltweiten Kirche*. Dagegen wird *Religions- und Gewissensfreiheit* und *Glaubens-*

---

5 S. o. II.1. Daraus ergibt sich auch die auffällig ekklesiozentrische Gliederung der
Gesprächsgänge: (1) Wesen und Bedeutung von ‚Autorität' für das christliche Leben
(„The Nature and Role of Authority in the Christian Life"), (2) Das Wesen der
Kirche („The Nature of the Church") und (3) Die Aufgabe der Kirche in der Welt
(„The mission of the Church in the World"). Im abschließenden Bericht wird jeweils
die baptistische, anschließend die mennonitische Position dargestellt, um mit einer
Liste von sich abzeichnenden Konvergenzen und bleibenden Divergenzen abzuschlie-
ßen.

6 „Instead we attempt to present our denominations faithfully and listen to each other
in an attempt to understand better our commonalities and areas for growth in
relationships." *Baptist-Mennonite Theological Conversations*, 5.

7 *Baptist-Mennonite Theological Conversations*, 4. (Hervorhebungen FE).

8 Ebd.

taufe von baptistischer Seite hervorgehoben. Diese Aufzählungen lassen erste Schlüsse zu auf divergierende Aspekte in der Ekklesiologie: in der Listung der MWC wird systematisch von innen nach außen vorgegangen: vom zentralen Gemeinschaftsaspekt bis hin zur Leidensbereitschaft in der Welt. Somit erscheint die Ethik der Gewaltlosigkeit vom Gemeinschaftsaspekt der Ekklesiologie abhängig, ohne dass dies hier schon theologisch argumentativ begründet wird.

Die Auflistung der baptistischen Seite hat einen anderen Startpunkt und folgt einer anderen Systematik: Die Freiheit (der Einzelnen) ist hier das entscheidende Axiom und findet ihre Korrelation in der Bekenntnistaufe. Diese ‚Freiheit' spiegelt sich auch in der Autonomie der Gemeinde wieder, sowie in der Trennung zum Staat.

Während Baptisten in der Regel die Lehre vom *Gerechten Krieg* vertreten können, die den Gebrauch von Gewalt in Kauf nimmt, um eine Ordnung in der sündigen Welt zu erhalten, erkennen Mennoniten in Frieden und Wehrlosigkeit („*nonresistance*") fundamentale Aspekte des Kirche-Seins. Im Zuge der gesellschaftlichen Akkulturation seien der Einsatz für Frieden *und Gerechtigkeit* zum Identitätsmerkmal geworden, so die mennonitische Selbstdarstellung im Dialog.[9] Aus dem Verständnis der Königsherrschaft Christi (über die ganze Schöpfung und nicht nur über die Gemeinde) ergibt sich außerdem die Notwendigkeit des christlichen Zeugnisses auch gegenüber dem Staat, sowie die Bereitschaft zur Übernahme sozialpolitischer Verantwortung.[10] Es lässt sich beobachten, dass sich der Versuch eines umfassenderen Verständnisses von Versöhnung allmählich zum theologischen wie handlungsleitenden Fokus entwickelt, ohne das Prinzip der Gewaltlosigkeit aufzugeben. Dies wird eher ausgeweitet: Gewalt gegen die Natur sei ebenso zu verwerfen wie Gewalt gegen Menschen. In diesem Sinne kann von einem absoluten Vorrang der Orthopraxie in der mennonitischen Tradition ausgegangen werden („right practice as faithful discipleship"), im Gegensatz zur Orthodoxie.[11] Diese Ortho-

---

9 Dies kann in Bezug auf die vergangenen Jahrzehnte für den nordamerikanischen Bereich festgestellt werden, es gilt jedoch sicherlich nicht für alle mennonitischen Gemeinden, besonders nicht im Europa des 18. und 19.Jhs.; s. o. II.2.c.

10 Baptisten bejahen in der Regel die Partizipation an der politischen Ordnung, während Mennoniten diese traditionell eher skeptisch betrachten. Erst im 20. Jh. wurden Mennoniten stark auf die gesellschaftlichen sozialen Nöte aufmerksam und erkannten Notwendigkeit und Möglichkeit, ungerechte soziale Strukturen auch außerhalb der eigenen Gemeinde zu verändern. Geblieben ist die skeptische Beurteilung alles Nationalistischen, während Baptisten oft mit patriotischen Positionen sympathisieren, was auch zur Akzeptanz eines theokratischen Modells führen könne, so der Bericht über bleibende Divergenzen. Vgl. *Baptist-Mennonite Theological Conversations*, 30 und 31.

11 Ebd., 16.

praxie wird in den *neuen* Gemeinschaften der Liebe und des Dienstes sichtbar. Baptisten dagegen halten stärker an der Ortho*doxie* fest – „right belief as related to Scripture and confessions of faith".[12]

Das Fehlen größerer systematisch- und philosophisch-theologischer Entwürfe in der täuferisch-mennonitischen Tradition ist auch vor diesem Hintergrund zu erklären. Die Selbstexplikationen konzentrierten sich auf eine distinkte Ethik und die damit korrespondierende Gestaltung der Gemeinschaft. Eigene Glaubensbekenntnisse stehen immer unter einem historischen und kulturellen Vorbehalt und sind gleichsam relativiert durch das *sola scriptura*.

c. Absolutheitsanspruch der Gemeinde: Die Frage nach Autorität und Einheit

Baptisten und Mennoniten teilen mit allen anderen Kirchen protestantischer Tradition die steuerungsleitende Überzeugung des *sola scriptura*. Daraus ergibt sich aber nicht notwendig eine gemeinsame und einheitliche Auslegungstradition, auch nicht innerhalb der Konfessionen. „Mennonites today range widely in their interpretation of the Scriptures and the role of community".[13] Ist diese Pluralität Folge des streng durchgehaltenen Kongregationalismus, dann ist zum einen nach dem einheitsstiftenden Moment in seiner theologischen Begründung zu fragen, zum anderen nach der Autorität innerhalb der Friedenskirche (s. o. III.3.4.).

Aufgrund ihrer historischen Wurzeln wurde bei Baptisten und Mennoniten die Frage nach Autorität zunächst in Opposition zum Modell der römisch-katholischen Kirche (Tradition, Petrusamt) definiert. Die prinzipielle Vorstellung des *Priestertums aller Gläubigen* ist ihnen gemeinsam, findet aber in der mennonitischen Tradition eine radikalere Anwendung. Damit korrespondiert die Auffassung von der versammelten Gemeinde als hermeneutische Gemeinschaft. Sie ist der Ort der rechten Auslegung und Entscheidungsfindung („primary locus of discernment and decisionmaking").

Die *Gemeinderegel* (Mt 18,15–17) wurde bei Mennoniten zu einem konsequenten Konzept gegenseitiger Ermahnung im Priestertum aller Gläubigen und relativiert durch die Verortung in der versammelten Gemeinde die Autorität jeden Amtes. Diese idealisierte Auffassung

---

12 Ebd. Der Bezug auf die Glaubensbekenntnisse überrascht hier, wenn auch bei Baptisten von einem Selbstverständnis als *non-credal-church* ausgegangen wird. Erklärbar wird dies erst im Kontrast zur mennonitischen Position, deren Bindung an schriftlich fixierte Glaubensbekenntnisse in Bezug auf die Autoritätsfrage noch weniger ausgeprägt ist.

13 *Baptist-Mennonite Theological Conversations*, 12.

führte im Laufe der Jahrhunderte nicht selten zu extremem Legalismus und zur Ausübung von Druck auf Einzelne und Gemeinden, bis hin zur Konformitätsforderung, z. T. verbunden mit apokalyptischem Extremismus. Daher lösten sich viele der Nachkommen der Täufer gerade von dieser Praxis. Sie musste als Widerspruch zum Konzept einer Gemeinde der Liebe und des Dienstes empfunden werden. Das wird z. T. von den Dialogpartnern erkannt, wenn einschränkend festgestellt wird: Die Jahre der praktizierten *Gemeindezucht* (dieser Begriff impliziert hier: Seelsorge, Streit, Versöhnung und Vergebung nach dem Vorbild von Mt 18,15–22) waren vor allem das 16. und 17. Jh. Aufgrund eines wachsenden gesellschaftlichen Individualismus veränderte sich das Prinzip der Verantwortung (*accountability*) gegenüber der Gemeinde hin zu einer noch stärkeren Betonung der Nachfolge (unterstützt durch Lehre, Seelsorge und spirituelle Prägung). Heute stehen nicht mehr *Gemeindedisziplin*, sondern Gemeinschaft und gegenseitige *accountability* im Vordergrund.[14]

Inwiefern bleibt Einheit in dieser konfessionellen Größe bewahrt? Diese Frage stellt sich im Besonderen, wenn berücksichtigt wird, dass in baptistischen wie mennonitischen Gemeinden der Einfluss moderner wissenschaftlicher und geistesgeschichtlicher Entwicklungen zu größten Spannungen und weiteren Fragmentierungen führte.[15] Wir sahen bereits, dass Mennoniten diesen in viel stärkerem Maße ausgesetzt waren, als Konfessionen mit verbindlichen, einheitsstiftenden Bekenntnisschriften

---

14 Eine besondere Spannung zwischen der Freiheit des Einzelnen und dem Gehorsam gegenüber der Gemeinschaft ergibt sich in baptistischer Tradition, wird dort aber in der Parallelisierung zu den paradoxen Formulierungen des Paulus aufgehoben, gleichzeitig Knecht und frei zu sein *in Christus* (Gal 1,10 und 5,1). Alle Autorität ist in Christus, die Kirche aber ist das „Vehikel" der Autorität; vgl. ebd., 13–15. „The presence of Christ makes the ,gathered community' unique: a society within which God's authority is transmitted and expressed by the Spirit through Scripture." Dies sei nicht exklusiv gemeint, Autorität gibt es auch im Amt, bleibe aber nicht hierauf beschränkt. „Baptists understand authority as the *right* and *power* to command obedience in the context of *responsible freedom. ...* The fusion of freedom and obedience by love produces a cohesive moral power which marks the Church as a society which is *sui generis*." Letztlich findet sich in Fragen der Moral, bei aller Betonung der individuellen Freiheit, eine Unterordnung unter die Gemeinde: „Among Baptists, the mind of Christ is sought through the prayerful submission of the individual to the community which seeks the will of the Spirit through Scripture." Dies ist der Versuch, die Freiheit des Gewissens nicht in eine private Religiosität abgleiten zu lassen. Das Korrektiv stellt die versammelte Gemeinde *und* das Amt dar. Inwieweit die Spannung damit tatsächlich aufgelöst ist oder in neue Aporien führt, kann hier nicht diskutiert werden.

15 Genannt werden ausdrücklich „revivalism, dispensationalism, fundamentalism, modernism", *Baptist-Mennonite Theological Conversations*, 11. Auch wenn diese Aussage in Bezug auf alle Kontexte prinzipiell richtig ist, so zeigt sich hier doch eine besondere Gewichtung des nordamerikanischen Kontextes.

und Lehr- oder Amtstraditionen. In Teilen führte dies in den Separatismus, um Sicherheit in der Konservierung der Tradition zu finden, oder auch zur größten willkürlichen Autorität einzelner Persönlichkeiten.[16] Erinnert man die starke Opposition zum röm.-kath. Autoritätsverständnis gerade in Bezug auf die Tradition und den ausgeprägten Antiklerikalismus in Bezug auf das Amt[17], so erscheint dies als paradoxe Entwicklung. Die Schwierigkeit wird deutlich, sowohl Gemeinde in Autonomie zu leben, sich für Veränderungen offen zu halten und gleichzeitig Identität zu wahren im Kontrast zur herrschenden Gesellschaft. Das Problem ergibt sich sowohl aus der Orthopraxie (Gewaltverzicht), als auch aus dem Absolutheitsanspruch der versammelten lokalen Gemeinde (der hermeneutischen Gemeinschaft) als oberste Autorität.[18]

Nicht entfaltet wird hier die angekündigte Berücksichtigung der Perspektive einer weltweiten Kirche *(global church)*.[19] Von Baptisten wurden ab dem 19. Jh. die Begriffe *„autonomy"* und *„interdependence"* in dynamischer Spannung gebraucht, um die Lehre der Kirche zu beschreiben. Dies steht für die mennonitische Tradition noch aus. Zwar sehen Mennoniten und Baptisten gemeinsam (a) die lokale Gemeinde in Form der versammelten Gemeinschaft als *primären* Ausdruck der Kirche; (b) betonen die Interdependenz der Gemeinden in Vereinigungen und Konferenzen; und (c) hegen einen *„cautious concern"* für christliche Zusammenarbeit, die über die konfessionellen Grenzen hinausgeht.[20] Damit ist zumindest eine Öffnung zur ökumenischen Gemeinschaft der Kirchen formuliert, nicht nur in der einschränkenden Formulierung des *„primären* Ausdrucks" von Kirche, wodurch weitere und andere Gestalten unterstellt sind; auch wird der Interdependenz der Lokalgemeinden implizit ekklesialer Charakter zuerkannt.[21]

16 Vgl. die Entwicklung der Gemeindespaltungen und -bildungen, z. B. in LICHDI, *Von Zürich über Witmarsum nach Addis Abeba*, a. a. O.

17 Vgl. hierzu GOERTZ, *Antiklerikalismus und Reformation*, a. a. O.

18 „The ultimate test of mennonite conceptions of authority remains the commitment to a life which results in new communities of love and service".

19 So bleibt z. B. offen, ob damit ein theologisches Verständnis der universalen Kirche angesprochen ist, oder aber schlicht die weltweite Gemeinschaft mennonitischer Gemeinden. Zu Beginn des 17. Jhs. fühlten Baptisten sich in ihrem Kirchenverständnis Puritanern, Separatisten und Täufern verpflichtet. Calvinistisch geprägte Baptisten betonten später die Partikularität der lokalen Gemeinden. Diese haben „... all the means to their salvation" ... und „all power and authority ... in any way needful" (First London Confession, 1644). Wichtig wurden später die Gründung von Bünden und gemeinsame Bekenntnisse, wodurch die in Teilen separatistische Form modifiziert werden konnte.

20 *Baptist-Mennonite Theological Conversations*, 22. (Hervorhebung FE).

21 „... none would deny that the local congregation needs the fellowship, counsel, and support of the wider Church in order to be faithful". Ebd., 17.

Zu fragen bleibt, ob sich hierin ein zusätzliches Korrektiv böte, dass die bisher beschriebenen friedenskirchlichen Aspekte von Gemeinschaft und Gewaltfreiheit zusätzlich stützten müsste und gleichzeitig ein Korrektiv zum Absolutheitsanspruch der Einzelgemeinde bilden würde. Weiterhin ist zu fragen, durch welche ergänzende theologische Gründung die benannten Gefahren verhindert werden könnten. Denn gerade der Gemeinschaftsaspekt wurde bisher lediglich deskriptiv verhandelt.

d. Kreuzesnachfolge als nota ecclesiae externa: Die Frage der Hermeneutik

Gemeinsam ist beiden Konfessionen die Vorstellung des Heiligen Geistes als die Kraft, die „die Schrift mit Leben erfüllt" („who gives life to Scripture"), sowie als fortwährende Präsenz Christi in seinem Volk. Unterschiedliche ekklesiologische Aspekte kommen aber aufgrund der verschiedenen Schwerpunktsetzung in der Christologie zustande: Historisch gesehen tendierten Baptisten dazu, den Tod Christi primär als „vicarious, substitutionary atonement for sin"[22] zu interpretieren, während Mennoniten im Kreuzesgeschehen vor allem die „Demonstration" der mitleidenden Liebe Gottes erkennen, durch die Gott die Welt mit sich selbst versöhnt. Dies korrespondiert mit der Betonung der individuellen, persönlichen Bekehrung bei Baptisten, während bei Mennoniten die Perspektive der Selbstverpflichtung zur Nachfolge in Gemeinschaft verständlich wird.

„Baptists are concerned about ‚soul freedom' and individual accountability before God whereas Mennonites are concerned about accountability to God through community."[23] Das Kollektiv wird dem Individuum vorgeordnet, die vertikale (Gott-Mensch) mit der horizontalen Ebene (Mensch-Mensch) untrennbar verbunden. Diese Divergenzen gehen auch auf eine unterschiedliche Rezeption neutestamentlicher Schriften zurück: Mennoniten neigen dazu, sich in der Interpretation des Lebens Jesu vor allem auf die neutestamentlichen Zeugnisse der Synoptiker zu berufen, Baptisten dagegen auf johanneische und paulinische Quellen. Obwohl die göttliche Natur Christi bei Mennoniten nie geleugnet wurde, ergibt sich so doch eine starke Betonung der menschlichen Natur. Für die Ekklesiologie kann allerdings gezeigt werden, dass die komplementären neutestamentlichen Bilder für die Kirche durchaus im Blick sind.[24]

---

22 Ebd., 23.
23 Ebd., 16.
24 Es werden genannt: 1 Petr 2,9–10 das Volk Gottes, Eph 4,15–16 der Leib Christi, 1 Kor 12 die Gemeinschaft im Heiligen Geist.

Aufgrund der ausgeprägten Nachfolgeethik kommt es außerdem zu einer klaren Vorrangstellung des NT gegenüber dem AT, nämlich als Richtlinie für Glaube und Leben, obwohl die Schrift als ganze Gottes Wort und Offenbarung darstellt. Hier ist ein weiteres Defizit erkennbar, denn es ist zu fragen, wie die ntl. Gesetzes- und Gemeinschaftsvorstellungen ohne den Kontext des AT verständlich werden sollen.

Appliziert auf die Ekklesiologie kann Leidensbereitschaft (Kreuzesnachfolge) geradezu zur nota externa der Kirche werden. Hinzu kommt die Betonung eines einfachen Lebensstils, sowohl als Unterscheidungsmerkmal zur säkularen Welt, als auch im Bemühen um die Bewahrung der Schöpfung. Hier berufen sich Mennoniten auf die von Menno Simons genannten notae der wahren Kirche:
(1.) Die unverfälschte, reine Lehre, (2.) Schriftgemäßer Gebrauch von Taufe und Abendmahl, (3.) Gehorsam gegenüber dem Wort Gottes, (4.) Ungeheuchelte brüderliche Liebe, (5.) Öffentliches Bekenntnis zu Gott und Christus, (6.) Erduldung von Verfolgung um des Wortes Gottes willen.[25]

Diese Entwicklung lässt sich unschwer auf die Leiderfahrung in den Verfolgungssituationen der Anfangsjahre der Täuferbewegung zurückführen. Dieser Erfahrungshorizont spiegelt sich in der Betonung des Leids als integralem Aspekt des Verständnisses von Kirche wider. Ebenso erklärt dies in vielen Fällen die Bereitschaft zur Hinnahme von Unrecht, anstatt eigenes Recht gewaltsam durchzusetzen oder mit juristischen Mitteln einzuklagen. Die Haltung der Gewaltlosigkeit ist dagegen nicht nur Reaktion auf die politische Machtlosigkeitserfahrung, sondern führt später in vielen Fällen selbst zu Konflikten mit Regierungen und zur Feindschaft mit anderen Konfessionen.[26]

e. Die Mission der Kirche ist caritas, Frieden und Gerechtigkeit

Für beide Konfessionen ist ein wichtiger Aspekt ihres ekklesialen Bewusstseins das Herausgerufensein, sich von der „Welt" unterscheidend. Baptisten und Mennoniten bekräftigen gemeinsam die Königsherrschaft Christi über die ganze Schöpfung. Jesus Christus ist der Mittler der Erlösung und die Norm für Glaube und Leben in allen Kulturen. Von Jesus Christus Zeugnis zu geben in Wort und Tat ist daher essentiell für das Leben der Kirche. Um aber in diesem Sinne missionarisch präsent zu sein, muss Kirche unabhängig sein im Sinne der Freikirche (s. o.II.1.).

25 Vgl. MENNO SIMONS, Klare Beantwortung einer Schrift des Gelius Faber, a. a. O.
26 Während dies in früheren Jahren vor allem die Mennoniten in der ehemaligen UdSSR betraf, so sind es in den vergangenen Jahren Mennoniten in China, Mittelamerika und Äthiopien gewesen.

Hier zeigt sich eine bleibende Differenz: Während die baptistische Identität stark durch Verkündigung und Evangelisation geprägt ist, wird das Missionsverständnis der Mennoniten stärker vom Dienstcharakter bestimmt. Der „Missionsauftrag" (Mt 28) ist zuerst in der *caritas*, dem Liebesdienst und der Hilfeleistung erfüllt.[27] Auch diese Entwicklung wird vor dem Hintergrund der geschichtlichen Verfolgungssituationen erklärt. Mennonitengemeinden wurden erst im 19. Jh. von der Missionsbewegung erfasst (beeinflusst durch den Pietismus).[28] So erklärt sich das Fehlen einer genuinen Missionsstrategie.

Auch entwickelte sich erst in jüngster Vergangenheit ein stärkeres Bewusstsein für die Notwendigkeit der Kontextualisierung. Dies hätte gerade Mennoniten im Grunde früher bewusst werden können, basiert ihr ausgeprägter Kongregationalismus theologisch doch gerade auf dem Inkarnationsmotiv, der Verwirklichung des Universellen im Partikularen. Eine solche selbständige missionstheologische, kontextuelltheologische Entwicklung begann aber erst im Zuge der ökumenischen Ansätze.[29]

„... giving recognition to the cultural, historical, and sociopolitical position of the people. Contextualization has been applied to structures, worship, and ritual, as well as theology which centers on the incarnation of Jesus Christ".[30]

f. Ertrag: Gemeinschaftsaspekt als zentrales Axiom friedenskirchlicher Ekklesiologie

Da in diesem Dialog die gegenwärtige ekklesiale Gestalt der Konfession vornehmlich als Bezugspunkt dient, ergibt sich die Herausforderung, historisch gewachsene Formen theologisch zu reflektieren. Der Vorteil dieses Ansatzes liegt in seiner Nähe zur erfahrenen Kirche, seine Gefahr in der Verallgemeinerung eines auf den Erfahrungshorizont der Gesprächsteilnehmer begrenzten Blickfeldes und ihrer (nachträglichen) Legitimation. Daraus resultieren die rein deskriptiven Formulierungen.

---

27 Vgl. *Baptist-Mennonite Theological Conversations*, 30. Für Baptisten ist die primäre Aufgabe der Kirche Evangelisation und Mission. Numerische und geographische Expansion der Kirche wurden geradezu als Zeichen ihrer Vitalität gewertet. Das Individuum stand im Vordergrund: „to bring the lost to a sense of their sins and an understanding of God's forgiving love that redeems them from sin. This approach usually emphasizes the personal and individual nature of the religious experience." Ebd., 28.

28 Besonders in den Niederlanden und Russland. Dort unterstützten sie aber zunächst die baptistischen Missionsbemühungen, bevor sie selbst Missionare aussandten.

29 Vgl. erste Ansätze hierzu in: SCHIPANI, *Freedom and Discipleship*, a. a. O.

30 *Baptist-Mennonite Theological Conversations*, 24.

Trotz gemeinsamer historischer Wurzeln in der Täuferbewegung
und des reformatorischen Erbes zeigen sich signifikante Differenzen.
Das mennonitische Verständnis versucht sich deutlich gegen den Individualismus der baptistischen Position abzusetzen und betont den
Gemeinschaftsaspekt: *commitment* und *accountability* schuldet die Gemeinde als ganze, nicht in erster Linie der/die Einzelne. Daher zielt
die Mission der Kirche nicht primär auf individuelle Bekehrung Einzelner, sondern ist immer sozial ausgerichtet.

Defizite zeigen sich vor allem in der fehlenden theologischen Gründung des Gemeinschaftsaspektes. Warum wird dieser nicht in Bezug
gesetzt zum Zeugnis der Gewaltlosigkeit? Womöglich würde eine stärkere Berücksichtigung atl. Schriften gerade diesen Zusammenhang
verdeutlichen können und die einlinige kreuzestheologische Begründung der Ethik aufbrechen. Außerdem ist der Absolutheitsanspruch
der Lokalgemeinde im Blick auf die Fragen der Einheit und der
Autorität – vor allem in seiner Wirkungsgeschichte – eine existentielle
Anfrage an die friedenskirchliche Gestalt der Kirche.

Stark vereinfacht lassen sich die jeweiligen ekklesiologischen Ent-
faltungen – ausgehend vom gemeinsamen reformatorischen Erbe – so
darstellen:

Baptistische Tradition:	Mennonitische Tradition:
sola scriptura → *sola fide*	*sola scriptura* → *sola fide*
↓	↓
Persönliche Bekehrung	*Hermeneutische Gemeinde*
↓	↓
Glaubensgemeinde (oder Bund)	*Nachfolge der Einzelnen*
↓	↓
Mission:	*Mission: Caritas*
Evangelisation zur Bekehrung Einzelner	*und Einsatz für Frieden und Gerechtigkeit*

V.2. Mennonitisch-Reformierter Dialog

a. Der Gesprächskontext

Die offiziellen Begegnungen zwischen Reformierten und Mennoniten sind vielfältig: Bereits 1975 begannen multilaterale Gespräche in den Niederlanden zwischen Mennoniten, Baptisten und verschiedenen Reformierten Kirchen.[31] Diese Zusammensetzung lässt vermuten, dass sich Mennoniten und Baptisten hier gemeinsam den Vertretern der reformierten Tradition gegenüber sahen. Das will auf dem Hintergrund der bereits erläuterten theologischen (und besonders ekklesiologischen) Differenzen zwischen Baptisten und Mennoniten berücksichtigt werden (s. o. V.1.). Als Themenschwerpunkte dieser Gesprächsreihe kristallisierten sich heraus: Das Bundesverständnis, das Verhältnis von Wort und Geist, die Christologie, *Wesen und Auftrag der Kirche*, Taufe, der messianische Weg des Lebens.

1983 kam es in der Schweiz zu einem gemeinsamen Abendmahlsgottesdienst mit Vertretern der Evangelisch-Reformierten Kirche des Kantons Zürich, der Baptisten und Mennoniten. Die reformierte Seite formulierte damals ein Schuldbekenntnis:

„Wir bekennen heute vor Dir und vor unseren mennonitischen und baptistischen Schwestern und Brüdern, wie oft wir reformierten Christen nicht verstanden haben, was Du Deiner Kirche durch das Zeugnis und Wirken unserer freikirchlichen Mitchristen sagen willst. Wir bringen vor Dich das Unrecht, das im Laufe der Zeit in unserem Lande an ihnen geschehen ist: Verfolgung, Unterdrückung, Hinrichtung und Ausweisung. Herr, unser Gott, wende uns Deine Gnade, Dein Erbarmen zu! Vergib und hilf uns heute, gemeinsam neu anzufangen durch die Kraft der Versöhnung und Liebe, damit Wunden heilen und Gemeinschaft wachsen und sich vertiefen kann."[32]

Dies eröffnete die Möglichkeit eines ersten Austausches zwischen Reformierten und Mennoniten (1984 in Straßburg, auf Anregung der *World Alliance of Reformed Churches*, WARC, mit Vertretern der *Men-*

---

31 Vgl. *Dopers-Calvinistisch Gesprek in Nederland,* Den Haag: Boekencentrum 1982. Auch: Gespräche zwischen der Niederländisch Reformierten Kirche, den Reformierten Kirchen in den Niederlanden, der Christlich Reformierte Kirche, der mennonitischen Bruderschaft und der Baptistischen Union der Niederlande, 1975–1978 (Zusammenfassung); in: CORNELIA NUSSBERGER (Hg.), *Wachsende Kirchengemeinschaft.* Gespräche und Vereinbarungen zwischen evangelischen Kirchen in Europa, Texte der Evangelischen Arbeitsstelle Oekumene Schweiz 16, Bern 1992, 193 ff. *Dialogue in the Netherlands;* in: HANS GEORG VOM BERG et al. (eds.), *Mennonites and Reformed in Dialogue,* Studies from the World Alliance of Reformed Churches 7, Geneva 1986, Appendix I.
32 *Mennonitisch-Reformierter Dialog,* 1983–1984 (Zusammenfassung); in: NUSSBERGER (Hg.), *Wachsende Kirchengemeinschaft,* 170–171.

nonite World Conference, MWC), der schließlich zum offiziellen Dialog führte.[33] Weitgehende Konvergenzen konnten zwischen diesen beiden Weltbünden mit „*common roots and related stories*" festgestellt werden, manchmal gar als „*twin sisters*" bezeichnet.[34] Seit den frühesten Anfängen verbinden sie die fundamentalen reformatorischen Überzeugungen von *sola scriptura* („Scripture alone is the rule and norm of salvation"[35]), *sola gratia* („God's Grace, in Christ and by the Spirit, is the only source of salvation") und *sola fide* („justification is given by faith alone in Christ, apart from any merit or works"). Für beide Traditionen ist die Betonung der Heiligung des Lebens – in Abhängigkeit von der Rechtfertigung aus Gnade – charakteristisch. „Christ sein bedeute nicht, über Christus zu reden, sondern zu tun, was er tat", wird in Erinnerung an Zwingli gemeinsam formuliert. Christen schuldeten Gehorsam gegenüber Christus, sowohl im öffentlichen wie im privaten Leben. Die Dimension der Gemeinschaft ist in beiden Konfessionen betont worden, je auf unterschiedliche Weise, aber doch in gemeinsamer Opposition zu „sacramentalism and ritualism, a community committed to build relations and structures for mutual support and discipline."

Beide Traditionen sahen sich aufgrund veränderter gesellschaftlicher Bedingungen zu einem erneuten aufeinander Zugehen ermutigt: Im Gegensatz zum Europa der Reformationszeit, das durch das *corpus christianum* eine relative Einheit bildete, lebten Reformierte und Mennoniten heute als Minderheiten in pluralen Gesellschaften.[36] Ging es damals um die Erneuerung der Kirche, so gehe es heute um die Bewahrung des Lebens. Die traditionellen theologischen Topoi sollen im säkularisierten Horizont wahrgenommen werden, der zur gemeinsamen Erfahrung wird. Weiter wird gefragt, ob die Zeit gekommen sei „... for Mennonites and Reformed, as twin sisters in the Christian faith, to address the wider church jointly on matters of common concern?"[37]

---

33 Vgl. *Mennonites and Reformed in Dialogue*, a. a. O.
34 Z. B. sehen beide ihre Anfänge in Süddeutschland und in der Schweiz in den 1520er Jahren. Die Züricher Täufer waren Freunde und Schüler Huldrych Zwinglis. Gleichzeitig beginnt hier aber auch die Trennung. Die letzte wirkliche Gelegenheit einer Übereinkunft ergab sich durch die Begegnung der führenden Kräfte beider Seiten 1526 in Straßburg. Vgl. *Mennonites and Reformed in Dialogue*, 3. Vgl. hierzu auch MARTIN GRESCHAT, *Martin Bucer. Ein Reformator und seine Zeit 1491–1551*, München: Beck 1990, v. a. Kap. III.3. Spaltungen, 77 ff.
35 Hier und im Folgenden *Mennonites and Reformed in Dialogue*, 4.
36 Ebd.
37 Ebd., 7. „Renewed Mennonite and Reformed discussion could lead to the conclusion that time has come for common commitment and action in specific areas of christian life and practice."

Auch die Kirchen selbst hätten sich verändert. Divergenzen seien nicht allein zwischen den Konfessionen, sondern auch innerhalb der jeweiligen Tradition festzustellen.[38] Nicht die erneute lehr- und bekenntniskonzentrierte Analyse der Auseinandersetzungen im 16. Jh. wird gesucht, sondern die gegenwärtige Gestalt der Kirche im aktuellen Kontext soll primär berücksichtigt werden.[39] Im Blick auf die Methodik des Dialogs stellt sich damit für *beide* Traditionen die Frage, wie eine in sich plurale Konfession mit einer anderen verbindliche Aussagen eingehen kann.

„The Reformed house clearly emerged as one in which there are many ecclesiological mansions, and each ecclesiology (established or free, gathered or connectional) reflects differently nuanced understandings of the nature and function of baptism."[40]

Die Themen, die sich aus der Begegnung 1984 herauskristallisierten, waren das Schriftverständnis, das Verhältnis von Wort und Geist, *das Wesen der Kirche* (einschließlich Fragen der Mitgliedschaft, der gegenseitigen Unterstützung und Ordnung, des Auftrages der Kirche in der Welt heute, im besonderen ihr Verhältnis zu den Mächten/Gewalten, politisch, sozial und ökonomisch), Krieg und Frieden, Gewalt und Gewaltlosigkeit, die Gestalt christlicher Nachfolge, die Bedeutung und Gestaltung der Taufe und schließlich die Eschatologie.

Die Gespräche zwischen der *Mennonite World Conference* und der *World Alliance of Reformed Churches* wurden 1989 in Calgary/Canada fortgesetzt.[41] Noch einmal wurde an die Verdammungen der Täufer durch die verschiedenen reformierten Bekenntnisschriften erinnert.[42]

---

38 „Some Reformed Christians take positions on specific issues which Zwingli or Calvin did not take. Some Mennonites hold views which Sattler or Menno did not hold"; ebd.

39 So beginnt denn auch dieser erste ausführliche Gesprächsgang mit der gegenseitigen Darstellung der eigenen Kirche in der Gegenwart, vgl. CORNELIUS J. DYCK, *Who are the Mennonites Today?;* ALAN P. F. SELL, *The Reformed Family: A Profile;* JEAN-MARC CHAPPUIS, *Who are the Reformed Today?;* alle in: *Mennonites and Reformed in Dialogue,* a. a. O.

40 ROSS T. BENDER and ALAN P. F. SELL, *Baptism, Peace and the State* in the Reformed and Mennonite Traditions, Waterloo/Ontario, Canada: Wilfried Laurier University Press 1991, 234.

41 Ebd.

42 Vgl. *Die Bekenntnisschriften der reformierten Kirche,* in authentischen Texten mit geschichtlichen Einl. und Reg., hrsg. von E. F. KARL MÜLLER, Zürich: Theol. Buchh. 1987: *Schottisches Bekenntnis* von 1560 nebst dem Covenant von 1582 (XXXV), Art. XXIII: Quibus communicari sacramenta debeant „... itaque damnamus errorem Anabaptistarum, qui ante fidem et rationis usum negant ad pueros pertinere baptismum"; in: ebd., 261. *Confessio Belgica* (1561), Art. XVIII: „Quare profitemur contra Anabaptistarum haeresin, negantium Christum carnem humanam ex matre sua assumpsisse, Christum carnis et sanguinis puerorum participem factum,..."; in: ebd.,

Daraus ergaben sich die neuralgischen Punkte für die weitere Diskussion: Taufe, Friedensethik, das Verhältnis von Kirche und Staat. Die Widersprüche und Divergenzen innerhalb der je eigenen Konfession blieben berücksichtigt, so dass in der Zielsetzung zweierlei versucht werden sollte: „... to reflect the life of their communions as they are, and to articulate a vision of what they ought to be."[43] Eine gemeinsame Unterscheidung von geglaubter und erfahrener Kirche ist zu erkennen.

Auch am Ende dieses Gespräches stand die Überzeugung: „The old sense that the two parties are rigid and bitter enemies is gone. Reformed and Mennonites now accept one another as brothers and sisters in Christ."[44] Am Ende des Klärungsprozesses konnte von reformierter Seite erklärt werden, dass „die Verwerfungen den heutigen mennonitischen Partner nicht treffen und der Gemeinschaft nicht im Wege stehen dürfen."[45]

Weitere Gespräche sollten sich aus den sich anschließenden Empfehlungen ergeben[46]: Die Reformierten werden sich mit der Frage nach den unterschiedlichen Ekklesiologien innerhalb ihrer Konfession beschäftigen. Gemeinsam soll nach dem Wesen der Kirche und der Taufe in ihrem Verhältnis zur christlichen „incorporation and nurture", dem Abendmahl und der Gemeindedisziplin gefragt werden.

Im Folgenden sollen die verschiedenen genannten Gesprächsgänge nach Themen systematisiert und im Blick auf ekklesiologische Aspekte ausgewertet werden. Divergenzen werden dann sichtbar.

239; und Art. XXXIV: „Anabaptistarum itaque errorem detestamur, qui unico et semel suscepto baptismo contenti non sunt: ac praeterea, baptismum infantium, fidelibus parentibus natorum, damnant: ...“; in: ebd., 246; und Art. XXXVI: „Quamobrem Anabaptistas aliosque homines seditiosos detestamur, atque in universum omnes eos, qui supremas Dominationes et Magistratus reiiciunt: iustitiam evertunt: bonorum communionem interturbant: atque honestatem, quam Deus inter homines stabilivit, confundunt“; in: ebd., 248. *Confessio helvetica posterior* (1562), Art. XX: „Damnamus Anabaptistas, qui negant baptisandos esse infantulos recens natos a fidelibus ...“ und Art. XXX: „Damnamus Anabaptistas, qui, ut Christianum negant fungi posse officio magistratus, ita etiam negant, quemquam a magistratu juste occidi, aut magistratum bellum gerere posse, aut juramenta magistratui praestanda esse, etc.“; in: ebd., 221.

43 *Baptism, Peace and the State*, 233.
44 Ebd.
45 *Mennonitisch-Reformierter Dialog*, 171. Vgl. auch *The Attitude of the Reformed Churches Today* to the Condemnations of the Baptists in the Reformed Confessional Documents; in: *Mennonites and Reformed in Dialogue*, 42–56. Dort findet sich eine ausführliche Darstellung der Verwerfungen und eine Reflexion zu den historischen Beweggründen, sowie eine kritische Rezeption aus reformierter Sicht. Vgl. auch HEINOLD FAST, *A Mennonite view on the Reformed Condemnations*; in: *Mennonites and Reformed in Dialogue*, 57–60. „I remember that the Anabaptists themselves were not far behind the Reformed in damning their opponents“, ebd., 57.
46 *Baptism, Peace and the State*, 238.

b. Gegen die Sakramentalität der Kirche: Gemeinschaft der Glaubenden

Reformierte neigen dazu, ein soziales Verständnis von der Katholizität der Kirche zu entwickeln, während Mennoniten den Terminus der Katholizität ablehnen.[47] Die Nachfolge der Glaubenden im Kontext der Gemeinschaft gehört zur Ekklesialität der Kirche. Erst wenn dies als „Aufgabe" der Kirche definiert wird, können Reformierte uneingeschränkt zustimmen. „While there is convergence on the *role* of the church, differences remain as to its *nature*, and on the terms most appropriately used to express it".[48]

In reformierter Tradition werde zuerst nach der Kirche gefragt, dann nach dem persönlichen Glauben.[49] Die Begründung findet sich in einer aus der Christologie abgeleiteten Pneumatologie: Nach Jesu Kreuz und Auferstehung wurde der Geist auf die *Gemeinschaft* der Glaubenden ausgegossen, und erst in diesem Sinne auf die, die durch die Taufe Teil der Gemeinschaft werden. Die Gefahr, dass Kirche so zum äußeren Mittel des Glaubens werden kann, lässt Mennoniten eben dieses Verständnis ablehnen. Die Gemeinschaft der Glaubenden wollen sie zwar als die unmittelbare Frucht des Geistes anerkennen, diese geistliche Gemeinschaft gehe aber hervor als die Einheit aller Glaubenden *in Christus*. Die Glaubenden sind nicht durch die Kirche verbunden, sondern Christus ist die Einheit derer, die an ihn glauben.[50] Der Geist wirke das Vermögen zu diesem neuen Leben, denn das „Wort" werde durch den Geist im Leben der Glaubenden und der Gemeinschaft „real".[51] Daraus ergibt sich das Wesen der Kirche primär als Gemeinschaft der an Christus Glaubenden, zu der der Geist die Einzelnen befähigt, im Gegensatz zu einem Verständnis von Kirche als geistgewirkter Institution. Damit ist die an anderer Stelle angemahnte Gefahr der Sakramentalität der Kirche in einer Ekklesiologie aus täuferisch-mennonitischer Perspektive gebannt. In diesem Gemeinschaftsverständnis bleiben die Einzelnen sichtbar.

---

47 Anders Yoder, s. o. III.5.d.

48 *Baptism, Peace and the State,* 237.

49 Calvin kann die Kirche als die ‚Mutter‘ der Gläubigen bezeichnen; in: Inst IV,1,1 und *Johannis Calvini Opera Selecta* (zit. OS), ed. P. BARTH, W. NIESEL, D. SCHEUNER, 5 Bde., München 1926–52, hier OS 5,2,1.

50 Vgl. *Dialogue in the Netherlands,* 66.

51 Es sei ein fälschlicher Vorwurf gegenüber den Täufern des 16. Jhs., sie gehörten zu den Spiritualisten („Schwärmern"), die dem Geist unabhängig zum Wort Offenbarungen zutrauten. „Tatsächlich haben Mennoniten/Baptisten nie das Wort vom Geist trennen wollen." *Mennonitisch-Reformierter Dialog,* 193: „Es besteht also kein grundsätzlicher Unterschied zwischen reformierter und mennonitischer Auffassung des Verhältnisses zwischen Wort und Geist, sondern lediglich in der Betonung desselben", so das Ergebnis des Dialogs.

c. Diskontinuität als Merkmal der Kirche

Einige der Täufer warfen Calvin vor, dass seine Intention darin bestünde, die Institution samt allen Einwohnern des Staates neu zu
strukturieren, anstatt die separate Gemeinschaft der Glaubenden als
Geschwisterschaft zu sammeln. Nimmt man den veränderten gegenwärtigen gesellschaftlichen Kontext wahr, erhält diese Auseinandersetzung besondere Relevanz.

„... We are now experiencing a rapid, undeniable destruction of all elements
and thoughts of a ‚national‘ church that had continued to remain after the
Reformation."[52]

Die Frage stellt sich, ob eine Ekklesiologie aus mennonitischer Perspektive in der gegenwärtigen Situation dann leistungsfähiger ist, bzw.
welche Elemente reformierter Ekklesiologie dadurch in Frage gestellt
werden. Dem Versuch, die Gesellschaft als ganze im Lichte des *Bundes*
zu sehen, liege die Vorstellung der Theokratie zugrunde. Mennoniten
dagegen betonten die persönliche, freie Wahl der Glaubenden.[53]

„... church as a community of faith is not community formed by a continuity
of generations, but is formed in discontinuity through personal conversion
and rebirth through the spirit".[54]

Durch die freie Wahl der Glaubenden entstehe ein *neues* Volk, das
sich von der Gesellschaft klar unterscheide. Diskontinuität ist ihr
Wesensmerkmal. Für Reformierte kann das nicht gelten, wenn Kirche
corpus permixtum ist, was Mennoniten als „halbherzig" bezeichnen
(„half-heartedness").[55]

Das Prinzip der *sola scriptura* beinhalte für Reformierte auch die
Einheit des alten und des neuen Bundes: AT und NT stehen auf
gleicher Ebene.[56] Täufer/Mennoniten deuten dieses Verhältnis meist
nach dem Schema von Verheißung und Erfüllung. Deshalb ist die
täuferische Tradition kritisch gegenüber der reformierten Rede vom
Bund hinsichtlich der Kirche als *Volk Gottes*. Nach Darstellung reformierter Ekklesiologie hat die Kirche ihre Wurzel in der Glaubensgemeinschaft Israels. Die Kontinuität ergibt sich aus der Erwählungs-

---

52 Ebd.
53 Vgl. *Wachsende Kirchengemeinschaft*, 193.
54 *Dialogue in the Netherlands*, 61.
55 Ebd., 67.
56 Vgl. Inst I,8,13 u. 9,3; OS 3,81,29 u. 84,10. „Dementsprechend folgt auf den Satz
   ‚die Schrift ist Gottes Wort‘ gleich der andere, die Wahrheit Gottes drückt sich ‚in
   den Schriften‘ aus. Daher ist der ganze Kanon Wort Gottes." WILHELM NEUSER,
   Von Zwingli und Calvin bis zur Synode von Westminster, in: *Handbuch der Dogmen-
   und Theologiegeschichte*, Bd. 2, 243.

lehre und dem Herausgerufensein, um „Seinen Namen allen Völkern zu verkünden" und zu demonstrieren, wie ein Volk entsprechend dem Willen Gottes lebt.[57] Die reformierte Tradition (zwinglischer, bucerischer und calvinistischer Prägung) kann so die Einheit beider Bünde demonstrieren („Abraham was a Christian before Christ"[58]). In der mennonitischen Tradition findet dagegen immer das *Neue* Betonung, im Sinne einer strikt christologisch determinierten Auslegung. – Kritisch zu beurteilen bleiben wohl beide Interpretationen, denn während in der einen Israel vereinnahmt wird (Inklusion), leugnet die andere jede Kontinuität mit Israel unter Berufung auf Christus (Substitution). Beides ist exegetisch wie theologisch höchst problematisch.[59]

d. Sola gratia: Taufe und Glaube – und Nachfolge

Ekklesiologische Divergenzen werden deutlich, sobald die unterschiedlichen Taufverständnisse argumentativ vorgestellt werden. Keines der Taufverständnisse kann vom reformatorischen Axiom *sola gratia* getrennt erklärt werden: die göttliche Initiative ruft die Antwort des Menschen hervor. Die unterschiedlichen Taufverständnisse gründen nicht auf einer differenten Interpretation des Verhältnisses von Glaube und Taufe, sondern in einer differenten Ekklesiologie. Tauftheologie und -praxis korrespondieren je mit der distinkten Akzentuierung ekklesiologischer Prämissen.[60]

Für Reformierte wird in der Kindertaufe Gottes vorauslaufende Gnade deutlich. Der Glaube der Kirche geht dem Glauben des Einzelnen voraus. Dies bewahrt vor einem individualistisch interpretierten Glauben und wehrt die Überbetonung des menschlichen Bekenntnisses ab. Mennoniten verneinen nicht den prägenden Charakter von Familie und Gemeinde für die religiöse Sozialisation eines Kindes. In diesem Sinne geht auch hier der Glaube der Kirche dem der Einzelnen voraus. Aber der Glaube der Kirche kann nicht als *stellvertretender* interpretiert werden. Durch die Praxis der „Bekenntnistaufe" werde klar, dass Gottes Gnadenakt *auch* die individuelle menschliche Antwort hervorrufe.

---

57 Vgl. hierzu auch BARTH, KD II/2, 32–35.
58 *Dialogue in the Netherlands*, 61.
59 Vgl. hierzu z. B. BERTOLD KLAPPERT, *Israel und Kirche.* Erwägungen zur Israellehre Karl Barths. TEH 207, München: Kaiser 1980. Auch WOLFGANG SCHWEITZER, *Der Jude Jesus und die Völker der Welt.* Mit Beiträgen von PAUL M. VAN BUREN, BERTOLD KLAPPERT, MICHAEL WYSCHOGROD, Berlin: Institut Kirche und Judentum 1993.
60 Vgl. dazu MARLIN E. MILLER, *Baptism in the Mennonite Tradition;* in: *Baptism, Peace and the State*, 37–67.

An diesem Punkt wird die Zusammensetzung der Gesprächsgruppe in den Niederlanden besonders deutlich: reformierte Traditionen auf der einen, mennonitische und baptistische auf der anderen Seite. Lehnten Mennoniten gerade dieses individualistische Verständnis im Gespräch mit den Baptisten ab[61], stellen sie es hier gemeinsam mit ihnen gegen die reformierte Interpretation des Verhältnisses von Glaube und Taufe. Die Erklärung ist in der gemeinsamen Ablehnung der *Volkskirche* zu sehen.[62] Unverständlich bleibt aber, dass von Mennoniten hier nicht ein möglicher dritter Weg aufgezeigt wird, der ja im Ansatz gegeben ist: das Konzept einer *Nachfolgegemeinschaft* im Gegensatz zur *Glaubensgemeinschaft* baptistischer Prägung.

Die Praxis der Glaubenstaufe stelle die unlösbare Verbindung von Glaube und Taufe eindeutig heraus.[63] Dadurch erst werde Kirche sichtbar im Gegensatz zur ungläubigen „Welt".

„... believers' baptism corresponds to an understanding of the Church in which the Church is by definition a *missionary community* in the midst of a still unbelieving world".[64]

Dieses Taufverständnis lasse sich nicht vereinen mit einem Kirchenverständnis, das auf die Kontinuität von familiären, ethnischen oder nationalen Größen basiere. Solche Grenzen würden in der neuen Gemeinschaft gerade transzendiert. Mit der Kirche sei eine qualitativ andere Gemeinschaft gegeben.[65]

Gnade Gottes und Nachfolge der Gemeinde bleiben in mennonitischer Tradition in unvergleichlicher Dichte aneinander gebunden. Dies bleibt nur im Rahmen der Ekklesiologie verständlich, wenn der Vorwurf der Werkgerechtigkeit abgewehrt werden soll. Der Vorwurf, die Sünde des Menschen hätte in dieser perfektionistischen Sicht der Gemeinde keinen Ort, treffe nicht, wenn Nachfolge als andauernder Prozess von Vergebung und Versöhnung innerhalb der Gemeinde erfahren werde, gegenseitige Unterstützung in der Gemeinschaft der Gläubigen impliziert sei. – Hier ist erstmals angedeutet, dass eine Differenzierung und ein Prozesscharakter in der Auslegung einer

---

61 s. o. V.1.
62 Unter Hinweis auf die Konvergenzerklärungen von Lima (a. a. O.) macht M. E. Miller im bilateralen Gespräch darauf aufmerksam, dass das Argument, der Glaube der Familie und Kirche umfange das Kind bei der Taufe (was von mennonitischer Seite nicht bestritten werde) nicht einer Ekklesiologie der Gemeinschaft der Glaubenden entspreche, sondern letztlich in eine ethnisch begründete Kirchenzugehörigkeit führe. Vgl. MILLER, *Baptism in the Mennonite Tradition*, 50.
63 Die in Teilen der mennonitischen Gemeinschaft ab und zu noch praktizierte Wieder-Taufe wird in Frage gestellt.
64 MILLER, *Baptism in the Mennonite Tradition*, 49. (Hervorhebungen FE).
65 Vgl. auch *Mennonites and Reformed in Dialogue*, 71.

Nachfolgeethik denkbar ist, und diese nicht einfach als absolute ethische Norm definiert wird.

In diesem Zusammenhang wird wieder auf die Tradition der „brüderlichen Ermahnung" hingewiesen, der Versuch nach der *Regel Christi* (oder *Gemeinderegel,* Mt 18) als einer alternativen Ordnung gegenüber der „Welt" zu leben.[66] Die *Regel Christi* als explizite Alternative konstituiert Autorität in der Gemeinde im Gegensatz zur Regel der Gewalt und des Zwanges in der Gesellschaft. So verstanden konnte die gegenseitige Ermahnung – neben Taufe und Abendmahl – zu einem Zeichen der wahren (Friedens-) Kirche werden.[67] Dies war, so Miller, für die Täufer-Gemeinden der ersten Jahre eine Möglichkeit der Erneuerung der Kirche und der Ermutigung zu einem Leben in der Nachfolge, als Gemeinschaft wie auch als Einzelne.[68] Ist Taufe der Eintritt in die Gemeinde Christi, dann werde mit ihr diese Regel freiwillig akzeptiert.[69] – Im Blick auf die Frage nach einem möglichen Korrektiv, das außerhalb der Lokalgemeinde liegt, kann gefragt werden, ob die *regula Christi* dann nicht auch auf die Gemeinschaft der Gemeinden / Kirchen hin gedacht werden müsste.

„If our churches are to be characterized by a missionary and an ethical orientation in today's pluralistic societies, they may very well need to rediscover and regain a theology and practice of supportive congregational accountability and discipline, including its connection to Christian baptism."[70]

e. Gewaltfreiheit als regulatives Prinzip der Theologie

Die neue Dimension der Gewalt im Nuklearzeitalter hat die Bereitschaft bei Reformierten erhöht, intensiver nach der in mennonitischer Tradition vertretenen aktiven Gewaltfreiheit zu fragen. Mennoniten suchen zu demonstrieren, dass Gewaltfreiheit zentrales und die innere Struktur organisierendes Axiom „mennonitischer Theologie" ist. Von hier aus wird erst ihre innere Kohärenz erkennbar:

„To speak of peace in the Mennonite tradition is to move to its theological centre and become involved in a discussion of the internal structure of mennonite theology. The language of peace has an important regulative function

---

66 Der Zusammenhang mit der Taufe wird in dem Brief des Grebelkreises an Thomas Müntzer deutlich; vgl. FAST, *Der linke Flügel der Reformation,* 12 ff.

67 Auch im *Schleitheimer Bekenntnis* von 1527 wird dieser Zusammenhang entsprechend dargestellt, a. a. O.

68 Vgl. MILLER, *Baptism in the Mennonite Tradition,* 55.

69 „In this sense, the entering into mutual support and discipline shares in the voluntary character of believers' baptism in response to the devine initiative of grace which creates the Church as the new community of the redeemed"; ebd., 57.

70 Ebd., 57 f.

in the mennonite tradition. The grammar of peace gives expression to the internal theological structure of the tradition. It is a way of talking about mennonite theology as it is internally motivated."[71]

Beide Traditionen stützen sich in ihrer Sozialethik auf die Christologie, es bleiben aber gegenseitige „Verdächtigungen" bestehen: Reformierte verdächtigen die mennonitische Tradition, nicht wirklich Verantwortung für eine gerechte Gesellschaft zu übernehmen. Umgekehrt verdächtigen Mennoniten die reformierte Tradition, zu schnell biblische „Prinzipien" zugunsten scheinbarer Notwendigkeiten aufzugeben. Es wird nicht geleugnet, dass sich in der mennonitischen Tradition die Anwendung eines absolut pazifistischen Prinzips im Umgang mit unrechten politischen Systemen schwierig gestalte. Aber die Täufer wollten das *sola fide* nicht nur auf die Rechtfertigungslehre bezogen wissen, sondern auch epistemologisch verstehen. Deshalb sei die oberste Norm des Handelns für alle Bereiche christlichen Lebens nicht aus menschlicher Vernunft abzuleiten, sondern aus den Worten und dem Werk Jesu Christi.

Für Reformierte ergibt sich die Heiligung des Lebens aus dem Leben in der Gemeinschaft. Die Einheit mit Christus impliziert die Einheit der Gemeinschaft der Christen, denn Christus als der Sohn Gottes, der durch die Menschwerdung zum Mittler wurde, versöhnte die Seinen mit sich selbst. Mennoniten heben dagegen den *neuen Menschen* in Christus hervor, der seinen Nachfolgern vorausgeht auf dem Weg der Heiligung und des Gehorsams. Die (Nachfolge-) Gemeinschaft der Gläubigen repräsentiert die neue Kreatur in der gefallenen Welt. Das Bekenntnis zu Jesus Christus beinhaltet für Mennoniten daher einen „messianischen" Lebensstil: Frieden schaffen, Befreiung der Armen und Unterdrückten.[72] Konflikte mit den „Mächten der Welt" seien dabei unausweichlich. Gesellschaftliche Antagonismen sollten nicht geleugnet werden, ihnen gelte aber der Aufruf zur *Metanoia*. Gewaltverzicht und Solidarität gelten als oberste Prinzipien, auch wenn sie in Konflikte oder gar zum Tod führten, denn die Gemeinde ist „Erstlingsfrucht" Christi, sie ist „an instrument in the progress of the messianic work of liberation".[73] Kirche ist demnach nicht Vor-

---

71 HOWARD JOHN LOEWEN, *Peace in the Mennonite Tradition*: Toward a Theological Understanding of a Regulative Concept; in: *Baptism, Peace and the State*, 87–121. Loewen fragt hier, der Methodologie Lindbecks folgend, nach der intra-textuellen Funktion der Sprache des Friedens in der mennonitischen Tradition. Vgl. dazu LINDBECK, *Christliche Lehre als Grammatik des Glaubens*, a. a. O.

72 Eschatologische Implikationen sind bei Mennoniten ausgeprägter: „... is felt more clearly and intensely than within the reformed tradition"; *Mennonites and Reformed in Dialogue*, 70.

73 Ebd.

wegnahme des Eschatons, sondern „Instrument" im fortschreitenden Befreiungsprozess.

Unbestritten gilt für beide Traditionen: Innerhalb dieser Gemeinde sind alle Grenzen überwunden (Klasse, Nation, Geschlecht, usw.), als Gegenbild zu den „Mächten der Welt". Kirche sei die alternative Gemeinschaft und kämpfe für eine Erneuerung der sozio-ökonomischen Ordnung.[74] Hierin liege ein neues Einheitsmotiv.[75] Die Trennung der Kirche steht im Widerspruch zu der Wahrheit des grenzüberschreitenden Charakters kirchlicher Gemeinschaft. – Die Divergenz bleibt in der Frage, inwiefern die Gemeinde zur Erfüllung des messianischen Lebens beiträgt. Die Übernahme sozialer Verantwortung (auch in Form politische Ämter) ist in der mennonitischen Tradition durchgängig nachweisbar, wenn auch stets umstritten. Die Grenze ist aber in der Verteidigung der Sozialordnung durch Gewalt erreicht. Das Leben des Christen sei *zuerst* ein Leben innerhalb der Gemeinschaft der Glaubenden.

Reformierte halten dagegen, dass in einer gefallenen Welt, in der Gewalt angewandt werde, die Kirche nicht umhin könne, Gewalt als unvermeidbares Übel zu interpretieren. Während Reformierte sich mit der bestehenden Sozialordnung in aller Regel identifizieren könnten, verstünden Täufer/Mennoniten sich oft als Protestbewegung (oder wurden in diese für verfolgte Pazifisten einzig mögliche Position gedrängt). Natürlich wird von reformierter Seite eingeräumt, es könne Zeiten geben, sich zu verweigern. Geschehe dies aber zu früh, trage die Verweigerung womöglich zur Förderung von Gewalt bei; Christen lebten in zwei Welten, in denen die Aufgaben keinesfalls deckungsgleich seien.

An diesem Punkt treten Entwicklungen innerhalb beider Traditionen besonders deutlich hervor. Reformierte erklären heute, sie seien sich bewusst, dass sie der Integrität der Kirche als einer bekennenden und heilenden Gemeinschaft mehr Aufmerksamkeit schenken müssten. Andererseits stellen Mennoniten fest, dass sie heute völlig an der bestehenden Gesellschaft und Kultur partizipierten und daher zu verantwortlichem Handeln herausgefordert seien.

Konvergenz besteht darüber hinaus in der Überzeugung der transformierenden Kraft des Christusglaubens, im Gegensatz zu einem Verständnis, Christus stehe über oder gegen die herrschende Kultur.[76]

---

74 Als Beispiel dieses Verständnisses aus der Ökumene wird das ‚Programme to Combat Racism' des ÖRK genannt; vgl. ebd.

75 „Where churches understand this concept of community, the existing division within the Church of Christ becomes painful", ebd.

76 Dies wird offensichtlich betont im Blick auf die frühere Schematisierung durch H. RICHARD NIEBUHR, *Christ and Culture*, a. a. O. Im nordamerikanischen Kontext

Heute erkennen beide eine doppelte „Bürgerschaft" der Gläubigen an: in der säkularen Gesellschaft und in der Gemeinschaft der Erlösten. Unterschiedlich blieben die sich daraus ergebenden Handlungsweisen in der Welt, auch innerhalb beider Traditionen. Daraus ergibt sich die Notwendigkeit und Legitimation des Staates, seiner Ordnung und Aufgabe, Gerechtigkeit und Frieden zu sichern, bis zu einem gewissen Grade auch Zwang („*coercion*") auszuüben.

In dieser Weise hatten Mennoniten das bisher nicht formuliert. Es ergibt sich aber folgerichtig aus dem Ansatz, theologische Aussagen aus dem aktuellen Gemeindekontext heraus zu erheben. Die pazifistische Position ist damit nicht aufgegeben, aber durch die Differenzierung im Dialog glaubwürdiger, weil die erfahrene Kirche als hermeneutische Gemeinschaft ernst genommen wird.

Harry Loewen zeigt in seinem Dialogbeitrag des reformiert-mennonitischen Gesprächs, dass weder im 16. Jh., noch in den unterschiedlichen Bekenntnissen mennonitischer Tradition die separatistische Linie durchgängig vorhanden war.[77] Vielmehr zeige sich von Anfang an eine Pluralität, die sich heute in westlichen, demokratisch strukturierten Gesellschaften verstärke. Immer gab es die Weigerung zur Übernahme politischer Ämter neben der „selektiven Partizipation". Loewen belegt dies ausführlich und gelangt zu der Schlussthese: „In matters of Church-state relations there is definitely a historical-theological basis for dialogue between Mennonites and Reformed to take place".[78]

Frieden als das entscheidende Axiom mennonitischen Bekenntnisses wird von Reformierten gehört. Allerdings wird eine Entfaltung gefordert im Blick auf die Implikationen von Gottes erlösendem Handeln in Christus. Welche Konsequenzen ergeben sich daraus für den Auftrag der Kirche, Botschafterin für Frieden und Versöhnung zu sein? Gibt es eine Analogie zwischen dem Ort der Friedensthematik in der mennonitischen und dem Ort des Verständnisses allmächtiger Gnade in der reformierten Tradition?

---

gehört diese Debatte zu den bedeutendsten sozialethischen Diskussionen des 20. Jhs., während sie in Europa eher am Rande wahrgenommen wurde.

77 Vgl. HARRY LOEWEN, *Church and State in the Anabaptist-Mennonite Tradition: Christ Versus Caesar?*; in: *Baptism, Peace and the State*, 145–165.

78 Ebd., 146. Etwas euphorisch formuliert Loewen, dass sie zusammengenommen eine kraftvolle Stimme ergeben würden „... on behalf of the Kingdom of God and humanity on the highest decision-making levels of our time": Mennoniten mit ihrer historischen Friedensposition und ihrem traditionellem Skeptizismus gegenüber dem Wesen wie den Methoden zeitlich begrenzter Mächte; und Reformierte mit ihrer jahrhundertelangen Erfahrung in Regierungsverantwortung und politischer Mitbestimmung.

f. Ertrag: Gewaltfreiheit als regulatives Prinzip friedenskirchlicher Ekklesiologie

Gegenüber dem baptistisch-mennonitischen Dialog lassen sich wichtige Differenzierungen ekklesiologischer Aspekte aus friedenskirchlicher Perspektive festhalten. Zum Einen wird der Gemeinschaftsaspekt im Dialog mit den Reformierten abgegrenzt zu einem sakramentalen Verständnis. Kirchliche Gemeinschaft kommt nicht per se als Subjekt in Betracht, sondern die in Christus Zentrierten und durch den Geist Glaubenden. Zu fragen ist, ob nicht in einer trinitarisch begründeten Ekklesiologie gerade dieses differenzierte Gemeinschaftsverständnis umfassendere theologische Fundierung erfahren würde, bzw. sich daraus erst ihre Plausibilität erweisen ließe.

Zum zweiten kann durch die Berücksichtigung der Spannung von geglaubter und erfahrener Kirche im Dialog mit den Reformierten die Friedensethik differenzierter dargestellt werden. Der veränderte Kontext einer pluralistischen und säkularisierten Gesellschaft gegenüber der des 16. Jhs. ist berücksichtigt, so dass nicht das *corpus christianum* die Negativfolie ist, von der sich die mennonitische Position abhebt. Vielmehr ist gesellschaftliche Partizipation mit dem Ziele der Erneuerung angestrebt, worin sich die Verantwortung der Kirche zeigt. Christlicher Glaube hat in Bezug auf die herrschende Kultur transformierende Funktion.

Gewalt kann im Blick auf den Staat differenziert wahrgenommen werden. Dennoch bleibt der Gedanke der Gewaltfreiheit zentrales Axiom der friedenskirchlichen Ekklesiologie, weil Kirche in der Nachfolge sichtbares Zeugnis und Bekenntnis ist, in eschatologischer Antizipation des Reiches Gottes. Die Erläuterungen zum Taufverständnis können dabei als Illustration dienen. Nachfolge selbst ist hier als Prozess verstanden, in dem auch die Möglichkeit des Versagens mitgedacht ist – im Gegensatz zu einem perfektionistischen Gemeindeideal.

Anfragen bleiben im Blick auf die einseitige biblische Hermeneutik und die selektive Exegese. Dies verhindert eine Reflexion der bleibenden Erwählung des Volkes Israel im Gemeinschaftsaspekt und kann sozialethische Vorstellungen auch alttestamentlicher Texte daher nicht ausreichend berücksichtigen.

Im folgenden, wiederum stark simplifizierten Schema lässt sich zusammenfassend der jeweilige Ort der Ekklesiologie darstellen:

Reformierte Tradition:	Mennonitische Tradition:
sola scriptura → *solus Christus*	*sola scriptura* → *solus Christus*
↓	↓
Kirche als Volk Gottes	*Taufe in die Nachfolge*
↓	↓
Taufe auf den Glauben der Kirche	*Gemeinschaft als Neues Volk*
↓	↓
Transformation der Gesellschaft	*Transformation durch die Gemeinschaft*

V.3. Mennonitisch-Lutherischer Dialog

a. Der Gesprächskontext

Dialoge zwischen Lutheranern und Mennoniten fanden bisher lediglich auf nationaler Ebene statt: in Frankreich 1981–1984[79] und in Deutschland 1989–1992[80]. „Die Divergenzen hindern die totale Gemeinschaft", so das Oberkonsistorium der Lutherischen Kirche im Elsass in seiner Reaktion auf das Dialogergebnis (1985); ähnlich die Reaktion der Association des Eglises Evangéliques Mennonites de France (Mai 1986). Marc Lienhard betont, zur Bewertung des Dialogs müsse dennoch bedacht werden, dass man vom harten Gegeneinander des 16. Jhs. zu einer „Proexistenz" gelangt sei, „die mehr ist als fried-

---

79 Vgl. MARC LIENHARD u. PETER WIDMER, *Les entretiens luthéro-mennonites (1981–1984)*, Montbéliard 1984. Übersetzung in: *Gespräche zwischen Lutheranern und Mennoniten in Frankreich (1981–1984)*; in: NUSSBERGER (Hg.), *Wachsende Kirchengemeinschaft*, 172 ff.

80 Vgl. VEREINIGTE EVANGELISCH-LUTHERISCHE KIRCHE DEUTSCHLANDS (Hg.), *Bericht vom Dialog VELKD/Mennoniten 1989 bis 1992*, Hannover: Texte aus der VELKD 53/1993. Darin enthalten sind: *Bericht* über die Gespräche zwischen Vertretern der VELKD und der AMG von September 1989 bis Dezember 1992; *Gemeinsame Erklärung* der lutherisch-mennonitischen Gesprächskommission; *Empfehlungen* an die Gemeinden zur Gestaltung der gewachsenen Gemeinschaft zwischen Lutheranern und Mennoniten; *Lutherische Stellungnahme* zu den gegen die „Wiedertäufer" gerichteten Verwerfungen des Augsburger Bekenntnisses von 1530. Vgl. ergänzend: VELKD (Hg.), *Material über die Täuferbewegung zum Dialog VELKD/Mennoniten 1989–1992*, Hannover: Texte aus der VELKD 54/1993. Eine zusammenfassende Darstellung bietet MENNO SMID, *Der mennonitisch-lutherische Dialog*, in: HERMANN BRANDT u. JÖRG ROTHERMUNDT (Hgg.), *Was hat die Ökumene gebracht?* Fakten und Perspektiven, Gütersloh: Gütersloher Verlagshaus 1993, 43–52. LIENMANN, *Frieden*, 175 ff.

liche Koexistenz". „Das lutherisch-mennonitische Verhältnis in Frankreich stellt ein interessantes Beispiel von Anerkennung ohne wirkliche Kirchengemeinschaft dar ...".[81]

Ähnlich lautet auch das Ergebnis der Gespräche zwischen den betreffenden deutschen Kirchen. Obwohl der Dialog hier zunächst als „Kontaktgespräche" und nicht als offizielle „Lehrgespräche" geführt wurde, fragte man doch am Ende die jeweiligen „Kirchenleitungen", „ob nicht beim Stande der gegenwärtigen Klarstellungen auf den Gebieten der theologischen Lehre und der zwischenkirchlichen Beziehungen Kanzel- und Abendmahlsgemeinschaft zwischen der Vereinigten Evangelisch-Lutherischen Kirche Deutschlands (VELKD) und der Arbeitsgemeinschaft Mennonitischer Gemeinden in Deutschland (AMG) auf lutherischer Seite erklärt und auf mennonitischer Seite den Gemeinden empfohlen werden kann".[82] Aufgrund der Inkompatibilität von synodal/episkopaler Verfassung einerseits und kongregationalistisch/synodaler Struktur andererseits, sowie aufgrund bleibender Differenzen in Bezug auf die gegenseitige Anerkennung der Taufe, bzw. des nicht vollständig erklärten Verzichts der nochmaligen Taufe von mennonitischer Seite, wurde schließlich statt der vollen Kanzel- und Abendmahlsgemeinschaft eine „Eucharistische Gastfreundschaft" erklärt.[83] Dennoch haben die einzelnen Gemeinden der AMG die Freiheit, ihr Verhältnis zu lutherischen Kirchen und Gemeinden in einem Sinne zu ordnen, der der Kanzel- und Abendmahlsgemeinschaft entspricht. In einzelnen Fällen ist dies schon geschehen.[84]

Von mennonitischer Seite wurde zusätzlich erklärt, „dass auch in ‚offiziellen Lehrgesprächen' nichts anderes erklärt werden könnte als in den bisher geführten Gesprächen. ... Auseinandersetzungen über theologische und ökumenische Fragen (werden) in der Gemeinschaft der mennonitischen Gemeinden an anderer Stelle und in anderer Form geführt. ... Sie wächst unmittelbar

---

81 MARC LIENHARD, *Von der Konfrontation zum Dialog:* Die lutherischen Kirchen und die Täufer im 16. Jh. und heute; in: GÜNTHER GASSMANN u. P. NORGAARD-HOJEN (Hgg.), *Einheit der Kirche.* Neue Entwicklungen und Perspektiven, Frankfurt: Lembeck 1988, 37.

82 *Bericht,* 4. Bereits in der sprachlichen Gestaltung offenbaren sich Differenzen: Mennoniten bevorzugen die Rede von der ‚Gemeinde' im Gegensatz zu ‚Kirche', ‚Nachfolge' im Gegensatz zu ‚Heiligung', ‚Wort und Zeichen' im Gegensatz zu ‚Sakramenten'.

83 Vgl. hierzu bes. RAINER W. BURKART, *Eucharistische Gastfreundschaft.* Versöhnung zwischen Mennoniten und Lutheranern; in: ÖR 45/1996, 324–330: „Es kann ja nicht so sein, dass die kleinen Kirchen nur dann ‚dialogwürdig' sind, wenn sie sich in allem auf die Dialogstrukturen einlassen können, die von den ‚Großen' vorgegeben werden; zumal wenn ihre Kleinheit geschichtlich auf gesellschaftliche Diskriminierung zurückgeht, die durch die Vorfahren der heutigen großen Partner theologisch erst legitimiert wurde. Das Problem ist nicht gelöst"; ebd. 327.

84 *Bericht vom Dialog VELKD/Mennoniten,* 4.

aus dem Gespräch und der Zusammenarbeit mit anderen christlichen Gemeinden am Ort hervor. ... Die AMG kann nicht ... für die einzelnen mennonitischen Gemeinden verbindliche Ergebnisse von Lehrgesprächen feststellen und in einem rechtlich geordneten Verfahren rezipieren."[85]

Die Frage der Methodik bezüglich der Rezeption der Gespräche illustriert die radikal kongregationalistisch ausgerichtete Struktur der Mennoniten, die auf ekklesiologischen Prämissen basiert. Diese sollen im Folgenden unter Berücksichtigung der französischen wie der deutschen Gespräche herausgearbeitet werden.

Das Dokument der französischen Gespräche beginnt mit einem Blick auf „das geschichtliche Erbe" (I), das die Frage nach der Autorität der Schrift und der Glaubensbekenntnisse enthält. Im zweiten Teil (II) folgt die Darstellung des Dialogs: „Stand der Konvergenzen und Divergenzen". Hierzu wird nach Themen unterschieden: Das Heil in Jesus Christus, Anthropologie und Soteriologie, Taufe, Abendmahl, *Kirche*, gesellschaftliches und politisches Leben. Im dritten Teil (III) schließlich wird der Blick auf die „Koexistenz und Begegnung zwischen unseren *Kirchen heute*" gerichtet, um die Verwerfungen der *Confessio Augustana* (CA)[86] zu überprüfen und „pastorale Perspektiven" für das Leben der Kirchen, zu entwickeln.

Die Autorität der Glaubensbekenntnisse ist in beiden Traditionen dem *sola scriptura* nachgeordnet. Sie sind „Ausdruck der geschichtlichen und geographischen Einheit einer jeden unserer Gemeinschaften."[87] Die große Bedeutung der „Disziplin" bei Mennoniten, die sich aus der Stellung der lokalen Gemeinde sowie der *Gemeinderegel* ergebe, um zu einem ethischen Lebensideal zu führen, erfahre heute – zumindest in ihrer früheren Form – eine starke Infragestellung. Dies sei Beleg dafür, dass solche Ordnungen „auf lokaler Ebene ... in gemeinsamer Absprache korrigiert und verbessert werden" können.[88]

Dass es legitim sei, sich gegen Irrlehren abzugrenzen, wird von lutherischer Seite mit Mt 10,32 begründet und im Sinne der Intention zur Einheit der Kirche interpretiert:

(Karl Barth:) „Es ist offenbar gerade das Nein, durch das, indem es die vollzogene Entscheidung durch Nennung und Ablehnung der Gegenentscheidung als Entscheidung charakterisiert, in besonderer Weise die Klärung der unklar gewordenen Situation herbeigeführt werden soll. ... Und nun ist es nicht so, dass dieses Nein eine vorhandene Einheit aufheben und zerstören wollte und könnte und also als eine Sünde gegen die Liebe zu verurteilen wäre. Es ist vielmehr so, dass dieses Nein die verdunkelte kirchliche Einheit

---

85 Ebd.
86 In BSLK, a. a. O.
87 *Gespräche zwischen Lutheranern und Mennoniten in Frankreich*, 174.
88 Ebd., 175.

wieder herstellen will und kann, dass es also vielmehr als ein ausgezeichnetes Werk gerade der Liebe zu würdigen ist."[89]

Nicht im Blick ist, dass mit eben dieser Argumentation auch Täufer/Mennoniten die *Gemeinderegel* nach Mt 18 begründet haben und dies auch als Versuch des Gewaltverzichtes gedeutet werden kann (s. o. V.2.e.). Schließlich ging es auch hier um den Erhalt der inneren Einheit der Gemeinde. Der Unterschied ergibt sich in der Kriterienwahl: Hier ist die Orthopraxie das Kriterium für die Einheit, dort die Orthodoxie, hier kommt der versammelten Gemeinde oberste Autorität zu, dort der Kirchenleitung.

Dennoch wird von lutherischer Seite eingestanden und bedauert, dass die Verurteilungen durch die CA zur Verfolgung der Täufer beigetragen haben. Politischer Opportunismus[90] hätte dabei ebenso eine Rolle gespielt wie die schwer voneinander zu differenzierenden Gruppen des *linken Flügels der Reformation*.[91] Es folgt ein Schuldbekenntnis der lutherischen Seite.[92]

Auch für die deutschen Gespräche wurden die Verwerfungen durch die CA zum Anlass für Gespräche.[93] Neben dem Bemühen um ein besseres gegenseitiges Verstehen und einer rücksichtsvolleren Gestaltung in der Praxis sei zu prüfen, „ob die *gegenseitigen* Verwerfungen noch aufrechterhalten werden können."[94] Im Ergebnis führt dies zur lutherischen Stellungnahme, die Verwerfungen in der CA (Art. V, IX, XII, XVI, XVII) träfen die heutigen mennonitischen Gesprächspartner nicht (oder nicht mehr in demselben Maße, im Falle des Art. XVI:

---

89 vgl. BARTH, KD I/2, 704 f.

90 Als Beispiel wird die Verwerfung jener Gruppe genannt, die bereits im Reichstag zu Speyer (1529) zum Tode verurteilt worden war. Hier diente die wiederholte Verwerfung in der CA dem Nachweis der eigenen Rechtmäßigkeit der reformatorischen Bewegung im Reich, vgl. *Gespräche zwischen Lutheranern und Mennoniten in Frankreich,* 187.

91 Marc Lienhard fragt, ob denn davon ausgegangen werden könne, dass die Verwerfungen auf die damaligen Täufer zutrafen, wenn „keiner der verschiedenen Gruppen des *linken Flügels* durch *alle* diese Verwerfungen getroffen ist. Die verschiedenen angegriffenen Lehren sind effektiv von verschiedenen Repräsentanten des linken Flügels vertreten worden." LIENHARD, *Von der Konfrontation zum Dialog,* 29. Vgl. auch die *Lutherische Stellungnahme;* in: *Bericht vom Dialog VELKD/Mennoniten,* 14: „Wenn die CA als einzige zeitgenössische Kontrahenten die ‚Wiedertäufer' namentlich verwirft, so nimmt sie mit diesem Begriff eine Ketzerbezeichnung der alten Kirche auf und gibt ihr dadurch eine neue Bedeutung, dass sie darunter sehr unterschiedliche Gruppen und Lehren zusammenfasst, die in ihrem speziellen theologischen Anliegen und ihren Aussagen nicht oder nicht immer hinreichend wahrgenommen sind."

92 CA V, XII, XVI, XVII „betreffen" die mennonitischen Vereinigungen Frankreichs nicht, vgl. *Gespräche zwischen Lutheranern und Mennoniten in Frankreich,* 188.

93 Vgl. *Bericht vom Dialog VELKD/Mennoniten,* 1.

94 Ebd. (Hervorhebung FE).

De rebus civilibus)[95], und den „weiterhin bestehenden Unterschieden zwischen unseren Kirchen und Gemeinden wird keine kirchentrennende Bedeutung" zugemessen.[96]

In der entsprechenden Stellungnahme der AMG[97] wird zwar kein Schuldbekenntnis formuliert, aber in der Erklärung der gegenseitigen Einladung zum Abendmahl wird auch hier bekenntnisartig formuliert: „Auch wir sind schuldig geworden, weil wir uns oftmals als die treueren und tätigeren Christen verstanden und uns anderen gegenüber entsprechend verhalten haben."[98] Deutlich wird das Bewusstsein für die Gefahr eines elitären Bewusstseins. – Die Leitungsgremien der VELKD und der AMG machten sich die Dialogergebnisse zu eigen.[99]

Die *Gemeinsame Erklärung*[100] als ein Ergebnis der deutschen Gespräche gliedert sich in die Themen: Heilige Schrift – Wort Gottes und Heiliger Geist, Jesus Christus, Rechtfertigung und Heiligung (Nachfolge), *Kirche/Gemeinde, Kirche/Gemeinde und Staat,* Wort und Zeichen (Sakramente). Die Themenauswahl entspricht somit weitestgehend der der französischen Gespräche und deutet wichtige Übereinstimmungen und bleibende Differenzen (auch sprachlich) bereits an, wie im Folgenden dargestellt ist.

b. Das gemeinsame reformatorische Erbe: recte credere und recte vivere?

Zunächst berufen sich Lutheraner und Mennoniten gemeinsam auf das reformatorische Erbe[101], gemäß der Formulierung der Leuenberger Konkordie.[102] Gemeinsam gehen Lutheraner und Mennoniten aus

---

95 Vgl. *Lutherische Stellungnahme,* 14 ff. Schuldbekenntnis und Bitte um Vergebung in: *Erklärung der gegenseitigen Einladung zum Abendmahl* anlässlich der Gottesdienste der VELKD und der AMG sowie der Arnoldshainer Konferenz (Af) und der Evangelischen Kirche in Deutschland (EKD) am 17. und 24. März 1996 in Hamburg und Regensburg; in: VELKD (Hg.), *Eucharistische Gastbereitschaft,* Hannover: Texte aus der VELKD 67/1996, 26–28.
96 *Lutherische Stellungnahme,* 18.
97 Vgl. *Stellungnahme der Arbeitsgemeinschaft Mennonitischer Gemeinden* (AMG); in: Arbeitsgemeinschaft Mennonitischer Gemeinden in Deutschland K.d.ö.R. (Hg.), *Stimmen zum lutherisch-mennonitischen Dialog,* Hamburg (ohne Jahresangabe), 3 ff.
98 *Erklärung der gegenseitigen Einladung zum Abendmahl,* 28. „Viele Täufer und später die Mennoniten sahen mit Überheblichkeit auf die protestantischen Kirchen und wollten keine Gemeinschaft mit ihnen haben. Wir haben unser Verhältnis auf eine neue Grundlage gestellt." Ebd., 27.
99 Vgl. *Erklärung der gegenseitigen Einladung zum Abendmahl,* 26.
100 Vgl. *Gemeinsame Erklärung,* a. a. O.
101 Vgl. die Präambel der *Gespräche zwischen Lutheranern und Mennoniten in Frankreich,* a. a. O.
102 *Leuenberger Konkordie* 1973; in: HANS-WALTER KRUMWIEDE u. a., *Kirchen- und Theologiegeschichte in Quellen,* IV/2, Neuzeit, Neukirchen-Vluyn: Neukirchener 1989³, 213–219.

„von einer neuen, befreienden und gewissmachenden Erfahrung des Evangeliums. Durch das Eintreten für die erkannte Wahrheit sind die Reformatoren gemeinsam in Gegensatz zu kirchlichen Überlieferungen jener Zeit geraten. Übereinstimmend haben sie deshalb bekannt, dass Leben und Lehre an der ursprünglichen und reinen Bezeugung des Evangeliums in der Schrift zu messen sind."

Gemeinsam vertreten sie das *sola scriptura*. Ausleger der Schrift ist der Heilige Geist: „Er ist es, der uns in der Gemeinschaft den eigentlichen Sinn des biblischen Textes entdecken lässt und lehrt, der daraus ein Wort des Heils macht, das im Menschen den Glauben erweckt und ihn zu Christus führt."[103] Aber auch hier wird eine große Vielfalt der Auslegungen *innerhalb* beider Konfessionen erkannt.

Übereinstimmend bekennen sie die freie und bedingungslose Gnade Gottes im Leben, Sterben und Auferstehen Jesu Christi für alle, die diese Verheißung glauben und bezeugen.[104] Die Christologie wird in beiden Traditionen im klassischen reformatorischen Sinne vertreten.[105] Gottes rechtfertigendes Handeln wird von beiden auch auf den Prozess der Erneuerung des Menschen bezogen. Glaube und Handeln gehörten zusammen, auch wenn der Mensch ganz auf das Geschenk der Vergebung angewiesen bleibe. Das lutherische *simul justus et peccator* werde heute von Mennoniten („scheinbar") angenommen. – Diese vage Äußerung bedarf weiterer Klärung und stellt ein bisher vernachlässigtes Element friedenskirchlicher Überlegungen dar. Denn damit würden Mennoniten anerkennen, dass der Ort der Spannungen von Glaube und Erfahrung sich nicht auf den Dualismus von Kirche und Welt beschränkt, sondern auch im Individuum liegt. Das aber hat weitreichende Konsequenzen.

Scheinbar unüberwindbare Divergenzen ergaben sich im 16. Jh. in Positionen der Anthropologie und Soteriologie, die heute nicht mehr in so markanter Weise festzustellen seien, auch weil die Traditionen sich nicht homogen darstellen ließen. (Kritisch zu fragen wäre hier, ob dies jemals möglich war.) Mennoniten stimmen heute der Erbsündenlehre nach CA II,1[106] zu und die „erneute Prüfung der lutherischen

---

103 Ebd.
104 Vgl. Gemeinsame Aspekte im Aufbruch der Reformation, *Leuenberger Konkordie*, 214. „Mennoniten und Lutheraner sind sich einig in der reformatorischen Betonung der paulinischen Einsicht von der Rechtfertigung des Sünders allein aus Gnaden durch den Glauben." *Gemeinsame Erklärung*, 6.
105 Vgl. *Gespräche zwischen Lutheranern und Mennoniten in Frankreich*, 175–176 und *Gemeinsame Erklärung*, 5.
106 „Weiter wird bei uns gelehrt, daß nach Adams Fall alle Menschen, so natürlich geboren werden, in Sunden empfangen und geboren werden, das ist, dass sie alle von Muterleib an voll boser Lust und Neigung seind und kein wahre Gottesfurcht, keinen wahren Glauben an Gott von Natur haben können." CA II *De peccato originis*; in: BSLK, 53.

Theologie in der Frage nach dem Verhältnis von Glauben und Werken zeigt, dass es keinen bedeutenden Unterschied zwischen den lutherischen und mennonitischen Konzeptionen mehr gibt: ‚Wir erhalten das Heil ohne Werke, die Abwesenheit der Werke offenbart die Abwesenheit des Glaubens'".[107]

Mennoniten erläutern, es ginge ihnen nicht um das „Erreichen eines Ideals aus eigener menschlicher Kraft"[108], sondern Jesus Christus selbst wolle Gestalt gewinnen im Menschen. Damit ist der Hauptvorwurf der lutherischen Seite, nämlich der Werkgerechtigkeit, entkräftet, ebenso der Hauptvorwurf von mennonitischer Seite, die Vernachlässigung des Nachfolgegedankens. Es wird nicht verschwiegen, dass hier bleibende Gefahren der Einseitigkeit (Legalismus einerseits und „billige Gnade" andererseits) in den jeweiligen Konfessionen vorhanden sind. Für beide ist das Christusereignis nicht nur heilsbedeutsam, sondern für die Entwicklung einer christlichen Ethik auch richtungsweisend: „Das Erlösungswerk Jesu Christi kann nicht getrennt von seinem Wirken und seiner Verkündigung, insbesondere von seinem Ruf in die Nachfolge, gesehen werden."[109]

Hier lässt sich durch die Wahrnehmung der Argumentationen der anderen Seite eine wachsende Bereitschaft zu Differenzierungen in der eigenen Position feststellen, so dass nicht Spitzensätze weiter kontrastiert, sondern die gemeinsamen Prämissen betont werden, ohne den Blick für die jeweiligen Gefahren zu verlieren.

Festhalten lässt sich aber, bei aller grundlegenden Übereinstimmung im reformatorischen Verständnis von Christologie, Anthropologie und Soteriologie, eine bleibend unterschiedliche *Gewichtung* von Orthodoxie und Orthopraxie, was in Bezug auf die Ekklesiologie zu verschiedenen Modellen führt, bzw. aus den unterschiedlichen Gewichtungen in der Ekklesiologie folgt. Offen bleibt, ob dies jeweils schon als Kriterium der Ekklesialität verstanden werden soll. Unterstellt man dies, erhebt sich die Frage, ob die unterschiedlichen Gewichtungen nicht eigentlich aus verschiedenen Fragestellungen erwachsen: der Frage nach dem Heil und der Frage nach der *glaubwürdigen* Lebensgestaltung. Wenn in Bezug auf die Soteriologie gemeinsam formuliert wird, das Heil erhalte man ohne Werke, die Abwesenheit der Werke offenbare aber die Abwesenheit des Glaubens, sollte dann nicht in Analogie zur Ekklesialität der Kirche gesagt werden können: die Ekklesialität der Kirche ergibt sich nicht aus der Orthopraxie, aber die Abwesenheit der Orthopraxie offenbart die Abwesenheit der Ortho-

107 *Gespräche zwischen Lutheranern und Mennoniten in Frankreich*, 177.
108 Ebd.
109 *Gemeinsame Erklärung*, 5.

doxie? Damit wäre ein Zusammenhang von Ekklesiologie und Ethik formuliert, dem beide Konfessionen folgen können müssten.

c. Corpus permixtum und „bekennende Gemeinde" als komplementäre Aussagen?

„Lutheraner und Mennoniten verstehen die Kirche als Gemeinschaft der Gläubigen, die unter dem Hören des Wortes Gottes stehen und gemeinsam die Taufe und das Abendmahl, wie sie von Jesus Christus eingesetzt worden sind, feiern. Die Kirche kann nicht auf eine bloße menschliche Versammlung reduziert werden, sie ist die Gemeinschaft, in der Jesus Christus Heute gegenwärtig ist und handelt."[110] „Die Einheit der Kirche ist in Christus vorgegeben."[111]

Während für Lutheraner rechte Wortverkündigung und Sakramentsverwaltung ohne qualitative Unterschiede als konstitutive *notae externae* gelten, tritt bei Mennoniten die Antwort des Menschen auf Gottes vorausgehendes Wort hier doch scheinbar als Kennzeichen hinzu. „Für die Mennoniten wird die Kirche immer eine Gemeinschaft von Bekennenden sein ...".[112] Doch nur bei oberflächlicher Betrachtung ergibt sich hieraus eine entscheidende Differenz, denn auch für Lutheraner „kann die Kirche ihren Glauben bekennen, auch wenn sie Volkskirche ist. Sie urteilt über niemandes Glauben, verlangt aber von jedem Gläubigen, dass er seine Taufe lebt."[113] „Während sich die einen für eine bekennende Kirche mit strenger Disziplin und Unabhängigkeit gegenüber dem Staat einsetzen, betonen die andern eine pluralistische Kirche, oft an den Staat gebunden, aber aufgebaut durch das Wort und die Sakramente."[114]

Diese Unterscheidung „bekennende Kirche" – „pluralistische Kirche" bleibt problematisch, denn in anderen Zusammenhängen wird die Möglichkeit zur Pluralität in der mennonitischen Position deutlicher, gerade aufgrund ihrer kongregationalistischen Struktur. Und eine Ekklesiologie aus lutherischer Perspektive wird nicht auf den Bekenntnischarakter von Kirche verzichten.

Während Lutheraner aber in der Kirche immer schon das *corpus permixtum* voraussetzen, streben Mennoniten nach Verwirklichung der reinen Kirche.[115] Die Nicht-Kongruenz der Perspektiven wird hier am

---

110 Ebd., 183.
111 *Gemeinsame Erklärung,* 6.
112 *Gespräche zwischen Lutheranern und Mennoniten in Frankreich,* 183.
113 Ebd., 183.
114 Ebd., 191.
115 Dies kann wiederum am Gebrauch der *Gemeinderegel* illustriert werden: die Kirche „unterrichtet sie (sic. die Mitglieder) gemäß den Regeln des Evangeliums und fordert

deutlichsten und zeigt beiderseitige Defizite auf: Mennoniten können nicht ausschließen, dass auch ihre Ekklesiologie letztlich das *permixtum* anerkennen muss[116] (wenn die Spannung zwischen geglaubter und erfahrener Kirche reflektiert wird), während Lutheraner gleichzeitig auf das *Streben* hin zur reinen Kirche nicht verzichten werden können (wenn die Spannung als kreative Energie genutzt werden soll). Scheinbare Divergenzen in der Ekklesiologie werden zumindest in ihrem trennenden Charakter relativiert, wenn sie im Dialog als komplementäre Aussagen verschiedener Perspektiven wahrgenommen werden können. Der eigentliche Unterschied besteht dann im primären Reflexionshorizont: im einen Fall ist es die Gemeinde im Gegenüber zur Gesellschaft, im anderen die *Volkskirche* als Teil der Gesellschaft. Aber weder kann die mennonitische Gemeinde ihr Teilsein in der Gesellschaft leugnen, noch die lutherische Kirche eine bleibende Differenz zur Gesamtgesellschaft. Das weiterführende Gespräch verspricht gerade hier zu formulierbaren Konvergenzen zu gelangen.

Die Pneumatologie bietet sich als weitere Verständigungshilfe an: Gemeinsam kann von Lutheranern und Mennoniten unkonventionell formuliert werden: „Wir sind damit einverstanden, die Kirche als ein Aktionsfeld des Heiligen Geistes zu verstehen im Blick auf die Heiligung seiner Mitglieder. Die Kirche ist nicht vollkommen, sie bleibt ‚im Werden‘.“[117]

d. Taufe und Abendmahl als Verbindung von Glaube und Bekenntnis?

Die Taufe wird gemeinsam bekannt als „Zeichen des göttlichen Gnadenhandelns“[118], Sündenvergebung und Zusage des *Christus praesens* sowie als „Zeichen der Eingliederung in den Leib Christi“.[119] Sie stellt eine unwiderrufliche, unwiederholbare Handlung dar.[120] Die Taufe darf nicht getrennt vom Glauben gesehen werden. „Das persönliche Engagement ist notwendig, um ein Glied des Lei-

---

sie – wenn nötig – dazu auf, sich von denjenigen zu trennen, deren Verhalten dem Evangelium willentlich widerspricht.“ Ebd. Die Argumentation folgt dem des menn.-ref. Dialogs, s. o. V.2. Die *Konkordienformel*, 1577 (in: BSLK, 739 ff.) verwirft aber klar die Meinung der täuferischen Ekklesiologie: „dass dies keine rechte christliche Versammlung noch Gemeinde sei, in der noch Sünder gefunden werden.“ LIENHARD, *Von der Konfrontation zum Dialog*, 30.

116 Die „Praxis hat gezeigt, dass die sogenannte ‚Gläubigentaufe‘ keine Garantie für ein entschiedenes, persönliches Christenleben bietet.“ Ebd., 34.
117 Ebd.
118 *Gemeinsame Erklärung*, 8. Dies wird in Blick auf Taufe und Abendmahl gesagt.
119 *Gespräche zwischen Lutheranern und Mennoniten in Frankreich*, 178.
120 Gegen die „Wiedertaufe“, vgl. *Gespräche zwischen Lutheranern und Mennoniten in Frankreich*, 178; *Gemeinsame Erklärung*, 9; *Empfehlungen*, 12.

bes Christi zu sein"[121], bekräftigen Lutheraner und Mennoniten gemeinsam.

Es bleiben Divergenzen hinsichtlich der „theologisch sachgemäßen Reihenfolge von Bekenntnis und Taufe"[122]: Da Lutheraner den Aspekt von Gottes zuvorkommender Gnade betonten und die Kirche dem Täufling eine „Umgebung des Glaubens" biete, könnten Taufe und Bekenntnis zeitlich auseinander treten. Entsprechend sei das Verhältnis von Säuglingstaufe (die nicht als einzig gültige Form interpretiert wird) zur Konfirmation zu verstehen. Der lokalen Gemeinde kommt dadurch auch in dieser Tradition eine exponierte Funktion zu. Mennoniten sehen in der Erwachsenentaufe auf das Bekenntnis des Glaubens „die Gabe Gottes einerseits und die Antwort des Täuflings andererseits in sachlich und zeitlich gebotenem Zusammenhang"[123] als die in den ntl. Schriften am deutlichsten belegte Praxis. Der Glaube, der aus dem Hören des Evangeliums wächst und Werk des Heiligen Geistes ist, frage nach einer freien und verantwortungsvollen Entscheidung des Menschen zur Nachfolge. Im Bekenntnis komme die Bereitschaft zum Ausdruck, „durch seine Gaben dem Leben und Zeugnis einer lokalen Gemeinschaft (zu) dienen ... und mit seinen Brüdern gemäß den brüderlichen Verhaltensregeln (Mt 18) zu leben ...".[124] Gemeinde ist Bekenntnisgemeinschaft der freiwillig Nachfolgenden.

Auch hier ist zu fragen, ob die unterschiedlichen Aussagen vor allem durch die verschiedenen Perspektiven zustande kommen. Argumentiert die lutherische Seite stärker aus der Perspektive der Gemeinschaft, so ist es bei Mennoniten primär die Perspektive der Individuen. Erweist sich diese Beobachtung als richtig, so müsste der Fortschritt eines Dialogs gerade darin bestehen, die Komplementarität beider Perspektiven zu überprüfen.

Das lutherische, sakramentale Verständnis[125] wird von Mennoniten auch aus Furcht vor einem „magischen" Verständnis in Bezug auf das Abendmahl abgelehnt. Das Abendmahl sei dagegen eine der „Ordnungen", die im Leben der Gemeinde praktiziert würden. Die Eucharistie „... wirkt nicht die Gnade, sondern ist Symbol der Gnade".[126] Im Sinne eines Erinnerungsmahles ist die Realpräsenz Christi geistlich

---

121 *Gespräche zwischen Lutheranern und Mennoniten in Frankreich*, 178.
122 *Gemeinsame Erklärung*, 9.
123 Ebd.
124 *Gespräche zwischen Lutheranern und Mennoniten in Frankreich*, 180. Dass hier keine inklusive Sprache verwendet wird, deutet wohl auf traditionelle Formulierungen dieser Tradition hin, ist aber ohne einen solchen expliziten Hinweis missverständlich.
125 Entsprechend dem augustinischen *accedat verbum ad elementum et fit sacramentum*, vgl. *Gemeinsame Erklärung der lutherisch-mennonitischen Gesprächskommission*, 8.
126 *Gespräche zwischen Lutheranern und Mennoniten in Frankreich*, 181.

verstanden, nicht an die Elemente gebunden (gegen CA X[127]). Allerdings findet sich in der *Gemeinsamen Erklärung* eine für zukünftige Dialoge richtungsweisende Ergänzung: „Durch ein vertieftes Verständnis von Kommunikation hat sich auf mennonitischer Seite die Bereitschaft erhöht, zu verstehen, was ,Sakrament' meint, ohne dass dieser Begriff Eingang in ihren Sprachgebrauch gefunden hat."[128]

Hier ist demnach von beiden Seiten die gemeinschaftliche Dimension hervorgehoben. Sie drückt die Einheit jener aus, die durch Glauben und Taufe zu einem Leib Christi zusammengeführt wurden.[129] Von beiden Konfessionen wird betont: „Die Feier des Abendmahls lässt es zu, dass unterschiedliche Akzente im Erleben des Empfangens und in der menschlichen Antwort auf diese göttliche Gabe gesetzt werden: Sündenvergebung, Feier der Gegenwart Christi, Gedenken der Heilstaten Gottes, Gemeinschaftsmahl und endzeitliche Hoffnung gehören zusammen und dürfen nicht als Alternativen einander gegenübergestellt werden, selbst wenn sie in den jeweiligen Traditionen unterschiedlich wahrgenommen und betont werden."[130]

Die „traditionellen Lehrunterschiede (werden) nicht mehr als kirchentrennend angesehen ...; weil die durch Berufung übertragenen Dienste und Ämter gegenseitig anerkannt werden; und weil gegenseitig respektiert wird, was die jeweiligen Partner als Anliegen ihres Taufverständnisses entfalten".[131] Dieses Gesprächsergebnis zeugt von der Bereitschaft, die perspektivische Argumentation der jeweils anderen Seite zu akzeptieren, ohne die bleibenden Unterschiede aufzuheben. Nur so ist zu erklären, dass diese Differenzen nicht mehr als kirchentrennend interpretiert werden.

e. Gewaltverzicht als Merkmal der Friedenskirche: bleibende Differenz in der Perspektive?

Auch im Verhältnis von Kirche und Staat ist zunächst eine überraschend weitgehende Übereinstimmung festzustellen, die wohl dem (gegenüber dem 16. Jh.) veränderten soziologischen Kontext einer plura-

---

127 BSLK, *De coena domini*, 64 f.
128 *Gemeinsame Erklärung*, 8.
129 Hier wird explizit auf *Schleitheimer Artikel* III und Luther WA 41, 281 hingewiesen, vgl. ebd.
130 Ebd., 10. „Weil Lutheraner und Mennoniten gemeinsam bezeugen, dass Christus im Abendmahl als der Einladende ,durch sein verheißenes Wort mit Brot und Wein' (*Leuenberger Konkordie*, Zf. 15 und 18) gegenwärtig ist, und so im grundlegenden Verständnis des Abendmahls miteinander übereinstimmen, können sie einander zu ihren Abendmahlsfeiern einladen und auch miteinander das Abendmahl feiern.", ebd.
131 *Empfehlungen*, 12.

listischen, demokratischen Gesellschaft des 20. Jhs. zuzuschreiben ist.
Staat und Obrigkeit sind „von Gott geordnet und eingesetzt".[132] Jeder
Staat könne aber versucht sein, Macht zu missbrauchen. Dann solle
die Kirche dem Wort folgend Gott mehr gehorchen als den Menschen
(Apg 5,29). Denn die Kirche sei „Botschafterin des Reiches Gottes."[133]
Auch in partnerschaftlicher Zusammenarbeit zwischen Staat und Kir-
che sei daher kritische Distanz geboten, um den „prophetischen und
diakonischen Dienst erfüllen zu können."[134]

Das gemeinsame reformatorische Erbe ist aber von Lutheranern
und „Täufergemeinden" unterschiedlich vertreten worden. Die Täufer
des 16. Jhs. hätten das Modell der *Volkskirche* abgelehnt, jedenfalls
deren äußere Merkmale.[135] Kirche sei Zeichen der Gegenwart Christi.
In ihr trage jedes Mitglied Verantwortung für das Gemeinwohl, entsprechend der Charismen, die aber nicht Selbstzweck seien.[136] Der
Gemeinde kommt gegenüber der Gesellschaft Modellcharakter zu für
ein gemeinschaftliches Leben, ihre prophetische Funktion schließt den
Einsatz für Gerechtigkeit und Frieden ein. Unterschiede werden auch
in der Übernahme von politischen Ämtern (vgl. CA XVI[137]) sichtbar:
Obwohl Mennoniten (in Frankreich) dies nicht mehr im gleichen Umfang ablehnten, wie etwa die Schweizer Brüder des 16. Jhs., sei es für
sie „nach wie vor problematisch, ... irgendeine Gewalt auszuüben
oder jemanden zu töten und sei es auch im Dienste des Heimatlan-
des."[138] Lutheraner meinen dagegen – ähnlich der Argumentation von
reformierter Seite – Wehrlosigkeit könne zwar im persönlichen Leben
verwirklicht werden, aber Gewalt sei „zur Wiederherstellung des Friedens, zur Wahrung des Rechts und zum Schutz von Wehrlosen"[139]
nicht zu vermeiden. Sie unterscheiden zwischen „einem Handeln in
der Nachfolge Jesu Christi und einem Handeln in der Verantwortung
für die Welt ...".[140] Dieser, aus der *Zwei-Reiche-Lehre* stammenden
Differenzierung können Mennoniten nicht folgen. Auch in der Ver-

132 *Gespräche zwischen Lutheranern und Mennoniten in Frankreich,* 185. Dem Kaiser ist
„zu geben, was ihm gehört und Gott, was Gott gehört", ebd.
133 *Gemeinsame Erklärung,* 6.
134 Ebd., 7.
135 „... insbesondere die Säuglingstaufe sowie die staatliche Autorität in der Kirche, die
in ihren Augen nicht in Einklang zu bringen waren mit der Form der Kirche, wie
sie im Neuen Testament beschrieben wird." *Gespräche zwischen Lutheranern und
Mennoniten in Frankreich,* 173.
136 Ungewöhnlich ist hier die Nennung der Ämter: „Pfarrer, Älteste, Prediger, Dokto-
ren, Verwalter, Präsidenten, Evangelisten, Missionare ...", vgl. ebd., 184.
137 BSLK, *De rebus civilibus,* 70 f.
138 *Gespräche zwischen Lutheranern und Mennoniten in Frankreich,* 186.
139 *Gemeinsame Erklärung,* 8.
140 Ebd., 6.

antwortung für die Welt solle das Wort einzige Orientierung bleiben. Daraus folgt die „prinzipielle Ablehnung des Kriegsdienstes und die Berufung, als Friedenskirche zu leben und gewaltfreien Friedensdienst zu leisten."[141]

Aus dem alleinigen Herrschaftsanspruch Jesu Christi für *alle* Bereiche des Lebens ergibt sich ebenso stringent die Eidesverweigerung bei Mennoniten.[142] Lutheraner können aufgrund der „beiden Regierweisen Gottes"[143] auch dem Staat gegenüber Treue-Eide leisten.

Der prinzipielle Gewaltverzicht der Friedenskirche als Folge des Bekenntnisses zur Königsherrschaft Christi (im Gegensatz zur Zwei-Reiche-Lehre) wird zur Differenz, trotz scheinbarer Übereinstimmung in den entscheidenden reformatorischen Prinzipien. Die bisherigen Konvergenzen, die sich auch als komplementäre Perspektiven beschreiben ließen, werden dadurch wiederum relativiert. Hier scheint doch die entscheidende Differenz zu liegen: die jeweilige Perspektive bestimmende Voraussetzung zur eigenen Ekklesiologie. Denn es bleibt bei Mennoniten – trotz veränderter gesellschaftlicher Situation – bei der primären Perspektive „von außen", in der man gerade der Forderung nach Verantwortungsübernahme nachzukommen glaubt. Und bei Lutheranern bleibt es bei der Perspektive „von innen", trotz verändertem gesellschaftlichen Kontext. Von der transformierenden Kraft des Evangeliums ist – vergleichbar dem ref.-menn. Dialog (s. o. V.2.c.) – nicht die Rede. Der Blick auf die Frage nach dem Wesen der Kirche scheint den Blick auf mögliche Konvergenzen in der Gestaltung des Lebens der Kirche in einer säkularisierten, pluralistischen Gesellschaft zu versperren. Es bleibt zu prüfen, inwiefern sich diese Differenz wiederum relativieren würde, wenn der Dialog den Weg über die Beschreibung der jeweiligen Aufgabe der Kirche in der gegenwärtigen Gesellschaft gewählt hätte, also eher dem methodischen Ansatz der Mennoniten folgend.

f. Ertrag: Die Perspektive der Friedenskirche

Deutlicher als in den anderen Dialogen wird hier deutlich, wie sich aus der mennonitischen Tradition eine Ekklesiologie der *missionarischen Kirche* ergibt, obwohl sie im Laufe des 20. Jhs. in Teilen „volkskirchlichen Charakter" (im Sinne der Tradition) angenommen hat. Aus der lutherischen Tradition ergibt sich die Ekklesiologie einer *Volkskirche*, obwohl sie im säkularisierten Kontext gegenwärtiger Ge-

---

141 Ebd., 8
142 Nur in der deutschen Erklärung erwähnt.
143 *Gemeinsame Erklärung*, 7.

sellschaftsformen wieder mehr und mehr den „missionarischen Charakter" annimmt. Zumindest wird dies vehement eingefordert.[144] Diese
„soziologische Konvergenz" verdient m. E. stärkere Berücksichtigung
in weiteren Dialogen.

Dadurch lassen sich mehrere divergierende, früher kirchentrennende Aussagen als perspektivisch komplementär beschreiben. Das *recte
credere* und das *recte vivere* stehen nicht im Widerspruch zueinander,
sondern verhindern erst in ihrer Komplementarität die Gefahren der
Werkgerechtigkeit und der „billigen Gnade". In Analogie zur Ekklesiologie ließ sich das so beschreiben: Kirche als *corpus permixtum* und
als „bekennende Gemeinde" zeigen unterschiedliche Perspektiven auf
und führen erst dann zu Einseitigkeiten, wenn sie getrennt voneinander werden. In Taufe und Abendmahl kommt diese Komplementarität
nochmals zum Ausdruck durch die in den Sakramenten nicht voneinander zu trennenden Aspekte von Glaube und Bekenntnis. Hier ist
wiederum eine Schärfung und Differenzierung der friedenskirchlichen
Position im Dialog zu beobachten.

In dieser unterschiedlichen Perspektive liegt dann scheinbar doch
die Hauptdifferenz der mennonitischen und lutherischen Ekklesiologie, die in ethischen Fragen erst ihren trennenden Charakter offenbart.
Am deutlichsten zeigt sich dies in der Frage des Gewaltverzichts. Eine
Kirche, die den Anspruch der Volkskirche in sich trägt, muss zu
Erklärungen neigen, in welchen Fällen Gewalt angewandt werden darf
(vgl. früher die Lehre vom gerechten Krieg, freilich mit dem Ziel der
Gewalteingrenzung). Und eine „Bekenntniskirche"[145], nach ihrem
Selbstverständnis nachfolgende und prophetische Kirche, die den
volkskirchlichen Anspruch gerade ablehnt, wird performatives Modell
sein wollen für eine andere Qualität der Gemeinschaft, in der die
Ausübung von Gewalt keine Option mehr darstellt.

Der mit dem Modell der Volkskirche korrespondierenden „unterschiedslosen" Säuglingstaufe wird als Notwendigkeit das freie, individuelle Bekenntnis des Menschen gegenübergestellt. Die Praxis der
Glaubenstaufe Einzelner entspreche einer auf Sichtbarkeit der Nachfolge ausgerichteten Ekklesiologie. Zu fragen bleibt, wie der Gemeinschaftsaspekt bei diesem Taufverständnis zu beschreiben und theologisch zu begründen ist.

Im folgenden, stark simplifizierenden Schema ist wieder nach dem
Ort der Ekklesiologie in der jeweiligen Tradition gefragt:

---

144 Vgl. z. B. VOLKHARD KRECH, *Missionarische Gemeinde* – Bedingungen und Möglichkeiten aus soziologischer Sicht; in: SUNDERMEIER/FELDKELLER, *Mission in pluralistischer Gesellschaft*, 88–106. WOLFGANG HUBER, *Auf dem Weg zu einer missionarischen
Kirche*; in: ebd., 107–135.
145 LIENHARD, *Von der Konfrontation zum Dialog*, 35.

Lutherische Tradition:	Mennonitische Tradition:
sola scriptura → *sola gratia*	*sola scriptura* → *sola gratia*
↓	↓
Taufe/Kirche als corpus permixtum	*Glaube*
↓	↓
Glaube	*Bekenntnis/Taufe*
↓	↓
Nachfolge	*Nachfolgegemeinschaft*

V.4. Mennonitisch–Römisch-katholische Gespräche (seit 1998)

Im Oktober 1998 fand auf Anregung des Päpstlichen Rates zur Förderung der Einheit der Christen ein erstes offizielles Gespräch mit Vertretenden der Mennonitischen Weltkonferenz (MWC) in Straßburg statt.[146] Da hiermit erst der Anfang einer Gesprächsreihe eröffnet ist, kann noch nicht Vergleichbares zu den anderen bilateralen Dialogen gesagt werden. Die Zielrichtung ist aber im Untertitel angezeigt: „Unterwegs zu einer Heilung der Erinnerungen". Während der ersten vier Jahrhunderte seit der Reformation nahmen Mennoniten die römisch-katholische Kirche vornehmlich wahr als eine Institution, die in erheblichem Maße zu ihrer Verfolgung beigetragen hatte. Noch im *Mennonitischen Lexikon* wird resümiert: „Hier liegen unüberbrückbare Gegensätze zwischen Katholizismus und Täufertum vor".[147] Katholiken sahen in den Kirchen täuferischen Ursprungs vor allem schismatisierende Sekten, basierend auf einer pelagianisch ausgerichteten Theologie des freien Willens und der häretischen Ablehnung sakramental vermittelter Gnade.[148] Erst die durch das II. Vatikanische Kon-

---

146 Im Januar 1997 richtete EDWARD IDRIS CARDINAL CASSIDY durch einen offiziellen Repräsentanten eine Grußbotschaft an die MWC, u. a. aus *Unitatis Redintegratio*, 1, zitierend: „... It is our sincere hope that there will be other contacts between the Mennonite World Conference and the Catholic Church. We are convinced that it is the will of Christ that his disciples seek unity, for the scandal of division among Christians ‚provides a stumbling block to the world, and inflicts damage on the most holy cause of proclaiming the good news to every creature'..."; vgl. auch *Official communique* issued jointly by the Mennonite World Conference and the Pontifcal Council for Promoting Christian Unity; in: Courier, 4/1998, 12 ff. ANDREA LANGE, *Mennoniten und Katholiken im Gespräch*; in: Brücke, Jg. 14, 1/1999, 9.

147 *Mennonitisches Lexikon*, Bd. II, 472–474.

148 Vgl. IVAN J. KAUFFMAN, *Mennonite-Catholic Conversations in North America*: History, Convergences, Opportunities; in: One in Christ 34/1998, 220–246.

zil vollzogene Neuorientierung des Verhältnisses zu den anderen Konfessionen eröffnete auch eine veränderte Sicht auf die Kirchen täuferischer Tradition.[149] Die Gespräche begannen 1998 mit einer gegenseitigen Darstellung der je eigenen Konfession *in ihrer gegenwärtigen Gestalt.* Von hier aus wird der Blick ins 16. Jh. gerichtet: „Die Geschichte der katholischen, auch der protestantischen Reaktion auf die Täufer ist nicht nur mit Tinte, sondern auch mit Blut geschrieben worden".[150] Auf täuferischer/mennonitischer Seite trug stets ein mehr oder minder expliziter Antikatholizismus zur eigenen Identitätsbildung bei.[151] Diese gegenseitige historische Wahrnehmung soll erörtert werden. Ein mehrjähriger Gesprächsprozess ist dazu vorgesehen. Neben katholischem Amtsverständnis und mennonitischer Friedenstheologie sind als weitere Themen genannt: das Verhältnis von Schrift und Tradition, das Sakramentsverständnis (Taufe und Abendmahl) und Ekklesiologie.

Der Historiker Ivan J. Kauffman macht darüber hinaus fünf allgemeine Entwicklungstendenzen für eine veränderte Qualität der Begegnung aus:[152] die „Internationalisierung" der Kirche (ökumenische Bewegung), der Übergang von einer dogmatischen zu einer „historisch-intellektuellen" Perspektive, die Demokratisierung der Gesellschaft (die einerseits Bestätigung vieler Überzeugungen der Täufer des 16. Jhs. brachte, andererseits für Mennoniten eine kulturelle Transformation bedeutete, die Märtyrer-Mentalität hinter sich lassend), liturgische und spirituelle Veränderungen (Aufnahme von charismatischen, experimentellen und vorreformatorischen liturgischen Elementen) und schließlich die veränderte Einstellung zum Krieg auf katholischer Seite.[153] Auch hier führt die veränderte Situation der jeweiligen Konfession im Besonderen wie des geschichtlichen Kontextes im Allgemeinen zur Dialogbereitschaft.

---

149 Vgl. vor allem *Unitatis Redintegratio,* a. a. O. Vgl. auch EARL ZIMMERMANN, *Renewing the Conversation:* Mennonite Responses to Vatican II, zit. in KAUFFMAN, *Mennonite-Catholic Conversations in North America,* Anm. 12.

150 PETER NISSEN; in: Courier, 4/1998.

151 Vgl. NEAL BLOUGH; in: ebd.

152 Vgl. KAUFFMAN, *Mennonite-Catholic Conversations in North America,* 226 ff.

153 Vgl. vor allem das Dekret *Gaudium et Spes;* Die pastorale Konstitution der Kirche in der modernen Welt, Dekret über die Missionstätigkeit der Kirche (II. Vaticanum 1965), Luzern: München: Rex 1966. Der mennonitische Soziologe Paul Peachey lehrte über viele Jahre an der Catholic University of America, moderierte von 1967–87 einen informellen Gesprächsgang zwischen Vertretern der pazifistischen Position und solchen der Lehre vom gerechten Krieg. In diese Zeit fiel auch der viel beachtete Hirtenbrief der National Conference of Catholic Bishops *The challenge of Peace:* God's promise and Our Response, 1983, in dem der pazifistischen Option von röm.-kath. Seite erstmals offizielle Legitimität zuerkannt wurde.

Kauffman meint, es könnten sich Konvergenzen abzeichnen, die z. T. größere Nähe zum Katholizismus vermuten lassen als zu protestantischen Auffassungen. Diese lägen sowohl im Bereich der Ekklesiologie als auch in der Ethik:[154] (1) Die Betonung der Freiheit der Kirche von säkularer politischer Kontrolle; (2) die Überzeugung, dass die Kirche sowohl eine historische als auch spirituelle Realität ist; (3) die Notwendigkeit eines Aktes des freien menschlichen Willens zur Erlösung und (4), dass der christliche Glaube spezifische ethische Implikationen für alle Bereiche des Lebens beinhaltet. – Allerdings ist kritisch zu fragen, welche Realität protestantischer Kirchen der Autor vor Augen hat und inwiefern Aussagen aus anderen Dialogen damit widersprochen würde. Die gravierendsten Unterschiede zwischen beiden Traditionen dürften in der unterschiedlichen Wertung von Dogma/Tradition und Erfahrung für die kirchliche Lehre liegen, sowie in der Ekklesiologie (Ämter, Struktur, Universalität, etc.) und dem Sakramentsverständnis.

In der Methodik ergibt sich die besondere Herausforderung, wie eine „top-down" hierarchisierte Kirche mit einer „bottom-up" strukturierten, kongregationalistischen Kirche in ein sinnvolles Gespräch eintreten kann. Wie können die Erinnerungen dieser schmerzvollen Beziehung geheilt werden? Inwiefern ist die enorme Disparität der Mitgliederzahlen zu berücksichtigen?

„Verständigung und Versöhnung sind ... das Ziel des Dialogs".[155] Neu ist in jedem Fall bereits jetzt die offizielle Anerkennung der Mennoniten von röm.-kath. Seite als Kirche durch den Eintritt in den Dialog – jedenfalls scheint das die Wahrnehmung der mennonitischen Seite zu sein: „I learned that without hesitation or reservation our Roman Catholic partners in dialogue accept us as Christian brothers and sisters and regard the mennonite's communion (MWC) as ‚church' as well."[156]

---

154 KAUFFMAN, *Mennonite-Catholic Conversations in North America*, 223–224.
155 Ebd.
156 HELMUT HARDER, *Towards Healing of Memories*, in COURIER, 4/1998, 12. Vgl. dagegen die Erklärung *Dominus Jesus*. Über die Einzigartigkeit und die Heilsuniversalität Jesu Christi und der Kirche, hg. von der Kongregation für die Glaubenslehre. Verlautbarungen des Apostolischen Stuhls 148, August 2000, 22–23. Demnach kann allenfalls, aufgrund der einen Taufe, von einer *Gemeinschaft* der Kirchen ausgegangen werden (s. u. VI.2.).

V.5. Zusammenfassung: Aspekte und Defizite einer Ekklesiologie aus friedenskirchlicher Perspektive

Abschließend sollen nun die Ergebnisse der Beobachtungen aus den bilateralen Dialogen zusammengetragen werden, um Aspekte und Defizite einer Ekklesiologie aus täuferisch-mennonitischer Perspektive herauszustellen. Dies soll im Blick auf Methode und Inhalt geschehen. Durch die unterschiedlichen Gesprächspartner zeichnet sich ein komplementäres Bild ab, denn je nach Position der Gesprächspartner werden unterschiedliche Akzente und Differenzierungen herausgearbeitet, die sich nicht widersprechen, sondern je andere Aspekte einer Ekklesiologie aus friedenskirchlicher Perspektive zur Sprache bringen.[157]

Im Durchgang der bilateralen Dialoge wurde deutlich, wie stark die täuferisch-mennonitische Tradition nicht nur historisch, sondern auch theologisch in der reformatorischen Bewegung zu verorten ist.[158] Die leitende Grundvoraussetzung des *sola scriptura* und des sich daraus ergebenden *solus Christus*, des *sola gratia* und *sola fide* werden ungemindert vertreten. Da sich hieraus aber noch nicht eine einzig mögliche ekklesiologische Ableitung ergibt, bleiben hier die stärksten Differenzen unter den reformatorischen Kirchen.

a. Dialogfähigkeit – wie verbindlich ist diese Position?

Die Methodik in allen Gesprächen will vorrangig die gegenwärtige Gestalt der jeweiligen Konfession darstellen und sucht diese ins Gespräch zu bringen. Der veränderte Kontext gegenüber früheren Auseinandersetzungen wird stets berücksichtigt und ermöglicht einen erneuten und veränderten Zugang sowie die Wahrnehmung konfessioneller Größen als pluralistische Systeme, so dass sie nicht auf ihre Lehre reduziert werden. In Schuldbekenntnissen und Erklärungen wird erkennbar, dass etwaige Verwerfungen aus früheren Bekenntnisschriften die heutigen Partner nicht mehr treffen, obwohl Differenzen

---

157 In manchen Fällen haben bilaterale Dialoge in der Ökumene zu erheblichen Irritationen geführt, wenn die Frage ungeklärt blieb, in welchem Verhältnis Aussagen und vor allem zwischenkirchliche Vereinbarungen stehen, die mit einem Dialogpartner eingegangen werden, wenn dieser gleichzeitig mit anderen Partnern Vereinbarungen eingeht, dieser Dritte aber mit dem ersten keine Klärungen vorgenommen hat. Vgl. zu dieser Problematik z. B. ANDRE BIRMELE, *Zur Kompatibilität der internationalen zwischenkirchlichen Dialoge*; in: ÖR 42/1993, 305–307; OLIVER SCHUEGRAF, *Der Kirche Gestalt geben. Die Ekklesiologie in den Dokumenten der bilateralen Konsensökumene.* Jerusalemer theol. Forum Bd. 3, Münster: Aschendorff 2001.

158 Für das menn.-röm.kath. Gespräch bleibt diese Bewertung noch abzuwarten, doch lässt sich vermuten, dass gerade in diesem Gegenüber auf das reformatorische Erbe Bezug genommen wird.

beschreibbar bleiben. Vorrangig ist dabei aber die Frage nach ihrem kirchentrennenden Charakter.

Diese Methodik kommt dem Selbstverständnis der Tradition der Friedenskirche entgegen, in der Bekenntnisschriften im Lichte besserer Erkenntnisse relativiert bzw. korrigiert werden können und der aktuelle Gemeindekontext den Interpretationsrahmen theologischer Explikationen bietet. Dies kann als eine wesentliche Voraussetzung gesehen werden für das Theologisieren aus friedenskirchlicher Perspektive: die fortwährende Selbsterneuerung in der Auseinandersetzung zwischen den Polen biblischer Zeugnisse, der Tradition und gegenwärtigem Kontext, einschließlich der „Konvivenz" mit anderen Konfessionen. Hierin findet das reformatorische Prinzip *ecclesia semper reformanda* seine konsequente Anwendung. Diese Suche nach Erneuerung bereitet Möglichkeiten zu Diskursen, in denen Differenzierungen und auch Korrektive der eigenen überkommenen Überzeugungen durch andere möglich werden. Hierin beweist die Friedenskirche ihre Dialogfähigkeit. Voraussetzung ist, dass es ihr gelingt, die Reduktion auf die versammelte Gemeinde als hermeneutische Gemeinschaft ständig aufzubrechen durch die Begegnung mit anderen Gemeinden, dass die weltweite Gemeinschaft der Kirchen im Blick bleibt und die universale Kirche Christi auch theologisch reflektiert wird.

Die Frage nach der Verbindlichkeit dieser Position bleibt allerdings offen. Denn wenn es keine Autorität außerhalb der lokalen Gemeinde selbst geben kann, mit welcher Legitimation kann dann diese Tradition als Gesamtgröße im Dialog mit Anderen Aussagen und Vereinbarungen treffen, die Gültigkeit für alle Gemeinden haben? Wie verlässlich ist dieser Gesprächspartner für andere?

b. Gemeinschaftsaspekt – auch im Blick auf andere?

Gegenüber der baptistischen Tradition wird der Gemeinschaftsaspekt exponiert. Nicht die Bekehrung der Einzelnen, sondern der freiwillige Eintritt in die nachfolgende, karitative Gemeinschaft steht im Vordergrund, deren Mission der Einsatz für Gerechtigkeit und Frieden ist. Der Gemeinschaftsaspekt in der Ekklesiologie wird dadurch gegenüber der baptistischen Tradition aufgewertet, da sie den Interpretationsrahmen bietet für Tauf-, Abendmahls- und Amtsverständnis. Im Dialog mit den Reformierten lässt sich eine weitere Ausdifferenzierung beobachten, um einem sakramentalen Verständnis von Kirche entgegen wirken zu können. Hier kann das individuelle Bekenntnis betont werden, um die freiwillige Bereitschaft (Freiheit des Gewissens) zum Eintritt in die Gemeinschaft der Gläubigen in Form der Erwachsenentaufe zu dokumentieren. Im Unterschied dazu bezog sich die Betonung des Individuums bei Baptisten vor allem auf die Soteriologie.

Es stellt sich die Notwendigkeit einer kohärenten Darstellung und theologischen Gründung dieses differenzierten Gemeinschaftsaspektes. Das Defizit zeigt sich in der Reduktion auf die versammelte Gemeinde als einzig reflektierte ekklesiale Realität. Es fehlt die Entfaltung friedenskirchlicher Ekklesiologie auch hinsichtlich der Gemeinschaft der Kirchen, sowie der Beziehung von Kirche und Welt.

c. Gewaltfreiheit – gegründet in der Sozialität Gottes?

Im Gespräch mit der reformierten Tradition wird der gemeinsame Charakter reformatorischer Theologie besonders deutlich. Hier finden sich wie in keinem der anderen Dialoge größte Übereinstimmungen. Die Methodik des Dialogs verhindert eine simple Definition im Gegenüber zum *corpus christianum* und ermöglicht darum hinsichtlich sozialethischer Positionen Konvergenzen, denn für beide Traditionen ist die gesellschaftliche Partizipation der Kirche ebenso selbstverständlich wie die transformierende Funktion gegenüber der Gesamtgesellschaft. Dies korrespondiert mit einer Ekklesiologie der Diskontinuität gegenüber der gegenwärtigen Kultur. Für die Friedenskirche schließt dies freilich die Verpflichtung zur Gewaltlosigkeit mit ein, als *nota externa* der Kirche, in eschatologischer Antizipation des Reiches Gottes. Daraus muss nicht ein perfektionistisches Ideal nur der geglaubten Kirche entstehen, sondern aufgrund der Berücksichtigung des Prozesscharakters der Nachfolge bleibt auch das Versagen der erfahrenen Kirche thematisiert.

Wenn der zuvor erwähnte Gemeinschaftsaspekt in einer Ekklesiologie aus friedenskirchlicher Perspektive eine ausgeprägtere theologische Gründung erfahren könnte, dann ist auch zu prüfen, inwiefern der Aspekt des prinzipiellen Gewaltverzichts damit korrespondiert. Denn eine nicht nur auf die eigene Konfession ausgerichtete Gemeinschaft müsste auch Gewalt als prinzipielle Unterbrechung von Gemeinschaft thematisieren. Es wird im ökumenischen Diskurs zu prüfen sein, inwieweit eine die Sozialität Gottes berücksichtigende und trinitarisch gegründete Ekklesiologie, gerade diese beiden Aspekte kohärent zu begründen hilft.

d. Perspektivität – in der „Exilsexistenz"?

Die Konfrontation mit der lutherischen Vorstellung des *corpus permixtum* verdeutlicht den auf die sichtbare Kirche angelegten Versuch einer „bekennenden Kirche" und offenbart gleichzeitig die Komplementarität der Aussagen aus lutherischer und mennonitischer Tradition. Erst in ihren ethischen Konsequenzen wird deutlich, dass die Hauptdifferenz in der unterschiedlichen Perspektive zu bleiben scheint. Die Friedenskirche ist ihrem Selbstverständnis nach immer schon Kontrastgesellschaft, ohne den Anspruch, Stimme der ganzen Gesellschaft zu sein, sondern mit dem Auftrag, bekennende und prophetische Stimme ihr gegenüber zu bleiben. So will sie ihrer Verantwortung in der Gesellschaft gerecht werden.

Diese genuine Verhältnisbestimmung von Orthopraxie und Orthodoxie innerhalb der reformatorischen Kirchen spiegelt den Versuch wider, Kirche glaubwürdig und authentisch zu leben. Die für Täufer/Mennoniten einst in der Situation der verfolgten Kirche (wieder)gefundene Perspektive wird in der säkularisierten und pluralisierten Gesellschaft neu und anders auszulegen sein. Damit ist ein Bewusstsein erhalten, dass gerade in der Auseinandersetzung mit dem neuzeitlichen, nach-modernen Kontext eine wichtige Erfahrung bereit hält. Die strikte Weigerung, Wesen und Funktion der Kirche so zu trennen, als könne man das Erste definieren, ohne gleichzeitig auch zu sagen, wie dies die damit korrespondierende soziale Größe in ihrem Verhalten bestimmen wird, bewahrt vor der Gefahr einer vom Erfahrungshorizont getrennten Definition des Wesens von Kirche einerseits und vor der Gefahr einer rein sozialethisch ausgerichteten Funktionalität der Kirche andererseits, sowie vor einer Negierung der in der Gegenwart zum Ausdruck kommenden eschatologischen Hoffnung.

Defizitär bleibt die nicht entwickelte Reflexion über das Verhältnis zu Israel. Dabei bietet gerade die Exilserfahrung Israels einen möglichen „Anknüpfungspunkt", den Ort der Friedenskirche in der Gesellschaft in Analogie zu beschreiben. Das Zeugnis der Historischen Friedenskirchen hat sich diesem Bewährungsfeld noch nicht gestellt, weil es in der Vergangenheit vermutlich zu stark in Opposition zu den anderen protestantischen Konfessionen verharrte und fast ausschließlich an diesem Gegenüber seine Positionen entwickelte. Durch die festgestellten Konvergenzen in bilateralen Dialogen wird aber die Dringlichkeit deutlich, friedenskirchliche Ekklesiologie im Blick auf einen weiteren ökumenischen Horizont zu entwickeln.

Diese Aspekte sollen in die ökumenische Diskussion eingebracht werden, und es ist zu prüfen, inwiefern der gesamtökumenische Diskurs zur Ekklesiologie als Ergänzung, bzw. als Korrektiv auf die friedenskirchliche Ekklesiologie wirken kann. Das soll im folgenden Kapitel ansatzweise ausgeführt werden.

VI. Ausblick: Ekklesiogenese aus friedenskirchlicher Perspektive in trinitarischer Gründung

Nachdem in einem ersten Schritt die Diskussion um die Ekklesiologie im Horizont der Ökumene aufgezeigt wurde und die bleibenden Herausforderungen identifiziert sind, und in einem zweiten Schritt die Perspektive der Historischen Friedenskirche in ihrer konfessionellen Näherbestimmung dargestellt und diskutiert worden ist, auch nach ihrem genuinen theologischen Ansatz und ihren Diskussionsbeiträgen in ökumenischen Dialogen gefragt wurde, sollen diese Beobachtungen nun gebündelt und zusammengeführt werden. Ziel ist es zum einen, potenzielle Aspekte der friedenskirchlichen Position in die ökumenische Diskussion einzuführen, um zu sehen, inwiefern der Beitrag dieser Denominationen zur Diskussion bleibender Fragen beitragen kann, bzw. diese dadurch neu gewichtet werden. Dabei wird der Blick vor allem auf die herausgearbeiteten Aspekte zu richten sein: Gemeinschaft als versammelte Gemeinde, die leitende theologische Prämisse der „Königsherrschaft Christi" (Perspektivität), die „Kreuzesnachfolge" (Gewaltfreiheit) sowie die Methode systematischen Theologisierens. Zum anderen soll geprüft werden, inwiefern sich aus der ökumenischen Diskussion Korrektive ergeben für die benannten Defizite einer Ekklesiologie aus friedenskirchlicher Perspektive. Hier stehen die Fragen nach der Einheit und der Katholizität der Kirche in einer trinitarisch gegründeten[1] Koinonia im Vordergrund, der Zusammenhang von Ekklesiologie und Ethik sowie der Prozess der Ekklesiogenese. Dabei gilt es die grundsätzlichen Vorüberlegungen zum Spannungsverhältnis von geglaubter und erfahrener Kirche zu berücksichtigen.

VI.1. Koinonia: differenzierte Gemeinschaft (communio trinitatis)

Für die Friedenskirchen und auch die Freikirchen allgemein hat das Dogma der Trinität nie eine vergleichbare Rolle gespielt wie für die *main-line churches*. Die Gründe hierfür sind vielfältig: die stärkere

---

1 Der ungewöhnliche Terminus der Gründung soll gleichzeitig ausdrücken: (1) Grund *(foundation)* und (2) Begründung *(reason)*.

Betonung der Jesus-Narrationen gegenüber metaphysischen Spekulationen, die vordringliche Suche nach der Gestaltung des christlichen Lebens und die Frage nach der Berufung der Kirche im Gegensatz zu Überlegungen über das Wesen Gottes, sowie die Verortung der klassischen Trinitätsverständnisse in der Zeit der Konstantinischen Wende (trinitarische und christologische Streitigkeiten), die zur Chiffre für die „Gefangenschaft" der Staatskirchen wurde[2] und damit einhergehend eine größere Distanz zu den altkirchlichen Symbolen.

Für die ökumenische Diskussion ist das Koinonia-Konzept in seiner trinitarischen Gründung dagegen wegweisend geworden.[3] Daraus lässt sich ein Gemeinschaftsmodell ableiten, dass sowohl die Einheit bei aller Pluralität sichert, als auch die Pluralität vor Uniformierungstendenzen bewahrt. Die perichoretisch vorgestellte Beziehung der gegenseitigen Durchdringung und Einwohnung der trinitarischen Personen von Vater, Sohn und Geist wird zum „Vorbild". Diese Vorstellung wahrt das Personsein der einzelnen Glieder in der göttlichen Trinität, welches durch ihre Relationalität erst konstituiert wird. Und gleichzeitig ist die Gemeinschaft konstituiert durch die bleibende Personhaftigkeit. Person ohne Relation ist dann nicht denkbar, aber auch keine Relation ohne Person. Person und Relation verhalten sich komplementär zueinander.[4] Durch diese paradoxe Sprachform wird die Sozialität Gottes aussagbar und eine hierarchische Vorstellung jedweder Herrschaft oder Subordination verhindert. Personalität und Sozialität, Eigenständigkeit und Bezogensein, Abgrenzung und Offenheit, Identität und Kommunikation können so in ihrer Komplementarität erfasst werden. Im Blick auf die Ekklesiologie lässt sich daraus ein Modell der „differenzierten Gemeinschaft" (M.Volf) ableiten.[5]

Dadurch ist auch sichergestellt, dass der Satz von der Erwählung, das Motiv der Inkarnation und das Ereignis von Pfingsten zusammengehalten werden.[6] Denn eine durch die Koinonia-Vorstellung qualifizierte Beziehung lässt sich auch auf die Ebene der Beziehung Gott-Mensch applizieren. Durch die *participatio* an der Wirklichkeit Gottes wird der Mensch selbst zum Koinonia-förmigen Wesen[7], wird der Mensch in seinem Personsein konstituiert und somit erst gemeinschaftsfähig. Hierin liegt die Würde des Menschen begründet und gleichzeitig sein notwendiger Gemeinschaftsbezug.[8] Der Geist wirkt

---

2 S. o. III.2.b. und EXKURS in IV.
3 S. o. I.2.4.
4 So auch MOLTMANN, *Trinität und Reich Gottes*, a. a. O.
5 VOLF, *Trinität und Gemeinschaft*, 179.
6 S. o. I.1.a.–c.
7 S. o. I.2.4.b.
8 Vgl. hierzu die Beiträge in CHRISTOPH SCHWÖBEL and COLIN E. GUNTON (eds.), *Persons, Divine and Human*. Edinburgh: T&T Clark 1991.

die Gemeinschaft der Menschen (Personen) und fügt sie zusammen zum „Leib Christi", der Kirche: er wohnt der Kirche ein und bleibt ihr doch gegenüber. Dies konstituiert die Koinonia der Menschen, die sich gegenseitig Person durch Relation werden. Dadurch lässt sich auch die Gemeinschaft der Kirchen in ihren bleibend unterschiedlichen kontextuellen und traditionellen Ausprägungen als Einheit beschreiben, denn durch die Relation ist die Katholizität in der Lokalgemeinde vollständig präsent, ihre Ekklesialität ergibt sich durch die Versammlung *in Seinem Namen* (Mt 18,20) an jedem Ort, wodurch Universalität und Partikularität zusammengehalten sind.

Vgl. im Gegensatz dazu die RÖMISCH-KATHOLISCHE POSITION: Joseph Kardinal Ratzinger[9] ordnet – entsprechend der westlichen Tradition – die Substanz Gottes den göttlichen Personen vor. Die göttlichen Personen gehen dann vollständig auf in den Relationen: *persona est relatio*. Der Vater wird zur Vaterschaft, der Sohn zur Sohnschaft und der Geist zum Hervorgang. Analog dazu denkt Ratzinger die ekklesialen Strukturen: Der *einen* Substanz Gottes entspricht die *eine* Kirche, die mit Christus zusammen als ein einziges Subjekt gedacht wird. Hieraus ergibt sich die monistische Struktur der Kirche. Der eine Christus wird in der einen Kirche von dem einen *vicarius* repräsentiert: der Papst in der Universalkirche, vorgeordnet dem Bischof in der Lokalkirche. Die Relationen zwischen Papst, Bischöfen und Gemeinden sind untereinander zwar derart, dass sie ganz in ihnen aufgehen, wodurch die Hierarchien teilweise relativiert werden. Dennoch bleibt in dieser Interpretation der Eine den Vielen vorgeordnet, die Universalkirche bleibt immer vor der Lokalkirche.

Für die ORTHODOXE POSITION ist in der Ökumene bezüglich des Verhältnisses von Kirche und Trinität vor allem Metropolit Ioannes D. Zizioulas[10] zum Sprecher geworden: Er orientiert sich am griechischen Denken der Kappadozier und favorisiert nicht die Priorität der *Substanz* Gott, sondern betont zunächst die Partikularität der Person. Das Sein Gottes des Vaters fällt mit seinem Personsein zusammen. Hierin kommt die Einzigartigkeit zum Ausdruck. Diese Identität ist aber nicht isoliert als objektive Ontologie zu beschreiben, sondern immer in Relation, denn Beziehung ist nicht eine Folge

---

9 Vgl. JOSEPH RATZINGER, *Einführung in das Christentum.* Vorlesungen über das Apostolische Glaubenszeugnis. München: Kösel 1968. DERS., *Das neue Volk Gottes.* Entwürfe zur Ekklesiologie, Düsseldorf: Patmos 1969. DERS., *Theologische Prinzipienlehre.* Bausteine zur Fundamentaltheologie, München: Erich Wewel 1982; DERS., *Zur Gemeinschaft gerufen.* Kirche heute verstehen, Freiburg: Herder 1991. Vgl. dazu auch VOLF, *Trinität und Gemeinschaft,* Kapitel I, 26 ff.

10 Vgl. v. a. JOHN D. ZIZIOULAS, *Being as Communion.* Studies in Personhood and the Church. Crestwood: St. Vladimir's Seminary Press 1985 (1993²). DERS., *Die Kirche als Gemeinschaft,* in: *Santiago de Compostela,* a. a. O., 95–104. DERS., *The Doctrine of the Holy Trinity.* The Significance of the Cappadocian Contribution; in: SCHWÖBEL, *Trinitarian Theology Today,* 44–60. Zur Rezeption vgl. auch VOLF, *Trinität und Gemeinschaft,* Kapitel II, 70 ff.

des Seins, sondern *ist* Sein ("the *hypo-static* and the *ek-static* have to coincide"[11]). *In diesem Sinne* ist die eine Person des Vaters bedingt durch die anderen Personen, Sohn und Geist. Als *fons et origo trinitatis* bleibt der Vater aber den anderen "vorgeordnet" und gleichzeitig bedingt. D. h. der Eine ist durch die Vielen *bedingt,* die Vielen aber sind von dem Einen *konstituiert.* Entsprechend der Inbeziehungsetzung Gottes zu den anderen göttlichen Personen gestaltet sich auch die zwischen Christus und den Vielen in der Kirche. Erst durch Christus ist Kirche konstituiert. Dieses Modell bezeichnet M.Volf als "eingeschränkte Subordination". "Die communio wird immer durch ein asymmetrisch-reziprokes Verhältnis von dem Einen und den Vielen strukturiert".[12] Kirche ist bei Zizioulas *imago trinitatis,* eine Ikone der Trinität.[13]

Für die friedenskirchliche (hier mennonitische) Position wurde deutlich, welch entscheidende Rolle der Gemeinschaftsaspekt in verschiedenen Dimensionen spielt: in der antihierarchischen (und antiklerikalen) Betonung der versammelten Gemeinde als hermeneutische Gemeinschaft, in dem idealen Anspruch einer Gemeinschaftsethik innerhalb der Kirche, die als prophetisches Zeichen sichtbar die Kontrastgesellschaft lebt, in dem Einheitsgedanken ethischer Verpflichtung durch den auf Gottes Gnade antwortenden Bekenntnisakt in der Taufe sowie im Gegenüber zu einem individuellen Heilsverständnis, das den Einsatz für Gerechtigkeit und Frieden zu vernachlässigen droht. Damit ist in dieser Position eine Explikation des ethisch ausgerichteten, lokalen und erfahrungsbezogenen (hermeneutischen) Gemeinschaftsverständnisses gegeben, das eine Ergänzung darstellt zu der vornehmlich ontologisch beschriebenen trinitarischen Koinonia in der ökumenischen Diskussion. Der individuelle Bekenntnisakt in der Glaubenstaufe illustriert die Freiwilligkeit des Individuums in diesem differenzierten Gemeinschaftsverständnis und dokumentiert die bleibende Eigenständigkeit der Person durch den frei-willigen Eintritt in die Koinonia der Kirche.

Die Defizite, die sich daraus in der friedenskirchlichen Position ergaben, waren ebenso vielschichtig: Wie kann der Absolutheitsanspruch der Lokalgemeinde aufgebrochen werden, so dass sich ein mögliches Korrektiv im Blick auf die Katholizität der Kirche ergibt? Damit verbunden war die Gefahr eines nahezu sakramentalen Verständnisses von Gemeinde, wenn diese als eigenständiges Subjekt erscheint. Wie kann Autorität in dieser Gemeinschaft so definiert werden, dass es nicht zum Diktat der Mehrheit kommt (oder zur nicht-

---

11 JOHN D. ZIZIOULAS, *On Being a Person:* Towards an Ontology of Personhood; in: SCHWÖBEL/GUNTON, *Persons, Divine and Human,* 33–46, 46.

12 VOLF, *Trinität und Gemeinschaft,* 75.

13 Noch zu untersuchen bleibt im Blick auf die Friedenskirche, wie sich die Betonung der Lokalkirche in der orthodoxen Tradition zum Kongregationalismus der Freikirchen verhält.

legitimierten, d. h. willkürlichen Herrschaftsausübung Einzelner bzw. einem Diktat der Minderheit), in der divergierende Auffassungen abgesondert werden müssten?[14] Wie kann verhindert werden, dass Kirche rein voluntaristisch verstanden wird als eine Gemeinschaft von Gleichgesinnten, in der die Pluralität keinen Raum hat? Und schließlich: wie kann der Gemeinschaftsaspekt über die Grenzen der eigenen Gemeinde hinaus gedacht und auf die ganze Schöpfung bezogen werden? – Es war zu beobachten, dass in der friedenskirchlichen Tradition die ekklesiologische Begründung nahezu ausschließlich auf die Christologie beschränkt bleibt, die zuweilen in einen Christomonismus führt. Leitbild ist hier vor allem Kirche als Leib Christi. Von hier aus ergab sich die alle anderen Autoritäten relativierende Dynamik, die Gleichheit aller und die ethische Verpflichtung der nachfolgenden Gemeinschaft unter der (Königs-) Herrschaft Christi.

Im trinitarischen Gemeinschaftsmodell der Perichorese[15] ist nun das Verständnis von Gemeinde/Kirche als einem Subjekt überwunden, in dem die einzelnen Personen nicht mehr wahrgenommen werden könnten. Auch die von Friedrich Schleiermacher eingeführte Unterscheidung zwischen dem protestantischen Individualismus (Person – Christus – Kirche) und dem katholischen Holismus (Person – Kirche – Christus) ist dadurch eingeholt.[16] Hieraus ergibt sich ein notwendiges Korrektiv für die Ekklesiologie aus friedenskirchlicher Perspektive, das die im Gemeinschaftsaspekt eigentlich enthaltenen Intentionen theologische Gründung finden lässt: Kirche lebt eine Kontrastgesellschaft, weil sie in einer alternativen Qualität von Gemeinschaft gründet. Der Gedanke einer ethischen Verpflichtung ergibt sich aus der „geschützten" Würde der Personen, die jeder Uniformitätsbewegung entzogen und gerade deshalb Teil der Gemeinschaft bleiben. Die Gemeinschaft ist nicht durch ein besonderes Amt konstituiert, sondern durch die interdependenten Charismen der Glieder. Solche Gemein-

---

14 Vgl. zu Amtsverständnis und Auslegung des Priestertums alle Gläubigen die weiterführenden Überlegungen von Wilfried Härle, der ein „gemeinsames Konzept" kirchenleitender Funktion von Theologen und Laien vorschlägt, um zu einer „verlässlichen, verständlichen öffentlichen Wahrnehmung des kirchlichen Auftrags zu kommen." Härle nutzt dazu Schleiermachers Kriterium des „Zusammenstimmens". WILFRIED HÄRLE, *Allgemeines Priestertum und Kirchenleitung nach evangelischem Verständnis*; in: WILFRIED HÄRLE und REINER PREUL (Hgg.), *Kirche*. Marburger Jahrbuch Theologie VIII, Marburg: N. G. Elwert 1996, 61–81, hier 75.

15 Vgl. zur semantischen Geschichte des Begriffs CIRIL SORC, *Die perichoretischen Beziehungen im Leben der Trinität und der Gemeinschaft der Menschen*; in: EvTh 58/1998, 100–118.

16 Vgl. FRIEDRICH D. E. SCHLEIERMACHER: *Der christliche Glaube* nach den Grundsätzen der Evangelischen Kirche im Zusammenhang dargestellt (1830/31), hg. von MARTIN REDEKER, Berlin: Walter de Gruyter 1999⁷ (1960), § 24.

schaft kann nicht exklusivistisch verstanden werden, weil sie auch in der schöpfungstheologischen Gründung ruht: Wenn Gott der Schöpfer ebenso im Blick ist wie der frei von jeder institutionellen Bindung wirkende Heilige Geist, dann kann die Lokalgemeinde nicht auf sich selbst beschränkt bleiben, sondern wird nach außen gerichtet, bei bleibender innerer christologischer Zentrierung: auf die Gemeinschaft mit anderen Kirchen, auf die bleibende Erwählung Israels (Substitutionstendenzen sind dann ausgeschlossen), auf Menschen anderen Glaubens oder auch ohne Glauben, auf die ganze Schöpfung. Hierin müsste die Friedenskirche eine Gründung ihres missionarischen Anspruches finden können, deren Inhalt Gerechtigkeit, Frieden und die Sorge um die Integrität der ganzen Schöpfung ist. Es stünde der Friedenskirche ein differenziertes Verständnis von Gemeinschaft zur Verfügung, das freilich jeder Tendenz zu einem monarchischen, monistischen oder modalistischen Trinitätsverständnis widersprechen wird und dagegen ein perichoretisches favorisieren wird.[17] So ist die Friedenskirche die *una catholica*, in Gottesdienst (*Leiturgia*), Dienst (*Diakonia*) und Zeugnis (*Martyria*). Diese sollen hier als die bleibenden Kennzeichen der Kirche (konstitutive *notae externae*) vorgeschlagen werden. Mission ist dabei verstanden als der umfassendere Begriff, der Dienst und Zeugnis einschließt, und insofern können diese auch als *notae missionis*[18] bezeichnet werden.

Miroslav Volf hat das Fehlen einer trinitarischen Begründung in der freikirchlichen Ekklesiologie bereits als Defizit angemahnt und vor dem Hintergrund der in den 80er Jahren diskutierten Frage des Zusammenhangs von *communio* und Trinität ein „polyzentrisch-partizipatorisches Modell" für die ökumenische Ekklesiologie entwickelt. Volf versucht, freikirchliche Ekklesiologie (1) in einen trinitarischen Rahmen zu stellen und meint (2), sie so erst zu einem ekklesiologischen Programm zu erheben[19], ausgehend von dem Satz, Kirche sei „Ikone der trinitarischen Gemeinschaft".[20] Volf will diese Erkenntnis nicht einfach aus der Tatsache abgeleitet wissen, dass Erfahrung und Erkenntnis sich immer gegenseitig beeinflussen. Vielmehr meint er, dass dieses „Gebot der Konsistenz ... unter dem Anspruch der Offenbarung des dreieinigen Gottes" steht.[21] Auf diesem Weg gelangt er schließlich zu dem Modell einer „reziproken Interiorität der Personen"[22], das er in der Trinitätslehre (durch Weiterentwicklung der

17 Vgl. hierzu v. a. GUNTON, *The One, the Three and the Many*, a. a. O.
18 S. o. III.3.d., vgl. auch I.2.2.e.–f.
19 Vgl. VOLF, *Trinität und Gemeinschaft*, 10.
20 Ebd., 25.
21 Ebd., 185.
22 Ebd., 199.

Interpretation von Jürgen Moltmann) zu begründen sucht. – Neben der bereits erwähnten Kritik an der Methode[23] scheint hier der Verdacht einer Ideologisierung der Trinitätslehre nicht völlig entkräftet.

VI.2. Leiturgia: gottesdienstliche Gemeinschaft (communio sacramentalis)

Die antizipierte Verwirklichung der Koinonia ist nicht zuerst ein Konstrukt christlicher Lehre, sondern eine Erfahrung, die ihren primären Ort in der Doxologie des Gottesdienstes hat und die in der Feier der Sakramente ihren genuinen Ausdruck findet. In der ökumenischen Diskussion war zu beobachten, wie Eucharistie als Ursprung der Koinonia interpretiert wird, in einer Gemeinschaft des Teilens. Die gemeinsame Eucharistie vergegenwärtigt die Koinonia mit Vater, Sohn und Geist und wird zur Erfahrung der in ihr Partizipierenden. Und in der Taufe auf den Namen des dreieinigen Gottes kommt das Wesen der Kirche beispielhaft zum Ausdruck als eine Gemeinschaft von Personen, in der es keine Diskriminierung geben kann aufgrund von Geschlecht, Alter, Rasse, Kultur, sozialem und wirtschaftlichem Hintergrund, wenn sie ihren Urgrund in der göttlichen Trinität hat, in der die Uniformierung zur Zerstörung der Gemeinschaft führen müsste.

Auch in der Friedenskirche ist die Feier des Abendmahles ein Bekenntnisakt der bestehenden Gemeinschaft in Christus und untereinander, die dadurch weiter gestärkt wird. Als Gemeinschaft erfährt sie durch die (Trennungen überwindende) Kraft der Eucharistie Zentrierung als Friedenskirche und Aufforderung zur Transzendierung ihrer eigenen Grenzen. In der Vorstellung, dass Christus selbst der Einladende ist, bleibt zum Einen ein hierarchie-kritisches Element gegeben, da zur Austeilung kein besonderes Amt nötig ist; zum Anderen verhindert es ein exklusives, auf die eigene „Konfession" beschränktes Verständnis. So wird im Abendmahl die differente Qualität kirchlicher Gemeinschaft erfahrbar. Für die Einzelnen (Personen) ist die Teilnahme an dieser Gemeinschaft Ausdruck der Teilhabe, Bekenntnis der Verantwortung füreinander und Verpflichtung zur Überwindung von Trennungen. Heilsvermittlung wird hier gerade sozial interpretiert. Christus ist präsent, wie er in allen anderen gottesdienstlichen Ereignissen präsent ist, die eine Versammlung in seinem Namen sind (Mt 18,20): Die Gegenwart Christi ist nicht dem Individuum verheißen, sondern der Gemeinde und erst durch die Gemeinschaft den Einzelnen.[24] Die Interaktion zwischen Gott und Mensch wird

---

23 S. o. Einleitung.
24 Bereits bei Tertullian findet sich gerade in Bezug auf Mt 18,20 der Gedanke einer ekklesialen Abbildung der göttlichen Trinität: „Auch die Kirche selbst ist ja im eigentlichen und vorzüglichen Sinne Geist, in welchem Dreifaltigkeit der einen Gott-

hier in der zwischenmenschlichen ekklesialen Interaktion erfahren, denn das Abendmahl „nötigt die Kirche zur Leibhaftigkeit der versammelten Gemeinde".[25]

Der Heilige Geist wirkt den individuellen Glauben und bringt das persönliche Bekenntnis in der Taufe hervor. Dadurch ist die Person „neue Kreatur" und wird Teil der gegenseitig verpflichteten Gemeinschaft der Glaubenden, lokal wie universal. Die Person bekennt ihren (freien) Willen zur Nachfolge und wird als solche von den anderen anerkannt. So gewinnt die Taufe, durch die die Einheit mit Christus „besiegelt" ist, gemeinschaftliche Dimension (Gal 3,28). Auch sie ist Aufforderung zur Überwindung der Trennungen und der Sichtbarmachung der bestehenden Gemeinschaft. Da die Taufe nach dieser Interpretation keinen *character indelebilis* verleiht, kann dieser Form der Glaubenstaufe nicht der Vorwurf gemacht werden, sie schließe ungetaufte Kinder und Unmündige vom Heil Gottes aus. Vielmehr korreliert sie mit einer Ekklesiologie der Gemeinschaft der Glaubenden, die auf die Gnade Gottes antwortend und nachfolgend ihren Glauben bekennt. Das schließt die Verantwortung der Gemeinschaft gegenüber Ungetauften gerade mit ein, z. B. in der Ermöglichung einer religiösen Sozialisation. Dadurch wird auch deutlich, dass das Wirken des Geistes nicht ausschließlich an die ekklesiale Gemeinschaft gebunden ist. – Sowohl im Abendmahls- wie im Taufverständnis einer friedenskirchlichen Ekklesiologie geht die Person nicht in der Gemeinschaft auf, sondern bleibt als Subjekt sichtbar.

Die Friedenskirche mahnt den gottesdienstlichen Charakter jeder Begegnung an.[26] Durch die Zueignung dieses Charakters auch und gerade mit Anderen in ökumenischen Begegnungen bleibt die letztliche Unverfügbarkeit und der Ereignischarakter gewahrt. Diesen „kongregationalistischen Charakter" mahnt die Friedenskirche auch für die Ökumene an.

Defizite dieser friedenskirchlichen Position zeigen sich aber sowohl beim Abendmahlsverständnis, als auch im Taufverständnis in der Tendenz zur Überbetonung des Individuums: wenn beispielsweise die Prüfung der individuellen Würdigkeit zum Abendmahl herausgehoben

heit ist: Vater, Sohn und Heiliger Geist. Er sammelt jene Kirche, welche der Herr schon bei den Dreien bestehen lässt. Und so wird von da an jede beliebige Anzahl (numerus omnis) von Leuten, welche in diesem Glauben sich vereinigen, als Kirche von demjenigen erachtet, der die Kirche gegründet und eingeweiht hat." TERTULLIAN, *De pudicitia*, 21,7; in: RITTER, *Kirchen- und Theologiegeschichte in Quellen*, Bd. 1, Alte Kirche, 70. Ähnlich interpretiert Volf das Verständnis der freikirchlichen Tradition, vgl. VOLF, *Trinität und Gemeinschaft*, 154.

25 MICHAEL WELKER, *Kirche und Abendmahl*, in: HÄRLE/PREUL, *Kirche*, 47–60, hier 49.

26 S. o. I.2.2.b.

wird oder der freiwillige Bekenntnisakt in der Taufe als Voraussetzung
erscheint zur Teilhaftigkeit an der Gemeinschaft. Wie kann verhindert
werden, dass Kirche als voluntaristische Genossenschaft von Gleichgesinnten missverstanden wird, in der die antizipierte Wirklichkeit der
Gemeinschaft von bleibend Unterschiedenen verdrängt scheint?

In einer perichoretisch verstandenen trinitarischen Gründung von
Kirche ist Koinonia als Teilhabe leitendes Modell. Kirche ist dann
dadurch konstituiert, dass Menschen einbezogen werden in ein Geschehen, das von Gott ausgehend gedacht ist. Nicht zuerst durch ihr
Bekenntnis sind sie eins, sondern durch die Teilhabe sind sie ein „Leib
der vielen Glieder" (1Kor 11,24 und 12,13). Dadurch entsteht nicht
ein Block von Gleichgesinnten, sondern ein Organismus von bleibend
Verschiedenen. Die Existenz der Kirche ist dann nicht vom Bekenntnis
Einzelner abhängig, sondern in der Koinonia mit Gott vorgegeben,
seiner Erwählung, seiner Inkarnation, seiner bleibenden Präsenz. Kirche ist gerade hierdurch konstituiert und in Eucharistie und Taufe ist
die Dynamik der Antizipation des Reiches Gottes enthalten. Die in
der Friedenskirche gesuchte Wahrung der Freiheit der Person (als
individuell Bekennende und freiwillig Teilnehmende) wird nach dem
Modell der differenzierten Gemeinschaft nur im Kontext der interdependenten Gemeinde tatsächlich gelingen können.[27] Gerade so wird
Eucharistie tatsächlich „Versöhnungsmahl", weil Trennungen wirklich
aufgedeckt sind und in der Gemeinschaft nicht mehr gegeneinander
stehen (1Kor 10,16 f.). Und die gemeinschaftliche Implikation des
Teil*werdens* an der universalen Gemeinschaft bleibt in der Taufe gewahrt. Beides ist für die erfahrene Kirche Ort der Antizipation der
geglaubten Koinonia.[28]

VI.3. Diakonia: perspektivische Gemeinschaft (communio fidelium)

In der ökumenischen Diskussion hatten wir gesehen: Die Kontinuität
und die Integrität der Gemeinschaft ergibt sich im apostolischen Glauben. „Apostolisch" ist jenes Attribut der Kirche, durch welches ihre
bleibenden Kennzeichen bestimmt sind: Bezeugung des Glaubens und

---

27 „... der Kirche, die das Abendmahl als einen zentralen Vorgang ihrer Auferbauung
    ansieht, (wird) zugetraut und zugemutet, ,Kirche' zugleich als konkret versammelte
    Gemeinde und als ökumenische Kirche vieler Zeiten und Weltgegenden zu verstehen
    und jedem Verständnis und Selbstverständnis, das die Authentizität und Sinnfällig-
    keit der ökumenischen Universalität zu opfern droht oder ,das Volk Gottes im
    Himmel und auf Erden' in der konkret versammelten Gemeinde aufgehen lässt,
    entgegenzuwirken." Ebd., 54. Vgl. weiter dazu MICHAEL WELKER, *Was geht vor beim
    Abendmahl?*, Stuttgart: Quell 1999.
28 S. o. I.2.2.b.

Verkündigung des Evangeliums, die Feier des Gottesdienstes und der Sakramente, auch die Weitergabe der Amtsverantwortung, die Lebensgemeinschaft der Glaubenden und der Dienst in der Welt.[29] Wir sahen, dass Apostolizität so als korrigierendes und gleichzeitig einigendes Prinzip wirkt, als *regula fidei* für die *ecclesia semper reformanda,* denn ihre Lehre ist bestimmt („gesteuert") durch den Glauben, wie er in den apostolischen Schriften bezeugt ist. Dies bedeutet eine „mit Jesus gleichzeitige Gemeinschaft" zu sein. Sie versammelt sich in seinem Namen und weiß sich durch die Geschichte Jesu Christi ausgerichtet. Dadurch können sich die Glaubenden kognitiv und personal mit Christus identifizieren. Aufgrund dieses Bekenntnisses ist es eine unterschiedene Gemeinschaft, das Bekenntnis ist das entscheidende Differenzkriterium zu anderen sozialen Größen. Daraus erwächst die genuine Perspektive und der Dienstcharakter der Kirche.

Es konnte gezeigt werden, wie für die Friedenskirche durch diese Perspektivität der Ort der Kirche in der Welt bestimmt ist. Als bekennende Gemeinde steht sie in Diskontinuität zur „herrschenden Gesellschaft". Weil sie selbst Zeugnis und Kerygma *ist,* ist sie die sichtbare Kirche. Die Begründung liegt zum einen in dem Motiv der Inkarnation: so wie sich hier das Universale im Partikularen verwirklicht, so wird die Gemeinde Christi selbst durch Teilhabe an dieser seiner Realität und durch die Präsenz Christi in der Versammlung der Glaubenden zur „königlichen Priesterschaft". Darin erkennt die Friedenskirche ihre Apostolizität, die auch hier eine kritische Funktion erfüllt, nicht nur für sich selbst, sondern auch gegenüber der Gesellschaft als Ganze. Die Kirche spricht nicht für die ganze Welt, sondern sie ist der durch das Bekenntnis differente Teil, durch den aber die ganze Welt erneuert werden soll. Das ist ihr Dienst. Eine Unterscheidung von „der Welt" ist deshalb geboten, eine strenge Separation dagegen ausgeschlossen („Jeremianisches Modell"). Die zweite Begründung wird in der eschatologischen Erwartung der vollständigen Verwirklichung der Herrschaft Christi erkannt. Das lässt Kirche zur „messianischen Gemeinschaft" werden, die sich selbst als primärer Ort der Weltgeschichte erkennt, weil *durch sie* die Metanoia der ganzen Welt verwirklicht werden soll. Die Friedenskirche wird jeder Relativierung dieser Verheißung und Berufung widersprechen.

Wenn Kirche aber in erster Linie als Versammlung der Bekennenden verstanden wird, wie es in der kongregationalistischen Tradition der Friedenskirche der Fall ist, dann ist zu fragen, ob sie hier nicht in einer heilsgeschichtlichen Konzeption gefangen bleibt, einer exklusiven soteriologisch-ekklesiologischen Konzentration auf Christus. Wie

---

29 S. o. I.2.4., bes. d.

kann verhindert werden, dass dies nicht zur Selbstgenügsamkeit einer Kirche führt, in der „die Welt" (die Gesamtgesellschaft) lediglich als Ziel des Handelns der Kirche gesehen wird, also eigentlich nicht „gebraucht" wird? Wie wird dann der Ort der Anderen, auch Israels, zu beschrieben sein, wenn unter der Verwirklichung des Reiches Gottes die Anerkennung der Herrschaft Christi durch alle verstanden wird? Ist das Wirken des Geistes dann nicht auf die bekennende Gemeinde beschränkt? Diese verengte Perspektive kann schließlich eine Selbstreflexion der erfahrenen Kirche verhindern, weil sie immer schon ganz in der Geglaubten aufzugehen scheint.

Die Perspektivität der Kirche scheint in Aporien zu führen, wenn sie allein christozentrisch bestimmt ist. In der ausgehaltenen Spannung von erfahrener und geglaubter Kirche aber könnte Kirche alternativ verstanden werden als die „geschichtliche Vorerfahrung der eschatologischen Integration des ganzen Volkes Gottes in die Gemeinschaft des dreieinigen Gottes".[30] Durch die Vorstellung der Antizipation dieser vollständig realisierten Koinonia des *ganzen Volkes Gottes* mit der göttlichen Koinonia gewinnt das Bekenntnis Relevanz in der Gegenwart der erfahrenen Kirche. Denn dadurch ist die theologische Gründung der bleibenden Erwählung Israels und der in Christus dazu erwählten Heiden ebenso enthalten, wie die pneumatologische Aussage über den Ereignischarakter des Wirkens des Geistes, der nicht an die Institution gebunden ist. In der Vorstellung der Trinität als differenzierter Gemeinschaft bleiben diese genuinen Wirkweisen der göttlichen Personen im Blick und können sich nicht auflösen in einer einzigen, christomonistischen Vorstellung. Für die Friedenskirche müsste dies nicht bedeuten, ihre Perspektivität aufzugeben, die sich aufgrund des Bekenntnisses zu Jesus Christus ergibt. Aber die anderen Aspekte der Antizipation einer vollständigen Koinonia des ganzen Volkes Gottes mit der göttlichen Gemeinschaft (i. e. das Reich Gottes) lässt diese Bekenntnisgemeinschaft ihre eigenen, erfahrenen Grenzen wahrnehmen und transzendieren. Dann ist damit gerechnet, dass Israel, andere Konfessionen und Menschen anderen Glaubens auch ohne die Bindung an die eigene, Christus bekennende Gemeinde in die göttliche Koinonia aufgenommen sein könnten, wodurch verhindert wird, dass die bekennende Gemeinde exklusivistisch-sakramental verstanden wird. Sie begegnet anderen dann nicht in paternalistischer Weise „dienend", sondern fragt nach einem durch Solidarität charakterisierten Dienst, im Bewusstsein der immer schon gegebenen Interdependenzen durch die Koinonia in der ganzen Schöpfung. Die Koinonia mit anderen ist eröffnet, denen ebenfalls schon jetzt ihre Koi-

---

30 VOLF, *Trinität und Gemeinschaft*, 166, vgl. auch 120.

noniaförmigkeit durch das Wirken des Geistes zuerkannt ist. Das
widerspricht nicht der Überzeugung, dass Kirche Kerygma sei. Sie ist
es dann gerade aufgrund dieses Glaubens, in Antizipation der Verwirklichung der Koinonia in der Ökumene, im Sinne des „ganzen
bewohnten Erdkreises". Auf diese Weise könnte Kirche ihre „Exilsexistenz" – in aller Gebrochenheit – begründen. So ist die Friedenskirche die *una apostolica*.

VI.4. Martyria: authentische Gemeinschaft (communio sanctorum)

Die spezifische Authentizität der Gemeinschaft ergibt sich sowohl im
apostolischen Glauben, als auch in ihrem Lebensvollzug. Unbeantwortet bleibt zunächst in dem beschriebenen Modell, das in erster Linie
die Vielfalt in der Einheit legitimiert, die Frage nach den Grenzen
der Pluralität: Bedeutet die Weigerung der gegenseitigen Anerkennung
als Glaubende oder als Kirche im vollständigen Sinne einen Bruch der
(ökumenischen) Gemeinschaft?[31] Ist die gemeinsame Eucharistie Voraussetzung für die differenzierte Gemeinschaft? Ist Proselytismus ein
Akt der Zerstörung der Gemeinschaft? Soll sich diese Gemeinschaft
auf die Festlegung einer „ethischen Häresie" verständigen? Unzweifelhaft ist, dass der Zeugnischarakter verloren gehen kann, wenn die
Gemeinschaft selbst in Frage gestellt ist.

Damit ist die ganze Spannung von geglaubter und erfahrener Kir-
che/Gemeinschaft wieder präsent und mit dem beschriebenen Modell
der geglaubten Gemeinschaft noch nicht beantwortet. Immerhin werden aber allgemein steuernde Aussagen (regulative Prinzipien) möglich: Gemeinschaft ist zerstört, wenn die Würde der Einzelnen, die
durch die Koinonia mit Gott *und* mit den Menschen konstituiert ist,

---

31 Vgl. besonders die Haltung der römisch-katholischen Kirche, zuletzt in: Erklärung
Dominus Jesus, 22–23: „Es gibt also eine einzige Kirche Christi, die in der katholischen Kirche subsistiert und vom Nachfolger Petri und von den Bischöfen in Gemeinschaft mit ihm geleitet wird. Die Kirchen, die zwar nicht in vollkommener
Gemeinschaft mit der katholischen Kirche stehen, aber durch engste Bande, wie die
apostolische Sukzession und die gültige Eucharistie, mit ihr verbunden bleiben, sind
echte Teilkirchen (Anm.: Vat. II, Dekret *Unitatis redintegratio*, 14 u. 15). Deshalb
ist die Kirche Christi auch in diesen Kirchen gegenwärtig und wirksam, obwohl
ihnen die volle Gemeinschaft mit der katholischen Kirche fehlt, insofern sie die
katholische Lehre vom Primat nicht annehmen, den der Bischof von Rom nach
Gottes Willen objektiv innehat und über die ganze Kirche ausübt (Anm.: Vat. I und
Vat. I, Dekret *Lumen gentium*, 22). Die kirchlichen Gemeinschaften hingegen, die
den gültigen Episkopat und die ursprüngliche vollständige Wirklichkeit des eucharistischen Mysteriums nicht bewahrt haben (Anm.: Vat. II, Dekret *Unitatis redintegratio*, 22), sind nicht Kirchen im eigentlichen Sinn; die in diesen Gemeinschaften
Getauften sind aber durch die Taufe Christus eingegliedert und stehen deshalb in
einer gewissen, wenn auch nicht vollkommenen Gemeinschaft mit der Kirche."

in Frage gestellt wird, durch was auch immer verursacht. Und Gemeinschaft unter den Menschen ist zerstört, wenn der Einzelne durch sein Bekenntnis oder Verhalten die Teilhabe anderer an *der* Koinonia in Frage stellt, die durch das Wirken des Heiligen Geistes konstituiert ist. Dies lässt nach einer „authentischen" Gemeinschaft fragen.[32]

Wir sahen in den ökumenischen Diskussionen, dass diese Gemeinschaft näher qualifiziert ist. Die Vorstellung einer *participatio* an der göttlichen Koinonia beinhaltet auch die Teilhabe an dem Gekreuzigten. Somit bleibt die christologische Zentrierung wesensbestimmend für die Gemeinschaft der Kirche. Gottes sichtbare Zuwendung zur Welt in der Inkarnation, seine Liebe, Gerechtigkeit und Barmherzigkeit, wie sie in Jesus Christus „zur Welt kommen", qualifizieren das Wesen dieser Gemeinschaft und geben ihrem Zeugnis Ausrichtung. Wenn die Kirche verstanden ist als die von Gott berufene, herrschaftsfreie Gemeinschaft, die durch den Heiligen Geist an Christus teilhat, dann ist ihr Zeugnis die Versöhnung, ihr Ziel die Heilung der ganzen Schöpfung. Selbsthingabe und Selbstentäußerung kennzeichnen diese Gemeinschaft, weil die Kenosis gleichsam zum Modell der Versöhnung in der Gemeinschaft wird, die zur Metanoia der ganzen Welt führen will. Das Verhältnis zur Welt ist dadurch dialogisch und komplementär verstanden, Kirche hat Teil an allen Ambivalenzen der Welt, sie ist selbst Teil davon. In dieser Weise interpretierte die ökumenische Diskussion die Korrelation zwischen Ekklesiologie und Ethik.

Es konnte gezeigt werden, dass für die friedenskirchliche Position der Nachfolgegedanke in ganz spezifischer Weise mit-konstitutiv ist für die Ekklesiologie: Nachfolge, Zeugnis konstituiert nicht die Kirche, aber wenn sie fehlt, dann ist ihre Konstitution in Frage gestellt. Denn Kirche ist die Nachfolgegemeinschaft, in deren Zeugnis und Zeichenhaftigkeit Gottes Wille für die ganze Welt repräsentiert wird. Sie kann dies, weil der Glaube an die Königsherrschaft Christi dem Zeugnis vorausgeht und somit alle anderen Autoritäten relativiert sind. Zentrales und identitätsstiftendes Prinzip ist hier der gewaltfreie Weg Jesu bis ans Kreuz, in der Friedenskirche zuweilen gar als *articulus stantis et cadentis*[33] aufgefasst. Für diese Glaubensgemeinschaft ist der Weg Jesu primäre Quelle der Lebensgestaltung, nicht Rationalität, Naturrecht, politisches Kalkül oder irgend eine andere denkbare, konkurrierende handlungsleitende Instanz. Diese bedeuteten gerade die Infragestellung der Königsherrschaft Christi und tragen zur Unglaubwürdigkeit der Kirche bei. Auf dieser Basis gestaltet Friedenskirche ihre Gemeinschaft: indem die Autorität bei der Versammlung verortet

---

32 S. o. I.2.4.c. Der Terminus „authentische" Gemeinschaft ist aus der ökumenischen Diskussion übernommen.

33 S. o. II.2.c.

ist, nimmt sie Verantwortung für die Welt wahr und ist bereit, den Weg des Leids auf sich zu nehmen, um Frieden *und* Gerechtigkeit zu bezeugen. Damit konkretisiert die Friedenskirche den Zusammenhang von Ekklesiologie und Ethik exemplarisch im Gewaltverzicht und will eine christliche Ethik nicht auf die Gewissensentscheidung der Einzelnen reduzieren, sondern gibt der Glaubens*gemeinschaft* selbst eine ethisch ausgerichtete Wesensbestimmung. Als solche ist sie bleibende Herausforderung für die ökumenische Gemeinschaft, in der sie jedem Versuch einer von der Ethik getrennt dargestellten Ekklesiologie und von der Funktion getrennt dargestellten Beschreibung des Wesen widersprechen wird.

Defizite zeigen sich wiederum in der einseitig christozentrischen Begründung. Wenn die ethische Gemeinschaft ihre Motivation letztlich in der König*sherrschaft* Christi begründet sieht, dann bleibt sie einer Metaphorik und einem kategorialen Denken verhaftet, das sie gerade aufzubrechen sucht.[34] Auch wenn diese Herrschaft in der Umkehrung aller Beziehungen interpretiert wird („Knechtsgestalt"), so bleibt sie doch eine von „oben und unten", „dienen und herrschen". Daraus ergeben sich für die Friedenskirche ungelöste Probleme hinsichtlich der Entwicklung eines kohärenten Versöhnungsmodells. Denn das Leiden *für andere* kann wohl von Einzelnen zeugnishaft vertreten werden, aber es kann nicht als ethisch-moralische Forderung *von anderen* verlangt werden. Denn damit geriete solche Friedensethik in die Gefahr der Legitimierung von Leid und wird im Extremfall bestehende Herrschaftsstrukturen – um der Gewaltfreiheit willen – erhalten. Will sie das vertreten, dann kann sie auch den Verdacht der Werkgerechtigkeit nicht entkräften, denn das eigene Liebeswerk (Gewaltverzicht) scheint dann die Ekklesialität der Kirche zu konstituieren. Damit käme der Kirche aber auch ein nahezu sakramentaler Charakter zu, der gerade zugunsten der Würde der einzelnen Person in der differenzierten Gemeinschaft widersprochen war.

---

34 Raiser kritisiert in ähnlicher Weise die theokratische Tradition: „Wo die theokratische Kritik jedoch stehen bleibt bei der Überbietung aller absoluten Herrschaftsansprüche durch die universale Herrschaft Gottes, oder gar aus der ‚Königsherrschaft von Jesu Christi' ein konstruktives Prinzip universaler Geschichtstheologie macht, bleibt sie gefangen in der Logik der Herrschaft und verliert den befreienden Impuls der biblisch-prophetischen Tradition." Raiser bezeichnet zwar die „lebendige hussitische und waldensische Bewegung und die Aufbrüche der ‚linken Reformation', wie sie in den Friedenskirchen fortleben" als Ausnahmen, doch müssen sich m. E. auch diese Bewegungen dieser kritischen Anfrage stellen. Vgl. RAISER, *Ökumene im Übergang*, 145. Vgl. zum herrschaftskritischen Aspekt einer sozialen Trinitätslehre auch LEONARDO BOFF, *Der dreieinige Gott*, Düsseldorf: Patmos 1987; JÜRGEN MOLTMANN, *Der Geist des Lebens*. Eine ganzheitliche Pneumatologie, München: Kaiser 1991, 45, u. a. m.

Die Korrektur, die sich aus der ökumenischen Diskussion anbietet, ist auch hier in dem Modell der trinitarisch gegründeten, differenzierten Gemeinschaft zu suchen. Die Friedenskirche erfährt hier eine begründende Ergänzung ihrer ethischen Ausrichtung: Die Gemeinschaft ist authentisch, indem sie eine christologische Zentrierung hat. Das bleibt. Aber nicht die Vorstellung von Christus als Pantokrator motiviert zur Nachfolge, sondern die Koinonia Gottes mit den Menschen, die *participatio* der Kirche: eine Gemeinschaft, die der Heilige Geist konstituiert und sie auch zur ethischen Gemeinschaft qualifiziert.[35] Die Zerstörung der Gemeinschaft unter den Menschen trägt damit immer die Implikation der Störung der Gemeinschaft mit Gott. Gewaltanwendung ist die stärkste Illustration der Zertrennung von Gemeinschaft, denn sie stellt immer eine Entwürdigung dar, sowohl der Person, an der Gewalt geübt wird, als auch derjenigen, von der Gewalt ausgeht. Dann ist aber das Personsein selbst in Frage gestellt, ohne das eine (differenzierte) Gemeinschaft nicht mehr denkbar ist.[36] Daher kann Gewalt als die Infragestellung schlechthin der Koinonia mit Gott betrachtet werden.[37]

---

35 Vgl. hierzu auch CHRISTOPH SCHWÖBEL, *Die Suche nach Gemeinschaft*, a. a. O. Schwöbel entwickelt eine Hermeneutik der Gemeinschaft aus lutherischer Perspektive. „Wenn wir diese Verbindung zwischen der göttlichen Selbsthingabe und dem menschlichen Tun ernst nehmen, können wir daraus folgern, dass die ethischen Aspekte der Gemeinschaft, die im Neuen Testament als fester Bestandteil des Lebens der Koinonia betrachtet wird, ein notwendiges Element der Glaubensgemeinschaft sind, die durch Gottes trinitarische Selbsthingabe geschaffen wird. Die Selbsthingabe Gottes, die die Gemeinschaft mit Gott im Glauben ausmacht, kommt zum Ausdruck in der gegenseitigen aufopfernden Liebe, ... Die ethische Gemeinschaft der Liebe ist deswegen eine notwendige Auswirkung der Gemeinschaft, ... Gerade weil der neue Gehorsam eine Folge des Glaubens ist (CA VI), kann er nicht eine Voraussetzung des Glaubens werden. ... Der verbindliche Charakter der ethischen Auswirkungen des Glaubens besteht genau darin, dass der Glaube die Wiederherstellung der Fähigkeit der Gläubigen ist, zu handeln und dabei den Willen Gottes zu tun." Ebd., 253 f.

36 Zur Diskussion des Personenbegriffs vgl. die Beiträge in SCHWÖBEL/GUNTON, *Persons, Divine and Human*, a. a. O.

37 Vgl. weiterführend zur Diskussion des Gewaltbegriffes und der Gewaltfreiheit die Beiträge von René Girard. In deutscher Übersetzung liegen vor: RENE GIRARD, *Das Ende der Gewalt. Analyse des Menschheitsverhängnisses*, Freiburg u. a.: Herder 1983; DERS., *Das Heilige und die Gewalt*, Zürich: Benziger 1987; DERS., *Der Sündenbock*, Zürich: Benziger 1988; DERS., *Hiob – ein Weg aus der Gewalt*, Zürich: Benziger 1990. Zur Rezeptionsgeschichte und Diskussion vgl. RALF MIGGELBRINK, *Der Mensch als Wesen der Gewalt. Die Thesen René Girards und ihre theologische Rezeption;* in: ÖR 49/2000, 431–443. Zum aktuellen Dialog zwischen Girard und mennonitischen Theologen und Theologinnen vgl. WILLARD M. SWARTLEY (ed.), *Violence Renounced. René Girard, Biblical Studies and Peacemaking. Studies in Peace and Scripture* 4, IMS, Telford/PA: Pandora 2000.

Wenn die Friedenskirche ihre Nachfolgeethik der Gewaltfreiheit in dieser Vorstellung gründet, dann korrespondiert damit als Ziel der Versöhnung die Wiederherstellung von Gemeinschaft, Frieden *und* Gerechtigkeit. Dies lässt eine komplexere Wahrnehmung der Ambivalenzen zu und motiviert zur Entwicklung gewaltfreier Konfliktlösungsmöglichkeiten. Besonders die alttestamentlichen Zeugnisse kommen damit wieder in den Blick, und eine reduktionistische Selektion biblischer Texte kann verhindert werden.[38] Die Gefahr der Legitimierung von Leid wäre dadurch gebannt, weil es nicht mehr isoliert betrachtet wird aus der Perspektive der (Mit-)Leidenden, sondern immer in der Interdependenz zu jenen, die Leid zufügen. Letztes Ziel, oberste Norm ist nicht die Gewaltfreiheit an sich, sondern die Wiederherstellung von Gemeinschaft zwischen beiden Seiten, von der anzunehmen ist, dass sie nur durch gewaltfreie Mittel erreicht werden kann, weil jede erneute Gewaltanwendung – auch in einer teleologischen Ethik – die eigene Entwürdigung und die der Anderen, d. h. die Infragestellung der Koinonia, die Gott konstituiert, mit sich bringen würde. Dadurch müsste auch der Verdacht eines simplen *syllogismus practicus* und der Werkgerechtigkeit entkräftet sein, weil die Bemühung um Wiederherstellung der Gemeinschaft unter den Menschen in dem Glauben an die Koinonia mit Gott gründet, der diese Gemeinschaft erwählt, sich in sie hinein begibt (inkarniert) und sie so ermöglicht.[39] Die Unzerstörbarkeit *dieser* Koinonia zwischen Gott und Mensch stellt die Bedingung der Möglichkeit zur Versöhnung in der Koinonia Mensch – Mensch dar. Daraus erwächst der erfahrenen Kirche Motivation zur Lebensgestaltung und Trost bei Versagen. Und indem sie von dieser Versöhnung Zeugnis gibt, ist die Gemeinschaft der Glaubenden authentische Gemeinschaft, oder aber sie ist die Infragestellung dieses Glaubens. So ist die Friedenskirche die *una sancta.*[40] – Es ist selbstevident, dass auch diese Gedankengänge erst in einem perichoretischen Trinitätsverständnis nachvollziehbar sind.

38 Vgl. FRANK CRÜSEMANN, *Tora.* Theologie und Sozialgeschichte des alttestamentlichen Gesetzes, München: Kaiser 1992. Eine zusammenfassende Darstellung biblischer Gerechtigkeitsvorstellungen bietet HOWARD ZEHR, *Changing Lenses.* A new Focus for Crime and Justice, Scottdale/PA: Herald Press 1990, 126–157. PERRY YODER, *Shalom:* The Bible's Word for Salvation, Justice and Peace, Newton/KS: Faith and Life 1987. Vgl. zur Diskussion und aktuellen Übertragung in gegenwärtige Rechtssysteme: JUDY ZIMMERMANN-HERR und BOB HERR, *Restorative Justice,* in: ÖR 49/2000, 444–461.

39 Damit ist auch die Alternative der Individualethik, s. o. IV.2.2., überwunden, die letztlich ebenso primär das eigene, rechte Verhalten im Blick hat und so unter der Gefahr der Trennung des *recte vivere* vom *recte credere* steht.

40 Vgl. hierzu auch CHRISTOPH SCHWÖBEL, *Trinitätslehre als Rahmentheorie des christlichen Glaubens.* Vier Thesen zur Bedeutung der Trinität in der christlichen Dogmatik; in: WILFRIED HÄRLE und REINER PREUL (Hgg.), *Trinität.* Marburger Jahrbuch Theologie X, Marburg: N. G. Elwert 1999, 129–154, 152 f.

VI.5. Ecclesia viatorum

Aus der ökumenischen Diskussion zur Ekklesiologie ließ sich kein eindeutiges Modell der Verhältnisbestimmung von Trinität und Kirche erkennen (ontologisch, kausal, analogisch, doxologisch).[41] Auch blieb die Frage nach dem Verhältnis von immanenter und ökonomischer Trinität ungeklärt. Soll aber die Trinitätslehre nicht einfach eine Legitimationstheorie für eine zuvor definierte Ekklesiologie sein, dann sind diese Fragen zu beantworten, um den Ideologie-, bzw. Projektionsverdacht zu entkräften. Die Funktion wird an den Inhalt gebunden bleiben müssen.[42]

Für die Tradition der Friedenskirche konnte gezeigt werden, dass sie in ihrem Theologisieren zwei „Quellen" als primär erachtet: die biblischen Zeugnisse, vornehmlich des NT, und die Erfahrung der Gemeinde als hermeneutische Gemeinschaft. Systematisches Theologisieren aus dieser Perspektive war nicht auf die Konstruktion theologischer Systeme aus, sondern suchte immer die Frage nach der Berufung der Kirche sowohl identitätsstiftend, als auch handlungsleitend zu beantworten. Sollen die begründenden Prämissen weiterhin gelten, dann wird für die Friedenskirche die Frage nach der Trinität zum Einen (1) primär beim *Ort der Erfahrung* eines wie auch immer gearteten Gottesverständnisses beginnen müssen, also dem Gottesdienst (s. o. VI.b.). Zum Zweiten (2) wird sie sich von einem *biblisch-theologisch* gegründeten Trinitätsverständnis der Kirche leiten lassen, primär in der Form der Narration.

(1) Wenn Gott in einer bestimmten Identität verehrt, angebetet, erfahren wird, dann ergeben sich daraus auch Rückschlüsse über das, was von diesem Gott geglaubt wird. „Die drei identitätsbeschreibenden Geschichten, die von Gott erzählt werden müssen, gehören, weil sie die Identität des Gottes des christlichen Glaubens bestimmen, zum bleibenden Bestimmungselement des christlichen Glaubens: Die Geschichte vom Gott Abrahams, Isaaks und Jakobs, der Israel aus dem Sklavenhause Ägyptens geführt hat, ... die Geschichte von Jesus ... und die Geschichte des Geistes, der Gott den Glaubenden so gegenwärtig macht, dass sie in das Verhältnis Jesu zu Gott einbezogen und

---

41 S. o. I.3.
42 Vgl. CHRISTOPH SCHWÖBEL, *Trinitätslehre als Rahmentheorie des christlichen Glaubens*, 145. Auch Dietrich Ritschl stellt die prüfende Frage: „Ist wirklich die ‚Dreiheit der Personen' und ihre ‚Einheit' das ‚Urphänomen der Konziliarität'?" Ritschl meint, dass die erkenntnismäßigen Sätze über die immanente Trinität nicht Anfänge, sondern Ende und Abschluss einer Argumentation sind; vgl. RITSCHL, *Ökumenische Theologie*, 39.

so auf den Weg zur eschatologischen Vollendung als Erfüllung ihrer geschöpflichen Bestimmung gebracht werden."[43]

Damit ist zum einen gesagt, dass die Identität der Glaubenden an diese Narrationen gebunden bleibt. Die Glaubenden sind auf diesen drei-einigen Namen getauft (Mt 28,19). Auf diese Geschichten beruft sich die soziale Größe als authentische Zeugnisse, um auszudrücken, wie dieser Gott erfahren wird. Jede Ausschließung einer der drei Geschichten zugunsten einer anderen bedeutet dann eine Abblendung dessen, was Gott für die Menschen sein will, und damit auch eine Beschränkung der Identität der Glaubenden. Aus dieser Perspektive wird die Trennung der Aussagen über die immanente Trinität von jenen der ökonomischen unmöglich. Wenn Gott aber in der beschriebenen Weise als *relatio* gedacht ist, der sich in Beziehung setzt und die Identität des „Volkes Gottes", des „Leibes Christi" und der „Gemeinschaft des Heiligen Geistes" dadurch gegründet ist, dann sind auch die Beziehungen in dieser sozialen Größe damit identitätsstiftend mitgesetzt. Daraus ergibt sich dann auch die Möglichkeit einer qualitativen Beschreibung der Beziehungen innerhalb der Kirche wie zur gesamten Schöpfung.

(2) Aus der exilischen und nachexilischen Theologie Israels ist der Begriff der *Schechina*[44] (= Einwohnung Gottes) belegt, die „Dabeiseinsweise oder die Begleiterin Gottes bei seinem Volk Israel".[45] Der Satz von der Erwählung findet hierin seinen materialen Ausdruck. Gott nimmt Wohnung bei seinem Volk. Im AT zeigt sich das Einwohnen Gottes vor allem in zwei Formen: „als Einwohnung seines Geistes oder seiner Weisheit in ausgewählten Menschen (Weish 7,27) und als Einwohnung seines Namens im Tempel. Beide Formen werden im NT fortgeführt".[46] Im Johannesprolog ist auch das Inkarnationsgeschehen in dieser Terminologie beschrieben (Joh 1,14, vgl. auch Kol 2,9). Das Motiv der Inkarnation ist die Denkbewegung für die Mög-

---

43 SCHWÖBEL, *Trinitätslehre als Rahmentheorie des christlichen Glaubens*, 137. Schwöbel nennt dies die „prototrinitarische Grammatik des Redens von Gott", 138.

44 Vgl. BERND JANOWSKI, *Gottes Gegenwart in Israel*. Beiträge zur Theologie des Alten Testaments, Neukirchen-Vluyn: Neukirchener 1993, bes. 119–147. FRANZ ROSENZWEIG: „Gott scheidet sich von sich selbst, er gibt sich weg an sein Volk, er leidet sein Leiden mit, er zieht mit ihm in das Elend der Fremde, er wandert mit seinen Wanderungen"; in: *Der Stern der Erlösung*, Heidelberg: Schneider 1954³, III,3, 192 (Frankfurt: Suhrkamp 1988). Vgl. hierzu auch MOLTMANN, *Der Geist des Lebens*, 60 ff.

45 FRIEDRICH-WILHELM MARQUARDT, *Wie verhält sich die christliche Lehre vom dreieinigen Gott zur jüdischen Betonung der Einheit Gottes?* In: FRANK CRÜSEMANN u. a. (Hgg.), *Ich glaube an den Gott Israels*. Fragen und Antworten zu einem Thema, das im christlichen Glaubensbekenntnis fehlt, KT 168, Gütersloh: Kaiser 1998, 37–45, 39.

46 THEISSEN, *Die Religion der ersten Christen*, 376 f.

lichkeit des Universalen im Partikularen, des Ewigen im Endlichen. Vater *und* Sohn werden „Wohnung nehmen" (Joh 14,23). Und für die Christen gilt analog, dass ihr Leib ein Tempel Gottes ist, in dem der Geist Gottes wohnt (1 Kor 6,19). Schließlich ist im Ereignis von Pfingsten als „Ausgießung" des Heiligen Geistes die Geschichte von der bleibenden Interiorität Gottes gedacht (Apg 2, in Aufnahme von Joel 3,1–5).[47] Eschatologisch ist das vorgestellt bei Paulus in 1 Kor 15,28, „damit Gott sei alles in allem". Im hohepriesterlichen Gebet Jesu schließlich ist das umgekehrt und verweist auf die Möglichkeit der Einwohnung des Menschen in der Trinität (Joh 17,21). Die Perichorese ist demnach nicht nur eine Vorstellung der immanenten Trinität, sondern auch auf die Beziehung Gott-Mensch applizierbar. Deshalb kann die (Friedens-) Kirche sich verstehen als Entsprechung und Abbild der perichoretischen Gemeinschaft des dreieinigen Gottes und wird so selbst zur „differenzierten Gemeinschaft". Freilich bleibt sie dies als *ecclesia viatorum*, in der Spannung von geglaubter und erfahrener Kirche, in Antizipation der vollendeten Koinonia.

In der beschriebenen Weise zeichnet sich ein lohnender, gemeinsamer ekklesiologischer Diskurs ab zwischen den Historischen Friedenskirchen und den anderen Konfessionen der Ökumene. Voraussetzung bleibt zum einen, dass in der ökumenischen Bewegung nicht nur die ethischen Spitzensätze dieser Traditionen rezipiert, sondern diese im Kontext der mit ihnen korrelierenden ekklesiologischen Positionen, sowie ihren theologischen und methodischen Prämissen wahrgenommen werden. Erst so kann eine Ethik der Gewaltfreiheit plausibel werden. Zum anderen zeichnen sich durch den ökumenischen Diskurs weiterführende Differenzierungen und Korrektive für die ekklesiologischen Aspekte aus friedenskirchlicher Perspektive ab. Hier wird die Voraussetzung für das weitergehende Gespräch sichtbar: die Treue der Friedenskirche zu ihrem eigenen dynamischen und dialogischen Selbstverständnis, damit sie wird, was sie ihrem Wesen nach auch ist – bekennende Gemeinde in ökumenischer Gemeinschaft.

---

47 S. o. I.1.c., die Vorstellung des Tempels als Wohnung des Geistes. Vgl. auch COLIN E. GUNTON, *The Transcendent Lord.* The Spirit and the Church in Calvinist and Cappadocian, The Congregational Lecture 1988, London: The Congregational Memorial Hall Trust (1978) Limited 1988. Gunton weist zu Recht auf die Gefahr der Vereinnahmung der Wirkung des Heiligen Geistes durch das kirchliche wie individuelle Urteil und sucht im Blick auf die Ekklesiologie diese Gefahr zu vermeiden, indem er die Interaktion unterschiedlicher Aspekte zusammenzuhalten sucht: die Freiheit, die Transzendenz und die Partikularität des Heiligen Geistes.

Literaturverzeichnis

1. Theologie und Geschichte der Historischen Friedenskirchen

A Declaration on Peace. In God's People the World's Renewal Has Begun. D. GWYN/G. HUNSINGER/E. F. ROOP/J. H. YODER. A contribution to ecumenical dialogue sponsored by Church of the Brethren, Fellowship of Reconciliation, Mennonite Central Committee, Friends General Conference. Scottdale/PA: Herald Press 1991.

ARBEITSGEMEINSCHAFT MENNONITISCHER GEMEINDEN IN DEUTSCHLAND (Hg.), *Stellungnahme der* AMG in: *Stimmen zum lutherisch-mennonitischen Dialog,* Hamburg (ohne Jahresangabe).

ARNOLD, GOTTFRIED, *Unparteiische Kirchen- und Ketzerhistorie.* Reprograf. Nachdruck der Ausgabe Frankfurt/M 1729, Hildesheim 1967.

BAINTON, ROLAND, *Changing Ideas and Ideals in the Sixteenth Century;* in: The Journal of Modern History VIII, 1936.

BAINTON, ROLAND, *The Left Wing of the Reformation;* in: The Journal of Religion XXI/1941, 124–134.

BAUMAN, CLARENCE, *Gewaltlosigkeit im Täufertum.* Eine Untersuchung zur theologischen Ethik des oberdeutschen Täufertums der Reformationszeit, Leiden 1968.

BENDER, ROSS T. and SELL, ALAN P. F., *Baptism, Peace and the State* in the Reformed and Mennonite Traditions, Waterloo/Ontario: Wilfried Laurier University Press 1991.

BENDER, HAROLD S., *The Anabaptist Vision.* Scottdale/PA: Herald Press 1944.

BENRATH, GUSTAV ADOLF, *Das Quäkertum;* in: ANDRESEN/RITTER, *Handbuch der Dogmen- und Theologiegeschichte,* Bd. 2, 607 ff. und 670.

BENRATH, GUSTAV ADOLF, *Die Lehre außerhalb der Konfessionskirchen;* in: ANDRESEN/RITTER, *Handbuch der Dogmen- und Theologiegeschichte,* Bd. 2, Kap. II: Die Lehre der Täufer, 611–664 u. Anhang, 666–673.

BIESECKER-MAST, GERALD J., *Towards a Radical Postmodern Anabaptist Vision;* in: CGR Winter 1995, 55–68.

BORNHÄUSER, CHRISTOPH, *Leben und Lehre Menno Simons'.* Ein Kampf um das Fundament des Glaubens. Neukirchen-Vluyn: Neukirchener 1973.

BOYD, STEPHEN B., *Pilgram Marpeck:* His Life and Social Theology, Mainz: von Zabern 1992.

Brüderliche Vereinigung etlicher Kinder Gottes, sieben Artikel betreffend; in: *Bekenntnisse der Kirche,* 261–268.

BURKART, RAINER W., *Eucharistische Gastfreundschaft.* Versöhnung zwischen Mennoniten und Lutheranern; in: ÖR 45/1996, 324–330.

BURKHOLDER, J. LAWRENCE, *Die Gemeinde der Gläubigen*; in: GOERTZ, *Die Mennoniten*, 53–69.

BURKHOLDER, J. LAWRENCE, *The Problem of Social Responsibility from the Perspective of the Mennonite Church*. Elkhart/IN: IMS 1989 (Unrevised Dissertation from 1958).

BURKHOLDER, J. RICHARD, *Mennonites in Ecuemnical Dialogue on Peace and Justice*. Mennonite Central Committee, Occasional Papers No.7, Elkhart/IN: IMS 1988.

BURKHOLDER, J. RICHARD/REDEKOP, CALVIN (eds.), *Kingdom, Cross and Community*. Scottdale/PA: Herald Press 1976.

Canadian Yearly Meeting of the Religious Society of Friends; in: *Churches Respond to BEM,* Vol. III, F&O Paper 135, 300–302.

CARTWRIGHT, MICHAEL G., *Radical Reform, Radical Chatholicity.* John Howard Yoder's Vision of the Faithful Church; in: YODER, *The Royal Priesthood,* 1–49.

CASSIDY, EDWARD IDRIS CARDINAL, Grußbotschaft an die *Mennonite World Conference,* Januar 1997.

Church of the Brethren (USA); in: *Churches Respond to BEM,* Vol. VI, F&O Paper 144, Geneva: WCC 1988, 104–114.

Confession of Faith in a Mennonite Perspective. Scottdale/PA: Herald Press 1995.

DAVIES, HORTON, *The English Free Churches.* London: University Press 1952.

DENCK, HANS, *Schriften II,* Quellen zur Geschichte der Täufer 6, hrsg. von GEORG BARING, Gütersloh: Bertelsmann 1956.

DEPPERMANN, KLAUS / PACKULL, WERNER / STAYER, JAMES, *From Monogenesis to Polygenesis*; in: MQR 49/1975, 83–122.

Dialogue in the Netherlands, in: VOM BERG, *Mennonites and Reformed in Dialogue,* Appendix I.

Die Freikirchen und ihr gesellschaftlicher Beitrag. Schriftenreihe der VEF, Heft 1, Stuttgart: Christliches Verlagshaus 1995.

Dopers-Calvinistisch Gesprek in Nederland. Den Haag: Boekencentrum, 1982.

DRIEDGER, LEO and HARDER, LELAND (eds.), *Anabaptist-Mennonite Identities in Ferment,* Occasional Papers 14, Elkhart/IN: IMS 1990.

DRIEDGER, LEO and KRYBILL, DONALD B., *Mennonite Peacemaking.* From Quietism to Activism, Scottdale/PA: Herald Press 1994.

DRIVER, JOHN, *Understanding the Atonement for the Mission of the Church.* Scottdale/PA: Herald Press 1986.

DURNBAUGH, DONALD F. (ed.), *On Earth Peace.* Discussions on War/Peace Issues between Friends, Mennonites, Brethren and European Churches 1935–1975, Elgin/IL: The Brethren Press 1978.

DURNBAUGH, DONALD F. (Hg.), *Die Kirche der Brüder.* Vergangenheit und Gegenwart. Die Kirchen der Welt, Bd. IX, Stuttgart: Evangelisches Verlagswerk 1971.

DURNBAUGH, DONALD F. und BROCKWELL CH. W. Jr., *The Historic Peace Churches.* From Secterian Origins to Ecumenical Witness; in: MILLER/NELSON GINGERICH, *The Church's Peace Witness,* 182–195.

DURNBAUGH, DONALD F., *The Believers' Church.* The History and Character of the Radical Protestantism, New York: Macmillan 1968. 2. Auflage Scottdale/PA: Herald Press 1985.

DYCK, CORNELIUS J., *An Introduction to Mennonite History.* Scottdale/PA: Herald Press 1981[2].

ENNS, FERNANDO, *Mennoniten: plurale Minderheitskirche im Pluralismus;* in: KZG 2/2000, 359–375.

EPP WEAVER, ALAIN (ed.), *Mennonite Theology in Face of Modernity.* Essays in Honor of Gordon D. Kaufman, Newton/KS: Mennonite Press 1996.

Essays & Tributes. John Howard Yoder 1927–1997, CGR Spring 1998.

FAST, HEINOLD, *Beiträge zu einer Friedenstheologie.* Eine Stimme aus den historischen Friedenskirchen, Maxdorf: Agape 1982.

FAST, HEINOLD (Hg.), *Der linke Flügel der Reformation.* Glaubenszeugnisse der Täufer, Spiritualisten, Schwärmer und Antitrinitarier. Klassiker des Protestantismus IV, Bremen: Carl Schünemann 1962.

FAST, HEINOLD, *Die Vereinigung der Deutschen Mennonitengemeinden 1886–1961.* Weierhof/Pfalz.

FAST, HEINOLD, *Puidoux 1955–1969:* Report of a Dialogue About the Theological Foundation of a Christian Peace Witness, 1969; in: DURNBAUGH, *On Earth Peace,* 320 ff.

FINGER, THOMAS N., *Christian Theology.* An Eschatological Approach, Scottdale/PA: Herald Press, Vol. I 1985, Vol. II 1989.

FINGER, THOMAS N., *Christus Victor and the Creeds:* Some Historical Considerations; in: MQR 74/1998, 31–51.

FINGER, THOMAS N., *The Way to Nicea:* Some Reflections from a Mennonite Perspective; in: Journal of Ecumenical Studies, Spring 1987, 212–231.

FOTH, PETER J., *Hüben und Drüben.* Der Einfluss der amerikanischen auf die europäischen Mennoniten seit 1945; in: Mennonitisches Jahrbuch 2000, hrsg. von der AMG, Lahr 2000, 55–60.

Freikirchenhandbuch. Informationen-Anschriften-Berichte. Hrsg. von der VEF, Wuppertal: Brockhaus 2000.

FRIEDMANN, ROBERT, *The Theology of Anabaptism.* An Interpretation. Studies in Anabaptist and Mennonite History 15, Scottdale/PA: Herald Press 1973.

FRIESEN, DUANE K., *An Anabaptist Theology of Culture for a New Century;* in: CGR Winter 1985, 33–53.

FRIESEN, DUANE K., *Artists, Citizens, Philosophers.* An Anabaptist Theology of Culture, Scottdale/PA: Herald Press 2000.

FRIESEN, DUANE K., *Christian Peacemaking & International Conflict.* A Realist Pacifist Perspective. Scottdale/PA: Herald Press 1986.

FRIESEN, DUANE K., *Toward a Theology of Culture:* A Dialogue with John Howard Yoder and Gordon Kaufman; in: CGR Spring 1998, 39–64.

FRIESEN, DUANE K., *Toward a Theology of Culture:* A Dialogue with Gordon Kaufman; in: EPP WEAVER, *Mennonite Theology in Face of Modernity,* 95–114.

FROESE, WOLFGANG, *Weltflucht und Weltzuwendung.* Die Aufgabe des Prinzips der Gewaltlosigkeit in der Krefelder Mennonitengemeinde im 18. und frühen 19.Jh.; in: MGB 47/48, 1990–91, 104–124.

GARRETT, JAMES L. (ed.), *The Concept of the Believers' Church.* Scottdale/PA: Herald Press 1969.

GELDBACH, ERICH, Art. *Friedenskirchen;* in: EKL[3] Bd. 2, 1389.

GELDBACH, ERICH, *Freikirchen* – Erbe, Gestalt und Wirkung. Bensheimer Hefte 70, Göttingen: Vandenhoeck & Ruprecht 1989.

General Mennonite Society, Netherlands (Allgemene Doopsgezinde Societeit); in: *Churches Respond to BEM,* Vol. III, 289–296.

Gespräche zwischen der Niederländisch Reformierten Kirche, den Reformierten Kirchen in den Niederlanden, der Christlich Reformierten Kirche, der mennonitischen Bruderschaft und der Baptistischen Union der Niederlande, 1975–1978 (Zusammenfassung); in: NUSSBERGER, *Wachsende Kirchengemeinschaft,* 193 ff.

GOERTZ, HANS-JÜRGEN (Hg.), *Die Mennoniten.* Die Kirchen der Welt, Bd. VIII, Stuttgart: Ev. Verlagswerk 1971.

GOERTZ, HANS-JÜRGEN (Hg.), *Radikale Reformatoren.* 21 biographische Skizzen von Thomas Müntzer bis Paracelsus, München: Beck 1978.

GOERTZ, HANS-JÜRGEN (Hg.), *Umstrittenes Täufertum 1525–1975.* Göttingen: Vandenhoeck & Ruprecht 1977[2].

GOERTZ, HANS-JÜRGEN, Rezension zu SNYDER, *Anabaptist History and Theology;* in: MGB 56/1999, 161–165.

GOERTZ, HANS-JÜRGEN, *Antiklerikalismus und Reformation.* Sozialgeschichtliche Untersuchungen, Göttingen: Vandenhoeck & Ruprecht 1995.

GOERTZ, HANS-JÜRGEN, Art. *Menno Simons/Mennoniten;* in: TRE Bd. 22, 452 ff.

GOERTZ, HANS-JÜRGEN, *Die Täufer.* Geschichte und Deutung, München: Beck 1988[2].

GOERTZ, HANS-JÜRGEN, *Konrad Grebel.* Kritiker des frommen Scheins 1498–1526. Eine biographische Skizze, Hamburg: Kümpers 1998.

GOERTZ, HANS-JÜRGEN, *Nationale Erhebung und religiöser Niedergang.* Die Aneignung des täuferischen Leitbildes im Dritten Reich; in: DERS., *Umstrittenes Täufertum,* 259–289.

GOERTZ, HANS-JÜRGEN, *Religiöse Bewegungen in der frühen Neuzeit.* Enzyklopädie Deutscher Geschichte Bd. 20, München: Oldenbourg 1993.

GOERTZ, HANS-JÜRGEN, *Zwischen Zwietracht und Eintracht.* Zur Zweideutigkeit täuferischer und mennonitischer Bekenntnisse; in: MGB, Jg. 43./44., 1986/87, 16–46.

HARDER, HELMUT, *Towards Healing of Memories;* in COURIER, 4/1998.

HARTZLER, J.E., *The Faith of our Fathers;* in: Christian Exponent 1/3, 1924.

HAUERWAS, STANLEY et al. (eds.), *The Wisdom of the Cross.* Essays in Honor of John Howard Yoder, Grand Rapids/MI: Eerdmanns 1999.

HERSHBERGER, GUY F., *War, Peace and Nonresistance.* Scottdale/PA: Herald Press 1946.

HILLERBRAND, HANS, *Anabaptism and History;* in: MQR 45/1971.

HORSCH, JOHN, *The Mennonite Church and Modernism,* Scottdale/PA: Herald Press 1924.

HUBMEIER, BALTHASAR, *Schriften.* Quellen zur Geschichte der Täufer 9, hrsg. von GUNNAR WESTIN, Gütersloh: Mohn 1962.

KAUFFMAN, IVAN J., *Mennonite-Catholic Conversations in North America*: History, Convergences, Opportunities; in: One in Christ 34/1998, 220–246.

KAUFMAN, GORDON D., *Apologia Pro Vita Sua*; in: LOEWEN, *Why I am a Mennonite*, 126–138.

KAUFMAN, GORDON D., *In Face of Mistery*. A Constructive Theology, Harvard: University Press 1993.

KAUFMAN, GORDON D., *Mennonite Peace Theology in a Religiously Plural World*; in: CGR Winter 1996, 33–47.

KAUFMAN, GORDON D., *The Mennonite Roots of My Theological Perspective*; in: EPP WEAVER, *Mennonite Theology in Face of Modernity*, 1–19.

KAUFMAN, GORDON D., *Nonresistance and Responsibility*. And other Essays. IMS Series No.5, Newton/KS: Faith and Life 1979.

KAUFMAN, GORDON D., *Systematic Theology*. A Historicist Perspective, New York: Charles Scribner's Sons 1968.

KLAASSEN, WALTER (ed.), *Anabaptism in Outline*. Selected Primary Sources, Kitchener: Herald Press 1981.

KLAASSEN, WALTER (ed.), *Anabaptism Revisited*. Essays on Anabaptist/Mennonite Studies in Honor of C. J. Dyck. Scottdale/PA: Herald Press 1992.

KLAASSEN, WALTER, *Sixteenth-Century Anabaptism*: A Vision Valid for the Twentieth Century?; in: CGR Fall 1989, 241 ff.

KLAASSEN, WALTER, *The Modern Relevance of Anabaptism;* in GOERTZ, *Umstrittenes Täufertum*, 290–304.

KLASSEN, PETER P., *Die schwarzen Reiter*. Geschichten zur Geschichte eines Glaubensprinzips, Uchte: Sonnentau 1999.

KOONTZ, TED, *Mennonites and Postmodernity*; in: MQR 63/1989, 401 ff.

KRAUS, C. NORMAN, *Jesus Christ our Lord*. Christology from a Disciples' Perspective, Scottdale/PA: Herald Press 1987.

LANGE, ANDREA, *Mennoniten und Katholiken im Gespräch*; in: Brücke, Jg. 14, 1/1999, 9.

LANGE, ANDREA, *Die Gestalt der Friedenskirche*, Beiträge zu einer Friedenstheologie 2, Maxdorf: Agape 1988.

LICHDI, DIETHER G., *Die Mennoniten im Dritten Reich*. Dokumentation und Deutung, Weierhof/Pfalz 1977.

LICHDI, DIETHER G., *Über Zürich und Witmarsum nach Addis Abeba*. Die Mennoniten in Geschichte und Gegenwart, Maxdorf: Agape 1983.

LIENHARD, MARC u. WIDMER, PETER, *Les entretiens luthéro-mennonites (1981–1984)*, Montbéliard 1984. Übers.: *Gespräche zwischen Lutheranern und Mennoniten in Frankreich (1981–1984)*; in: NUSSBERGER (Hg.), *Wachsende Kirchengemeinschaft*, 172 ff.

LIENHARD, MARC, *Von der Konfrontation zum Dialog:* Die lutherischen Kirchen und die Taufer im 16. Jh. und heute; in: GASSMANN/NORGAARD-HOJEN, *Einheit der Kirche*.

LITTELL, FRANKLIN H., *The Free Church*. Boston: Starr King 1957. Dt. *Von der Freiheit der Kirche*. Bad Nauheim: Christian 1957.

LOEWEN, HARRY, *Church and State in the Anabaptist-Mennonite Tradition*: Christ Versus Caesar?; in: BENDER/SELL, *Baptism, Peace and the State*, 145–165.

LOEWEN, HARRY (ed.), *Why I am a Mennonite.* Scottdale/PA: Herald Press 1988.

LOEWEN, HOWARD JOHN, *One Lord, One Church, One Hope and One God.* Mennonite Confessions of Faith, IMS Series 2, Elkhart/IN: IMS 1985.

LOEWEN, HOWARD JOHN, *Peace in the Mennonite Tradition:* Toward a Theological Understanding of a Regulative Concept; in: BENDER/SELL, *Baptism, Peace and the State,* 87–121.

Mennonite Encyclopedia, 5 Vols., Vol. 1–4 H. S. Bender/C. H. Smith (eds.), Hilsboro/KS: Mennonite Brethren Publishing House, Vol. 5 C. J. Dyck/D. D. Martin (eds.), Scottdale/PA: Herald Press, 1955 bis 1990.

MENNONITE WORLD CONFERENCE and BAPTIST WORLD ALLIANCE: *Baptist-Mennonite Theological Conversations* (1989–1992), (ohne Orts- und Jahresangabe).

MENNONITE WORLD CONFERENCE and the PONTIFCAL COUNCIL FOR PROMOTING CHRISTIAN UNITY, *Official communique;* in: Courier, 4/1998, 12 ff.

MENNONITE WORLD CONFERENCE, *Die Mennonitische Weltkonferenz stellt sich vor.* Straßburg 2000.

Mennonitisches Lexikon, hrsg. v. CHRISTIAN HEGE und CHRISTIAN NEFF, 4 Bde., Karlsruhe 1913 bis 1967.

Mennonitisch-Reformierter Dialog, 1983–1984 (Zusammenfassung); in: NUSSBERGER (Hg.), *Wachsende Kirchengemeinschaft,* 170–171.

MILLER, MARLIN E., *Baptism in the Mennonite Tradition;* in: BENDER/SELL, *Baptism, Peace and the State,* 37–67.

MILLER, MARLIN E. und NELSON GINGERICH, BARBARA (eds.), *The Church's Peace Witness.* Grand Rapids/MI: Eerdmans 1994.

MILLER, MARLIN E., *Theology for the Church.* Ed. by RICHARD A. KAUFFMAN and GAYLE GERBER KOONTZ, Elkhart/IN: IMS 1997.

MILLER, MARLIN E., *Toward Acknowledging Together* the Apostolic Character of the Church's Peace Witness; in: MILLER/GINGERICH, *The Church's Peace Witness,* 196–205.

NATIONAL COUNCIL OF CHURCHES OF CHRIST IN THE USA, *The Fragmentation of the Church and its Unity in Peacemaking,* October 27, 1995. Gekürzte Fassung in EcRev 48/1996, Ecumenical Chronicle, 122–124.

NUSSBERGER, CORNELIA (Hg.), *Wachsende Kirchengemeinschaft.* Gespräche und Vereinbarungen zwischen evangelischen Kirchen in Europa, Texte der Evangelischen Arbeitsstelle Oekumene Schweiz 16, Bern 1992.

OLLENBURGER, BEN C. (ed.), *So Wide a Sea.* Essays on Biblical and Systematic Theology. Text-Reader Series 4, Elkhart/IN: IMS 1991.

OLLENBURGER, BEN C., *Mennonite Theology:* A Conversation around the Creeds; in: MQR 66/1992, 57–89.

Peace is the Will of God. By Historic Peace Churches, International Fellowship of Reconciliation Committee, Geneva Oct.1953; in: *A Declaration on Peace,* Appendix A, 53–78.

PEACHEY, PAUL, *Discipleship as Witness to the Unity of Christ as Seen by the Dissenters;* in: DURNBAUGH, *On Earth Peace,* 153 ff.

PEACHEY, PAUL, *The Peace Churches as Ecumenical Witness*; in: BURKHOLDER/RE-DEKOP, *Kingdom, Cross and Community*, 247–258.

PENN, WILLIAM (1644–1718), *No cross – no Crown*, London 1669 (Linfield: Eade 1834).

PIPKIN, H. WAYNE (ed.), *Essays in Anabaptist Theology*. Text Reader Series 5, Elkhart/IN: IMS 1994.

Proceedings of the Study Conference on the Believers' Church. Newton/KS: Mennonite Press 1955. Der Bericht der zweiten Konferenz in: Watchman-Examiner LV/1967.

PUNSHON, JOHN, *Portrait in Grey*. A Short History of the Quakers. London 1984.

Quakers of Netherlands; in: *Churches Respond to BEM*, Vol. III, F&O Paper 135, 297–299.

REDEKOP, CALVIN W. (ed.), *Mennonite Identity*. Historical and Contemporary Perspectives, New York: University Press of America 1988.

REIMER, A. JAMES, *Biblical and Systematic Theology as Functional Specialities*. Their Distinction and Relation; in: OLLENBURGER, *So Wide a Sea*, 37–58.

REIMER, A. JAMES et al., *Dialogue with Stanley Hauerwas*, CGR Spring 1995, 133–173.

REIMER, A. JAMES, *Mennonites and Classical Theology*. Dogmatic Foundations for Christian Ethics, Kitchener/ON: Pandora Press 2001.

REIMER, A. JAMES, *The Nature and Possibility of a Mennonite Theology*; in: CGR Winter 1983.

REIMER, A. JAMES, *Theological Orthodoxy and Jewish Christianity*. A Personal Tribute to John Howard Yoder; in: HAUERWAS (ed.), *The Wisdom of the Cross*, 430–448.

REIMER, A. JAMES, *Trinitarian Orthodoxy, Constantinism and Theology from a Radical Protestant Perspective;* in: HEIM, *Faith to Creed*, 129–161.

REIMER, JOHANNES (Hg.), *Kein anderes Fundament*. Beiträge zum Menno-Simons-Symposium, Lage: Logos 1996.

Religious Society of Friends (Quakers) in Great Britain; in: *Churches Respond to BEM*, Vol. IV, F&O Paper 137, 214–229.

SAWATZKY, RODNEY J, *The One and the Many*. Recovery of Mennonite Pluralism; in: KLAASSEN, *Anabaptism Revisited*, 148–154.

SAWATZKY, RODNEY J. and HOLLAND, SCOTT (eds.), *The Limits of Perfection*. Conversations with J. Lawrence Burkholder, Waterloo/Ont.: Conrad Grebel College 1993.

SCHIPANI, DANIEL S., *Freedom and Discipleship*. Liberation Theology in an Anabaptist Perspective, Maryknoll: Orbis 1989.

SCOTT, RICHENDA C., *Die Quäker*. Die Kirchen der Welt, Bd. XIV, Stuttgart: Evangelisches Verlagswerk 1974.

SIDER, RON, *Jesus und die Gewalt*. Maxdorf: Agape 1982.

SIMONS, MENNO, *Die vollständigen Werke Menno Simons*, übersetzt aus dem Holländischen. Funk-Ausgabe 1876, Aylmer/Ontario: Pathway 1982.

SMID, MENNO, *Der mennonitisch-lutherische Dialog*; in: BRANDT/ROTHERMUNDT, *Was hat die Ökumene gebracht?*, 43–52.

SMITH, C. HENRY, *The Mennonites*. A brief History of their Origin and Later Development in both, Europe and America. Berne/IN: Mennonite Book Concern 1920.

SMYTH, JOHN, *The Works of John Smyth*. W. T. WHITLEY (ed.), Cambridge: University Press 1915.

SNYDER, C. ARNOLD, *The Anabaptist Vision: Theological Perspectives*; in: CGR Winter 1995.

SNYDER, C. ARNOLD, *Anabaptist History and Theology*. An Introduction, Kitchener/Ontario: Pandora Press 1995.

STAYER, JAMES, *Anabaptists and the Sword*. Lawrence/KS: Coronado Press 1972.

STRÜBIND, ANDREA, *Die unfreie Freikirche*. Der Bund der Baptistengemeinden im „Dritten Reich". 2. korrigierte und verb. Auflage, Wuppertal: Brockhaus 1995.

SWARTLEY, WILLARD M. (ed.), *Essays on Peace Theology and Witness*, Occasional Papers 12, Elkhart/IN: IMS 1988.

SWARTLEY, WILLARD M. (ed.), *Essays on Systematic Theology*. IMS Series 7, Elkhart/IN: IMS 1984.

SWARTLEY, WILLARD M. (ed.), *Violence Renounced*. René Girard, Biblical Studies and Peacemaking, IMS Studies in Peace and Scripture 4, Telford/PA: Pandora Press 2000.

THIESSEN NATION, MARK, *A Comprehensive Bibliographie of the Writings of John Howard Yoder*. Goshen/IN: Mennonite Historical Society 1997.

THIESSEN NATION, MARK, *Supplement to „A Comprehensive Bibliography of the Writings of J. H. Yoder"*; in: HAUERWAS, *The Wisdom of the Cross*, 472–491.

VAN BRAGHT, THIELEM J., *Der blutige Schauplatz oder Märtyrer-Spiegel* der Taufgesinnten oder Wehrlosen Christen, die um des Zeugnisses Jesu, ihres Seligmachers, willen gelitten haben und getötet worden sind, von Christi Zeit an bis auf das Jahr 1600. Dordrecht 1659, hrsg. durch Berne/IN: Licht und Hoffnung 1950.

VEREINIGTE EVANGELISCH-LUTHERISCHE KIRCHE DEUTSCHLANDS (Hg.), *Bericht vom Dialog VELKD/Mennoniten* 1989 bis 1992, Hannover: Texte aus der VELKD 53/1993. Darin enthalten sind: *Bericht* über die Gespräche zwischen Vertretern der VELKD und der AMG von September 1989 bis Dezember 1992; *Gemeinsame Erklärung* der lutherisch-mennonitischen Gesprächskommission; *Empfehlungen* an die Gemeinden zur Gestaltung der gewachsenen Gemeinschaft zwischen Lutheranern und Mennoniten; *Lutherische Stellungnahme* zu den gegen die „Wiedertäufer" gerichteten Verwerfungen des Augsburger Bekenntnisses von 1530.

VEREINIGTE EVANGELISCH-LUTHERISCHE KIRCHE DEUTSCHLANDS (Hg.), *Eucharistische Gastbereitschaft*. Darin enthalten: *Lutherische Stellungnahme; Erklärung der gegenseitigen Einladung zum Abendmahl* anlässlich der Gottesdienste der VELKD und der AMG sowie der Arnoldshainer Konferenz (Af) und der Evangelischen Kirche in Deutschland (EKD) am 17. und 24. März 1996 in Hamburg und Regensburg, Hannover: Texte aus der VELKD 67/1996.

VEREINIGTE EVANGELISCH-LUTHERISCHE KIRCHE DEUTSCHLANDS (Hg.), *Material über die Täuferbewegung zum Dialog VELKD/Mennoniten 1989-1992*, Hannover: Texte aus der VELKD 54/1993.

VEREINIGUNG DER DEUTSCHEN MENNONITENGEMEINDEN, *Stellungnahme zu den Konvergenzerklärungen* über Taufe, Eucharistie und Amt der Kommission für Glauben und Kirchenverfassung des Ökumenischen Rates der Kirchen, Lima 1982; in: Brücke, Arbeitsgemeinschaft Mennonitischer Gemeinden (Hg.), 2/1986. Engl. *United German Mennonite Congregations;* in: *Churches Respond to BEM,* Vol. VI, F&O Paper 144, Geneva: WCC 1988, 123-129.

VOM BERG, HANS GEORG, et al. (eds.), *Mennonites and Reformed in Dialogue.* Studies from the World Alliance of Reformed Churches 7, Geneva 1986.

VOOLSTRA, SJOUKE, *Het Woord is Vlees Geworden.* De Melchioritisch-Menninste Incarnatieleer. Kampen: Uitgevermaatsschappij J. H. Kok 1982.

WARNECK, WILFRIED, *Friedenskirchliche Existenz im Konziliaren Prozess.* Anstöße zur Friedensarbeit 5, Hildesheim u. a.: Georg Olms 1990.

WEAVER, JAMES D., *A Believers' Church Christology;* in: MQR 57/1983.

WEAVER, JAMES D., *Becoming Anabaptist.* Scottdale/PA: Herald Press, 1987.

WEAVER, JAMES D., *Christus Victor, Ecclesiology and Christology;* in: MQR 68/1994, 277-290.

WEAVER, JAMES D., *Some Theological Implications of Christus Victor;* in: MQR 70/1994, 483-499.

WEAVER, JAMES D., *The Anabaptist Vision: A Historical or a Theological Future?;* in: CGR Winter 1995.

WEINLAND, MARKUS, *Das Friedensethos der Kirche der Brüder im Spannungsfeld von Gewaltlosigkeit und Weltverantwortung.* Theologie und Frieden Bd. 9, Stuttgart u. a.: Kohlhammer 1996.

WENGER, J. C., *Glimpses of Mennonite History and Doctrine.* Scottdale/PA: Herald Press 1959.

WESTIN, GUNNAR, *The Free Church through the Ages.* Nashville: Broadman 1958.

WILLIAMS, GEORGE H., *Spiritual and Anabaptist Writers.* The Library of Christian Classics, Vol. 25, Philadelphia: Westminster 1957.

WILLIAMS, GEORGE H., *The Radical Reformation.* Philadelphia: Westminster 1962.

WILLIAMS, GEORGE H., *The Religious Background of the Idea of a Loyal Opposition;* in: ROBERTSON, *Voluntary Associations,* 55-89.

YODER, JOHN H. et al. (eds.), *Authentic Transformation: A New Vision of Christ and Culture,* Nashville/TN: Abingdon 1994.

YODER, JOHN H., *40 Years of Ecumenical Theological Dialogue Efforts on Justice and Peace Issues by the Fellowship of Reconciliation and the „Historic Peace Churches".* A Chronology; in: *A Declaration on Peace,* 93 ff.

YODER, JOHN H., *A 'Free Church' Perspective on Baptism, Eucharist and Ministry* (1984); in: YODER, *The Royal Priesthood,* 277-288.

YODER, JOHN H., *A People in the World* (1969); in: YODER, *The Royal Priesthood,* 66-101.

YODER, JOHN H., *Anabaptism and History.* „Restitution" and the Possibility of Renewal; in: GOERTZ, *Umstrittenes Täufertum,* 244-258.

YODER, JOHN H., *Another 'Free Church' Perspective on Baptist Ecumenism* (1980); in: YODER, *The Royal Priesthood*, 263-276.

YODER, JOHN H., *Armaments and Eschatology*; in: Studies in Christian Ethics 1/1 1988.

YODER, JOHN H., Art. *Peace*; in: *Dictionary of the Ecumenical Movement*, 786-89.

YODER, JOHN H., *Binding and Loosing* (1967); in: YODER, *The Royal Priesthood*, 325-358.

YODER, JOHN H., *Body Politics*. Five Practices of the Christian Community before the Watching World, Nashville/TN: Decipleship Recources 1993 (repr. 1997).

YODER, JOHN H., *Catholicity in Search of Location* (1990); in: YODER, *The Royal Priesthood*, 301-320.

YODER, JOHN H., *Christ, the Hope of the World* (1966); in: YODER, *The Royal Priesthood*, 194-218.

YODER, JOHN H., *Christian Unity in Search of Locality*; in: Journal of Ecumenical Studies 6/2, Spring 1969, 185-199.

YODER, JOHN H., *For the Nations*. Essays Public and Evangelical, Grand Rapids/MI: Eerdmans 1997.

YODER, JOHN H., *Hermeneutics of Peoplehood*; in: YODER, *The Priestly Kingdom*, 15-36.

YODER, JOHN H., *How H. Richard Niebuhr Reasons:* A Critique of Christ and Culture; in: YODER, YEAGER, STASSEN, *Authentic Transformation*.

YODER, JOHN H., *Karl Barth: How his Mind kept Changing;* in: DONALD McKIM (ed.), *How Karl Barth Changed my Mind*, Grand Rapids/MI: Eerdmans 1986, 166-171.

YODER, JOHN H., *Peace without Eschatolgy* (1954); in: YODER, *The Royal Priesthood*, 144-167.

YODER, JOHN H., *Politics of Jesus*. 2nd rev. ed., Grand Rapids: Eerdmans 1994. Dt. Übersetzung der 1. Aufl.: *Die Politik Jesu – der Weg des Kreuzes*. Maxdorf: Agape 1981.

YODER, JOHN H., *Preface to Theology*. Christology and Theological Method, Grand Rapids/MI: Brazos Press 2002.

YODER, JOHN H., *Sacrament as Social Process:* Christ the Transformer of Culture (1986); in: YODER, *Royal Priesthood*, 360-373.

YODER, JOHN H., *Sacrament as Social Process*; in: Theology Today, April 1991.

YODER, JOHN H., *Täufertum und Reformation in der Schweiz I*. Die Gespräche zwischen Täufern und Reformatoren 1523-1538. Schriftenreihe des Mennonitischen Geschichtsvereins Nr. 6, Karlsruhe 1962.

YODER, JOHN H., *The Disavowal of Constantine:* An Alternative Perspective on Interfaith Dialogue (1976); in: YODER, *The Royal Priesthood*, 242-261.

YODER, JOHN H., *The Ecumenical Movement and the Faithful Church*, Scottdale: Herald Press 1958.

YODER, JOHN H., *The Free Church Ecumenical Style* (1968); in: YODER, *The Royal Priesthood*, 232-241.

YODER, JOHN H., *The Imperative of Christian Unity* (1983); in: YODER, *The Royal Priesthood*, 290-299.

YODER, JOHN H., *The Jewishness of the Free Church Vision*, Third Lecture in the Bethel/Earlham Series, presented in Richmond 30 April 1985 (unveröffentlicht).

YODER, JOHN H., *The Nature of the Unity we Seek*: A Historic Free Church View (1957); in: YODER, *The Royal Priesthood*, 222–230.

YODER, JOHN H., *The Otherness of the Church* (1960); in: YODER, *The Royal Priesthood*, 54–64.

YODER, JOHN H., *The Priestly Kingdom*: Social Ethics as Gospel. Notre Dame: University of Notre Dame Press, 1984.

YODER, JOHN H., *The Royal Priesthood*. Essays Ecclesiological and Ecumenical, ed. by MICHAEL G. CARTWRIGHT, Grand Rapids/MI: Eerdmans 1994.

YODER, JOHN H., *To serve our God and to Rule the World* (1988), in: YODER, *The Royal Priesthood*, 128–140.

YODER, JOHN H., *Walk and Word:* the Alternatives to Methodologism; in: MURPHEY/NATION/HAUERWAS, *Theology without Foundations,* 77–90.

YODER, JOHN H., *Why Ecclesiology is Social Ethics*: Gospel Ethics versus the Wider Wisdom (1980); in: YODER, *The Royal Priesthood*, 103–126.

YODER, JOHN H., *Withdrawal and Diaspora*: The Two Faces of Liberation; in: SCHIPANI, *Freedom and Discipleship,* 76–84.

YODER, PERRY, *Shalom*: The Bible's Word for Salvation, Justice and Peace, Newton/KS: Faith and Life 1987.

ZEHR, HOWARD, *Changing Lenses*. A new Focus for Crime and Justice, Scottdale/PA: Herald Press 1990.

ZEINDLER, MATTHIAS, *Die Kirche des Kreuzes*. John H. Yoders Ekklesiologie als Modell von Kirchesein in einer pluralistischen Gesellschaft. Unveröffentlichter Vortrag des J.H. Yoder Symposions, 8.–10.Sept. 2000 in Bienenberg/Schweiz.

ZIMMERMANN-HERR, JUDY and HERR, BOB (eds.), *Transforming Violence*. Linking Local and Global Peacemaking, Scottdale/PA: Herald Press 1998.

ZIMMERMANN-HERR, JUDY und HERR, BOB, *Restorative Justice*; in: ÖR 49/2000, 444–461.

2. Weitere Literatur

ALAND, KURT, *Die Säuglingstaufe im Neuen Testament und in der alten Kirche*. Eine Antwort an J. Jeremias, Theol. Existenz heute 86, München: Kaiser 1961.

ALAND, KURT, *Taufe und Kindertaufe*. Gütersloh: Gerd Mohn 1971.

Amsterdamer Dokumente. Berichte und Reden auf der Weltkirchenkonferenz in Amsterdam 1948, FOCKO LÜPSEN (Hg.), Evangelische Welt, Beiheft 1.

ANDRESEN, CARL und RITTER, ADOLF MARTIN (Hgg.), *Handbuch der Dogmen- und Theologiegeschichte*. 3 Bde., 2. überarb. u. ergänzte Auflage, Göttingen: Vandenhoeck & Ruprecht 1998.

Appell an die Kirchen der Welt. Dokumente der Weltkonferenz für *Kirche und Gesellschaft*, hg. v. ÖRK, dt. Ausgabe von HANFRIED KRÜGER, Stuttgart/Berlin 1967.

Auf dem Weg zu einem Gemeinsamen Verständnis und einer gemeinsamen Vision des Ökumenischen Rates der Kirchen. Grundsatzerklärung; in: *Gemeinsam auf dem Weg,* 159–194. (engl.: *Common Understanding and Vision).*

Auf dem Weg zu einer umfassenden Koinonia; in: *Santiago de Compostela.*

Auf dem Weg zur Koinonia im Glauben, Leben und Zeugnis. Ein Diskussionspapier, Glauben und Kirchenverfassung Dokument 161, Genf: ÖRK 1993.

AUGUSTIN, *De Civitate Dei.* Werkverzeichnis mit Ausgaben und dt. Übersetzungen in TRE Bd. 4, 690–692.

Barmer Theologische Erklärung. Einführung und Dokumentation, hg. von ALFRED BURGSMÜLLER u. RUDOLF WETH, 5. bearb. u. erg. Auflage, Neukirchen-Vluyn: Neukirchener 1993[5].

BARTH, KARL, *Die Kirchliche Dogmatik.* 13 Bde., Zürich: EVZ 1932–1967.

BARTH, MARKUS, *Jews and Gentiles: the Social Character of Justification in Paul;* in: Journal of Ecumenical Studies V, Spring 1968, 241–267.

BARTSCH, HANS WERNER: *Die historische Situation des Römerbriefes;* in: Communio Viatorum VIII, Winter 1965, 199–208.

BEESTERMÖLLER, GERHARD, *Thomas von Aquin und der gerechte Krieg.* Friedensethik im theologischen Kontext der Summa Theologiae, Köln: Bachem 1990.

BERGER, PETER L., *Der Zwang zur Häresie.* Religion in der pluralistischen Gesellschaft, durchges. u. verb. Ausg. der 1980 bei S. Fischer erschienen dt. Ausgabe, Freiburg u. a.: Herder 1992.

Bekenntnisse der Kirche, hrsg. von HANS STREUBING u. a., Wuppertal: Brockhaus 1985.

Bericht aus Uppsala 1968. Offizieller Bericht über die Vierte Vollversammlung des ÖRK, hg. von NORMAN GOODALL, dt. Ausgabe von W. MÜLLER-RÖMHELD, Genf 1968.

Bericht aus Vancouver 83, hg. von W. MÜLLER-RÖMHELD, Frankfurt/M: Lembeck 1983.

BEST, THOMAS (ed.), *Beyond Unity-in-Tension:* Unity, Renewal and the Community of Women and Men, F&O Paper 138, Geneva: WCC 1988.

BEST, THOMAS F./ROBRA, MARTIN (eds.), *Costly Commitment,* Geneva: WCC 1995.

BEST, THOMAS F./ROBRA, MARTIN (eds.), *Ecclesiology and Ethics.* Ecumenical Ethical Engagement, Moral Formation and the Nature of the Church, Geneva: WCC 1997.

Between the Flood and the Rainbow. Interpreting the Conciliar Process of Mutual Commitment (Covenant) to JPIC, compiled by D. PREMAN NILES, Geneva: WCC 1992.

BIRMELE, ANDRE, *Zur Kompatibilität der internationalen zwischenkirchlichen Dialoge;* in: ÖR 42/1993, 305–307.

BOFF, LEONARDO, *Der dreieinige Gott.* Düsseldorf: Patmos 1987.

BONHOEFFER, DIETRICH, *Finkenwalder Homiletik;* in: *Gesammelte Schriften,* hg. von EBERHARD BETHGE, Bd. IV, München: Kaiser 1965[2].

BONHOEFFER, DIETRICH, *Die Kirche und die Welt der Nationen;* in: *Gesammelte Schriften,* hg. von EBERHARD BETHGE, Bd. I., München: Kaiser 1965[2].

BONHOEFFER, DIETRICH, *Ethik.* DBW 6, München: Kaiser 1992.

BONHOEFFER, DIETRICH, *Nachfolge.* DBW 4, München: Kaiser 1989.
BONHOEFFER, DIETRICH, *Sanctorum Communio.* Eine dogmatische Untersuchung zur Soziologie der Kirche, DBW 1, München: Kaiser 1986.
BOROVOY, VITALY, *Die kirchliche Bedeutung des ÖRK.* Vermächtnis und Verheißung von Toronto; in: *Es begann in Amsterdam.*
BRANDNER, TOBIAS, *Einheit, gegeben–verloren–erstrebt.* Denkbewegungen von Glauben und Kirchenverfassung, Göttingen: Vandenhoeck & Ruprecht 1996.
BRANDT, HERMANN u. ROTHERMUNDT, JÖRG (Hgg.), *Was hat die Ökumene gebracht?* Fakten und Perspektiven, Gütersloh: Gütersloher Verlagshaus 1993.
BULGAKOV, SERGIJ N., *The Orthodox Church,* engl. Übersetzung aus dem Russischen, London: Centenary 1935. (Crestwood/NY: St. Vladimir's Seminary 1988).
By-Laws of the Faith and Order Commission; in: *Faith and Order in Moshi,* Appendix 4.

CALVIN, JOHANNES, *Johannis Calvini Opera Selecta,* hg. von P. BARTH, W. NIESEL, D. SCHEUNER, 5 Bde., München 1926–52.
CALVIN, JOHANNES, *Calvini Opera quae supersunt omnia,* hg. von G. BAUM, E. KUNITZ, E. REUSS, 58 Bde., Braunschweig und Berlin 1863–1900.
CHILDS, BREVARD S., *Introduction to the Old Testament as Scripture,* London: SCM 1983.
Christians and the Prevention of War in an Atomic Age: A Theological Discussion, Geneva: WCC 1955.
Churches Respond to BEM. Official Responses to the „Baptism, Eucharist and Ministry" Text, Vols. I–IV, MAX THURIAN (ed.), Geneva: WCC 1986–1988.
Costly Unity, Costly Commitment und *Costly Obedience* in: BEST/ROBRA, *Ecclesiology and Ethics.*
CRÜSEMANN, FRANK u. a. (Hgg.), *Ich glaube an den Gott Israels.* Fragen und Antworten zu einem Thema, das im christlichen Glaubensbekenntnis fehlt, KT 168, Gütersloh: Kaiser 1998.
CRÜSEMANN, FRANK, *Tora.* Theologie und Sozialgeschichte des alttestamentlichen Gesetzes, München: Kaiser 1992.

Das Wesen und die Bestimmung der Kirche. Ein Schritt auf dem Weg zu einer gemeinsamen Auffassung, hg. von DAGMAR HELLER. Studiendokument von Glauben und Kirchenverfassung (F&O Paper 181), Frankfurt/M: Lembeck 2000.
Das Zweite Vatikanische Konzil. Konstitutionen, Dekrete und Erklärungen. Lat. u. Dt. Komm., Freiburg 1966–1968.
Dekade zur Überwindung von Gewalt. Kirchen auf der Suche nach Versöhnung und Frieden. Botschaft des Zentralausschusses des ÖRK (Genf 1999); in: ÖR 49/2000, 471–473.
DEUTSCHER ÖKUMENISCHER STUDIENAUSSCHUSS (DÖSTA), *Wir glauben, wir bekennen, wir erwarten.* Eine Einführung in das Gespräch über das Ökumenische Glaubensbekenntnis von 381, hg. von WOLFGANG BIENERT. Eichstätt: Franz Sales 1997.

Dictionary of the Ecumenical Movement, ed. by NICHOLAS LOSSKY, JOSE MIGUEZ BONINO et al., Geneva: WCC 1991.

Die Augsburgische Konfession. Confessio oder Bekanntnus des Glaubens etlicher Fürsten und Städte uberantwortet Kaiserlicher Majestat zu Augsburg Anno 1530; in: BSLK, 31–137.

Die Bekenntnisschriften der evangelisch-lutherischen Kirche (zit. BSLK), Göttingen: Vandenhoeck & Ruprecht, 1998[12].

Die Bekenntnisschriften der reformierten Kirche, in authentischen Texten mit geschichtlichen Einl. und Reg., hrsg. von E. F. KARL MÜLLER, Zürich: Theol. Buchh. 1987.

Die Diskussion über Taufe, Eucharistie und Amt 1982–1990. Stellungnahmen, Auswirkungen, Weiterarbeit. Frankfurt/M: Lembeck 1990.

Die Einheit der Kirche als Koinonia: Gabe und Berufung; in: *Im Zeichen des heiligen Geistes.* Bericht aus Canberra 1991. Offizieller Bericht der Siebten Vollversammlung des Ökumenischen Rates der Kirchen, Februar 1991 in Canberra/Australien, hg. v. W. MÜLLER-RÖMHELD, Frankfurt/M: Lembeck 1991.

Die Einheit der Kirche. Material der ökumenischen Bewegung. Theologische Bücherei Bd. 30, Mission und Ökumene, München: Kaiser 1965.

Die Kirche und das jüdische Volk, in: *Bristol 1967.* Studienergebnisse der Kommission für Glauben und Kirchenverfassung, F&O Paper 50, hg. v. R. GROSCURTH, Beiheft zur ÖR 7/8, Stuttgart 1967.

Die Kirche, die Kirchen und der Ökumenische Rat der Kirchen. Die ekklesiologische Bedeutung des Ökumenischen Rates der Kirchen; in: *Die Einheit der Kirche.*

Die Weltkonferenz für Glauben und Kirchenverfassung, dt. amtl. Bericht über die Weltkonferenz in Lausanne (1927), hg. v. H. SASSE, Berlin: Furche 1929.

Die Zeit ist da. Schlussdokument und andere Texte der Weltversammlung für Gerechtigkeit, Frieden und Bewahrung der Schöpfung, Seoul 5.–12.März 1990, Genf: ÖRK 1990. Auch in: STIERLE u. a., *Ethik für das Leben*, 94–105.

Dokumente wachsender Übereinstimmung 1931–1982. Sämtliche Berichte und Konsenstexte interkonfessioneller Gespräche auf Weltebene, hg. von H. MEYER, H. J. URBAN, L. VISCHER, Frankfurt/M: Lembeck 1983.

Dominus Jesus. Über die Einzigartigkeit und die Heilsuniversalität Jesu Christi und der Kirche, hg. von der Kongregation für die Glaubenslehre. Verlautbarungen des Apostolischen Stuhls 148, August 2000.

DUCHROW, ULRICH (Hg.), *Die Vorstellung von Zwei Reichen und Regimenten.* 2. neuberab. Aufl. hrsg. von WINDHORST, CHRISTOF. Texte zur Kirchen- und Theologiegeschichte 17, Gütersloh: Mohn 1978.

DUCHROW, ULRICH (Hg.), *Zwei Reiche und Regimente.* Ideologie oder evangelische Orientierung? Gütersloh: Mohn 1977.

DUCHROW, ULRICH, *Christenheit und Weltverantwortung.* Traditionsgeschichte und systematische Struktur der Zwei-Reiche-Lehre, Stuttgart: Klett-Cotta 1983[2].

DUCHROW, ULRICH, *Konflikt um die Ökumene*, München: Kaiser 1980.

ENNS, FERNANDO (Hg.), *Dekade zur Überwindung von Gewalt 2001–2010.* Impulse, Frankfurt/M: Lembeck 2001.

ENNS, FERNANDO, *Impuls zur Gegenbewegung: eine ökumenische Dekade.* Das ÖRK-Programm zur Überwindung von Gewalt vor und nach Harare; in: ÖR 48/1999, 167–175.

ENNS, FERNANDO, *Auf dem Weg zu einer Kultur des Friedens.* Die ökumenische Dekade zur Überwindung von Gewalt; in: Una Sancta 55/2000, 131–143.

Ekklesiologische Perspektiven in den Stellungnahmen der Kirchen zu BEM; in: *Die Diskussion über Taufe, Eucharistie und Amt,* 145 ff.

Erklärung der Kommission für Glauben und Kirchenverfassung zum Lima-Dokument, Budapest 1989.

Es begann in Amsterdam, Beiheft zur ÖR 59, Frankfurt/M: Lembeck 1989.

Exegetisches Wörterbuch zum Neuen Testament, hg. v. HORST BALZ u. GERHARD SCHNEIDER, 2. verb. Auflage, 3 Bde., Stuttgart u. a.: Kohlhammer 1992 (1981).

FAHLBUSCH, ERWIN, *Kirchenkunde der Gegenwart.* Theologische Wissenschaft Bd. 9, Stuttgart u. a.: Kohlhammer 1979.

Faith and Order in Moshi, ed. by ALAN FALCONER, Geneva: WCC 1998.

FELDKELLER, ANDREAS und SUNDERMEIER, THEO (Hgg.), *Mission in pluralistischer Gesellschaft.* Frankfurt/M: Lembeck 1999.

FINKENZELLER, JOSEF, Art. *Kirche, IV. Katholische Kirche;* in: TRE Bd. 18, 227–252.

FORRESTER, DUNCAN, *The True Church and Morality.* Reflections on Ecclesiology and Ethics, Geneva: WCC 1997.

Fremde Heimat Kirche. Die dritte EKD-Erhebung über Kirchenmitgliedschaft. Hrsg. von KLAUS ENGELHARDT, HERMANN VON LOEWENICH und PETER STEINAKKER, Gütersloh: Gütersloher Verlagshaus 1997.

FRIELING, REINHARD, *Der Weg des ökumenischen Gedankens.* Eine Ökumenekunde. Zugänge zur Kirchengeschichte Bd. 10, Göttingen: Vandenhoeck & Ruprecht 1992.

FRIELING, REINHARD / GELDBACH, ERICH / THÖLE, REINHARD, *Konfessionskunde.* Orientierung im Zeichen der Ökumene, Grundkurs Theologie Bd. 5,2, Stuttgart: Kohlhammer 1999.

FRÖHLICH, HERBERT u. a., *Alles wirkliche Leben ist Begegnung.* Ökumenische Shalom-Dienste fordern Kirchen heraus, Anstöße zur Friedensarbeit 8, Hildesheim u. a.: Georg Olms 1991.

FUISZ, JOZSEF, *Konsens, Kompromiss, Konvergenz.* Eine strukturanalytische Untersuchung ausgewählter ökumenischer Dokumente, Münster: Lit 2001.

GASSMANN, GÜNTHER u. NORGAARD-HOJEN, P. (Hgg.), *Einheit der Kirche.* Neue Entwicklungen und Perspektiven, Frankfurt/M: Lembeck 1988.

GASSMANN, GÜNTHER, *Glaube und Kirchenverfassung 1985–1989.* Frankfurt/M: Lembeck 1990.

GASSMANN, GÜNTHER, *Zum Ekklesiologie-Projekt von Glauben und Kirchenverfassung;* in: RITSCHL/NEUNER, *Kirchen in Gemeinschaft – Gemeinschaft der Kirchen,* 215–224.

Gaudium et Spes. Die pastorale Konstitution der Kirche in der modernen Welt, Dekret über die Missionstätigkeit der Kirche (II. Vaticanum 1965), Luzern: München: Rex 1966.

GELDBACH, ERICH, *Ökumene in Gegensätzen.* Bensheimer Hefte 66. Göttingen: Vandenhoeck & Ruprecht 1987.

GELDBACH, ERICH, *Taufe.* Ökumenische Studienhefte 5, Bensheimer Hefte 79, Göttingen: Vandenhoeck & Ruprecht 1996.

Gemeinsam auf dem Weg. Offizieller Bericht der Achten Vollversammlung des ÖRK, Harare 1998, hg. von KLAUS WILKINS, Frankfurt/M: Lembeck 1999.

Gemeinsam den einen Glauben bekennen. Eine ökumenische Auslegung des apostolischen Glaubens, wie er im Glaubensbekenntnis von Nizäa-Konstantinopel (381) bekannt wird. Studiendokument von Glauben und Kirchenverfassung, F&O Paper 153, Frankfurt/M u. Paderborn: Lembeck u. Bonifatius 1991. Engl.: *Confessing One Faith,* Geneva: WCC 1991.

Gemeinsame Erklärung zur Rechtfertigungslehre zwischen Lutherischem Weltbund und der Römisch-katholischen Kirche; in: Texte aus der VELKD, Nr. 87, Hannover: Juni 1999.

GIRARD, RENE, *Das Ende der Gewalt.* Analyse des Menschheitsverhängnisses, Freiburg u. a.: Herder 1983.

GIRARD, RENE, *Der Sündenbock.* Zürich: Benziger 1988.

GIRARD, RENE, *Hiob – ein Weg aus der Gewalt.* Zürich: Benziger 1990.

GIRARD, RENE, *Das Heilige und die Gewalt.* Zürich: Benziger 1987.

GRESCHAT, MARTIN, *Martin Bucer.* Ein Reformator und seine Zeit 1491–1551, München: Beck 1990.

GRUPPE VON DOMBES, *Für die Umkehr der Kirchen.* Identität und Wandel im Vollzug der Kirchengemeinschaft, Frankfurt/M: Knecht/Lembeck 1994.

GUNTON, COLIN E., *The One, the Three and the Many.* God, Creation and the Culture of Modernity. The 1992 Bampton Lectures, Cambridge: University Press 1993.

GUNTON, COLIN E., *The Promise of Trinitarian Theology.* Edinburgh: T&T Clark 1997[2] (1990).

GUNTON, COLIN E., *The Transcendent Lord.* The Spirit and the Church in Calvinist and Cappadocian, The Congregational Lecture 1988, London: The Congregational Memorial Hall Trust (1978) Limited 1988.

HÄRLE, WILFRIED und Preul, Reiner (Hgg.), *Kirche.* Marburger Jahrbuch Theologie VIII, Marburg: N. G. Elwert 1996.

HÄRLE, WILFRIED und PREUL, REINER (Hgg.), *Trinität.* Marburger Jahrbuch Theologie X, Marburg: N. G. Elwert 1999.

HÄRLE, WILFRIED und PREUL, REINER (Hgg.), *Woran orientiert sich Ethik?* Marburger Jahrbuch Theologie XIII, Marburg: N. G. Elwert 2001

HÄRLE, WILFRIED, Art. *Kirche, VII. Dogmatisch;* in: TRE Bd. 18, 277–317.

HÄRLE, WILFRIED, *Dogmatik.* Berlin/New York: de Gruyter 1995.

HASSELMANN, NIELS (Hg.), *Gottes Wirken in seiner Welt.* Zur Diskussion um die Zweireichelehre, 2 Bde., Hamburg: Lutherisches Verlagshaus 1980.

HAUCK, FRIEDRICH/SCHWINGE, GERHARD, *Theologisches Fach- und Fremdwörterbuch,* 8. ern. durchges. u. erg. Auflage, Göttingen: Vandenhoeck & Ruprecht 1997.

HAUDEL, MATTHIAS, *Die Bibel und die Einheit der Kirchen.* Eine Untersuchung der Studien von Glauben und Kirchenverfassung, Göttingen: Vandenhoeck & Ruprecht 1993.

HAUERWAS, STANLEY, *Against the Nations.* War and Survival in a Liberal Society, Minneapolis et al. 1983.

HAUERWAS, STANLEY, *Christians among Virtues.* Notre Dame/IN: University of Notre Dame 1997.

HAUERWAS, STANLEY, *Selig sind die Friedfertigen.* Ein Entwurf christlicher Ethik, hrsg. u. eingeleitet von REINHARD HÜTTER, Neukirchen-Vluyn: Neukirchener 1995 (dt. Übersetzung von *The Peaceable Kingdom.* A primer in Christian Ethics, Notre Dame/IN: University of Notre Dame 1986).

HEIM, MARK, *Faith to Creed.* Grand Rapids/MI: Eerdmans, 1991.

HILBERATH, BERND JOCHEN u. PANNENBERG, WOLFHART (Hgg.), *Zukunft der Ökumene.* Regensburg: Friedrich Pustet 1999.

HOPKINS, C. H., *John R. Mott* 1865–1955: A Biography. Geneva: WCC 1979.

HORNIG, GOTTFRIED, *Lehre und Bekenntnis im Protestantismus;* in: ANDRESEN/RITTER (Hgg.), *Handbuch der Dogmen- und Theologiegeschichte,* Bd. 3, 71–146.

HOUTEPEN, ANTON, *Auf dem Weg zu einem ökumenischen Kirchenverständnis;* in: Una Sancta 44/1989, 29–44.

HUBER, WOLFGANG / PETZOLD, ERNST / SUNDERMEIER, THEO (Hgg.), *Implizite Axiome.* Tiefenstrukturen des Denkens und Handelns, München: Kaiser 1990.

HUBER, WOLFGANG u. REUTER, HANS-RICHARD, *Friedensethik.* Stuttgart u. a.: Kohlhammer 1990.

HUBER, WOLFGANG, *Kirche in der Zeitenwende.* Gesellschaftlicher Wandel und Erneuerung der Kirche, Gütersloh: Bertelsmann Stiftung 1998.

HUBER, WOLFGANG, *Kirche.* KT 23, München: Kaiser 1988.

HUDSON, WINTHROP S., *Denominationalism as a Basis for Ecumenicity.* A Seventeenth Century Conception; in: Church History XXIV/1955, 32–50.

JANOWSKI, BERND, *Gottes Gegenwart in Israel.* Beiträge zur Theologie des Alten Testaments, Neukirchen-Vluyn: Neukirchener 1993.

JANOWSKI, BERND, *„Ich will in Eurer Mitte wohnen".* Struktur und Genese der exilischen Schechina-Vorstellung; in: JBTh2, Neukirchen-Vluyn: Neukirchener 1987, 165–193.

JEREMIAS, JOACHIM, *Die Kindertaufe in den ersten vier Jahrhunderten.* Göttingen: Vandenhoeck & Ruprecht 1958.

JOHANNES PAUL II., *Schulderklärung* (12. März 2000); in: L'Osservatore Romano, Wochenausgabe in dt. Sprache vom 17.3.2000, 6.

JONAS, HANS, *Der Gottesbegriff nach Auschwitz.* Eine jüdische Stimme, tb 1516, Frankfurt/M: Suhrkamp, 1987.

KALLIS, ANASTASIOS, Art. *Kirche, V. Orthodoxe Kirche;* in: TRE Bd. 18, 252–262.

KÄSSMANN, MARGOT, *Bericht über die JPIC-Weltkonvokation in Seoul.* Zentralausschuss des ÖRK, Genf 1990; in: epd-Dokumentation 27/90, 36–40.

KÄSSMANN, MARGOT, *Die eucharistische Vision.* Armut und Reichtum als Anfrage an die Einheit der Kirche in der Diskussion des ÖRK, München: Kaiser u. Mainz: Grünewald 1992.

KÄSSMANN, MARGOT, *Gewalt überwinden.* Eine Dekade des Ökumenischen Rates der Kirchen, Hannover: LVH 2000.

Kirche als Gemeinschaft. Lutherische Beiträge zur Ekklesiologie, hg. von HEIN-RICH HOLZE, LWB-Dokumentation 42, Genf: Lutherischer Weltbund 1998.

Kirche und Welt in ökumenischer Sicht. Bericht der Weltkirchenkonferenz von Oxford über Kirche, Volk und Staat. Forschungsabteilung des Ökumenischen Rates für Praktisches Christentum (Hg.), Genf 1938.

Kirche und Welt. Die Einheit der Kirche und die Erneuerung der menschlichen Gemeinschaft. Studiendokument von Glauben und Kirchenverfassung, F&O Paper 151, Frankfurt/M: Lembeck 1991.

Kirche, Gottesdienst, Abendmahlsgemeinschaft. Bericht einer Weltkonferenz; Lund, III. Weltkonferenz für Glauben und Kirchenverfassung, hg. von W. STÄHLIN, Witten/Ruhr: Luther Verlag 1954.

Kirchen- und Theologiegeschichte in Quellen, 4 Bde., hg. von HEIKO A. OBER-MANN, ADOLF MARTIN RITTER u. HANS-WALTER KRUMWIEDE, Neukirchen-Vluyn: Neukirchener 1987[4].

KLAPPERT, BERTOLD, *Israel und Kirche.* Erwägungen zur Israellehre Karl Barths, TEH 207, München: Kaiser 1980.

Kleine Konfessionskunde, hg. vom Johann-Adam-Möhler-Institut für Ökumenik, 3. durchges. u. aktualisierte Aufl., Paderborn: Bonifatius 1999.

Koinonia and Justice, Peace and Integrity of Creation: *Costly Unity,* Presentations and Reports from the World Council of Churches' Consultation in Rønde, Denmark, February 1993, THOMAS F. BEST and WESLEY GRANBERG-MICHAELSON (eds.), Geneva: WCC 1993. Dt.: *Teure Einheit.* Eine Tagung des ÖRK über Koinonia und Gerechtigkeit, Frieden und Bewahrung der Schöpfung; in: ÖR 42/1993, 279–304.

Kompendium Feministische Bibelauslegung, hg. von LUISE SCHOTTROFF u. MARIE-THERES WACKER, Gütersloh: Kaiser/Gütersloher Verlagshaus, 1999[2].

KONFESSIONSKUNDLICHES INSTITUT (Hg.), *Kommentar zu den Lima-Erklärungen über Taufe, Eucharestie, Amt,* Bensheimer Hefte 59, Göttingen: Vandenhoeck & Ruprecht 1983.

KÜHN, ULRICH, Art. *Kirche, VI. Protestantische Kirchen;* in: TRE Bd. 18, 262–277.

LARENTZAKIS, GREGORIUS, *Die Orthodoxe Kirche.* Ihr Leben und ihr Glaube, Styria 2000.

LESSING, ECKHARD, *Abendmahl.* Ökumenische Studienhefte 1, Bensheimer Hefte 72, Göttingen: Vandenhoeck & Ruprecht 1993.

LESSING, ECKHARD, *Kirche – Recht – Ökumene.* Studien zur Ekklesiologie, Unio und Confessio Bd. 8, Bielefeld: Luther Verlag 1982.

Leuenberger Konkordie 1973; in: *Kirchen- und Theologiegeschichte in Quellen,* KRUMWIEDE u. a., IV/2, Neukirchen-Vluyn: Neukirchener 1989[3], 213–219.

LEVINAS, EMMANUEL, *Totalität und Unendlichkeit.* Versuch über die Exteriorität. Freiburg: Alber Verlag 1987. Engl.: *Totality and Infinity.* Pittsburgh: Duquesne University Press 1969.

LIENEMANN, WOLFGANG, Art. *Zwei-Reiche-Lehre;* in EKL[3] Bd. 4, 1408–1419.

LIENEMANN, WOLFGANG, *Frieden.* Ökumenische Studienhefte 10, Bensheimer Hefte 92, Göttingen: Vandenhoeck & Ruprecht 2000.

LIENEMANN-PERRIN, CHRISTINE, *Mission und interreligiöser Dialog.* Ökumenische Studienhefte 11, Bensheimer Hefte 93, Göttingen: Vandenhoeck & Ruprecht 1999.

LINDBECK, GEORGE A., *Christliche Lehre als Grammatik des Glaubens.* Religion und Theologie im postliberalen Zeitalter, Theologische Bücherei Bd. 90, München: Kaiser 1994.

LINDEMANN, GERHARD, „*Sauerteig im Kreis der gesamtchristlichen Ökumene"*: Das Verhältnis zwischen der Christlichen Friedenskonferenz und dem Ökumenischen Rat der Kirchen; in: GERHARD BESIER, ARMIN BOYENS, GERHARD LINDEMANN, *Nationaler Protestantismus und Ökumenische Bewegung.* Kirchliches Handeln im Kalten Krieg (1945–1990), Zeitgeschichtliche Forschungen 3, Berlin: Duncker & Humblot 1999, 653–932.

LINK, HANS-GEORG (Hg.), *Gemeinsam glauben und bekennen.* Handbuch zum Apostolischen Glauben, Neukirchen-Vluyn: Neukirchener u. Paderborn: Bonifatius 1987.

LINK, HANS-GEORG, *Bekennen und Bekenntnis.* Ökumenische Studienhefte 7, Bensheimer Hefte 86. Göttingen: Vandenhoeck & Ruprecht 1998.

LODBERG, PETER, *The History of Ecumenical Work on Ecclesiology and Ethics*; in EcRev, 47/1995.

LOHFINK, NORBERT, *Der niemals gekündigte Bund.* Exegetische Gedanken zum jüdisch-christlichen Gespräch, Freiburg u. a.: Herder 1989.

LOHSE, BERNHARD, *Luthers Theologie in ihrer historischen Entwicklung und ihrem systematischen Zusammenhang.* Göttingen: Vandenhoeck & Ruprecht 1995.

LOISY, ALFRED, *Evangelium und Kirche.* München: Kaiser 1904.

LÖSER, WERNER, *Anmerkungen zur Ekklesiologie aus römisch-katholischer Sicht*; in: RITSCHL/NEUNER, *Kirchen in Gemeinschaft – Gemeinschaft der Kirche*, 114–121.

Löwen 1971. Studienberichte und Dokumente der Kommission für Glauben und Kirchenverfassung, hg. von KONRAD RAISER, Beiheft zur ÖR 18/19, Stuttgart 1971.

LUHMANN, NIKLAS, *Gesellschaftsstruktur und Semantik.* Studien zur Wissenssoziologie der modernen Gesellschaft, Frankfurt/M: Suhrkamp 1989.

LUTHER, MARTIN, *D. Martin Luthers Werke. Kritische Gesamtausgabe.* Weimar 1883 ff. Neudruck Graz 1964 ff.

MACINTYRE, ALASDAIR *Der Verlust der Tugend.* Zur moralischen Krise der Gegenwart, aus dem Engl. übers. von W. Riehl, Theorie und Gesellschaft 5 (1987), Frankfurt/M: Suhrkamp 1997.

MARQUARDT, FRIEDRICH-WILHELM, *Wie verhält sich die christliche Lehre vom dreieinigen Gott zur jüdischen Betonung der Einheit Gottes?*; in: CRÜSEMANN, *Ich glaube an den Gott Israels*, 37–45.

MEYER, HARDING, *Ökumenische Zielvorstellungen.* Bensheimer Hefte 78, Ökumenische Studienhefte 4, Göttingen: Vandenhoeck & Ruprecht 1996.

MIGGELBRINK, RALF, *Der Mensch als Wesen der Gewalt.* Die Thesen René Girards und ihre theologische Rezeption; in: ÖR 49/2000, 431–443.

MIGUEZ-BONINO, JOSE, Art. *Middle Axioms*, in: *Dictionary of the Ecumenical Movement.*

MOLTMANN, JÜRGEN, *Der Geist des Lebens*. Eine ganzheitliche Pneumatologie, München: Kaiser 1991.

MOLTMANN, JÜRGEN, *Theologie der Hoffnung*. Untersuchungen zur Begründung und zu den Konsequenzen einer christlichen Eschatologie, München: Kaiser 1964, 12. Aufl. 1985.

MOLTMANN, JÜRGEN, *Trinität und Reich Gottes*. Zur Gotteslehre. München: Kaiser, 1994³ (1980).

MUDGE, LEWIS S., *The Church as Moral Community*. Ecclesiology and Ethics in Ecumenical Debate, New York: Continuum 1998.

MURPHEY, NANCEY/NATION, MARK/HAUERWAS, STANLEY (eds.), *Theology without Foundations*: religious Practice and the Future of Theological Truth, Nashville: Abingdon 1995.

NATIONAL CONFERENCE OF CATHOLIC BISHOPS, *The challenge of Peace*: God's promise and Our Response, 1983.

NEILL, STEPHEN, *The Unfinished Task*. London: Edinburgh House Press, Lutterworth 1957.

NEUMANN, KLAUS PHILIPP, *Wege amerikanischer Theologie*. Gordon D. Kaufman, David Tracy und Edward Farley fragen nach Gott. Theologische Fakultät der Universität Heidelberg: Dissertation 1995.

NEUNER, PETER, *Ökumenische Theologie*. Die Suche nach der Einheit christlicher Kirchen, Darmstadt: Wiss. Buchgesellschaft 1997.

NEUSER, WILHELM, *Dogma und Bekenntnis in der Reformation*. Von Zwingli und Calvin bis zur Synode von Westminster; in: ANDRESEN/RITTER, *Handbuch der Dogmen- und Theologiegeschichte*, Bd. 2., 167–352.

NIEBUHR, H. RICHARD, *Christ and Culture*. New York: Harper & Row 1951.

NIEBUHR, H. RICHARD, *The Trinity and the Unity of the Church*; in: Theology Today, Oct. 1946.

NISSIOTIS, NIKOS A., *Berufen zur Einheit oder Die epikletische Bedeutung der kirchlichen Gemeinschaft*; in: ÖR 26/1977, 297 ff.

NISSIOTIS, NIKOS A., *Glaube und Kirchenverfassung – eine Theologische Konsensusgemeinschaft*; in: ÖR 33/1984, 322 ff.

OBERDORFER, BERND, *Filioque*: Geschichte und Theologie eines ökumenischen Problems. Forschungen zur systematischen und ökumenischen Theologie, Göttingen: Vandenhoeck & Ruprecht 2001.

PANNENBERG, WOLFHART, *Die Arbeit von Faith & Order im Kontext der ökumenischen Bewegung*; in: ÖR 31/1982, 47–59.

PANNENBERG, WOLFHART, *Die Hoffnung der Christen und die Einheit der Kirche*; in: ÖR 27/1978.

PANNENBERG, WOLFHART, *Systematische Theologie* Bd. I., Göttingen: Vandenhoeck & Ruprecht 1988.

PETER MIŠČÍK, *Trinität und Kirche*. Die Entwicklung trinitarischer Kirchenbegründung in den Dokumenten der Kommission für Glauben und Kirchenverfassung des ÖRK, Frankfurt/M: Lembeck 1999.

PIPER, OTTO, *Protestantism in an Ecumenical Age*. Philadelphia: Fortress 1965.

RAHNER, KARL, *Der dreifaltige Gott als transzendenter Urgrund der Heilsgeschichte*; in: MySal II, 1967, 317–397.

RAHNER, KARL, *Schriften zur Theologie*, Bde. I–XVI, Einsiedeln: Benziger 1954–1984.

RAISER, ELISABETH, *Seoul: Ein Schritt zum weltweiten ökumenischen Netz*; in: Ökumenischer Informationsdienst 2/90, Wethen 1990, 2 ff.

RAISER, ELISABETH, *Zur Weltversammlung für Gerechtigkeit, Frieden und Bewahrung der Schöpfung in Seoul*; in: Zeitschrift für Ev. Ethik 34/1990, 242–247.

RAISER, KONRAD, *Ecumenical Discussion of Ethics and Ecclesiology;* in: EcRev 48/1996, 3–27.

RAISER, KONRAD, *Ökumene im Übergang*. Paradigmenwechsel in der ökumenischen Bewegung, KT 63, München: Kaiser 1990.

RAISER, KONRAD, *Wir stehen noch am Anfang*: Ökumene in einer veränderten Welt, Gütersloh: Kaiser 1994.

RASMUSSEN, LARRY, *Moral Community and Moral Formation*; in: *Costly Commitment*.

RATZINGER, JOSEPH KARDINAL, *Das neue Volk Gottes*. Entwürfe zur Ekklesiologie, Düsseldorf: Patmos 1969.

RATZINGER, JOSEPH KARDINAL, *Einführung in das Christentum*. Vorlesungen über das Apostolische Glaubenszeugnis. München: Kösel 1968.

RATZINGER, JOSEPH KARDINAL, *Theologische Prinzipienlehre*: Bausteine zur Fundamentaltheologie, München: Erich Wewel 1982.

RATZINGER, JOSEPH KARDINAL, *Zur Gemeinschaft gerufen*. Kirche heute verstehen, Freiburg: Herder 1991.

REBELL, WALTER, *Zum neuen Leben berufen*. Kommunikative Gemeindepraxis im frühen Christentum, München: Kaiser 1990.

REUMANN, JOHN, *Koinonia in der Bibel*. Ein Überblick; in: *Santiago de Compostela*, 37–69.

RITSCHL, ALBRECHT, *Gesammelte Aufsätze*. Freiburg/Leipzig 1893.

RITSCHL, DIETRICH u. JONES, HUGH O., *„Story" als Rohmaterial der Theologie*. München: Kaiser 1976.

RITSCHL, DIETRICH u. USTORF, WERNER, *Ökumenische Theologie-Missionswissenschaft*. Grundkurs Theologie Bd. 10/2, hg. von G. STRECKER, Stuttgart u. a.: Kohlhammer 1994.

RITSCHL, DIETRICH und NEUNER, PETER (Hgg.), *Kirchen in Gemeinschaft – Gemeinschaft der Kirche*. Studie des Deutschen Ökumenischen Studienausschusses (DÖSTA) zu Fragen der Ekklesiologie, Beiheft zur ÖR 66, Frankfurt/M: Lembeck 1993.

RITSCHL, DIETRICH, Art. *Mittlere Axiome*; in: EKL[3], Bd. 3, 497 f.

RITSCHL, DIETRICH, Art. *Lehre*; in: TRE, Bd. 20, 608–621.

RITSCHL, DIETRICH, *Kirche aus evangelischer Sicht*; in: RITSCHL/NEUNER, *Kirchen in Gemeinschaft – Gemeinschaft der Kirchen*, 122–133.

RITSCHL, DIETRICH, *Some Remarks on Jewish-Christian Dialogue* and the Commission on Faith and Order. Aus dem Engl. übers. von Rolf Rendtorff: *Der jüdisch-christliche Dialog und die Kommission für Glaube und Kirchenverfassung*; in: Kirche und Israel 1/1996, 82–89.

RITSCHL, DIETRICH, *Zur Logik der Theologie*. Kurze Darstellung der Zusammenhänge theologischer Grundgedanken, KT 38, München: Kaiser 1988[2].

ROBERTSON, D. B., *Voluntary Associations.* A Study of Groups in Free Societies, Richmond/VA: Knox 1966.

ROBRA, MARTIN, *Ökumenische Sozialethik.* Gütersloh: Gütersloher Verlagshaus 1994.

ROSENZWEIG, FRANZ, *Der Stern der Erlösung.* Heidelberg: Schneider 1954[3] (Frankfurt/M: Suhrkamp 1988).

Santiago de Compostela 1993. Fünfte Weltkonferenz für Glauben und Kirchenverfassung, hg. von GÜNTHER GASSMANN u. DAGMAR HELLER, Beiheft zur ÖR 67, Frankfurt/M: Lembeck 1994.

SAUTER, GERHARD (Hg.), *Zur Zwei-Reiche-Lehre Luthers.* München: Kaiser 1973.

SCHARFFENORTH, GERTA u. HUBER, WOLFGANG (Hgg.), *Neue Bibliographie zur Friedensforschung.* Studien zur Friedensforschung 12, Stuttgart u. München: Klett 1973.

SCHERLE, PETER, *Fragliche Kirche.* Ökumenik und Liturgik – Karl Barths ungehörte Anfrage an eine ökumenische Kirchentheorie, Studien zur systematischen Theologie und Ethik Bd. 15, Münster: Lit 1998.

SCHLEIERMACHER, FRIEDRICH: *Der christliche Glaube* nach den Grundsätzen der Evangelischen Kirche im Zusammenhang dargestellt (1830/31), hg. von MARTIN REDEKER, Berlin: Walter de Gruyter 1999[7] (1960).

SCHMID, HANS HEINRICH, *Wesen und Geschichte der Weisheit.* Eine Untersuchung zur altorientalischen und israelitischen Weisheitsliteratur, Berlin: Töpelmann 1966.

SCHMITTHENNER, ULRICH, *Der konziliare Prozess.* Gemeinsam für Gerechtigkeit, Frieden und Bewahrung der Schöpfung, Idstein: Meinhardt 1998.

SCHMITTHENNER, ULRICH, *Textsammlung zum konziliaren Prozess* (zweisprachig), CD-Rom 1999.

SCHOBERTH, INGRID, *Erinnerung als Praxis des Glaubens.* München: Kaiser 1992.

SCHUEGRAF, OLIVER, *Der Kirche Gestalt geben.* Die Ekklesiologie in den Dokumenten der bilateralen Konsensökumene, Jerusalemer theol. Forum Bd. 3, Münster: Aschendorff 2001.

SCHWEITZER, WOLFGANG, *Der Jude Jesus und die Völker der Welt.* Mit Beiträgen von PAUL M. VAN BUREN, BERTOLD KLAPPERT, MICHAEL WYSCHOGROD, Berlin: Institut Kirche und Judentum 1993.

SCHWÖBEL, CHRISTOPH (ed.), *Trinitarian Theology Today.* Essays in Divine Being and Act, Edinburgh: T&T Clark 1995.

SCHWÖBEL, CHRISTOPH and GUNTON, COLIN E. (eds.), *Persons, Divine and Human.* Edinburgh: T&T Clark 1991.

SCHWÖBEL, CHRISTOPH, Art. *Pluralismus, II. Systematisch-theologisch*; in: TRE Bd. 26, 724–739.

SCHWÖBEL, CHRISTOPH, *Die Suche nach Gemeinschaft.* Gründe, Überlegungen und Empfehlungen; in: *Kirche als Gemeinschaft*, 205–260.

SCHWÖBEL, CHRISTOPH, *Ökumenische Theologie im Horizont des trinitarischen Glaubens*; in: ÖR 46/1997, 321–340.

SCHWÖBEL, CHRISTOPH, *The Renaissance of Trinitarian Theology.* Reasons, Problems and Tasks; in: DERS., *Trinitarian Theology Today*, 1–30.

SCHWÖBEL, CHRISTOPH, *Trinitätslehre als Rahmentheorie des christlichen Glaubens. Vier Thesen zur Bedeutung der Trinität in der christlichen Dogmatik;* in: HÄRLE/PREUL (Hgg.), *Trinität,* 129–154.

SCOUTERS, CONSTANTINE, *Die kirchliche Bedeutung des ÖRK.* Die Verschmelzung von Lehre und Leben; in: *Es begann in Amsterdam,* 169 ff.

SIEGMUND-SCHULTZE, FRIEDRICH, *Friedenskirche, Kaffeeklappe und die ökumenische Vision.* Texte 1919–1969, hg. von WOLFGANG GRÜNBERG, München: Kaiser 1990.

SÖE, NIELS H., *War and the Commandment of Love;* in: EcRev 6/1954, 254–261.

SORC, CIRIL, *Die perichoretischen Beziehungen im Leben der Trinität und der Gemeinschaft der Menschen;* in: EvTh 58/1998, 100–118.

STIERLE, WOLFRAM / WERNER, DIETRICH / HEIDER, MARTIN (Hgg.), *Ethik für das Leben.* 100 Jahre Ökumenische Wirtschafts- und Sozialethik, Ökumenische Studien 5, Rothenburg o. d. Tauber: Ernst Lange-Institut 1996.

STRAHM, DORIS u. STROBEL, REGULA (Hgg.), *Vom Verlangen nach Heilwerden.* Christologie in feminsitisch-theologischer Sicht, Fribourg/Luzern: Edition Exodus 1991.

Taufe, Eucharistie und Amt. Konvergenzerklärungen der Kommission für Glauben und Kirchenverfassung des Ökumenischen Rates der Kirchen, Frankfurt/M: Lembeck 1987[11]. Auch in: *Dokumente wachsender Übereinstimmung* 1931–1982.

The Theology of the Churches and the Jewish People. Statements by the World Council of Churches and its Member Churches, with a commentary by A. BROCKWAY, P. VAN BUREN, R. RENDTORFF, S. SCHOON, Geneva: WCC 1988.

THEISSEN, GERD, *Biblischer Glaube in evolutionärer Sicht.* München: Kaiser 1984.

THEISSEN, GERD, *Die Religion der ersten Christen.* Eine Theorie des Urchristentums, Gütersloh: Kaiser 2000.

THOMAS VON AQUINO, *Summa Theologica;* in: Die deutsche Thomas-Ausgabe. Vollst. dt.-lat. Ausgabe der „Summa Theologiae", Salzburg u. a. 1933 ff.

TILLARD, JEAN-MARIE R., Art. *Koinonia;* in: *Dictionary of the Ecumenical Movement,* 568–574.

TROELTSCH, ERNST, *Die Soziallehren der christlichen Kirchen und Gruppen.* Neudruck der Ausgabe Tübingen 1912, UTB 1811 und 1812, Tübingen: Mohr 1994.

TSOMPANIDIS, STYLIANOS, *Orthodoxie und Ökumene.* Gemeinsam auf dem Weg zu Gerechtigkeit, Frieden und Bewahrung der Schöpfung, Ökumenische Studien Bd. 10, Münster: Lit 1999.

VAN BUREN, PAUL M., *A Theology of the Jewish-Christian Reality.* Lanham et al.: University Press of America 1995. Part I. *Discerning the Way* (1980); Part II. *A Christian Theology of the People Israel* (1983); Part III. *Christ in Context* (1988).

VAN DER BENT, ANS, *Commitment to God's World.* A Concise Critical Survey of Ecumenical Thought, Geneva: WCC 1995.

VAN DER BENT, ANS, *Vital Ecumenical Concerns.* Geneva: WCC 1986.

Verfassung und Satzung des Ökumenischen Rates der Kirchen; in: *Gemeinsam auf dem Weg*, 515 ff.

Versöhnung: Gabe Gottes und Quelle neuen Lebens. Texte – Impulse – Konkretionen. Zur Zweiten Europäischen Ökumenischen Versammlung Graz, zus.gest. u. hg. von PETER KARNER, Innsbruck: Tyrolia 1997.

Violence, Nonviolence and Civil Conflict, Geneva: WCC 1983.

VISCHER, LUKAS (Hg.), *Geist Gottes – Geist Christi.* Ökumenische Überlegungen zur Filioque-Kontroverse, Beiheft zur ÖR 39, Frankfurt/M: Lembeck 1981.

VISSER'T HOFFT, WILLEM A., *Der Auftrag der ökumenischen Bewegung*; in: *Bericht aus Uppsala 1968*, 329–341.

VISSER'T HOFFT, WILLEM A., *Ökumenischer Aufbruch.* Hauptschriften II, Stuttgart/Berlin: Kreuz 1967.

VISSER'T HOFFT, WILLEM A., *The Background of the Social Gospel in America.* Haarlem: H. D. Tjeenk Willink and Zoon 1928.

VISSER'T HOFFT, WILLEM A., *The Basis: its History and Significance*; in: EcRev 37/1985.

VISSER'T HOFFT, WILLEM A., *The Pressure of Our Common Calling.* London: SCM 1959.

VISSER'T HOFFT, WILLEM A., *Ursprung und Entstehung des ÖRK.* Beiheft zur ÖR 44, Frankfurt/M: Lembeck 1983.

VOLF, MIROSLAV, *Trinität und Gemeinschaft.* Eine ökumenische Ekklesiologie, Neukirchen-Vluyn: Neukirchener 1996.

VOLLMER, JOCHEN, *Ist die Taufe von Unmündigen schriftgemäß?*; in: EvTh 5-98, 332–350.

WAINWRIGHT, GEOFFREY, *Bemerkungen aus Amerika zu Dietrich Ritschls „Logik der Theologie"*; in: HUBER/PETZOLD/SUNDERMEIER, *Implizite Axiome*, 218–228.

WALLIS, JAMES H., *Post-Holocaust Christianity.* Paul van Burens's Theology of the Jewish-Christian Reality, Lanham et al.: University Press of America 1997.

WEBER, HERRMANN, Art. *Religionsfreiheit;* in: EKL[3] Bd. 3, 1549–1551.

WEBER, MAX, *Die protestantische Ethik und der „Geist" des Kapitalismus.* Hrsg. u. eingeleitet von KLAUS LICHTBLAU. Neue wissenschaftliche Bibliothek, Bodenheim: Athenmäum Hain Hanstein 1996[2].

WEINRICH, MICHAEL, *Kirche glauben.* Evangelische Annäherungen an eine ökumenische Ekklesiologie, Wuppertal: Foedus 1998.

WEINRICH, MICHAEL, *Ökumene am Ende?* Plädoyer für einen neuen Realismus, Neukirchen-Vluyn: Neukirchener 1995.

WEISSE, WOLFRAM, *Praktisches Christentum und Reich Gottes.* Die ökumenische Bewegung Life and Work 1919–1937, Göttingen: Vandenhoeck & Ruprecht 1991.

WEISSE, WOLFRAM., *Reich Gottes.* Ökumenische Studienhefte 6, Bensheimer Hefte 83, Göttingen: Vandenhoeck & Ruprecht 1997.

WELKER, MICHAEL, *Gottes Geist.* Theologie des Heiligen Geistes, Neukirchen-Vluyn: Neukirchener 1992.

WELKER, MICHAEL, *Kirche im Pluralismus.* KT 136, Gütersloh: Kaiser 1995.

WELKER, MICHAEL, *Kirche und Abendmahl*; in: HÄRLE/PREUL, *Kirche*, 47–60.
WELKER, MICHAEL, *Was geht vor beim Abendmahl?*, Stuttgart: Quell 1999.
WENZ, GEORG, *Aufbruch zum „A-Dieu"*. Ethische Intersubjektivität im „Neuen Denken" Emmanuel Lévinas' und seine Bedeutung für die jüdisch-christliche Begegnung, Theologische Fakultät der Universität Heidelberg: Dissertation 1997.
WIETZKE, JOACHIM (Hg.), *Dein Wille geschehe*. Mission in der Nachfolge Christi, Weltmissionskonferenz in San Antonio 1989, Frankfurt/M: Lembeck 1989.
WOLF, ERNST, *Discipleship as Witness to the Unity in Christ as Seen by the Reformers*; in: DURNBAUGH, *On Earth Peace*, 147 ff.
WOLGAST, EIKE, *Die Wittenberger Theologie und die Politik der evangelischen Stände*. Studien zu Luthers Gutachten in politischen Fragen, Gütersloh: Mohn 1977.

Zentralausschuss und Exekutivausschuss des ÖRK, *Minutes*, Geneva: WCC (verschiedene Jahrgänge).
ZIZIOULAS, JOHN D., *Being as Communion*. Studies in Personhood and the Church, Crestwood: St. Vladimir's Seminary Press 1985 (1993²).
ZIZIOULAS, JOHN D., *Die Kirche als Gemeinschaft*; in: *Santiago de Compostela*, 95–104.
ZIZIOULAS, JOHN D., *On Being a Person: Towards an Ontology of Personhood*; in: SCHWÖBEL/GUNTON, *Persons, Divine and Human*, 33–46.
ZIZIOULAS, JOHN D., *The Doctrine of the Holy Trinity: The Significance of the Cappadocian Contribution*; in: SCHWÖBEL, *Trinitarian Theology Today*, 44–60.
ZWINGLI, HULDRYCH. *Schriften*. Hrsg. von THOMAS BRUNNSCHWEILER und SAMUEL LUTZ, 4 Bde., Zürich: TVZ 1995.

Stichwortverzeichnis

211, 228, 237, 265, 267, 299, 300,
301, 308, 317

Sabbat 122
Sakrament 24, 28, 31, 39, 47, 52, 55,
58, 61, 64, 74, 75, 81, 88, 92, 95,
114, 168, 169, 173, 185, 186, 245,
289, 292, 295, 312, 315
-verständnis 107, 171, 227, 259,
300, 301
-verwaltung 246, 292
sakramental 53, 63, 79, 81, 89, 93, 122,
123, 135, 179, 228, 251, 252, 284,
294, 303, 309
sakramentales Leben 81, 89, 93
Sakramentalismus 273
Sakramentalität 95, 276
säkular 142
säkularisiert 104, 273, 284, 297, 305
sancta 30, 31, 32, 55, 77, 81, 89, 95
Satisfaktion 145
Schalom 183, 237
Schechina 30, 323
Schisma 247
Schleitheimer Artikel 126, 140, 148,
149, 164, 280, 295
Schöpfung 14, 27, 42, 48, 52, 53, 57,
58, 65, 66, 67, 69, 71, 78, 81, 82,
83, 84, 85, 86, 87, 88, 90, 97, 120,
143, 156, 159, 164, 205, 236, 237,
241, 253, 264, 269, 310, 311, 316,
318, 323
Schöpfungsordnung 208, 226, 240, 241
schöpfungstheologisch 208, 241, 243
Schrift 15, 39, 88, 90, 91, 107, 109,
121, 132, 135, 139, 145, 151, 156,
160, 167, 171, 172, 189, 198, 202,
205, 224, 225, 246, 250, 254, 268,
269, 277, 287, 289, 290, 300
Schriftverständnis 167, 274
Schuld 121, 165, 213, 219
Schweizer Brüder 102, 109, 134, 149,
182, 296
seelsorgerlich 239, 251
Sekte 101, 150, 184, 222, 299
sektiererisch 19, 101, 102, 150, 166,
195, 196, 197, 206, 224, 243
Sektiererische Schule 101, 102, 106
Selbständig Evangelisch-Lutherische Kir-
che 115
Separation 131, 149, 315
Separatismus 122, 267
Separatisten 99, 267

separatistisch 202, 267, 283
sichtbare Gemeinde 124, 157
sichtbare Kirche 24, 25, 32, 124, 176,
304, 315
simul iustus et peccator 290
Sklaven 30, 173
Social Gospel 102, 226
sola fide 211, 271, 273, 281, 302
sola gratia 165, 166, 211, 238, 273,
278, 299, 302
Soldat 231
Solidarität 50, 83, 106, 147, 148, 194,
240, 242, 246, 262, 281, 316
Solidarität mit den Armen 246
solus Christus 285, 302
Soteriologie 15, 143, 144, 145, 161,
166, 218, 287, 290, 291, 303, 315
Sozialität 85, 96, 178, 304, 307
Gottes 85, 96, 304, 307
Spaltungen 86, 105, 201, 273
spiritualistisch 156, 163
Spiritualität 74, 75, 171, 193
spirituell 72, 79, 109, 189, 266, 300, 301
Staat 102, 105, 108, 111, 113, 114, 125,
148, 149, 159, 160, 161, 170, 177,
178, 208, 209, 216, 218, 221, 224,
225, 228, 229, 230, 231, 242, 259,
263, 264, 277, 283, 284, 289, 292,
296, 297
Kirche und 20, 111, 113, 115, 117,
161, 170, 209, 216, 224, 228,
257, 275, 295
staatliche Ämter 282, 283, 296
Staats
-gewalt 106
-kirche 18, 99, 106, 110, 115, 150,
164, 170, 177, 226, 307
-kirchentum 164, 184
Story 26, 141, 154, 165, 167, 180, 181,
183, 187, 199, 244, 256
Subordination 307, 309
Substanz 78, 89, 171, 193, 308
Substitution 198, 311
Sühnetod 145
Sukzession 55, 56, 106, 183, 189, 192,
254
Sünde 24, 28, 63, 73, 87, 150, 209,
210, 211, 216, 227, 229, 230, 238,
243, 279, 287
Sünder 120, 144, 238, 292
syllogismus practicus 321
Synagoge 182, 199
synodal 286